선교인류학적 관점에서 본

선교와 문화 이해

이재완 | 지음

기독교문서선교회

기독교문서선교회(Christian Literature Crusade: 약칭 CLC)는
1941년 영국 콜체스터에서 켄 아담스에 의해 시작되었으며
국제 본부는 영국의 쉐필드에 있습니다.
현재 약 650여명의 선교사들이 59개 나라에서 180개의 본부를 두고,
이동도서차량 40대를 이용하여 문서 보급에 힘쓰고 있으며
이메일 주문을 통해 130여국으로 책을 공급하고 있습니다.
CLC는 청교도적 복음주의 신학과 신앙을 선포하는
국제적, 초교파적, 비영리 문서선교기관으로서, 하나님의 뜻에 합당한 책을 만들고
이 책을 통해 단 한 영혼이라도 구원되길 소망하며
이를 위해 주님이 오시는 그날까지 최선을 다할 것입니다.

The Understanding of Christian Mission and Cultures:

A Perspective Approach of Mission Anthropology

by
Jae-Wan Lee

2008
Christian Literature Crusade
Seoul, Korea

머리말

 선교란 타문화권에서의 전도사역이다. 그러한 관점에서 볼 때, 선교사가 선교 현장의 문화를 모르면 선교는 불가능할 것이다. 그러나 문화인류학은 학문의 성격상 기독교에 도전적이었으며, 오늘날도 기독교의 절대적인 진리를 부정하는 상대주의로 인하여 선교 현장에서는 엄청난 위협과 도전을 받고 있다. 이것은 최근 동남아시아의 어느 선교 현장에서 여러 선교사들을 만난 강의를 통해 다시 한 번 확인된 안타까운 현실이다.

 그런 의미에서 본서는 기독교의 진리를 더욱 공고히 하고 선교에 있어서 더 깊은 현장 이해, 현지인 이해, 문화 이해를 통하여 효과적으로 복음을 뿌리내리도록 도움을 줄 수 있는 내용으로 구성되어 있다.

 신학과 인류학, 그리고 선교가 조화를 이루려면 성경적 세계관, 즉 성경은 인간을 위한 하나님의 계시라는 확신에서 시작해야 한다. 기독교 세계관은 하나님께서 성경에서 스스로를 계시하셨고, 예수 그리스도로 나타나셨고, 교회와 세상에 성령의 역사로 나타나셨다는 사실에서 시작된다. 이 세계관은 인류 구원을 위한 선교의 기초적인 틀이 되는 것이다.

 본서는 '선교인류학', '문화인류학', '문화란 무엇인가?', '단일문화와 초문화적인 관점', '문화와 세계관', '문화와 상징', '비평적 상황화', '의사소통의 체계', '사회적인 체계' 등의 문제들을 선교와 관련하여 실제적으로 논의하고 있다.

 성경적 메시지와 우리의 현재 상황을 알 때 세상과 모든 사람들에게 성경적 메시지를 연결해 주는 다리를 놓을 수 있다. 선교에 공헌한 인류학의 역할은 다섯 가지로 정리될 수 있다. 첫째, 타문화의 상황을 이해할 수 있게 한다. 둘째, 성경 번역과 같은 특별 사역에 폭넓은 통찰력을 제공해 준다. 셋째, 그리스도인이 되었을 때 일어나는 사회적인 변화를 포함하여 회심의 진행을 이해할 수 있도록 도와준다. 넷째, 우리에게 복음을 듣는 자들과 관계를 맺을 수 있도록 돕는다. 끝으로 다섯째, 모든 문화적 다양성 속에서 세상에 살고 있는 모든 사람들과 관계를 맺을 수 있도록 도와준다. 우리는 인간의 역사를 우주적 사건이라는 큰 틀 속에서 이해해야 하며 인간의 인류학적 모델들은 신학적 틀에도 맞아야만 한다. 그것은 인류에 대한 사회 역사적 이해를 쌓아가도록 궁극적인 기초를 우리에게 제공해 주는 성경적 계시이다. 문화적 진화 이론들이 20세기 전반부에는 인류학을 주도했지만 이 이론들은 역사를 유신론의 입장보다는 자연주의적 용어로 설명했다. 이 이론은 제1차 세계대전 이후 의문시되기 시작했다. 1930년대에는 문화적 진화 이론들이 인간 사회의 다양성에 초점을 맞추어 사회를 독립적이고 통합된 체계라고 본 구조적 기능 이론들에 의해 상당히 대치되기도 했다. 이 이론들은 사회 구조와 사회학적 변화의 역동성을 이해하는 데 많은 도움을 주었다. 문화적 진화 이론들에 대한 거부 이후 등장한 사고의 흐름이 문화인류학이었다. 이는 관념과 상징의 체계에 관심의 초점을 맞추었다. 최근에 인류학자들은 확실한 문화적인 신앙을 강조하는 기본 전제들에 관해 초점을 맞추어왔다.

이를테면 선교학자 도널드 맥가브란(Donald McGavran), 폴 히버트(Paul G. Hiebert), 찰스 크래프트(Charles Kraft), 유진 나이다(Eugene Nida), 루이스 루즈베탁(Louis J. Luzbetak), 하비 칸(Harvie Conn), 데릴 화이트맨(Darell Whiteman), 윌리엄 스몰리(William Smalley) 등이다.

본서는 그동안 학부와 신학대학원, 그리고 선교대학원과 대학원에서 강의한 내용뿐만 아니라 선교를 위한 선교 현장 이해의 밑거름이 되고자 하는 열정으로 이론적인 부분과 함께 선교 현장의 내용들을 중심으로 복음주의적인 관점에서 서술하였다. 그러므로 선교를 사랑하는 모든 분들이 이 교재로 인하여 선교에 더욱 열정을 쏟을 수 있게 되기를 열망하는 마음으로 집필에 임하였음을 밝혀두고자 한다. 나아가 선교를 사랑하는 한국교회와 더불어 자신의 생명을 조금도 귀한 것으로 여기지 아니하고 오로지 복음 하나만을 들고 오늘도 세계 곳곳의 선교 현장에서 땀 흘리는 한국 선교사들을 학문적으로 돕고자 하는 산고 끝에 완성하게 되었다.

끝으로 본서의 출판을 흔쾌히 허락하시며, 출판되기까지 많은 수고를 아끼지 않은 사단법인 기독교문서선교회(CLC) 박영호 대표와 직원들에게 깊은 감사의 마음을 전하고자 한다.

남한강을 내려다보며
아세아연합신학대학교에서

이 재 완 識

Contents

목차

머리말 _ 5

제1장 선교인류학이란? _ 13
   1. 선교인류학이란 무엇인가? _ 13
   2. 선교인류학의 기능 _ 23
   3. 선교인류학의 목표들 _ 33
   4. 한국 선교사와 선교인류학 _ 34
   5. 신학과 인류학의 상호 보완적 접근 _ 35
   6. 제의된 연습-복음과 문화 _ 37

제2장 문화인류학이란? _ 39
   1. 인류학을 공부하는 이유 _ 39
   2. 문화인류학의 이점 _ 41
   3. 인류학이란 무엇인가? _ 45
   4. 인류학과 사회학의 차이점 _ 51
   5. 연구방법 _ 51
   6. 인류학의 제 분야 _ 54
   7. 문화인류학의 중심 과제 _ 59
   8. 선교문화인류학의 배경 _ 59

제3장 문화인류학 연구의 발달사 _ 65
   1. 초기의 연구(18세기-19세기) _ 66

   2. 문화진화론(19세기 중-20세기 초) _ 67
   3. 역사적 특수주의 _ 70
   4. 전파주의(19세기 후-20세기 초) _ 71
   5. 구조기능주의(20세기 중기 이후) _ 73
   6. 신진화주의 _ 76
   7. 구조주의(사회구조론, 20세기 후기) _ 79
   8. 심리인류학 _ 81
   9. 마르크스주의 인류학 _ 82
   10. 생태인류학(문화생태학) _ 82

제4장 문화란 무엇인가? _ 85
   1. 문화의 정의 _ 86
   2. 학자들의 정의 _ 89
   3. 문화의 특성 _ 94
   4. 문화의 제 이론 _ 101
   5. 문화와 복음 _ 106
   6. 문화의 요소 _ 110

제5장 단일문화와 초문화 _ 119
   1. 단일문화적인 관점 _ 119
   2. 초문화적인 관점 _ 121
   3. 문명충돌을 극복할 수 있는 다문화주의 _ 123
   4. 신학이 발전되어 온 몇 가지의 전제들 _ 125
   5. 인류학의 장점들과 단점들 _ 128
   6. 하나님과 문화 _ 129
   7. 문화의 모델 _ 132
   8. 문화적 차이와 선교 _ 134

9. 선교와 문화 _ 137

제6장 문화의 형식과 의미 _ 149
  1. 형식과 의미의 정의 _ 150
  2. 형식과 의미의 중요한 원칙들 _ 153

제7장 문화와 세계관 _ 161
  1. 세계관이란? _ 164
  2. 기독교 세계관의 탄생 _ 168
  3. 세계관의 특징 _ 170
  4. 성경적 세계관의 내용 _ 171
  5. 문화와 인간 _ 175
  6. 문화와 세계관 _ 179
  7. 세계관의 기능 _ 185

제8장 문화와 복음 _ 193
  1. 문화의 개념 _ 193
  2. 문화의 표현 _ 196
  3. 상징체계 _ 197
  4. 그리스도와 문화 _ 200
  5. 미전도 종족들 _ 203
  6. 다양한 문화와 복음전달 _ 206

제9장 문화와 상황화 _ 227
  1. 상황화란 무엇인가? _ 229
  2. 기독교의 기능적 대처 _ 230
  3. 상황화의 필요성 _ 232
  4. 상황화의 종류 _ 232
  5. 상황화 이론의 발달 과정 _ 241
  6. 문화와 상황화 _ 246
  7. 상황화를 위한 준거틀 _ 249
  8. 상황화의 과제들 _ 252

제10장 상황화의 모델 _ 255
1. 베반스의 모델 _ 256
2. 히버트의 모델 _ 269
3. 성육신적 모델 _ 280
4. 맥가브란의 모델 _ 289
5. 상황화의 한계 _ 292
6. 상황화의 태도 _ 293

제11장 문화와 상징 _ 301
1. 정의 _ 303
2. 상징체계와 문화이론 _ 306
3. 상징체계와 역사 _ 308
4. 문화의 상징적인 표현들 _ 316

제12장 문화의 관점 _ 323
1. 하나님과 문화와 인간의 관점 차이 _ 324
2. 하나님, 인간, 문화 삼자간의 관계 _ 325
3. 문화와 성경과의 관계성 _ 326
4. 복음의 본질과 복음전달 _ 334
5. 구속적 유비 _ 336
6. 비유 _ 341
7. 동남아시아 선교 상황 _ 341
8. 기독교 문화 _ 343
9. 방법론과 신학의 구분 _ 344
10. 문화는 기구와 같다 _ 346

제13장 문화의 구조 이해 _ 351
1. 사회적 하부 구조-인생 주기 _ 355
2. 종교적 하부 체계 _ 377

결론 391
참고문헌 395

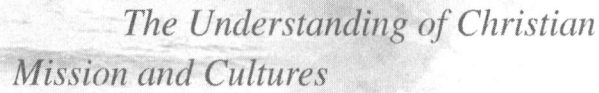
The Understanding of Christian Mission and Cultures

제1장

선교인류학이란?

1. 선교인류학이란 무엇인가?

1) 정의

현대 선교학에서 가장 복음적인 가톨릭 선교학자이자 인류학자로 인정받은 루이스 루즈베탁(Louis J. Luzbetak)은 선교학적 인류학을 다음과 같이 정의하였다. "선교인류학(Missiological Anthropology)은 응용인류학(Applied Anthropology)의 특별한 형태로 간주될 수 있다. 그것의 과정과 분석들은 인류학적인 반면에, 학문적인 범위와 목적은 선교학적이다. 선교학은 근본적인 이슈들이나 목표들을 제시하고, 인류학은 선교학의 연구를 위한 관점, 접근방법이나 기준들을 제공한다."[1] 더 자세히 말하자면 선교인류학은 다음과 같이 정의된다.

---

1) Louis J. Luzbetak, *The Church and Cultures* (Pasadena: William Carey Library, 1975), 34.

첫째, 특별히 교회의 선교와 상관성이 있는 한에서 인류학의 모델들, 다양한 개념들, 통찰들, 원리들, 이론들, 방법들을 종합한다.
둘째, 이렇게 종합된 인류학적 지식들이 선교를 보다 더 잘 이해하기 위하여 어떻게 사용되어지는가에 관심을 갖는다.[2]

위의 관점에서 우리는 선교학과 인류학의 연관성을 고찰해 볼 수 있다. 인류학은 우리로 하여금 타문화를 더욱 잘 이해하는 데 도움을 주며 타문화권에서의 그리스도인들의 삶과 사역 가운데서 자민족중심주의(Ethnocentrism)[3]의 한계를 극복하고 문화 충격을 최소화시킬 수 있도록 도움을 준다. "그러나 기독교 선교에 있어서 인류학적인 이론과 통찰들을 무비판적으로 받아들인다면 성경을 세속적인 근거로 대치하는 위험에 처하게 된다. 반면에 인류학이 선교에 기여한다는 것을 무시하면 선교사역은 절름발이가 될 것이다."

인류학과 선교가 처음으로 관계를 맺게 된 것은 성경번역에 있어서 중요한 역할을 했던 언어학(linguistics)을 통해서이다. 이 분야에 있어서 선구자적인 역할을 한 기독교 문화인류학자들은 유진 나이다(Eugene Nida),[4] 윌리엄 스몰리(William Smalley), 윌리엄 레이번(William Reyburn), 폴 히버트(Paul G. Hiebert),[5] 찰스 크래프트(Charles H. Kraft),[6] 제이콥 로웬(Jocob Lowen), 케네스 파이크(Kenneth Pike), 루이스 루즈베탁[7] 등인

---

2) Ibid., 34-35.
3) "자민족중심주의"라는 용어는 자기중심주의라는 심리학적 용어와의 연관성에서 이해될 수 있는 것이다. 자기중심주의가 개인적인 성향을 나타내는 반면에 자민족중심주의는 한 집단의 문화적인 성향을 말하는 것이다. 이를테면, 태도나 감정, 가치와 상징체계 그리고 사고의 체계 등을 절대시하여 자기 자신의 문화를 우월시하며 타문화를 열등하게 간주하는 것을 의미한다.
cf. Charles Kraft, *Anthropology for Christian Witness* (Maryknoll1, NY: Orbis Books, 1996), 71.
4) Eugene Nida, *Customs and Culture* (Pasadena: William Carey Library, 1975).
5) Paul G. Hiebert, *Anthropological insights for Missionaries* (Grand Rapids: Baker Books, 1985).
6) Charles H. Kraft, *Christianity in Culture* (New York: Orbis, 1991).
7) Louis J. Luzbetak, *The Church and Cultures* (Pasadena: William Carey Library,

데, 이들은 *Practical Anthropology*라는 기독교 인류학지를 통하여 인류학의 이해를 도모하고 선교에 있어서 인류학[8]의 가치를 선교학계에 알리는 지대한 역할을 했다. 그리고 하비 칸(Harvie M. Conn)은 그의 저서 『영원한 말씀과 변천하는 세계』(*Eternal Word and Changing Worlds*)에서 자신의 선교인류학적 관점을 개혁주의적인 입장에서 잘 정리했다.[9]

2) 명명

가톨릭 선교신학자 중 가장 복음적인 신학자로 알려진 루즈베탁은 선교사가 선교지 상황을 파악하여 복음전달에 필요한 문화인류학적 통찰을 제공하는 학문(discipline)을 영어로 Applied Missionary Anthropology라 명명했다. 그러므로 우리는 루즈베탁에 의하여 Applied Missionary Anthropology라고 명명된 학문에 대하여 선교인류학이라고 번역하여 부르도록 한다. 그리고 루즈베탁은 자신의 접근방법을 기능주의적 입장이라고 주장했다.[10]

3) 인류학의 공헌

(1) 폴 히버트의 견해

그러면, 어떤 면에서 인류학이 선교학에 공헌을 할 수 있는가? 폴 히버트는 인류학의 선교에 대한 공헌을 다섯 가지로 제시하고 있다.

첫째, 인류학은 통문화적인 상황에 대하여 이해하는 데 도움을 준다. 이를테면 크리스마스를 이해하는 데 도움을 줄 수 있다. 선교사들은 인도인들

1975).
8) 인류학(Anthropology)이란 용어는 헬라어인 anthropos와 logos의 합성어로서 통상적으로 네 가지의 부류로 구분된다. 즉 문화인류학, 언어학, 형질인류학, 고고학 등이 그것이다. 이렇게 네 분야의 인류학이 서로 간에 공통적으로 관심 갖는 것은 인간과 인간의 문화이다. 이런 관점에서 볼 때 문화인류학은 일반적으로 인류학으로 언급되기도 한다.
9) Harvie M. Conn, *Eternal Word and Changing Worlds* (Grand Rapids: Zondervan, 1984).
10) Louis J. Luzbetak, *The Church and Cultures*, 141.

에게 크리스마스에 대한 기복적인 개념을 잘못 소개했고 성속의 혼합(성-예수, 마리아, 요셉, 천사, 박사, 목자; 속-산타, 순록, 성탄목, 버선, 선물, 루돌프 등)을 가져왔다. 그리고 선교에 있어서 선교 현지의 사회적, 문화적인 상황을 제대로 이해하지 못했을 때 오는 결과는 선교사의 중도탈락(missionary attrition)으로 이어진다.[11]

둘째, 인류학은 성경번역과 같은 특별한 영역에 있어서 많은 통찰력들을 우리에게 제공한다(informants). 초기의 인류학자들은 타문화를 이해하기 위하여 생소한 언어들을 배웠다. 뿐만 아니라 그들은 현지인들의 도움으로 현지 언어를 빠르고 정확하게 배울 수 있는 기술과 현지의 문서들을 자신들의 언어로 번역하는 방법들을 터득했다. 이처럼 인류학자들이 닦아놓은 언어습득과 번역의 방법들은 선교사들에게 새로운 언어를 습득하고 성경을 번역하는 데 많은 도움을 주었다. 인류학자들이 연구한 타문화권 의사전달(cross-cultural communication)의 방법들은 선교사들이 기독교 메시지의 본질적인 의미를 상실하거나 왜곡함이 없이 전달할 수 있도록 도움을 주었다.[12]

셋째, 인류학은 선교사들이 타문화권에서 현지인들이 그리스도인들이 될 때 겪는 사회변화의 과정을 포함한 "회심의 과정"을 이해하는 데 도움을 준다. 사회인류학자들에 의해서 발전된 사회구조의 개념들은 종교와 사회의 변화를 이해하는 데 중요한 이론들을 제공한다.[13]

넷째, 인류학은 우리가 복음을 듣는 사람들에게 그들의 상황과 복음의 연관성을 깨닫게 하는 데 도움을 준다. 인류학은 선교사들이 상황화(contextualization)의 과정을 이해하는 데 도움을 준다. 기독교의 복음은 그 핵심을 놓치지 않고 그것을 듣는 사람들의 상황에서 이해되어져야 하며, 그들의 세계관을 변화시키는 회심을 반드시 가져와야만 한다. 상황화의 과정에 대한 몰이해는 항상 복음의 이질성 혹은 이국성(foreignness of the gospel)을 초래하며, 결국 복음의 핵심을 상실하게 되므로 혼합주의

---

11) Paul G. Hiebert, *Anthropological insights for Missionaries*, 16.
12) Ibid.
13) Ibid.

(syncretism)[14]로 귀결될 위험성을 내포한다.

끝으로, 인류학은 우리가 세계의 다양한 문화에서 살고 있는 사람들을 이해하고 그들과 효과적인 관계를 맺는 데 도움을 준다. 다시 말하면, 인류학은 타문화권에 살고 있는 사람들의 문화적인 차이점을 잘 이해하고 존중하게 되므로 그들과 친교의 관계를 맺게 하고, 이러한 관계성의 확립을 통하여 기독교의 복음을 더욱 효과적으로 전할 수 있게 된다.[15]

(2) 데릴 화이트맨의 견해

데릴 화이트맨(Darrell Whiteman)은 행동과학(behavioral sciences)으로서 인류학의 선교학에 대한 공헌을 다음의 세 가지로 지적한다.[16]

첫째, 인류학은 우리 자신을 이해하는 데 도움을 주며, 또한 우리의 정체성을 형성하며 교파적, 교회 제도적인 의식에 영향을 주고 신학적인 성찰에 영향을 끼치는 사회 문화적인 전례(socio-cultural antecedents)들을 이해하는 데 도움을 준다. 선교사들에게 있어서 인류학을 연구하는 가장 큰 가치는 자신의 문화와는 전혀 다른 외래의 문화에 관해 배우는 것이라기보다는 자기 자신을 발견하는 것이다. 타문화권 사역자에게 있어서 매우 중요한 사실은 인간이 하나님의 형상을 따라서 창조가 되었으며, 동시에 타락으로 말미암아 죄악된 존재라는 사실이다. 인간이 문화에 의해서 지배되고 인간

---

14) 그 어원은 그리스어에서 연유되었으며, 내부에서 항쟁하던 그리스의 크레타 섬 사람들이 항쟁을 멈추고 외적에게 공동으로 대처한 것을 가리키는 '신크레티스모스'라는 말에서 연유하였다. 좁은 뜻으로는 헬레니즘 기(期) 또는 로마제국 말기에 이질적인 여러 신을 단순히 외관 등의 유사성만을 이유로 동일화하려고 하였던 플라톤주의자들의 시도를 말하며, 특히 알렉산드리아 학파가 유명하다. 가톨릭과 그리스 정교(正敎), 루터파와 그 밖의 프로테스탄트 제교파 그리고 아리스토텔레스학파와 플라톤학파 등의 조화의 기도, 중국에서의 예수회(會)의 전례(典禮)논쟁, 선교사들의 토착화 노력 등 모두가 이 혼합주의(syncretism)의 일종이라고 할 수 있다. 종교적인 의미로는 하나님이 계시하신 언약과 생활규범을 다른 이방종교, 사상, 생활규범과 혼합시키는 것, 즉 서로 상반되는 신앙과 교리를 무비판적으로 수용하거나 연합하려는 시도를 말한다.
15) Paul G. Hiebert, *Anthropological insights for Missionaries*, 16.
16) Darrell L. Whiteman, "The Role of Behavioral Sciences in Missiological Education," in *Missiological Education for the 21st Century*. J. Dudley Woodberry et. al eds. (Maryknoll, NY: Orbis Books, 1996), 136-139.

성이 문화에 의하여 형성된다는 사실을 인정할 때, 우리의 문화적인 성향이 우리의 하나님 이해에 영향을 미치며 선과 악을 정의하는 데도 영향을 미친다고 볼 수 있다. 우리의 문화가 얼마나 우리의 신학에 영향을 미치는지를 잘 이해하지 못할 때, 우리는 쉽게 문화적인 편견이 없이 복음을 타문화권에서 전할 수 있다는 유혹을 받게 될 것이다. 더 나아가 우리 자신의 문화적, 교파적인 편견들에 의해서 우리의 눈이 멀 수도 있다. 우리 자신이 하나님의 형상을 따라 창조되었다는 사실과 문화에 의해 형성된다는 사실을 이해하는 것은 효과적인 타문화권 사역을 위하여 반드시 전제되는 것이다. 이러한 의미에서 인류학은 선교학의 형성과 선교학적인 훈련의 측면에서 놀라운 통찰력을 제공하고 있다.

둘째, 인류학은 우리가 사역하고 있는 타문화권 사역의 사회, 문화, 정치, 경제적인 상황을 이해하는 데 도움을 준다. 많은 선교사들이 성경 본문 해석의 필요에 관하여는 그 중요성을 인식하지만, 현지의 다양한 상황(context)에 관한 해석의 중요성은 잘 깨닫지 못한다. 많은 선교사들이 신학대학(원)에서 성경적, 신학적인 많은 지식들을 배웠지만 이러한 지식들이 어떻게 다양한 사회 문화적인 상황에서 적용되고, 사람들에게 의미 있게 전달될 수 있는가에 관하여는 실마리를 찾기가 쉽지만은 않다. 오늘날 타문화권 선교사역에 있어서 필요한 것은 분명한 복음에 대한 확신과 성경적, 신학적인 지식과 더불어 상황을 읽고 조심스럽게 듣는 마음(listening heart)이다.

이를테면 성경 본문의 올바른 해석을 위해서는 먼저 고려해야 할 일이 있다. 우리가 가진 성경을 번역하는 일은 단순히 1세기의 헬라어를 말하는 사람들이 말한 것을 알게 해주는 것에 불과하다. 즉 그들이 말한 것과 말하려고 의도한 것을 구분해 내지 못한다는 뜻이다. 그러므로 성경을 이해하기 위해서 가장 기본적인 단계는 다른 시간과 장소로부터 이주한 일단의 외국인들의 말을 듣고 있음을 깨닫는 것이다. 그리고 외국인 집단의 말하는 양식과 글 쓰는 양식에 대해 이해하는 것이고 그렇게 함으로 해서 그들의 의도를 파악하는 것이다. 문체나 문학양식에 대한 연구는 우리가 다루는 본문을 이해하기 위해 본문에 나오는 사람들에게 또 다른 차원의 '무엇'(what)

과 '어떻게'(how)를 질문하는 것이다.

우리는 흔히 나의 문화적인 이야기를 인간의 본성과 동일시해서 우리가 이렇게 하기 때문에 모든 시대의 사람들도 틀림없이 그것을 이런 식을 했을 것이라고 생각하는 오류를 범한다. 그것을 피하기 위해서는 외국 책, 즉 우리가 보려고 하는 헬라어의 문화를 이해하는 것이다. 문화란 사회적으로 상징화된 사람과 사물 그리고 사건과 관련이 있는 상징의 체계이다. 문화는 사회적인 해석을 통해 인간의 세계를 채운다. 그러므로 성경연구를 위한 문화인류학적 통찰은 매우 중요한 것이다.

셋째, 인류학은 복음과 문화(the gospel and culture), 보편과 특수(the universal and the particular)를 구별할 수 있는 능력을 우리에게 제공한다. 우리가 기독교 복음의 의미(Christian meaning)를, 그 의미(meaning)를 표현하기 위해 사용되어지는 형태(form)와 구별하는 것은 매우 중요하다. 이것을 실제적인 상황에서 분별하기는 매우 어렵다. 그러나 형태와 의미에 대한 차이점에 대한 민감성이 없이는 혼합주의와 기독교의 토착적인 표현들을 구별해 낼 수 없을 것이다. 물론 복음은 기쁜 소식이다. 그러나 동시에 복음은 하나님의 구원의 사랑이 필요한 죄인들에게는 "공격적인 소식"(offensive news)이다.

우리는 얼마나 자주 타문화권 사역에 있어서 잘못된 이유(wrong reasons)로 사람들을 공격했는가? 우리가 진리의 복음으로 죄인들을 공격하여 회심의 자리로, 하나님의 사랑의 품으로 인도하지 않고 문화적인 이유로 사람들을 공격했을 때, 그들은 복음의 참된 진리를 듣지 못하고 기독교로부터 멀어지거나 잘못된 혼합주의적인 기독교를 믿게 된다. 또한 우리는 얼마나 기독교의 진리라는 명목으로 우리의 문화적인 요소들을 사람들에게 강요했는가? 우리가 복음과 문화에 대한 정확한 이해를 할 때, 문화적인 장벽들과 자민족중심주의적인 태도를 넘어서 바른 기독교의 복음을 전할 수 있을 것이다.

예를 들어 사도행전 10장에 나오는 베드로의 환상과 고넬료의 회심사건 주제들을 살펴볼 때, 복음과 문화에 대한 구체적인 이해를 할 수 있다. 우리가 이 성경의 사건을 볼 때, 하나님은 어느 특정한 문화나 종족을 선호하시는 분이 아니라, 모든 문화와 사람들의 삶 속으로 개입하시는 분이라는 사실을 알 수 있다. 사실 베드로가 고넬료와 그 가족들을 그리스도 안의 신앙으로 인도하기 전에 그는 영적인 회심만큼 중요한 문화적인 회심(cultural conversion)을 체험해야만 했다. 즉 하나님께서 베드로를 "예수는 그리스도"라는 고백으로 인도하셨듯이, 문화적인 회심의 고백으로 그를 이끄시기 위한 환상을 보여주셨다. 베드로가 "내가 참으로 하나님은 사람의 외모를 취하지 아니하시고 각 나라 중 하나님을 경외하며 의를 행하는 사람은 하나님이 받으시는 줄 깨달았도다"(행 9:43-45)라고 고백한 것에서 우리는 선교에 있어서 문화적인 회심의 중요성을 잘 깨달을 수 있다.

이 밖에 기독교 선교에 있어서 인류학에 대한 연구와 인류학적인 훈련의 중요성과 공헌에 대해 고찰해 볼 필요가 있다. 첫째, 철학이나 심리학이 "인간의 사고나 그 사고의 유형"을 다루는 데 반하여, 행동과학으로서 인류학은 인간이 그들의 사고를 어떻게 실제적으로 행위로 옮기는가에 관심을 기울인다. 따라서 인류학은 인간의 삶과 전통들에 대하여 분석하고 묘사하는 데 관심을 갖는다. 이런 의미에서 인류학은 타문화권에서 그리스도를 전파하기 위한 인간의 행위와 신념들을 분석하기 위한 "도구"로서 매우 중요한 가치를 갖는다. 인류학은 하나의 도구이다. 그러나 인류학은 타문화에 대한 깊은 이해와 분석을 제공하므로 기독교 선교에 있어서 타문화에 대한 편견을 완화시키는 역할을 한다.

둘째, 근대 기독교 선교는 서구로부터 시작되었기 때문에 선교사들의 학문적인 배경이나 태도 등은 모두 서구적인 인식론(epistemology)에 근거하고 있다. 따라서 20세기 중반까지만 하더라도 서구 선교는 "문명화"나 "서구화"와 동일시되곤 하였다. 이러한 서구적인 편견과 문화 우월적인 사고나 태도들이 비서구 세계에 유입될 때, 비서구 문화는 무시되거나 멸시되거나 파괴되는 경향을 보여 왔다. 인류학은 6,000개 이상의 세계의 문화를 다루어 온 학문이다. 인류학의 효과적인 연구와 훈련을 통하여 현대 선교는 서구 중심에서 비서구 중심으로의 이동을 촉진할 수 있을 것이고, 비서구 세계의 선교의 인적 자원들을 효과적으로 동원하고 훈련하며 파송하는 데 기여할 수 있을 것이다.

셋째, 앞에서도 언급했지만 인류학의 선교학에 대한 공헌 가운데 특히 중요한 것은 문화의 개념에 대한 이해를 정확하고 폭넓게 제공해 주었다는 사실이다. 문화는 인간의 삶에 무의식적으로 스며들어 있는 실체이다. 생물학적 진화론자들이나 문화진화론자들의 주장에 따르면, 인간은 유전적, 생물학적 요소나 주변 환경에 의해 영향을 받는다. 인류학은 이 두 가지를 다 중요하게 취급하며, 동시에 문화의 중요성에 대하여 직시하고 문화를 연구한다. 문화는 인간이 주변 환경에 의해 영향을 받는 모든 요소를 내포하고 있다. 인간의 의식주나 기타 모든 행위들은 "문화의 패턴"에 따라 이루어진다. 따라서 문화는 습득되고(acquired), 학습되고(learned), 한 사회의 구성원들에 의해 공유되는 것이다(shared). 이러한 관점에서 문화인류학자들은 문화에 우열을 두지 않고 모든 문화를 동등하게 취급하는 문화상대주의(cultural relativism)[17]의 입장을 취하게 되는 것이다.

문화는 두 차원으로 이루어지는데, 하나는 표면적인 행위의 차원이고, 또 하나는 세계관의 차원이다. 이 세계관을 핵심문화(core culture)라고 부르는데, 이 핵심문화인 세계관은 그 문화 속에 살고 있는 사회의 구성원들이 잘 인식하지 못하고 단지 어렴풋이 느끼는 정도라고 볼 수 있다. 즉 물고기가 물을 볼 수 없듯이 사람들은 자신의 세계관을 정확히 깨닫기 매우 어렵다. 선교학적 인류학이 관심을 갖는 분야가 바로 이 세계관에 대한 것이다. 왜냐하면 기독교의 회심은 바로 이 세계관의 변화, 즉 세속적인 세계관에서 기독교적 혹은 성경적 세계관으로의 변화를 의미하기 때문이다. 그러나 대개 집단이나 개인은 그들의 세계관의 변화를 요청받을 때 강한 저항을 하게 된다.

왜냐하면 세계관은 한 개인이나 집단의 가정(assumption), 가치(values), 종교적인 믿음이나 충성(religious belief and allegiances)을 의

---

17) 문화상대주의는 문화인류학에 있어서 가장 중요한 개념 중의 하나이다. 이 사상은 모든 문화는 그 문화 나름대로의 균형과 조화를 유지할 수 있는 고유한 기능과 특성을 보존하고 있으므로, 한 문화를 평가할 수 있는 절대적인 기준은 있을 수 없다는 것이다. 따라서 선교사가 선교지에서 문화를 연구하는 자세는 먼저 현지의 문화에 대한 고유의 가치를 존중하고 이해하려고 노력해야 하는 것이다. 이와 같은 자세는 문화를 현상학적으로 보려는 시도로도 볼 수 있다 (It's phenomenological approach to culture).

미하기 때문이다. 이 세계관의 변화는 한 개인의 회심과 더불어 사회와 문화 전체의 변화를 가져온다. 문화는 끊임없이 변화한다. 인류학이 관심을 가지는 분야가 바로 이 문화변화(culture change)이다. 인류학적인 연구는 문화변화의 진행과정에 대한 이해를 제공한다. 타문화권 사역자가 문화변화에 대한 정확한 이해를 할 때, 변화하는 문화 속에서 모든 문화 속에 내재해 있는 죄악된 요소들을 바로 직시하므로 기독교의 복음을 바로 전파하며 세계관의 변화를 이끌어 낼 수 있다.

또한 문화를 제대로 다루기 위하여 인류학자들은 문화적인 패턴에 따라 사는 사람들에게 관심을 가진다. 즉 인류학은 타문화적인, 혹은 교차 문화적인 관점(cross-cultural perspective)에서 인간의 사고와 행위에 대해 종합하고 개괄하려고 노력한다. 많은 학문들이 인간을 다루지만, 특히 문화인류학은 인간을 총체적인 관점(holistic perspective)에서 본다. 이러한 총체적인 관점은 각기 다른 문화에서 어떻게 인간들이 자신들의 습득되고, 학습되고, 공유된 지식과 경험들에 근거해서 행동하는가에 대해 연구하고 통찰력을 얻는 것을 의미한다. 또한 총체적인 관점은 인간과 문화에 대해 더욱 깊이 알기 위하여 문화를 비교하는 방법(comparative study of culture)을 사용한다.

위에서도 언급했듯이, 문화의 개념에 대한 이해와 관점들은 기독교 선교에 있어서 우리 자신을 잘 이해하고 우리의 문화를 해석하는 데 도움을 줄 뿐 아니라, 타문화를 이해하고 해석하는 데도 많은 도움을 준다. 또한 우리는 문화의 이해를 통하여 성경을 그 당시의 사회 문화적인 관점에서 이해하고 해석할 수 있다. 결국 선교학에 대한 인류학적인 적용은 그 목적이 참다운 기독교적인 회심과 토착교회의 설립을 통하여 기독교 문화(Christian culture), 즉 하나님의 왕국의 문화(Kingdom culture)를 우리의 문화적 토양과 선교 현장에 이루어 내는 것을 의미한다.

2. 선교인류학의 기능

1) 효과적인 접근

탁월한 선교신학자인 레슬리 뉴비긴(Lesslie Newbigin)이 지적하는 선교 현장에서 선교사가 복음을 전파할 때 반드시 필요한 세 가지 요소는 다음과 같다.[18]

(1) 선교는 반드시 수용자 문화의 언어로 이루어져야 한다.
(2) 복음전파는 철저한 메타노이아, 즉 마음의 반전을 위한 자기 부정과 함께 개종을 요구하여야 한다.
(3) 철저한 개종의 변화는 인간 커뮤니케이션의 결과가 아니라 오직 하나님의 사역의 결과이다. 개종은 자연적인 일이 아니라, 초자연적인 능력으로 일종의 기적과 같은 것이다.

이를테면 선교지에서 작년에 세례를 준 사람들은 주로 어떤 그룹에 속한 사람들인가? 남자인가? 여자인가? 어떤 사람들인가? 세례를 준 후에 2년여 지나면 왜 많은 사람들이 교회에 남지 않는가? 등등의 질문을 가져볼 필요가 있다. 효과적으로 전도하기 위해서는 사람들을 잘 알아야 하는 것이다. 우리는 성경을 잘 알기 때문에 의사소통을 잘할 수 있다고 생각한다. 그러나 사실은 듣는 사람들에게는 아무런 의미가 없을 때가 많이 있다. 다국적 회사는 그 나라의 문화를 잘 고려하지 못하는 경우가 있다. 아시아와 남미에서의 예를 들어보겠다.

먼저 코카콜라 회사의 경우, 중국에서 '케이쿠 케일라' 라는 발음으로 광고를 했다. 하지만 그것은 중국인들에게 암말이 진흙탕에서 엉겨 붙어 뒹구는 이미지를 연상케 한다. 결국 마케팅에 실패한 것이다. 실패를 경험한 후 다시 '입 안에서 행복하다, 즉 입을 즐겁게 한다' 는 의미인 '구가구락'(口加

---

18) Lesslie Newbigin, *Foolishness to the Greeks: The Gospel and Western Culture* (Wm. B. Eerdmans Publishing Company, 1986), 12.

口樂)으로 바꾸어 마케팅에 성공하였다.

또 펩시콜라 회사의 경우, 대만에서 '펩시 세대와 더불어 삶의 생생함을 즐기자!' 라고 번역한다는 것이 잘못해서 '펩시회사가 당신들의 조상들을 죽음으로부터 되살려 낼 것이라' 는 의미로 전달되는 실수를 범했다.

제너럴 모터스의 경우 '쉐비 노바' 라는 차를 팔려고 남미에 갔으나, 스페인어 '노바' 는 '가지 않다' 라는 의미를 지닌다. 이 역시 실수였고 그 회사는 차 이름을 바꾸어야만 했다.

포드 자동차 역시 브라질에서 '핀토' 라는 이름으로 차를 팔려고 했지만 '핀토' 는 포르투갈어로 '연약한 청소부, 혹은 작은 여자 청소부' 라는 의미로 사용되어 어려움을 겪었다.

이런 모든 것들을 종합해 보면, 다국적 기업들이 그 나라의 문화를 연구하지 않아 그 나라의 문화를 잘 이해하지 못한 결과가 웃지 못할 재미있는 일들을 빚어낸 것이다. 그래서 우리가 의사소통을 하는 일에 참여할 때 문화인류학을 접하면 그 나라의 문화에 보다 더 효과적으로 접근할 수 있는 것이다.

질문하기

> 첫째, '선교와 문화인류학' 에 대한 비평적 평가(좋은 점, 나쁜 점 등을 평가…)
> 둘째, 보다 나은 의사소통을 위해 왜 우리가 인류학을 공부해야 하는가?
> 셋째, 보다 더 나은 의사소통을 위하여 어떻게 인류학이 도움이 되는가?

2) 효과적인 사역

선교사는 선교 현장에서 다음의 두 가지를 다루게 된다. 하나는 전달의 내용, 즉 복음이요 또 다른 하나는 전달하려는 사람들이다. 복음을 전달하는 일, 즉 진리(truth)를 전달하는 일에 있어서 진공 상태에 있는 사람들에게 전달하는 것이 아니라 자신들의 문화적인 상황(local cultural context) 속에 있는 사람들에게 복음을 전하는 것이기 때문에 진리에 대한 이해와 함께 전달할 대상인 사람들에 대한 이해가 중요하다.[19]

3) 효과적인 커뮤니케이션

(1) 인류학은 전인적인 학문이다.
즉 인간의 모든 측면들을 다룬다. '인류학'은 사람들이 삶을 살아가면서 가지게 되는 모든 것들에 대한 관심을 전인적이고 포괄적으로 다루는 학문이다. 즉 사람들이 무엇을 하고 살며, 무슨 생각을 하는지를 구체적으로 다루는 것이다.

(2) 인류학은 인간들이 무엇을 생각하고 행동하는지를 다룬다.[20]
신학은 사람들이 무엇을 해야 하는지를 다루지만 인류학은 행동과학이라 할 수 있다. 그들이 무엇을 해야 하는지를 다루는 것이 아니라 실제 그들이 무엇을 하는지를 다룬다. 실제로 하는 일은 무엇이며 왜 그렇게 행동하며 말할까를 찾아내는 것이다. 왜 한국의 많은 청소년들이 세속적이며, 그들의 가치체계는 무엇이며, 도덕적 판단의 기준은 무엇인가? 그들의 필요는 무엇이며, 상처는 무엇이며 갈망은 무엇인가? 인류학자들이 한국의 세속적 청소년들을 연구할 때 던지는 질문들이다. 우리는 종종 무엇을 해야 하는지에 대해 설교한다. 그러나 인류학은 무엇을 해야 하는가보다는 무엇을 하고 있는가에 관심이 있다.

(3) 인류학은 문화적인 개념을 발전시킨다.
한국을 떠나서 다른 문화에 거해 본 경험이 있는가? 다른 문화에 가면 다

---

19) 이재완, 『선교인류학』(아세아연합신학대학교 신학대학원 강의안, 2007), 5.
20) Ibid.

른 방식으로 행동하는 것을 발견하게 되고 동시에 문화적인 충격(culture shock)을 받게 된다. 한국인들은 머리를 숙여 인사를 한다. 그러나 아랍사람들의 인사법은 어깨를 껴안는 것이다. 우리가 누구인지를 아는 것이 중요하다.

* 생물학적인 필요들(biological make up): 먹고, 자는 것들-한국은 4계절이 분명하다.
* 환경(environment)
* 문화(culture)

인류학은 이런 것들을 어떻게 다루어야 하는지를 가르쳐준다. 생체적인 것들은 우리가 무엇을 먹어야 하는지를 가르쳐 준다. 문화는 젓가락을 사용하도록 가르친다. 이를테면 한국에서는 쇠젓가락, 인도에서는 손가락, 일본에서는 나무젓가락, 캄보디아에서는 수저와 포크, 영국은 포크와 나이프를 사용한다.

그리고 침대에서 자야 할지 바닥에서 자야 할지를 가르쳐 준다. 이런 것들은 모두 문화가 결정해 준다. 물론 아이들을 어떻게 가르쳐야 할지도 결정한다. 일본 사람들의 뒤통수는 납작한데 그 이유는 엎드려 재우지 않기 때문이다. 또한 그들의 걷는 모습을 지켜보는 것도 재미있다. 문화가 다르면 걷는 법도 다르다. 문화로부터 걷는 법도 배우게 된다. 일본의 여자아이들은 펭귄처럼 걷는다. 왜 그렇게 하는지 이해할 수 없었다. 왜 그렇게 걷는가? 게다를 신고 걷는 엄마를 보고 걷기 때문이다. 운동화를 신은 딸이 게다를 신고 걷는 엄마를 보고 그 걸음걸이를 닮게 된다. 즉 관찰을 통해서도 문화를 배우는 것이다. 문화는 무엇이 옳은지를 가르쳐 주는 것이므로 조금만 달라도 잘못된 것으로 생각한다. 다른 문화에 가면 다른 방식으로 행동하는 것을 발견하게 되고 동시에 문화적인 충격을 받게 된다. 종종 내가 하는 것은 유일하게 옳고 다른 것은 틀리다고 생각할 수 있다.[21]

---

21) Ibid., 6.

(4) 인류학은 참여 관찰방법[22]을 사용한다.

쇼핑센터나 백화점에 앉아서 사람들을 관찰하며 그들이 어떤 사람들일까를 생각한다. 참여하여 관찰하는 방법은 왜 사람들이 그렇게 사는지를 이해하기 위한 조사방법이다.

(5) 인류학은 초문화적인 관점을 갖도록 해준다.

대부분의 사람들은 단일문화적인 관점을 갖고 있다. 좋은 찬양을 듣고도 아멘을 하는 사람들이 있지만 어떤 사람들은 박수를 친다. 그것은 잘못된 것인가? 남아프리카는 박수도, 아멘도 아니고 손을 흔든다. 어떤 것이 옳은가? 단일문화에 사는 사람들은 자신의 것만이 옳다고 생각하지만 초문화 속에 사는 사람들은 다양한 방식의 삶의 모습을 가지고 있고, 그래서 그런 것들을 어떻게 서로 다른지를 관찰한다.

(6) 인류학은 형식과 의미를 구별하게 해준다.

아멘이라고 말하는 것은 예배에서 하나의 형식이다. 박수를 치는 것이나 손을 흔드는 것도 그렇다. 그러면 그것은 무엇을 의미하는 것인가? 기독교 인들이 아닌 사람들은 아멘의 형식으로 어떻게 하는가? 교회에서는 아멘이라는 히브리 형식을 가르치는데, 교인들도 교회 밖에서는 같은 의미로 다른 형식을 취하지 않는가? 교인이 아닌 사람들이 교회에 와서 박수를 쳤다가 당혹스러워하지는 않는가?

(7) 인류학은 문화를 어떻게 바꿀 것인지를 알게 해준다.

예수를 믿게 될 때 문화가 바뀌고, 삶이 바뀌고, 세계관과 가치관, 그리고 행동이 바뀐다. 교회에 오면 세계관, 가치관이 바뀌게 된다. 인류학적인 관점에서 사람들이 얼마나 효과적으로 바뀌게 되는지를 말하게 된다. 세계 인구의 약 25% 이상이 무슬림들이다(14억 정도). 대부분의 사람들은 분명한 복음 제시를 받아본 적이 없다. 무슬림에는 2000명 정도의 기독교 사역자들이 사역하는데, 이는 1명당 700만 명을 감당하고 있는 비율이다. 이슬람

---

[22] James Spradley, *Participant Observation* (Wadsworth Publishing, 1980).

교도들은 예수님을 선지자로 알고 있으며 오직 알라(Allah)만을 믿는다. 복음에 대한 이해는 없고, 구원을 얻으려면 충분한 선행을 해야 한다. 또 두 명의 천사가 평생 사람들을 따라다니면서 악행과 선행을 비교해 보아서 많은 쪽으로 심판이 정해진다. 선행이 많으면 천국에, 악행이 많으면 지옥에 가는 것이다. 하나님이 사랑하는 그들을 위해 기도해야 한다.

선교와 목회는 영적으로 실제적인 사역이다. 무슬림을 위해서 기도한 적이 있는가?

무슬림의 분포는 통계적으로 2006년 말 현재 세계 인구의 약 25% 정도에 해당하는 14억 인구이다. 그런데 그들은 분명한 복음 제시를 접해 볼 수 있는 기회가 거의 없다. 남한의 인구가 4,900만 명인 데 반해 무슬림 인구는 14억 명이다. 그런데 14억의 무슬림 인구를 위해서 일하는 기독교 선교사(일꾼)는 단지 2,000명에 불과하다. 비율로 보면, 1명의 선교사가 700만 명의 무슬림을 위해서 일하고 있는 실정이다.

한국 인구 비율로 본다면 남한 전체를 위해서 7명의 목사가 있다는 것과 다름이 아니다. 초교파적으로 무슬림 세계를 향한 선교에 박차를 가하자고 도전한다. 모든 한국교회는 이슬람 선교를 위한 새로운 정책을 수립해야 한다. 무슬림 사람들은 하나님을 믿는다. 알라를 믿는다. 물론 예수도 믿는다. 그러나 거룩한 하나님의 아들이 아니라 선지자로 믿을 뿐이다. 그들은 분명한 복음에 대한 이해가 없고 그래서 충분한 선행을 통해서 낙원에 갈 수 있다고 믿는다. 그리고 두 천사가 따라다니면서 그 사람의 행위를 기록하는데, 선한 일을 하면 선한 천사가 기록하고 악행을 하면 악한 천사가 기록을 한단다. 그래서 선한 일이 많으면 천국에 가고 그렇지 않으면 지옥에 간다고 하는 교리를 믿는다.[23]

지금, 사랑하는 사람을 위해서만 기도하고 있지 않은가? 하나님이 사랑하는 모든 사람을 위해서 기도하자. 하나님은 무슬림도 사랑하신다. 그들이 말하는 것처럼 행위를 통해서 구원받는 것이 아니라 예수를 믿음으로 구원 얻게 되는 이 복음의 전파를 위해서 기도해야 한다.

---

23) 이재완, 『선교인류학』, 7.

(8) 인류학의 관점에서의 실제와 인식

행동과학자들은 현실이라는 실체는 직접적으로 인식되는 것이 아니라 그렇게 느끼고 본 것이라고 말한다. 우리는 우리 자신의 안경으로 세상을 본다. 우리 각자는 서로 다른 안경으로 세상을 본다. 우리가 끼는 안경이 무엇이냐에 따라서 우리의 인식을 결정하게 만드는 것이다. 이 사람은 안경을 통해 세상을 바라보는 것이다. 사람들에게 각기 다른 안경은 그 사람에게 어떤 영향을 어떻게 미치는가? 하나님에 대한 각기 다른 가정을 나타낼 수도 있다.

하나님은 존재하시나 너무 멀리 계셔서 우리에게 관여하지 않으신다. 이는 자연신론적인 관점이다(Deism). 이런 사람들에게 물어보면 기적은 가능하지만 그리 많지는 않다. 너무 멀리 계시므로 내 삶 속에 별로 큰일을 이루실 수 없다. 또 다른 사람은 하나님은 존재하지 않기에 기도할 필요도 없다, 기적도 없다고 한다. 또 다른 사람들은 너무 추상적이어서 교리적이고 개념적인 것으로만 하나님의 존재를 안다. 머리로만 하나님의 존재를 인정하는 것이다. 그리고 또 다른 사람들은 하나님은 존재하실 뿐 아니라 인간 속에 매우 활동적이고 그들을 만나기를 원하신다. 하나님은 우리의 기도를 들으시고, 내 삶 속에 개입하신다. 이처럼 많은 사람들은 각기 다른 안경을 가지고 있다. 심지어는 교회 안에도 현실에 대한 관점이 매우 다르게 나타난다.

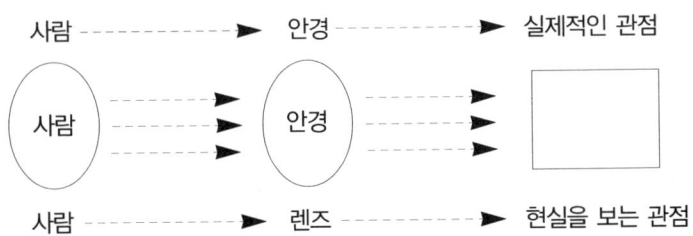

〈도표 1-1〉 관점에 관한 이해 [24]

---

24) Ibid., 8.

사람들에게 각기 다른 렌즈가 어떻게 영향을 미치는가? 각기 다른 렌즈는 하나님에 대한 다른 가정을 나타낼 수 있다. 각기 다른 세 가지의 안경이 사람들에게 어떻게 영향을 미치는지를 보면 다음과 같다.

첫째, 하나님이 계시는데, 우리와 멀리 떨어져 있어서 매일의 삶 속에 개입하지 않는다는 입장이다. 이는 이신론적이며 자연신론적인 신관이다(18세기 영국).[25] 기적은 일어날 수 있지만 기적은 자주 일어나지 않는다고 생각한다. 하나님은 너무 멀리 계시기 때문에 내 삶에 관심이 없고 내 삶에 아무런 일도 할 수 없다. 그들에게 하나님은 없다. 존재하지 않는다. 기도하지 않는다. 기도할 필요 없다. 하나님은 우리 기도를 듣지 않는다.

둘째, 하나님의 존재를 매우 실제적이고 논리적이고 교리적으로 인정하는 입장이다. 하나님이 실제적으로 역사하는 분이시며 기도하는 것이 나의 마음을 편하게 해주는 것이다. 하나님은 실제적으로 존재하신다. 인간 속에 매우 활동적이고 인간에게 가까이 다가가시고 만나기를 원하신다. 내 삶 속에 직접적으로 개입하셔서 내 기도를 들어주신다.

우리는 성경을 읽지만 다른 안경으로 성경을 본다. 현실에 대한 관점이 매우 다르게 나타난다.

사람-믿는 것(What we believe possible)-경험한 것(What we exercise)-분석한 것(What we analyze-view of reality)

행동과학자들의 주장에 따르면 현실은 직접적으로 인식하는 것이 아니다. 그것은 현실에 대한 인식이지 그 자체가 아닐 수도 있다. 마음의 지도가 있다. 자신의 안경으로 세상을 본다. 우리는 우리의 다양한 각기 다른 문화적인 안경으로 세상을 본다. 우리의 안경이 무엇인가에 따라서 우리가 보는 것이 달라진다.

① 첫 번째 안경의 예(병든 자들을 위해서 하는 기도)
A라는 자매에게 "기도해 드릴까요?" 했더니 "의사에게 가겠습니다"라고

---

25) 이재완, 『웨슬리와 선교』(서울: 한들출판사, 2004), 25-28.

하였다. 그녀는 하나님을 신뢰하는 것보다 의사를 신뢰하는 것이 낫겠다고 생각하였던 것이다.

B라는 자매에게 "기도해 드릴까요?" 했더니 "하나님께서 내 기도를 들으실 수 있다는 사실을 믿습니다. 기도해 주세요"라고 요청했다. 이에 목사가 기도했더니 응답의 경험을 갖게 되었다.[26]

② 각기 다른 세 가지의 안경이 사람들에게 어떻게 영향을 미치는지 일수 있다(필터).

사람 -〉 렌즈1 -〉 렌즈2 -〉 렌즈3 -〉 사실의 관점(view of realty)

첫 번째 안경: 우리가 가능하다고 믿는 것이 무엇인지?(What we believe possible?)
두 번째 안경: 우리가 경험한 것이다(What we exercise)
세 번째 안경: 우리가 분석한 것이다(What we analyze-view of reality)

이것이 세상을 보는 현실이 된다. 그러므로 첫 번째 안경에서 믿으면 두 번째 안경에서 경험하게 되는 것이다. 그것은 내 사실에 대한 관점을 믿게 한다. 알게 된 사실이 어떤 현실을 믿게 되는 것에 영향을 미치게 되는 것이다.

여기서 병든 자를 위해 기도하는 것이 목사로서 당연히 해야 할 일이지만 만약에 그 병자에게 "기도해 드릴까요?"라고 질문했을 때 환자 성도가 "아니요 전 의사에게 갈게요"(하나님보다는 의사를 의지)라고 한다면 어떻게 할 것인가? 이 그리스도인은 하나님이 병을 고치는 것이 가능하지 않다고 믿으므로 의사에게 가게 되는 것이다. 즉 첫 번째 안경에서 믿으면 두 번째 안경에서 경험하게 되는 것이다. 그것은 내 사실에 대한 관점을 믿게 하는

---

26) 이재완, 『선교인류학』, 9.

것이다. 다시 말하면 알게 된 사실이 어떤 현실을 믿게 되는 것에 영향을 미치게 되는 것이다.[27]

(9) 인간의 관점(reality)과 하나님의 관점(REALITY)

먼저 소문자 reality는 인간의 관점이다. 인간들은 수많은 안경을 끼고 바라본다. 하지만 바울은 우리가 보는 것은 희미해서 실체를 보는 것이 아니라고 했다. 다음으로 대문자 REALITY는 하나님이 보시는 있는 것 그대로의 관점이다. 우리가 하나님이 보시는 것처럼 보지 못한다면 우리가 보는 것을 교리화(dogma)시키면 안 된다는 것이다. 교회에 가면 자신이 항상 옳다고 하는 사람이 있다. 자신이 본 것을 하나님처럼 완전히 옳다고 생각하며 주장한다. 그러나 내가 끼고 있는 안경을 통하여 본 것이라면 자신이 깨달은 것에 대해 겸손해질 수 있다. 새로운 것을 본다 할지라도 그것의 실체를 다 보지는 못할 수 있다. 그러나 절대적인 관점에 대한 한 부분을 본다는 의식이 필요하다.[28] 다음의 예를 보라.

*세 사람이 다른 관점과 위치에서 교통사고를 보았다. 서로 다른 위치에서 보았기 때문에 서로 다른 진술을 하게 된다. 즉 사람은 자기의 관점에서 내가 있는 각도에서만 그 사고를 본 것에 불과하다. 왜냐하면 그들은 절대적인 사실이 아니라 자신의 각도에서 사고를 보았기 때문이다. 의사소통을 원활하게 하기 위해 반드시 전제해야 하는 것은 우리의 의식이 부분적이라는 것을 인정하는 것이다. 하나님의 말씀에 대해서도 그렇다. 우리의 문화적인 안경으로 성경을 보기 때문에 우리는 역시 부분적인 것들을 볼 뿐이다.

* 미국 백인 초등학교에서 선생님이 수학을 가르치고 있었다. "네 마리의 검은 새가 밖에 있는데 새총으로 한 마리를 쏘면 몇 마리가 남았을까?" 하고 질문을 하였다. 한 백인 소년이 손을 들더니 세 마리 남았다고 대답했다. 그러자 최근에 아프리카에서 미국으로 이사 온 소년이 한 마리

---

27) Ibid.
28) Ibid., 10.

도 남지 않았다고 대답했다. 교사 한 마리밖에 못 맞추었는데 어떻게 한 마리도 남지 않을 수 있냐고 비웃었다. 하지만 그는 다른 관점을 가지고 있었다. 새총으로 새를 쏘았을 때, 한 마리를 잡으면 나머지는 도망가는 것을 알았던 것이다. 다른 사람은 비웃고 조롱하지만 그는 다른 관점으로 보는 것이다.

　* 어떤 그림(인물화)을 본 적이 있는가? 보는 관점에 따라서 젊은 여자로, 혹은 늙은 여자로, 혹은 둘 다로 보인다. 즉 우리가 어떻게 느끼는가가 우리의 관점을 결정하는 것이다.

　* 이탈리아의 한 노인이 자신의 몸에 피가 없다고 말했다. 손자들이 할머니에게도 피가 있다고 설득하여도 할머니는 "내 몸에는 피가 없다"고 하였다. 신체검사를 할 때 그 할머니로부터 피를 뽑았다. 그러자 할머니는 "내게 있는 피를 다 뽑아서 이제는 정말 피가 없어' 라고 했다.

　종종 성경을 가르치면서 동의하지 않는 사람들을 만나면서 우리도 역시 완벽한 성경의 관점을 가지지 못했다는 생각을 가져야 한다. 인식의 차이 때문에 선교나 목회의 현장에서 전혀 다른 관점으로 재미있는 일이 일어난 적이 있는가? 사람들 중에는 자신의 죄가 너무 커서 하나님이 자신의 죄를 용서해 주지 못한다는 관점을 가진 사람들이 있다.[29]

3. 선교인류학의 목표들

　　1) 문화의 개념과 선교지 문화에 대한 총체적인 이해를 돕는다.
　　2) 선교사역의 필수적인 상황화, 문화와 복음과의 관계에 대한 이해의 폭을 넓혀준다.
　　3) 효과적인 복음전달: 선교지에서 복음전달을 위한 문화적인 접촉에 대한 안목을 극대화한다.

---

29) Ibid., 11.

4) 선교사의 선교사역을 통하여 필수적으로 가져 올 문화적인 변동을 예측하고 건설적인 방향으로 문화적인 변동을 이룰 수 있는 안목을 키운다.[30]

이런 의미에서 선교인류학은 선교사가 선교 현장에서 가져야 하는 중요한 도구를 제공해 준다. 그 도구는 사람들을 총체적으로 이해하고 그들과 관계를 맺으며 복음을 전달하는 데 중요한 기능을 발휘하는 것이다. 선교인류학은 효과적인 선교사역을 위한 하나님의 원리를 선교사에게 제시해 줄 수 있다.

4. 한국 선교사와 선교인류학

특히 한국교회의 선교사에 있어서 선교인류학적인 훈련은 급선무이다. 한국교회의 선교사들이 가지고 있는 장점이 많음에도 불구하고 선교지에서 더 많은 영향력을 끼치지 못하는 이유는 선교 현장의 문화에 대한 이해 부족에 기인한다. 우리는 단일문화권에서 성장하였기 때문에 우리와 다른 사고 체계를 인정하지 않으려는 경향이 강하다. 단일문화권에서 성장했다는 것이 선교에 있어서는 커다란 장애요인이 되기도 한다.

미국의 뉴욕주립대학교의 워커 코너 교수가 전 세계 132개 국가의 민족 구성을 조사했더니 단일민족이 한 나라를 이룬 것은 한국을 포함하여 겨우 12개 국가에 불과하다고 말하였다.[31] 그러나 이제 한국도 다문화국가에 속한다고 보아야 할 것이다. 왜냐하면 국제 결혼을 통하여 많은 외국인들이 국내에 들어왔고, 자녀를 출산하였기 때문이다.

---

30) 안영권, 『선교인류학』, 아세아연합신학대학원 강의안, 1997, 4.
31) 「조선일보」, 1994년 12월 16일자, 제5면, 이규태 코너.

5. 신학과 인류학의 상호 보완적 접근

1) 신학의 정의

신학(theology)이란 하나님과 궁극적인 실체에 대하여 연구하는 학문이다. 즉 사람들이 무엇을 생각하고 행해야 할 것을 연구하는 학문(당위성)이다. 특히 창조주가 되시는 하나님과 그의 계시의 말씀인 성경(Bible)은 다양한 인간의 모든 사람의 현장인 모든 문화와 세계관을 성찰하고 거기에 따르는 문제점들을 드러내 주며, 나아가 오늘날 만연해 있는 상대주의(relativism)의 위험성을 극복하게 할 뿐만 아니라 피조물로서의 모든 인간의 공통점을 찾아내며 모든 인본주의적은 이론적 패러다임을 극복하는 기준이 된다.[32] 그러므로 인류학은 당연히 신학에 귀속되어야 한다.

2) 인류학의 정의

인류학(anthropology)이란 신학의 영역에 반하여 인간의 삶에 대해 연구하는 학문이다. 뿐만 아니라 인간 역사와 사회의 다양한 문화적 상황에 대한 연구와 더불어 사람들이 실제적으로 사고하고 행동하는 것에 대한 연구(현실성-actuality)를 기반으로 하는 학문이라 할 수 있다.

3) 선교학에 대한 새로운 이해

(1) 현존(presence)
선교 현장의 현지인들과 함께 생활함으로써 사랑과 동정, 섬김과 계몽 등을 포함하여 삶의 전반적인 부분을 함께하면서 그리스도를 드러내는 것이다.

---

32) Paul. G. Hiebert, *Anthropological Insights for Missionaries* (Grand Rapids, Baker Books, 1985), 16-17.

(2) 선포(proclamation)

이것은 복음에 해당하는 영역이다. 복음은 선포되어져야 한다. 선교에 있어서 예언자적인 사명이다. 건강한 복음을 유지하기 위해서는 삶으로서의 신앙(faith)과 학문으로서의 신학(theology)이 있다.

(3) 설득(persuation)

아무리 복음의 내용이 위대해도 현지인들이 이해할 수 있는 범위가 정해져 있는 것이다. 그러므로 이것은 의사소통에 관한 것이다. 복음을 그들의 언어와 문화의 범위 안에서 구체적으로 이해시키는 작업이다.

(4) 능력(power)

복음은 능력이다. 인간의 이성을 넘어서는 것이다. 선교지에서 병을 고치는 역사, 귀신이 쫓겨나는 역사, 복음의 역사를 방해하는 악령의 역사들을 대적하여 구체적으로 살아 계신 하나님의 능력과 권능을 분명하게 나타내야 할 때가 있다.

4) 성경번역

계시의 말씀인 성경을 그들의 언어로 이해할 수 있도록 돕기 위해서는 성경번역이 필요하다. 성경번역을 위하여 선교신학자들은 언어 인류학적 통찰들을 사용하기 시작하였다. 이에 관한 학자들로는 글리슨(H. A. Gleason), 케네스 파이크(Kenneth Pike), 유진 나이다(Eugene Nida), 윌리엄 레이번(William Reyburn), 윌리엄 스몰리(William Smalley), 제이콥 로웬(Jacob Loewen) 등이 있다.

5) 선교지의 문화적 상황 이해

처음에는 성경번역을 위하여 언어인류학을 사용하다가 점차 선교지의 사회, 문화적인 상황을 이해하기 위하여 인류학적 통찰들을 사용하기 시작하였다. 대표적인 선교학자들로서는 폴 히버트,[33] 루이스 루즈베탁,[34] 찰스 크래프트[35] 등이 있다.

6. 제의된 연습-복음과 문화

이 문제들은 여러 다른 개신교단(protestant church)의 사람들이 중요하다고 느꼈던 많은 이슈들(issues)에 대해 여러분들 자신의 신학적인 일관성을 스스로 시험(test)할 수 있도록 돕고자 만들어진 자료이다. 타문화권의 상황 안에 처한 기독교인으로서, 당신은 모든 문화 안에서 없어서는 안 될 요소들과 그렇지 않은 것들 사이의 차이점들에 대하여 알 필요가 있다. 다음의 것들(명령, 실천, 습관)을 모든 시대를 통틀어 교회에 필수적인 것(Essential)과 어떤 특정한 시대, 장소의 교회에 유효할 수도 있고 유효하지 않을 수도 있어 절충 가능한 것(Negotiable)으로 나누어서 필수적인 것은 E로, 절충 가능한 것들은 N으로 표시하고 토론해 보라.

1. 거룩한 입맞춤으로 서로 문안하라.
2. 기독교인들 사이의 문제를 해결하기 위하여 법정에 가지 말라.
3. 이방인들의 제사에 사용되었던 고기는 먹지 말라.
4. 회중에서 여성들은 기도할 때나 말할 때 머리에 두건을 써야 한다.
5. 임직식을 할 때 손을 얹고 안수한다.
6. 악기 없이 노래한다.
7. 대예배는 반드시 주일 오전에 드려야 한다.

---

33) Ibid.; Paul. G. Hiebert, *Anthropological Reflections on Missiological Issues* (Grand Rapids, Baker Books, 1994), etc.
34) Louis J. Luzbetak, *The Church and Culture: New Perspectives in Missiological Anthropology* (Maryknoll, NY: Orbis Books, 1995). etc.
35) Charles H. Kraft, *Christianity in Culture* (New York: Orbis, 1991); *Communication Theory for Christian Witness* (Nashville, TN: Abingdon Press, 1983), *Christianity with Power* (Ann Arbor, MI: Servant, Vine, 1989), etc.

8. 피를 먹는 것을 금지하라.
9. 세례 받은 자만 성찬을 받는다.
10. 당신의 성찬을 위하여 진짜 포도주와 누룩 없는 떡만 사용하라.
11. 여자들은 남자들을 가르치지 않도록 되어 있다.
12. 여자는 머리를 땋거나 금이나 진주로 장식하지 않아야 한다.
13. 남자들은 긴 머리를 가지지 말아야 한다.
14. 술은 전연 마시지 말라.
15. 노예는 당신이 잘 대우해 준다면 허용될 수 있다.
16. 죄를 서로 고백하라.
17. 방언의 은사를 구한다.
18. 일하지 않는 사람은 먹지 말라.
19. 매일 개인적으로 하나님과의 친교의 시간을 가진다.
20. 기도를 마칠 때 아멘 한다.
21. 모든 교회마다 장로와 집사들을 선임하고, 지도자들을 선거로 뽑는다.
22. 최소한 수입, 생산품, 곡식 중의 십일조를 드려라.
23. 경배를 위하여 장소를 건축한다.
24. 세례의 방법으로 그리스도를 공중 앞에서 고백한다.
25. 침례(물에 잠김)로써 세례를 받는다.
26. 성인으로서 세례를 받고, 어린이 혹은 유아로서 세례를 받는다.
27. 성만찬에서 발을 씻으라.
28. 일부다처제를 따르지 않는다.
29. 어떠한 이유로든 배우자와 이혼하지 않는다.
30. 간음으로 인한 것 이외에는 배우자와 이혼하지 않는다.

당신의 원칙(들)이 당신이 내린 모든 결정을 설명할 수 있어야 한다.[36]

---

36) Paul. G. Hiebert, *Anthropological Insights for Missionaries* (Grand Rapids, Baker Books, 1985), 57-58.

제2장

문화인류학이란?

1. 인류학을 공부하는 이유

인류학(anthropology)이란 명칭은 원래 헬라어 anthropos(인간) + logia(학문, 지식)에서 나왔으며, 그런 의미에서 인류학은 "인간을 연구하는 학문"이라고 할 수 있을 것이다.[1] 그러나 인류학은 좀 더 폭넓게 인간 사회의 역사, 지리, 자연 환경은 물론 체질적인 특성과 가족, 혼인, 인간의 심성, 경제 체제, 법률 체제, 예술, 언어, 종교 등의 모든 측면을 종합적으로 연구하는 학문이라 할 수 있다. 오랫동안 교회 안에서 "선교"와 "인류학"은 서로를 적대적인 것으로 이해하였다. 폴 히버트(Paul G. Hiebert)와 같은 선교학자는 이것을 가리켜 "사랑과 증오의 관계"(1978)라고 했다.[2] 그래서 이 분리의 심오한 차이에 가교를 놓을 수 있는 사랑과 신임의 관계를 설정

---

1) 이재완, 『선교인류학』, 14.
2) Paul G. Hiebert, "Missions and Anthropology: A Hate/Love Relationship," in *Missiology, Vol. 6*, 165-180.

하는 것이 중요하다고 했다.[3] 그러나 특히 타문화권에서는 언어습득과 전달방식을 완벽하게 배웠다 하더라도 "문화적 이해"가 충분하지 않으면 결신자가 생기지 않는다는 것을 깨닫게 되었다. 바로 이 점이 우리에게 왜 문화인류학을 배워야 하는가라는 질문에 대한 해답을 준다.

첫째, 크리스천들은 내세(천국)의 시민들로 하나님의 부름을 받은 자들이지만 동시에 이 세상의 시민으로 살아가고 있기 때문이며, 다양한 문화를 가지고 이 세상에 살고 있는 많은 사람들에게 복음을 전하려면 그들의 문화를 이해해야 하기 때문이다. 복음은 유대인과 이방인, 노예와 주인, 남자와 여자들로 대립적 관계로 나누어 놓는 모든 자민족우월주의(ethnocentrism)의 장벽들을 무너뜨린다. 복음은 하나님과 인간 사이의 교제 회복과 인간과 인간 사이의 교제 회복을 추구한다. 그런 점에서 문화인류학은 우리에게 문화의 이해에 대한 감사함을 가짐으로 다른 사회에 살고 있는 사람들과 교제를 갖도록 도와주며, 관계를 형성하는 데 도움을 줄 수 있다.

둘째, 크리스천들의 가장 중요한 사역은 복음이 이해되어지고 유효(relevant)하다는 것을 나타내는 것인데, 그리스도를 전하고자 하는 지역의 사람과 그들의 문화를 이해하지 못하고서는 복음을 전하기가 대단히 어렵기 때문이다. 한마디로 문화인류학이란 선교학자인 루즈베탁의 정의처럼 "사람의 마음과 관습을 이해하기 위한 개념과 방법을 마련하는 학문으로서, 소멸한 종족이나 생존하고 있는 민족의 삶을 분석 비교하는 것"이다.[4] 그러므로 문화인류학은 현대 기독교 선교에 있어서 대단히 중요한 위치를 차지하는데, 이는 선교사들이 문화의 경계선을 넘어서서 관계와 전달을 가질 때 최소한의 "파손"(distortion)과 "의미 상실"(loss of meaning)을 유지함으로 복음의 본질을 유지할 수 있도록 돕는 학문이기 때문이라고 할 수 있다.

셋째, 오늘날의 크리스천들이 직면하고 있는 중요 과제들 중 하나가 복음을 모든 문화권의 사람들에게 이해되게 하고 그들의 삶에 적절히 적용되도록 하는 것이기 때문이다. 존 스타트(John Stott)가 지적했듯이 성경 자체의 문화적 배경과 오늘날의 문화들 사이에는 깊은 격차가 존재하기 때문에

---

3) Paul G. Hiebert, *Anthropological Insights for Missionaries*, 23.
4) Louis J. Luzbetak, *The Church and Cultures*, 34.

복음을 오늘 이 시대에 효과적으로 전하기 위해서는 성경계시(특별계시)를 그 계시가 쓰인 역사적, 문화적 배경 속에서 이해할 뿐만 아니라 오늘 이 시대의 사람들을 그들이 처해 있는 현재의 상황 속에서 이해하는 것이 필요하다. 만일 오늘날의 크리스천들이 오늘 이 시대의 사회들에 대한 지식 없이 성경에 대한 지식만을 가진다면 복음전파가 결국 적절치 못하고 의미 없는 것이 되고 말 것이다. 반대로, 만일에 오늘날의 크리스천들이 현재의 문화들에 대한 이해는 있지만 복음에 대한 올바른 이해가 없을 때에 전달해 줄 아무런 메시지를 갖지 못하게 될 것이다. 특별히 문화인류학은 기독교 선교를 위하여 중요한 의미를 가진다. 왜냐하면 선교사들은 문화적 영역들을 넘어서 관계구축과 의사전달을 이루어나가야 하기 때문이다. 사람들에게 의미 있는 것이 되기 위하여 복음은 그 복음을 듣는 사람들이 이해하고 신뢰할 수 있는 문화적 형태들로 표현되어져야 한다. 그리스도께서 하늘 영광 보좌를 떠나 인간 문화 속으로 들어오셔서 공생애를 시작하시기 전 근 30여 년 동안 유대문화와 언어를 습득하신 것처럼, 오늘날의 복음전파자들도 복음을 듣는 사람들이 이해하고 받아들일 수 있도록 다른 문화 속으로 들어가서 그 사람과 문화를 배워야 할 것이다.

2. 문화인류학의 이점

남태평양 네덜란드령 파푸아 뉴기니(Netherlands New Guinea)의 선교사였던 돈 리처드슨(Don Richardson)이 쓴 『화해의 아이』(Peace Child)란 책이 있는데, 이 책의 내용은 다음과 같다. 그가 파푸아 뉴기니에 갔을 때 여러 해 동안 사역을 했음에도 여러 부족들 간의 갈등과 싸움으로 열매가 없었다. 그러던 어느 날 싸움이 멈추고 평화가 선포되었고 그런 상태가 상당한 기간 동안 유지되다가 다시 무서운 싸움이 시작되곤 했다. 그런데 싸움이 멈추게 되는 중요한 이유를 살펴보니 양쪽 부족에서 같은 날 사내아이가 태어날 때 평화가 선포되었다는 점이다. 리처드슨은 바로 이러한 "화해의 아이"에 대한 문화적 특성을 깨닫고, 그리스도의 복음을 설명했을 때 그의 사역에 큰 전환점이 찾아왔다고 설명하고 있다. 물론 "화해의 아이"가 문화적 설정에는 맞았는지 모르지만 이 세상에서 그리스도의 독특한 "대속의 죽음"을 대치할 만한 상대적 가치는 없다는 점을 묵과한 부분이 지적될 만하다. 문화적 "접촉점"은 복음이 아니며, 문화적 배경이 십자가를 대치할 수도 없다. 그럼에도 불구하고 문화인류학은 많은 이점을 가지고 있는 것도 사실이다.[5]

"문화인류학"은 선교사들에게 다른 문화들에 대한 지식을 제공하고 그들 스스로의 자민족우월주의를 극복하게 하는 데 도움을 줄 수 있는데 다음과 같다.

> 1) 문화적 경계심(cultural awareness)을 통해 문화 이해(understanding)를 돕는다.
> 2) 문화의 다양한 궁금점들(questions)을 질문하도록 도와준다.
> 3) 문화 충격(culture shock)을 견디게 하며, 문화에 대한 오해(misunderstanding)와 "자민족우월주의"(ethnocentrism)에서 벗어나도록 도와준다.
> 4) 타문화권에서 효과적인 전달방법(effective cultural communication)을 찾아 새로운 지역에 복음의 문(an important new door for the Gospel)을 열도록 도와준다.
> 5) 선교사로 하여금 복음과 교회가 사랑과 이해 가운데 상황화의 진행(the process of contextualization of the Gospel)이 이루어지도록 도와준다.

문화인류학이 결코 모든 선교의 문제들을 해결할 수 있는 만병통치약은 아니다. 또한 문화인류학을 배우고 이해했다고 해서 복음이 쉽게 전파될 것이라는 안일한 생각을 가져서도 안 된다. 이 점에 대해 선교학자인 유진 나이다(Eugene Nida)는 문화인류학의 지식에 대한 두 가지 유익한 점과 한 가지 경고를 다음과 같이 말하고 있다.

---

5) Don Richardson, *PEACE CHILD* (Ventura, Ca., Gospel Light Publication, 1974).

문화인류학의 지식에 대한 습득은 두 가지를 사전 준비시켜 준다는 점에서 유익하다. 첫째, 복음이 전달됨에 있어서 상징(symbols: 기호, 부호)의 유효성이 있음을 깨닫게 한다. 둘째, 복음을 전달하고자 하는 겨냥 지역의 상황을 직시하며, 이러한 상징들이 의미 있게 전달되어지게 됨을 깨닫게 한다. 그리고 한 가지 경고는 문화인류학을 공부했기 때문에 전하려는 메시지가 누구에게나, 그리고 어디에서나 환영받으며 수용되리라는 보증이 없다는 것이다.

한마디로 "문화인류학"의 기능은 "복음을 효과적으로 전할 수 있도록 해주는 도구"라는 것이다. "로마에 가면 로마사람같이"라는 속담이 있다. 바울은 "유대인들에게는 내가 유대인과 같이⋯율법 아래 있는 자에게는⋯율법 없는 자와 같이⋯약한 자들에게는 내가 약한 자와 같이⋯여러 사람에게 내가 여러 모양이"(고전 9:21-22) 되었다고 했는데, 그 이유는 "아무쪼록 몇몇 사람들을 구원코자 함"이라고 했다.[6] 타문화권에서의 선교사역을 하는 선교사들은 선교사역의 대선배 바울에게서 배워야 할 것이며, 동시에 우리의 주님이시며 하나님 나라 첫 선교사이신 예수 그리스도의 성육신사역을 모델로 겸손하게 타문화권에서 말씀을 전하며 섬기는 하나님의 종이 되어야 할 것이다. 그럼 이제 인류학에 대하여 알아보자.

인류학은 문화인류학, 체질인류학[7] 선사고고학,[8] 민족지[9]로 구성된다.

---

[6] Phil Parshall, 『무슬림 전도의 새로운 방향』, 채슬기 역(서울: 예루살렘/중동선교회, 2003), 45-48.

[7] 체질인류학은 생물진화 도식에서 인간의 위치, 곧 진화생물학, 인종들 간의 체질적 차이, 인간유전학 등에 관심이 있다. 그러므로 이에 대립되는 문화인류학은 인간생활의 생물적인 측면이 아닌 모든 측면에 대한 연구가 되고, 사회제도들과 가치를 주된 관심사로 하는 사회인류학은 문화인류학의 한 부분이 된다.
체질인류학은 생태인류학과 진화주의 인류학, 그리고 고고학과 많은 연관성을 가지고 있지만, 사회문화인류학의 발전과는 별도로 독자적으로 발전해 왔다. 사회문화인류학자들은 체질인류학, 곧 생물인류학과 생물인류학의 현대적 형태인 사회생물학이 인간의 사회적 문화적 특성과 다양성을 설명하는 데 큰 의미를 가진다고는 생각하지 않는다. 그 이유는 체질인류학과 사회생물학이 생물결정주의를 지나치게 강조하고 있기 때문이고, 사회문화적 사실들을 설명하는 생물학적 이론들이 인종주의(racism), 곧 인간간의 생물적 상이성을 강조하고 그 결과 과학적으로 기여하는 바는 그다지 크지 않으면서도 선동적이고 호도된 여론을 형성하는 데에는 크게 기

문화인류학은 문화의 연구를 통해서 인간을 이해하고자 하는 과학적 노력이다. 문화의 비교연구, 곧 경험적 현상(empirical phenomena)에 대한 연구는 인류학의 중요한 부분이긴 하지만 그것은 어디까지나 인간의 이해라는 인류학의 궁극적인 목표에 이르는 수단이다. 즉 문화학은 인류학의 수단이다. 체질인류학은 유전과 진화와 적응으로서 인간을 연구하는 인류학의 하위분과이다. 체질인류학은 인간유전학, 진화유전학, 인종의 연구, 진화생물학, 인간의 진화, 영장류학 등을 다룬다. 선사고고학은 기록된 역사 이전의 사회들을 연구하며, 그 사회에서 인간이 만든 도구와 상징물에 인간의 행위가 반영되는 방식, 곧 문화를 연구한다. 민족지는 특정 문화의 주의 깊은 기술을 의미하며, 인간집단의 비교연구와 역사적 연구의 바탕을 제공한다. 특정의 문화나 사회에 초점을 맞추는 민족지는 일차적 연구이고, 보편적인 인간과학인 인류학은 이차적인 연구이다.

여하기 때문이다.
http://synnic.com.ne.kr/CulturalA.htm

8) 고고학은 발생적인 측면에서 두 가지 전통, 즉 고전고고학과 선사고고학으로 나눌 수 있다. 고전고고학은 고대 그리스 문명과 로마 문명의 연구를 말하고, 선사고고학은 인간의 출현으로부터 문헌 역사의 출현에 이르기까지 전 세계의 모든 사람들의 삶의 방식을 재건하는 작업을 말한다. 그러나 오늘날 고고학은 선사고고학과 역사고고학으로 나누는 것이 일반적이다. 선사고고학은 고고학의 고유 영역인 반면, 역사고고학은 역사학의 보조과학이다. 고고학은 과거에 일어났던 사실들의 흐름을 규명하고 해석한다는 의미에서 역사학과 유사하다. 단 역사학은 기록된 문헌들을 연구하는 반면, 고고학은 기록된 역사 이전의 사회들을 연구한다는 차이점이 있다. 그보다 더 중요한 사실은 고고학은 인류학이며 문화를 연구한다는 점이다. 고고학은 인간이 만든 도구와 상징물에 인간의 행위가 반영되는 방식을 연구한다.
http://synnic.com.ne.kr/CulturalA.htm

9) 민족지는 일반화와 비교화를 염두에 두고, 체계적으로 특정 인간사회를 기술하는 것을 말한다(descriptive accounts of human societies). 그래서 민족지는 문화인류학의 자료이다. 문화인류학에서 서술과 분석은 그 구분이 엄밀한 것이 아니다. 왜냐하면 인류학자는 사회제도를 관찰하는 것이 아니라, 사람들의 행위에서 사회제도들을 추론해 내기 때문이다. 인간관계와 가치의 가장 단순한 서술도 해석과 분석을 의미하고 있다. 그러므로 순수 민족지(pure ethnography)라는 것은 존재하지 않는다. 민족지를 인류학과 대립적으로 정의하면 민족지는 특정 인간사회의 일차적 연구이고, 인류학은 이차적 연구이다. 민족지의 특성은 특정의 문화나 사회에 초점을 맞추는 것이고, 민족지적 사례의 관점에서 이론적 일반화, 비교적 일반화를 고려하는 것이다. 그래서 민족지는 현지조사와 참여관찰의 중요성을 강조하고, 특정 문화의 주의 깊은 기술을 강조한다.
http://synnic.com.ne.kr/CulturalA.htm

3. 인류학이란 무엇인가?

문화인류학[10]은 국가와 학파에 따라서 다르게 불리기도 하는데, 전통적으로 미국에서는 문화인류학으로, 영국에서는 사회인류학[11]으로, 프랑스에서는 민족학[12]으로 불린다. 먼저 사회인류학과 문화인류학이라는 용어의 구별은 현지조사의 우연성에서 비롯되었다(contingence of field work). 1960

---

10) 현재 미국에서 문화인류학이라는 용어는 광의와 협의로 사용되고 있는데, 넓은 의미로는 선사고고학과 인류학적 언어학, 그리고 문화와 사회들의 비교연구를 포괄하는 용어로 사용되며, 좁은 의미로는 특정 문화의 기록과 분석을 뜻하는 민족지와 특정 문화의 비교분석과 역사적 분석을 뜻하는 민족학을 포괄하는 용어로 사용된다. (prehistoric archaeology and anthropological linguistics as well as the comparative study of human cultures and societies) (ethnography or the study and recording of specific cultures, and ethnology or the comparative and historical analysis of cultures)
11) 영국의 인류학자들은 태평양의 섬 주민들과 아프리카의 부족사회들과 같이 여전히 예전의 모습을 간직하고 있던(still 'going concerns') 원주민 사회들에 대한 현지조사에 기초하고 있었다. 따라서 Durkheim이 사회학의 방법론적 접근이 가능했고 영국에서는 사회인류학이라는 용어가 주류를 이루게 되었다. 사회인류학은 Durkheim의 사회적 사실이론(theories of social facts)에 바탕을 두고 사회, 사회조직, 구조 등 사회적인 것을 강조하는 구조기능주의로 발전했고, 추적적이고 경험적인 민족지적 전통을 구축해 나갔다(the fact-finding, empirical, ethnographic tradition). 미국에서는 사회인류학을 사회와 문화들의 비교연구라는 의미로 사용하는데, 이것은 고고학과 인류학적 언어학, 문화와 사회들의 비교연구를 포괄하는 미국의 문화인류학과 대비시켜 사용하는 용어이다.
http://synnic.com.ne.kr/CulturalA.htm
12) 영국에서는 사회학이 인류학에 예속적인 위치에, 프랑스에서는 인류학이 사회학에 예속적인 위치에 놓여 있었다. 그래서 프랑스에서는 인류학을 '민족'(Ethnie)의 연구, 곧 동일한 언어와 동일한 문화를 가진 집단에 대한 연구라는 인식을 하고 있었고, Eduard Chavanne는 민족의 연구라는 의미인 '민족학'(ethnologie, ethnology)이란 용어를 제안했다. 그래서 프랑스에서는 민족학이라는 용어가 주류를 이루었다. 민족학이란 민족의 역사적 연구와 현지조사적 연구, 그리고 문화의 교차비교 방법과 일반화가 결합된 영역이다(historical and field study of ethnos with cross-cultural comparison and generalization).
러시아와 유럽, 특히 동유럽에서는 인류학이라는 용어보다 민족학이라는 용어가 주로 사용된다. 민족학의 연구 단위는 민족(ethnos; ethnie)이며, 민족학은 민족의 비교분석과 역사적 분석으로 여겨지고, 민족의 비교연구와 역사적 연구 없이는 보편적인 인간과학은 어렵다고 본다. 영국의 인류학자들은 민족학을 민족의 역사적, 지리적 연구라는 의미로 해석하는데, 이것은 사회체계의 기능적 연구를 뜻하는 영국의 사회인류학과 대립적으로 파악하기 때문이다.
http://synnic.com.ne.kr/CulturalA.htm

년대까지 미국의 인류학자들은 아메리카 인디언들과 에스키모들에게서 인류학적 자료를 구했다. 그런데 북미 인디언과 에스키모 집단들은 지난 2-3세기 동안 유럽에서 이주한 백인들에 의해서 사회구조가 거의 파괴되었고, 생활유형에서도 깊은 영향을 받았다.

북미 인디언들은 그 당시부터 독자적으로 생존 가능한 사회로 존속하기가 어렵게 되었다(ceased to exist as viable societies). 그래서 사회조직과 정치조직의 문제가 아프리카와 태평양에서 여전히 생존하고 있었던 원주민 사회들에 대한 연구에서처럼 그러한 긴급함으로 나타날 수 없었던 것이다. 따라서 실제로 살아 움직이는 사회체계로서의 원주민 집단들(actual communities as working social systems)에 대한 분석이 미국에서는 영국에서처럼 이루어질 수 없었다. 그러나 아메리카 인디언들과 에스키모들의 사회구조는 거의 붕괴되었음에도 문화적 측면, 곧 신화, 예술, 음악, 춤, 물질문화 등은 많은 부분 살아남았다. 그래서 인류학적 자료의 성격 자체가 미국의 인류학에서 문화의 사회학적 측면을 빼앗아 갔고, 그로 인해 미국의 인류학에 대한 관심이 사회체계보다 문화 항목들(items of culture)로 향하게 되었다. 그래서 미국에서는 문화인류학(cultural anthropology)이라는 용어가 주류를 이루게 되었다.

인류학을 가장 단순하게 정의한다면 '인간을 연구하는 학문'이라고 정의할 수 있다. 원래 인류학은 인간(anthropos)과 지식(logia)의 합성어이다. 그러나 인류학만 인간에 대한 연구를 하는 학문이 아니다. 예를 들면 사회학, 역사학, 심리학, 인간생리학, 의학 등도 인간에 대하여 연구한다. 그러나 다른 학문들과 달리 인류학은 일단의 사람들과 인간의 전체적 관점에 초점을 맞춘다. 인류학자들은 분자도 아니고, 실험실의 쥐도 아니고, 화학적인 반응도 아닌 인간을 대상으로 연구한다. 인간은 집단생활을 하므로 인류학은 제(諸) 집단을 연구하고 또 각 개인에 대한 집단의 영향을 연구대상으로 삼는다. 인류학자는 한 문화의 의미 세계로 들어가려고 노력한다. 즉 그들 나름대로의 삶에 관한 의미를 연구하는 것이다. 의미란 무엇보다도 사람들이 그들의 삶에 의의를 주기 위하여 창조하는 관념과 사물 사이의 관계를 말한다.

앞서도 말했듯이 인류학이란 인간에 대해 연구하는 학문이지만 인류학만이 인간에 대해 연구하는 학문이 아니다. 그러면, 인류학자들에 의하여 연구되어진 인간에 대한 지식들이 타 분야의 학문에서 연구되어진 것들과 다른 점들은 무엇인가? 이들 사이의 다른 점들은 연구의 목적이나 그들이 사용하는 연구방법들의 차이점이라기보다는 그들이 던진 질문들에 답하기 위한 관점의 차이이다.

폴 히버트는 인류학의 연구방법에 있어서 세 가지 관점으로서의 접근방법들을 제시한다.[13] 첫째, 인류학자들은 인간 연구에 있어서 포괄적인 접근방법(comprehensive approach)을 취한다. 즉 인간에게 있어서 발생할 수 있는 포괄적인 범위의 연구가 없이는 인간에 대한 충분한 이해가 불가능하다는 것이다. 인류학자들은 대개 이러한 접근법을 "통전적인 접근"(holistic approach)이라고 본다. 이 통전적인 접근은 인간존재에 대한 광범위한 다양성에 관심을 가지며, 그 연구에 있어서 포괄적인 입장을 반영한다. 다시 말하면, 인류학은 인간의 문화구조, 사회구조, 심리구조, 생물학적 구조, 신체구조 등 다양한 과학적인 모델 등을 연구하고, 그 구조들 사이의 상호 연관성을 찾는다.[14]

둘째, 인류학자들은 하나의 분석의 틀로서 문화의 개념을 발전시킨다. 학자들마다 다양한 문화의 개념에 대해 정의하지만 그 공통점들을 요약하면, "문화는 한 사회의 구성원들에 의해서 학습되고(learned), 공유되고(shared), 습득된(acquired) 행위(behavior)와 사고(idea)의 패턴이며 그 사회의 산물(products)로서 통합된 시스템(integrated system)이다." 즉 문화는 세 가지 요소를 포함하는데, 한 사회의 물질적인 산물의 형태와 관찰 가능한 인간의 행위, 그리고 그 사회의 구성원들이 갖고 있는 아이디어들의 통합된 시스템 혹은 복합적인 정렬이라 할 수 있다. 이 세 요소는 "문화적인 배열"(cultural configurations)이라 불리는 광범위한 형태들 안에서 서로 긴밀하게 연관되어 있다.[15]

---

13) Paul. G. Hiebert, Anthropological Insights for Missionaries, 19-21.
14) Ibid., 19.
15) Ibid., 20.

셋째, 문화인류학자들은 다양한 인간 문화에 대한 이해를 위하여 문화비교(cross-cultural comparison)의 방법을 사용한다. 이 방법은 우리가 문화의 다양성과 차이점을 이해하는 데 도움을 줄 뿐 아니라, 이러한 차이점 가운데서 인간의 근본적인 공통점과 단일성을 이해하는 데도 도움을 준다.[16]

인류학의 발전사적인 관점에서 볼 때, 그 원초적인 관심은 서구세계의 신대륙 발견과 더불어 그곳에 살고 있었던 서구인들과는 다른 종류의 피부와 관습과 문화를 가진 인간들에 대한 질문들에서 비롯되었다. 비 문명화된 원시사회에 살고 있었던 그들이 과연 인간으로 취급될 수 있었는가? 그들은 구원이 필요한 존재인가? 이러한 질문들에 대한 학문적인 답변을 하려는 일련의 노력의 결과가 인류학이었고, 교회의 응답이 바로 선교였다. 19세기에 들어와서 이 질문들에 대한 응답은 두 가지의 대통합이론(Grand Unifying Theory)으로 나타났다. 그것은 어거스트 콩트(August Comte)의 문화진화론(cultural evolutionism)[17]과 찰스 다윈의 생물학적 진화론(biological evolutionism)이었다.

먼저, 생물학적 진화론에 근거하여 인류학자들은 종족의 차이점에 대한 설명을 진화와 미 진화된 종족의 차이에 근거하여 설명하였다. 이러한 주장들은 노예제도와 식민주의를 정당화시켰다. 이에 대하여 19세기에 활동했던 선교사들은 창세기 1장의 하나님의 인간창조에 근거하여 인간의 생물학적인 통일성을 주장했고, 타락한 모든 인간들에게 복음이 절대적으로 필요함을 인식했다. 그러나 그들 자신들도 당시 서구의 인종적, 문화적 우월주의에서 벗어나지 못했다. 이에 대한 한 예는 19세기 서구 선교단체들이 흑인들을 선교사로 내보내지 않았다는 사실에서 볼 수 있다.

생물학적 진화론이 인류의 인종적 차이점에 대한 설명에 대하여 명확한 답변을 주지 못하자, 인류학자들은 문화진화론을 들어 이것을 설명하려 했다. 즉 모든 인간의 역사는 단순한 종족에서 복잡한 종족으로, 야만인에서 문명인으로, 비논리적인 정신 상태에서 논리적인 정신 상태로 진보를 거듭

---
16) Ibid.
17) 문화양식이 보다 복잡한 형태로 변화하는 것을 일컫는 용어이다.

해 온 "진보의 역사"라는 것이며, 서구 문명과 기술의 우월성이 이를 입증한다고 주장했다. 이러한 관점에서 볼 때, 문화진화론은 서구 세계의 비서구 세계에 대한 정복과 통치를 정당화시켰고 근대 계몽주의 역사관을 정당화시켰다. 비록 많은 선교사들이 문화진화론의 입장을 거부했지만, 그들의 선교활동에 있어서 서구 우월적인 사고와 행동이 은연중에 나타나는 것은 부인할 수 없다.

서구 계몽주의의 바탕 위에 세워진 서구 선교운동은 다음의 몇 가지 특색을 나타낸다. 첫째, 19세기 서구의 선교운동은 전 세계 교회의 서구화를 초래했다. 즉 식민주의 선교였다. 많은 선교사들이 서구 문명의 우월성을 받아들였고, 선교의 목적을 선교지 국가의 기독교화와 더불어 서구 문명화와 상업화로 보았다. 둘째, 자연계와 초자연계를 분리하는 계몽주의의 영향을 받았다. 이것은 과학을 일으켰고, 하나님의 자리가 없는 자연주의적 설명을 제시하였다. 서구의 과학문명은 이성을 기초로 하여 형성되었기 때문에 비서구의 물활론(animism)[18]이나 샤머니즘(shamanism)에 기초한 주술적인 종교들은 미신이라는 이름으로 서구 선교사들에 의해 배척되었다. 따라서 이러한 종교들은 성경적인 입장에서 심각하게 연구되거나 다루어진 것이 아니라, 오히려 지하로 숨어들어 사람들의 의식을 계속하여 지배하고 다양한 "혼합주의"적인 형태로 나타나게 되었다. 셋째, 문화적 진화론이었다. 이들 성향은 기독교 선교가 비기독교 세계를 세속화시키는 데 지대한 영향을 미쳤다.[19]

문화진화론에 대하여 반대하는 인류학적 견해들이 19기와 20세기에 걸쳐서 나타났는데, 그 하나는 에밀 뒤르껭(Emile Durkheim, 1858-1917)에 의해서 시작된 사회과학의 영향을 받아 영국에서 일어난 구조적 기능주의(structural functionalism)이다. 인류학에 있어서 구조적 기능주의의 대

---

[18] 정령숭배(Animism), 정령에 대한 믿음으로 타일러에 의하면 종교에 대한 최소의 정의이기도 하다. 인격화된 신을 믿는 것이 아니라 모든 자연현상에는 생명 혹은 정령이 깃들어 있다고 믿으며 동물, 식물, 광물은 물론 기후현상에 이르기까지 초자연적인 생명을 가진 존재로 파악하기도 한다.
[19] 이재완, 『타문화권 선교방법론 연구-상황화』(아세아연합신학대학교 대학원, 2007), 321.

표라고 할 수 있는 말리노프스키(Bronislaw Malinowski)는 타문화를 자세하고 객관적으로 기술하기 위하여 인류학자들에게 현장연구(fieldwork)가 반드시 필수적임을 역설했다. 문화진화론의 입장과는 반대로 현장연구와 참여관찰(participant observation)을 통하여 사회인류학자들은 타문화권의 사회를 그들만의 유일하고 고유한 "형평과 기능"(unique balance and function)을 유지하는 사회로 보았다.

따라서 사회인류학(social anthropology)인 구조적 기능주의의 입장에서 볼 때, 타문화를 평가할 수 있는 초문화적인 기준이나 보편적인 잣대가 있을 수 없으며, 자문화적인 입장에서 타문화를 평가하는 것은 자민족중심주의(ethnocentrism)이며 제국주의(imperialism)로 간주되는 것이었다. 이러한 입장에서 인류학은 "문화상대주의"(cultural relativism)의 개념을 발전시켰다. 문화진화론에 대한 두 번째 인류학적 도전은 인류학자인 프란츠 보아즈(Franz Boas)와 크뢰버(A. L. Kroeber), 그리고 그들의 제자들에 의해서 발전되어온 "역사주의"(historicism)이다. 이들은 아메리칸 인디언들의 문화와 그들의 문화변화에 대하여 연구하면서 다음의 질문들을 제기했다. "어떻게 인디언들은 문화적인 혼란(cultural turmoil) 속에서도 생존할 수 있었는가? 왜 몇몇 인디언 부족들은 서구 정착민들에 의해 소개된 새로운 문명들에 의해 순응(acculturation)[20] 되었는가?"

이들은 "서구 문명"(Western civilization)이라는 단어 속에 함축된 서구 우월 의식과 자민족중심주의적인 태도의 교만함을 거부하고 그것을 "문화"라는 단어로 대체시켰다. 따라서 문화의 개념에 대한 발전과 연구는 문화의 차이점에 대한 새로운 인식의 전환과 함께, 문화를 "통합된 전체"(integrated whole)로 보는 것이 아니라 끊임없이 변화하는 실체라고 보았다. 그러면 이러한 인류학적인 이론들과 성찰들이 어떻게 선교학과 관련성을 갖는가?

---

20) 문화접변이라고도 하며 둘 이상의 사회 간의 장기적이며, 직접적인 접촉의 결과인 문화변동의 과정을 일컫는 말이다.

4. 인류학과 사회학의 차이점

사회학의 강조점들	인류학의 강조점들
그룹과 사회	문화와 사회
사회적인 행동의 양태(social behavior)	행동과 인식(behavior & cognition)
연구대상-서구 사회 (통계학, 즉 앙케트를 통한 조사 방법을 많이 사용함)	연구대상-비서구 사회 (현장 참여관찰을 많이 사용함, participant observation)

〈도표 2-1〉

5. 연구방법

인류학자들은 그들이 연구하는 사람들의 과거와 현재의 생활을 알아보기 위하여 직접 현장에 나가 자료를 찾는 것이 특징이다. 인류학자들은 실험실에서보다는 피조사자 자신의 세계에 그들을 연구하는 것이 그들을 더 잘 이해할 수 있다고 믿기 때문에 현지에 간다. 비록 우리가 모든 인류에 대하여 설명을 일반화하려고 노력한다 할지라도 우리는 섣부른 일반화를 꺼린다. '누구는 다 이렇다', '누구는 다 그것을 믿는다' 는 등 우리는 현대의 산업화된 국가에만 적용될 수 있는 일반화에 민족지적 거부권(ethnographic veto)을 행사한다.

특히 문화인류학자들은 "모든 인간은 본질적으로 이러하다"라는 말을 거부한다. 여러분들은 이 지구상에 4000여개가 넘는 부족이나 국가 중에서 어느 한 집단의 구성원일 뿐이라는 것을 인식하여야 한다.

1) 참여관찰

인류학자는 그들의 삶에 관한 지식을 얻기 위하여 그들의 삶에 직접 참여하여 관찰해야[21] 한다고 믿는다. 즉 인류학자들은 그들과 더불어 식사를 하고, 춤을 추고, 슬퍼하며 그들의 의식세계로 들어간다. 인류학자들은 생물학자나 심리학자들이 하는 것과 같은 실험을 일반적으로 하지 않는다. 오히려 인류학자들은 자연스러운 일상생활 속에 있는 사람들의 삶에 참여하여 관찰함으로써 그들의 의식세계와 행동규범을 연구한다. 따라서 인류학자들은 통상 실험의 명료함을 갖지 못하며 이들의 가정은 있는 그대로의 인간을 관찰하고 분석함에 의해서 검증되어져야만 한다.

(1) 외부자적 접근

외부자적인 접근[22]이란 분석자(인류학자)의 개념적인 범주들과 설명의 체계들을 가지고 한 문화를 기술하고 설명하는 연구 접근방법이다. 외부자적인 접근방법에서는 수면 아래를 보려고 노력하며 '진정한 실체'를 발견하기 위하여 자료와 이론들을 비판적으로 평가한다. 이 차원에서는 다양한 문화들을 비교하여 우주적 이론을 발전시킬 수 있는 틀을 발전시킨다. 예를 들면 우리는 세계 어디에서나 말라리아는 모기에 의해서 전염된다는 것으로 결론을 내렸다. 그리고 일식(日蝕)은 달이 해를 가리기 때문에 일어난다는 것을 세계가 다 진리로 받아들인다.

그리스도인으로서, 우리들은 상황에 대한 기독교적인 분석을 할 때 외부자적인 접근을 사용한다. 왜냐하면 기독교는 초문화적 존재이신 하나님으로부터 주어진 설명의 체계이기 때문이다. 기독교는 초문화적이며, 절대적이고, 우주적인 것들을 주장한다는 점에서 본질상 외부자적인 접근(etics)인 것이다.

(2) 내부자적 접근

내부자적인 접근[23]이란 한 문화의 구성원들이 갖고 있는 개념적인 범주들

---

21) 가능한 한 많이, 또한 깊이 현지민의 삶에 참여하면서 그 사회를 관찰하는 인류학의 특징적인 현지조사 방법이다.
22) Patrick R. Moran, 『문화교육』, 정동빈 외 역(서울: 경문사, 2004), 110.
23) Ibid., 113.

과 설명의 체계들을 가지고 한 문화를 기술하고 설명하는 연구 접근방법이다. 이 접근방법에서 문제는 어떻게 그들의 사고 체계를 발견할 수 있는가에 대한 문제이다. 한 가지 방법은 사람들에게 그들의 행동들을 설명하도록 부탁하는 것이다. 이러한 방법으로 연구자는 그 문화에 대하여 많은 것을 배울 수가 있다. 그러나 명심할 것은 그들은 자신들이 드러내기를 원하는 것들만 말하는 경향이 있다는 점이다.

내부자적인 접근은 우리로 하여금 사람들의 문화와 세계를 이해하는 데 도움을 준다. 그러나 이 접근방식만을 사용하면 무비판적(uncritical)이 된다. 이 접근방법은 현상적인 설명들이 사실인 것처럼 그것들을 받아들인다. 한 예로, 어떤 마을에서 사람들이 천연두가 영에 의해서, 또는 조상신들의 저주에 의해서 생겨난 것이라고 말한다면, 우리는 그것을 그대로 받아들인다. 이러한 접근방법이 현상학적 차원의 분석이다. 내부자적인 접근방법만 사용하면 무지(naivete)와 문화적 상대주의에 빠지게 된다. 즉 절대적인 것이 없다는 입장이 된다. 모든 것은 사람들이 사물을 어떤 입장에서 바라보느냐에 달려 있는 것이다. 이 차원에서는 문화들 간의 비교가 불가능하다.

2) 새 민족지[24]

이것은 문화의 개념적인 카테고리들을 도식화하는 것이다. 사람들이 사용하는 어휘들의 의미와 경계들(boundaries) 그리고 단어들이 어떻게 사용되는가를 살펴봄으로써, 언어 속에 내포되어 있는 카테고리들을 도식화할 수 있는 것이다. 이 접근은 사람들이 세계를 어떻게 개념화하는가를 보여줄 것이다.

인류학은 비교 연구를 한다. 상이한 사회의 믿음이나 활동을 비교해 봄으로써 인간 형태의 양식에 관한 포괄적인 이해를 갖는다. 비교 연구를 통하여 어떠한 판단이나 사건이 아주 자명한 것처럼 보인다는 이유로, 인정을 한 어떤 관념이 모든 사회에서 똑같이 적용될 수 없다는 가정을 가지고 있다.

---

24) '민족과학'을 의미하는 또 다른 용어이다. John Monaghan and Peter Just, 『인류학이란 무엇인가』(서울: 동문선 현대신서 167, 2000), 41-48.

6. 인류학의 제 분야

1) 형질 혹은 생물인류학

형질인류학(Physical Anthropology)이란 화석화된 영장류 유물의 연구와 해석, 현생의 인간을 제외한 영장류에 대한 연구, 집단 유전학 그리고 하나의 종으로서의 호모 사피엔스의 진화 등을 다룬다. 일부 형질인류학자들은 인간의 선조의 유물들을 찾아서 야외조사를 행한다. 다른 학자들은 야생 상태에서의 인간 이외의 영장류의 삶을 연구하는데, 이를 동물생태학이라고 한다. 그 목적은 생물학적으로 인간과 가장 가까운 이런 존재들의 사회조직과 행동에 대하여 더욱 상세히 알기 위해서이다. 여기에는 진화생물학(인간고생물학, 영장류학)과 인간생물학(인류유전학, 인간적응성, 골격생물학, 생태인류학) 등과 같은 부류들이 있다.

2) 고고인류학

고고인류학(Archeological Anthropology)을 연구하는 학자들은 소멸해 버린 문화를 재현하기 위하여 혹은 문화변동의 과정을 연구하기 위하여 과거의 사회의 유물과 유적을 연구한다. 고고학자들과 선사학자들은 다른 행동과학에는 거의 찾아보기 어려운 시간의 차원을 인류학에 더해 준다. '고고학'은 유물, 유적에 대한 발굴조사와 분석을 통해 과거 인류의 역사와 문화를 복원, 연구할 수 있는 능력을 갖추게 하며, '인류학'은 지구상에 존재하는 모든 인간의 사회와 문화를 비교문화적으로 연구함으로써 다종다양한 사회와 문화에 대한 과학적이고도 합리적인 이해와 지식을 제공해 준다.

3) 사회문화인류학[25]

사회문화인류학(Socio-Cultural Anthropology)이란 인간의 문화 혹은

---
25) 사회인류학은 각 사회의 구조를 비교한 후에 분석하는 학문이다. 사회인류학은 한 사회의 가

생활양식에 대한 연구이며, 인간들의 삶의 가장 기초적인 형태를 사회 공동체적인 삶으로 가정하고 사회구조의 특징과 기능 그리고 유형들을 연구하는 학문이다. 민족지(Ethnography-民族誌, 문화기술학)와 민족학(Ethnology-民族學)으로 분류된다.

문화기술적 현지작업(Ethnographic fieldwork)은 문화인류학의 인증 표시이다. 인류학자는 아마존 밀림 속의 마을이든, 시카고나 서울의 거리이든, 사람이 사는 곳이면 어디라도 가서 현지작업을 한다. 현지작업이란 온갖 활동에 참여하기, 질문하기, 낯선 음식 먹기, 새로운 말 배우기, 의식 관찰하기, 필드노트 기록하기, 족보 따지기 등 다른 방식으로 말하고, 보고, 듣고, 생각하고, 행동하도록 배운 사람들에게 세상은 어떤 것인가를 세련된 방식으로 연구하는 것이다. 그런 의미에서 문화기술학은 사람들을 연구한다기보다는 사람들로부터 배운다는 것을 의미한다.[26]

(1) 민족지학[27]

민족지학(Ethnography-民族誌學, 문화기술학)[28]은 세계 각지의 사회들에 대한 기술을 하며, 다양한 사람들의 문화를 기술하는 작업이다. 민족지학은 참여 관찰의 방법을 통하여 다양한 사람들의 문화를 연구하고 기술한다. 민족지학의 중심 목표는 현지인의 관점에서 또 다른 삶의 방식을 이해하는 것이다. 말리노프스키(Bronislaw Malinowski)의 언급대로 문화기술학의 목표는 "현지인의 관점과 삶을 영위하는 방식을 파악하여 그들의 세상을 보는 그들의 눈을 깨닫는 것이다."[29] 민족지학은 문화를 연구하는 하

치, 제도, 활동들을 조사 및 연구하고 이것들 사이의 상호연관성을 깊이 관찰하며 나아가 사회적인 행위의 규범들을 확립하는 것을 그 목적으로 한다. cf. Louis J. Luzbetak, *The Church and Culture: New Perspectives in Missiological Anthropology* (Maryknoll, NY: Orbis Books, 1995), 32-33.
26) James P. Spradley, 『참여관찰법』, 신재영 역(서울: 시그마플러스, 1980), 3.
27) John Monaghan and Peter Just, 『인류학이란 무엇인가』, 49-54.
28) 한 문화에 대한 기술 또는 기록하는 작업이다. '민속지' 혹은 '문화기술학'이라고 번역되기도 한다.
29) Bronislaw Malinowski, *Argonauts of the Western Pacific* (London: Routledge, 1922), 25.

나의 문화라 할 수 있다.

(2) 민족학

루즈베탁은 민족학(Ethnology-民族學)을 민족지학과 협의의 민족학, 그리고 사회인류학으로 세분해서 설명했는데[30], 민족학은 인간의 행동 및 행동과 문화 간의 상호 관계에 대한 이론을 수립하는 학문이다. 이러한 민족학은 서양의 철학과 역사적인 사건들과의 긴밀한 관계 속에서 발전되어 왔다.

4) 생태인류학

환경은 어떤 자극의 운동방향과 그 운동의 정도에 따라서 발생하는 변화까지도 포함되며, 그 속에서 생물이 감지하고 감응할 수 있는 힘과 제반 여건, 그리고 사물로 구성되어 있는 총체적인 것이다. 따라서 환경이란 자연적인 것에만 국한되는 것이 아니며, 사회문화적인 환경과 지식 및 지각의 차원에까지 그 범위가 확대될 수 있는 유효환경(effective environment)의 개념까지 창출하고 있다. 인간이란 집단도 전체 생태계 내에서는 하나의 요소에 지나지 않는 것이며, 인간이 창조하고 영위하고 있는 문화는 인간과 유기적 관계를 맺고 있는 여타의 생물군집(biotic community)과 기후, 토양, 물 등의 무생물군집(abiotic community) 등의 요소들과 상호 영향관계에 놓여 있는 생태계의 체계적 관계 속에서 파악한다. 따라서 생태인류학(Ecology Anthropology)이란 그 환경과 인간의 관계를 문화라는 개념, 즉 인간이 획득한 환경에의 적응기제 또는 적응전략이라고 개념화되는 문화를 연구하는 학문이다.

5) 언어인류학

언어인류학은 문화의 거울이요, 자신의 가치관을 전달하는 매개체인 언

---

[30] Louis J. Luzbetak, *The Church and Cultures: New Perspectives in Missiological Anthropology* (Maryknoll, NY: Orbis Books, 1995).

어의 형성과정과 사용방법 등에 대하여 다양한 문화권 속에서 그것이 어떤 유사점이나 혹은 다른 점이 있는지를 연구하는 학문이다. 여기에는 역사언어학(비교언어학이라고도 하며, 언어의 변화와 역사를 재구성하고 비교 연구하는 학문), 기술언어학(구조언어학이라고도 하며, 여러 언어들의 구성과 소리, 말의 방식을 결정해 주는 법칙을 찾아 연구하는 학문), 사회언어학(민족언어학이라고도 하며, 사회적인 속성과 인간들과의 관계성에 따라서 인간들이 실제적으로 생활에서 언어를 어떤 방식으로 사용하는가, 구사하는가를 연구하는 학문)[31] 등이 있다.

6) 상징인류학

상징인류학(Symbol Anthropology)이란 한 지역의 의례와 상징에 대한 상세히 연구하는 학문이다. 탁월한 학자들로는 빅토 터너(Victor Turner)[32]와 아놀드 반 게넵(Arnold van Gennep)의 통과의례 연구 등이 있다.[33]

7) 도시인류학

도시인류학(Urban Anthropology)이란 도시 구조의 특징을 분석하고 도시 유형에 따른 사람들의 삶의 형태와 제 심리적인 요소들을 연구하여 도시문화와 도시 안에서의 종교적인 양상이 어떻게 나타나는지를 규명하며, 인간의 근대적인 모든 생활의 총합으로서의 환경인 도시문화권 하에서의 인간의 종합적인 문화적 특징을 연구하는 학문이다.

도시인류학 연구방법에는 두 가지가 있다. 첫째는 도시학(Urbanology)인데, 생태학적인 측면에서 도시가 형성된 과정과 주변 환경과의 관계, 그

---

31) 한상복, "문화인류학의 개요," 『문화인류학개론』, 한상복 · 이문웅 · 김광억 공저(서울: 서울대학교출판부, 1985), 15.
32) Victor Turner, *The Ritual Process: Structure and Anti-Structure* (Chicago Adline, 1969).
33) Arnold van Gennep, *The rites of passage*, 『통과의례』, 전경수 역(서울: 을유문화사, 1985).

리고 거주자들의 삶의 양상들을 종합적으로 연구하는 것으로 주로 구조이론에 의한 연구이다. 둘째는 게스탈트(Gestalt)이론인데, 도시는 단순한 콘크리트 더미로 된 기계적인 집합체가 아니라 도시 속에서 살고 있는 사람들의 가치관의 표출이며, 삶의 욕구들이 충족되는 장소라는 것이다.[34]

이 도시인류학의 학문적 연구 목적은 비록 인본주의적인 인간의 삶의 발전적인 변혁을 추구하지만 선교학적으로는 삶의 방식을 연구하고, 나아가 하나님의 나라의 변혁의 대상으로 도시를 이해함으로써 보다 효과적인 복음전달의 방법과 전략을 수립하는 중요한 도구가 된다는 사실이다.

8) 심리인류학

심리인류학(Psychological Anthropology)은 인간의 심리적인 요인들이 문화 형성에 어떤 영향력을 주었는지를 규명하며 또한 주변 환경이 인간의 심성을 형성하는 데 어떤 관련성이 있는지를 성찰하여 문화의 기원과 발전 과정을 연구하는 학문이다.[35]

특정 지역의 문화권 내에 살고 있는 어느 종족의 동일한 역사적 삶의 경험과 주변의 생존적 환경 여건이 그 종족 공동체에게 어떤 공통적인 심리적 상태를 형성한다는 것은 일종의 민족성으로서 근거가 있으며, 이것은 선교의 대상으로서의 종족의 문화를 이해하며 복음을 효과적으로 전파하는 데 큰 도움이 될 것이다.[36]

9) 의료인류학

의료인류학(Medical Anthropology)이란 인류학의 한 연구영역으로 인간의 질병의 관념 및 그 원인론, 진단과 치유의 논리와 과정, 전문직능자의 존재 등, 의료와 관련된 신앙·지식·논리·기술·사회조직 등을 문화·사

---

34) 김성태, 『선교와 문화』(서울: 도서출판 이레서원, 2000), 40.
35) Ibid., 38.
36) Ibid., 39.

회의 전체 맥락에서 종합적으로 연구하는 학문이다. 뿐만 아니라 문화인류학은 그 중심적인 주제를 문화적인 맥락에 따라서 정치인류학, 법인류학, 예술인류학, 응용인류학 등으로 분류할 수 있다.[37]

7. 문화인류학의 중심 과제

문화인류학자들은 현지 '참여관찰 방법'(participant observation)을 통하여 현재와 과거의 전 세계 여러 민족과 문화를 "비교 연구"(comparative method)[38]한다. 문화인류학의 중심 과제는 첫째, 문화의 개념과 변동을 포함하는 문화이론을 연구하는 것이고, 둘째는 혼인과 가족 및 친족 기타의 사회 범주와 조직을 포함하는 사회조직, 경제, 정치와 법, 종교, 개성(personality), 언어, 예술, 문화와 환경의 관계 등을 연구의 대상으로 삼는 것이다.

8. 선교문화인류학의 배경

문화인류학은 19세기 계몽주의자였던 생시몽(Saint Simon)이나 어거스트 콩트(August Comte)와 같은 사회학의 시조들과 데이비드 흄(David Hume), 아담 스미스(Adam Smith), 아담 퍼거슨(Adam Ferguson)과 같은 철학자들이 과학과 기술의 진보에 대한 긍정적인 신념에서 사회의 여러 관계도 자연과학에서와 같이 실증과학적으로 분석할 수 있다는 주장에서 시작이 되었다.[39] 이러한 관심은 처음에는 주로 인간의 본성이라든지 도덕률의 발전과 같은 면에 제한되어 있었지만 19세기 중엽에 와서 본격적인 문

---

37) Michal C. Howard, *Contemporary Cultural Anthropology* (Boston: Little, Brown and Company, 1986), 17.
38) 현존하는 (부족)집단들을 고대의, 혹은 원시시대의 사회 집단과 동일시하는 방법이다.
39) Merwyn S. Garbarino, *Sociocultural Theory in Anthropology* (Prospect Heights: Waveland Press, 1983), 15-22.

화인류학적 연구들이 제시되어지기 시작하였다.

초기의 문화인류학자들은 대부분 문화 연구의 대상을 가정과 종교 중심으로 보면서 이러한 문화가 발전단계를 거쳐 왔다고 주장하는 진화주의를 제시하였다. 헨리 메인(Henry Maine), 바코펜(Bachofen), 꿀랑쥐(Fustel de Coulanges), 맥레넌(J. F. McLennan), 에드워드 테일러(Edward B. Tylor), 루이스 모건(Lewis H. Morgan) 등이 당시의 주요 학자들이었다. 그러나 이들 중 오늘날 문화인류학적으로 볼 때 근거 있는 이론을 제시한 최초의 학자는 에드워드 테일러와 루이스 모건이었다. 테일러는 『인류의 초기역사와 문명의 발전 연구』(Researches into the Early History of Mankind and the Development of Civilization, 1865)와 『원시문화: 신화, 철학, 종교, 언어, 예술 그리고 관습연구』(Primitive Culture: Researches into the Development of Mythology, Philosophy, Religion, Language, Art and Custom, 1871)를 통해서 문화가 야만, 미개, 문명의 세 단계를 거쳐서 진화되었다고 주장하였다.[40] 그는 주로 아프리카나 호주의 원주민들은 아직 원시 혹은 미개 단계의 문화에 있다고 전제하고 이들 문화와 현대 유럽의 문화를 비교하면서 발전 단계를 제시하였다. 특히 테일러는 관념체계, 지능, 종교의 발생 및 발전에 큰 관심을 두었다. 종교도 애니미즘에서 시작되어서 주술, 다신교를 거쳐서 마지막에 일신교(一神敎)로 진화되었다고 보았다. 모건은 그의 저서 『고대 사회』(Ancient Society)에서 기술의 발명과 생산형태의 변화에 따라 세 단계를 거쳐서 문화가 진화되었다고 주장한다.[41] 오늘날 이러한 진화주의 주장은 문화의 복합성을 간과하고 있고 물질적인 면에서는 진화의 근거를 볼 수 있지만 종교, 윤리, 사회제도 등의 비물질적 영역에서는 진화의 개념을 적용할 수 없다는 비판을 받으면서 더 이상

---

40) Edward B. Tylor, *Researches into the Early History of Mankind and the Development of Civilization* (London: John Murray, 1865) and *Primitive Culture: Researches into the Development of Mythology, Philosophy, Religion, Language, Art and Custom* (London: John Murray, 1871).
41) Lewis H. Morgan, *Ancient Society* (New York: World Publishing, 1877).

용인되어지지 않게 되었다. 그러나 이러한 진화주의는 결국 트뢸치로 대표되는 종교사학파의 탄생에 동인을 제공하였다고 하겠다.

20세기로 들어서면서 프란츠 보아스(Franz Boas)가 나와서 진화주의를 비판하고 역사적 특수주의(historical particularism)라는 주장을 하게 되었다. 그는 진화주의가 주장하는 문화에 대한 일반적이고 보편적인 법칙이 존재한다는 주장에 반대하면서 각 집단의 특수한 역사적 맥락 속에서 문화의 차이를 이해해야 한다는 역사적 특수주의를 주창한 것이었다. 또 이 시기에 문화의 차이를 전파 과정의 관점에서 이해하려는 전파주의(diffusionism)도 제시되었다. 이들은 이집트를 문화전파의 출발점으로 보는 영국학파와 세계에 여러 개의 문화권이 있다고 보는 독일학파로 나누어진다.[42] 그러나 이러한 전파주의는 왜 다른 지역에 전파, 수용될 때 어떤 요소는 거절되고 어떤 것은 변형되는가 하는 점을 설명하지 못한다. 또한 왜 문화가 일부 문화 중심에서만 발명, 발전되어야 하는지도 설명하지 못한다. 전파주의는 문화 발달에서 인간의 내적 창조성을 과소평가하는 오류를 범하고 있다.

이후 에밀 뒤르깽이 나와서 사회는 그 구성원인 개인의 유기체적인 상태와 관계없이 그 자체가 생성, 발전, 지속하여 나가는 이른바 초유기체적인 속성을 가지고 있다는 사회의 초유기체 견해(super-organic view)를 주장하였다. 개인은 한 문화권에 태어나서 그 문화권의 사회적 사실들을 배우고 그 사실에 의해서 제한을 받을 뿐이지 개인의 마음이나 능력에 의해서 마음대로 바뀌지 않는다는 것이다. 뒤르깽은 문화에는 집합적인 의식의 총체가 있다는 것을 전제하고 이를 집합의식이라고 불렀다. 그는 종교를 개인을 사회에 결속시키려는 목적을 위한 것으로 사회의 이상적인 가치관과 윤리관의 총합, 즉 집합의식을 설명하고 실현하는 행위로 보았다.[43] 뒤르깽의 이러한 전제는 많은 비판의 대상이 되고 있다. 선교학에서 뒤르깽의 영향은 문화절대주의의 모습으로 일부 에큐메니칼 선교학에서 나타나고 있다. 또

---

42) Merwyn S. Garbarino, *Sociocultural Theory in Anthropology* (Prospect Heights: Waveland Press, 1983), 45-47.
43) Ibid., 37-40.

한 비기독교 문화인류학자들은 선교는 문화의 핵심인 집합의식을 깨뜨리는 것으로 문화말살 혹은 종족말살 행위와 같다고 하면서 적극 반대하게 된다.

오늘날의 선교 문화인류학과 깊은 연관을 갖는 것은 20세기 중반에 등장하게 된 기능주의이론이다. 실제 뒤르깽까지의 인류학은 문화에 대한 해석에서 주로 서구의 문화를 중심 척도로 놓고 남의 문화와 사회를 비교 해석하는 오류를 범했었기 때문에 오늘날의 선교 문화인류학적인 관점에서는 별로 적용되지 않고 있다. 또 적용이 되는 부분이 있다면 쉽게 선교학적으로 공격과 비판의 대상이 되고 있다. 새로운 문화인류학의 방법을 제시한 것은 말리노프스키(Bronislaw K. Malinowski)였다. 그는 실제 현지조사를 통해서 현지인의 관점과 사회적 맥락에서 문화를 체험하고 분석하는 방법을 사용했다. 말리노프스키는 문화요소와 사회적 제도들은 사회구성원의 심리적, 생리적, 정서적 욕구와 공동체의 필요성과 의사전달 등의 필요를 충족시켜 주는 기능을 가지고 있으며 이 기능이 충족되어질 경우 유효한 문화로 남아 있게 된다고 주장했다. 이러한 문화 이해를 기능주의 (Functionalism)라고 부른다.[44] 말리노프스키의 기능주의를 약간 변화, 발전시킨 것이 래드클리프-브라운(Alfred R. Radcliffe-Brown)의 구조기능주의(Structural functionalism)이다. 말리노프스키가 개인의 생리적, 심리적인 욕구를 충족시키는 측면에서의 기능을 해석하는 데 비하여 래드클리프-브라운은 심리적인 해석을 거부하고 사회적 제도들 사이에 존재하는 어떤 관계의 유형에 의해서 기능이 결정되는 것으로 보았다. 그는 이 관계의 유형을 사회구조라고 보았다. 사회구조란 그 사회 내에 존재하는 개개인의 대인관계 전체에서 나타나는 기본적 행위원리이며 이것이 표면적으로 나타난 것이 문화라고 하였다.[45]

여기서 더 발전하면 구조주의로 들어가게 된다. 구조주의는 클라우드 레비-스트로스(Claude Levi-Strauss)로 대표되는데, 이 이론은 오늘날 문화 해석에 있어서 가장 영향력을 발휘하고 있으면서 동시에 가장 많은 비판을

---

44) Ibid., 55-59. Bronislaw K. Malinowski의 기능주의를 가장 잘 보여주는 책은 *Argonauts of the Western Pacific* (London: Routledge and Kegan Paul, 1922)이다.
45) 한상복·이문웅·김광억, 『문화인류학개론』(서울: 서울대학교출판부, 1985), 55-57.

받고 있는 이론이다. 레비-스트로스의 구조주의는 래드클리프-브라운의 구조주의와 차이가 있다. 래드클리프-브라운은 사회를 이루는 모든 요소들이 어떻게 구조적인 관계를 가지는가에 초점을 두지만 레비-스트로스는 그런 관계의 기원에 관심을 둔다. 즉 그는 사람들의 인지구조, 사람들이 주위 세계의 사물을 인식하고 분류하는 방식을 파악함으로써 문화를 해석하는 것이다. 이에 따라서 구조주의는 자문화중심주의적 사고를 극복하는 데 중요한 공헌을 하였다. 그러나 문화의 다양성과 변동을 설명하는 데는 부족하다는 비판이 있다.[46]

다른 한 부류는 래드클리프-브라운이 사회구조를 강조한 반면 인간의 특성을 무시한다고 하며 문화가 가지는 의미를 파악하는 데 관심을 두어서 상징주의를 형성하였다. 에드워드 에반스-프리차드(Edward E. Evans-Pritchard), 메리 더글러스(Mary Douglas)[47], 빅터 터너(Victor Turner)[48] 클리포드 기어츠(Clifford Geertz)[49] 등이 대표적 학자이다. 이들은 모든 상징체계 밑에 사회 및 문화적 의미들이 숨어 있다고 보았다. 즉 종교적 의례의 과정과 내용을 분석하면 그 세계에 대한 지식과 사물의 진행에 대한 사회 구성원들의 관념이 상징적으로 표현되어 있음을 알 수 있게 된다는 것이 한 예이다.[50]

선교 문화인류학에 큰 영향을 준 것은 20세기 중반에 등장한 미국의 절충주의(eclecticism)[51]이다.

---

46) Ibid., 58. Levi-Strauss의 대표적 저술은 *Structural Anthropology* (New York: Basic Books, 1963)이다.
47) Mary Douglas의 대표적 저술은 *Natural Symbols* (New York: Random House, 1970)이다.
48) Victor Turner의 대표적 저술은 *The Ritual Process: Structure and Anti-Structure* (Chicago: Aldine, 1969)이다.
49) Clifford Geertz의 대표적인 저술은 "Religion as a Culture System," in *Reader in Comparative Religion*, W. A. Lessa and E. Z. Vogt, eds. (New York: Harper and Row, 1972)이다.
50) Merwyn S. Garbarino, *Sociocultural Theory in Anthropology* (Prospect Heights: Waveland Press, 1983), 74.
51) 절충주의란 여러 가지 사상이나 학설 중에서 적당하다고 생각되는 부분만을 골라서 결합하려는 경향을 가진 사상을 일컫는다.

The Understanding of Christian Mission and Cultures

제3장

문화인류학 연구의 발달사

1871년 영국의 인류학자 에드워드 타일러가 『원시문화』(Primitive Culture)를 출판하고, 미국의 루이스 H. 모건이 『인류의 혈연과 혼인의 여러 체계』(System of Consanguinity and Affinity of the Human Family)를 세상에 내어놓은 지 130여 년이 지났다. 그에 앞서 스위스의 로마법 학자인 요한 J. 바코펜이 자신의 저서 『모권론』(Das Mutterrecht, 1861)을 통해 인류의 혼인과 가족의 역사에서 부권제에 대한 선행성과 원시 난혼제의 존재를 지적하여, 훗날 진화주의의 인류학에 영향을 주었다. 그러나 당시의 이른바 '미개사회'에 관한 조사 및 견문을 바탕으로 문화과학으로서의 문화인류학을 확립한 것은 역시 앞에서 언급한 타일러와 모건이 쓴 두 저서일 것이다. 이후 문화인류학(민족학)은 영국, 프랑스, 독일, 미국, 네덜란드 등 선진국 중심으로 순조롭게 발전하여 일본에서도 제2차 세계대전 이후 새로운 '문화과학', '인간과학'으로서 대학교육에 도입되었다. 일례로 제2차 세계대전 직후 소개된 루스 베네딕트의 『국화와 칼』(The Chrysanthemum and the Sword, 1946)은 일본 문화의 형식과 일본인의 국민성을 정확하게 꿰뚫어 본 저서로서, 일본의 사회학, 종교학, 사회심리

학, 역사학 등에 신선한 충격을 주었다.[1]

1. 초기의 연구(18세기-19세기)

1) 대표적인 학자

이 시기에 인간의 문화나 제도를 연구한 학자로서는 흄(David Hume, 1711-1776),[2] 스미스(Adam Smith, 1723-1790), 퍼거슨(Adam Perguson, 1723-1816), 콩트(August Comte, 1798-1857), 몽테스큐(Baron de Montesquieu, 1689-1765)[3] 그리고 콩도르세(Condorcet) 등이 있으며 이들은 인류학자가 아닌 유럽의 철학자나 역사학자 또는 사회학자들이다.[4]

---

1) Tsuneo Ayabe(ed), *Bulka Jinrui-Kaku NO Meicho 50* (Tokyo: Heibonsha Ltd., Publishers, 1994), 『문화인류학의 명저 50』, 김인호 역, 9-10.
2) 스코틀랜드 에든버러 향사(鄕士)의 아들 출생. 에든버러대학교 법학부 졸업. 1734-1737년 프랑스에서 주저(主著) 『인성론(人性論)』(*A Treatise of Human Nature*)을 집필하여, 1739년 제1권 「오성편(悟性篇)」과 제2권 「감정편」, 1740년 제3권 「도덕편」을 출간했다. 이어 당시의 사회 · 정치 · 경제에 관한 토픽을 다룬 『도덕 · 정치철학』(*Essays Moral and Politica*, 1741-1742)을 간행하여 호평을 받았다. 한편, 평판이 좋지 않던 『인성론』의 제1권 「오성편」을 개고(改稿)한 『인간 오성에 관한 철학논집』(*An Enquiry Concerning Human Understanding*, 1748)을 내놓았다. 1744년 에든버러대학교, 1751년 글라스고우대학교에 지원했으나 두 곳 모두에서 무신론자라 의심받고 거절당했다. 1752년 에든버러 변호사회 도서관 사서(司書), 1763년 주(駐)프랑스 대사의 비서관, 1767-1769년 국무차관을 역임한 후 은퇴했다.
3) Baron de Montesquieu(1689-1765)는 11세 때 주일리대학(College de Juilly)에 입학해 자유주의적인 교육과 생활을 5년간 고전교육을 받았고 1705년에 주일리대학을 졸업, 보르도우대학교에 입학하여 1708년에 졸업했다. 1713년 부친의 사망으로 돌아와서 1714년에 기옌느(Guyenne) 고등법원 평의원이 되었고 이후 기옌느 고등법원장에 취임했으며 많은 재화와 토지를 갖게 되었다. 또한 그는 법원장직의 경험을 토대로 하여 군주의 전제정치에 반대하고 고등법원의 정치적 기능을 옹호했다. 1728-1731년까지 영국의 정치가들과 친교를 맺고 영국 정치를 이해하였으며, 영국에서 정치적 자유의 정신, 정당 정치의 부패, 인권침해, 애국심, 권력분립 등의 영향을 받았다. 1731년 『로마인의 흥망에 관한 고찰』, 『법의 정신』 등의 저작활동을 했다. 그리고 1765년, 파리에서 사망했다. 박채용, 『서양 정치사상사 2』(서울: 세계아기선교출판국, 1997), 465.
4) 박동석, 『문화인류학의 이해』(전주: 전주대학교출판부, 2000), 30.

2) 연구방법

이들은 인간 사회를 학문연구의 대상으로 보았으며 경험적이고 귀납적인 연구로 인간 발전의 역사적 단계에 대한 보편적 제 법칙을 발견할 수 있다고 생각함으로써 인류학의 선구자라고 할 수 있을 것이다. 그러나 이들의 연구방법은 인간 본성이나 도덕률 발전에 대한 연역적 연구에 치중한 나머지 사변적이었고, 실증적이며 과학적인 방법은 아니었다.

2. 문화진화론(19세기 중-20세기 초)

1) 학자들

초기 진화론적 개념도식은 주로 항해자, 선교사, 탐험가 등의 단편적이고 일회적인 인상기와 경험담을 위주로 하여 행해진 사변적 연구였고 대개 인간의 본성 및 도덕률의 발전에 관한 고찰에 치중했다. 좀 더 학문적 성격을 띠면서 인류학의 초석을 다진 연구들은 19세기 중엽에 와서 이루어졌다. 이들 중 실제 자신이 행한 관찰과 조사를 근거로 진화주의적 설명을 시도한 벨하우젠(Julius Wellhausen, 1844-1918)[5]과 미국의 헨리 모건(Lewis Henry Morgan, 1818-1881)[6], 그리고 미개인의 여러 측면을 문화라는 개념을 사용하여 해석하기를 주장한 영국의 에드워드 버네트 타일러(Edward Burnett Tylor, 1832-1917)를 가장 대표적인 초기 인류학자로 꼽고 있다.[7] 타일러와 모건은 모두 진화론적 도식을 토대로 "비교의 방법"으로 인류

---

[5] Julius Wellhausen은 다윈의 진화론적인 관점에서 구약성경을 연구하였다. 그는 이 연구결과를 내놓으면서 주장하기를 구약의 초기형태는 다신교였으며, 이것이 후기에 와서 유일신교로 발전하였다고 했으며, 심지어 모세의 율법도 모세시대의 작품으로 보지 않고 오히려 훨씬 후대에 편집을 했다고 주장했다. 이것이 소위 J, E ,D, P 문서설이다. 그렇지만 20세기 전반기의 미국 구약계의 고고학 연구팀의 연구 결과에 의하여 Wellhausen의 주장은 허구임이 명백하게 드러났다.

[6] M. S. Gabarino, 『문화인류학의 역사』, 한경구 · 임봉길 역(서울: 일조각, 1995), 40-44.

[7] Ibid., 44-47.

학의 기초를 다졌으나 20세기에 들어서면서 진화론적 도식은 도전받기 시작했다. 그 비판들은 첫째, 판단에 있어 자민족중심주의라는 것이다. 둘째, 그들이 근거로 한 자료들은 대개가 검증되지 않았으며 고심하여 만들어낸 발전도식은 너무도 빈약한 정보에 기초했기에 이미 만들어진 카테고리에 사실들을 억지로 끼워 맞추는 경향이 지배적이었다. 셋째, 동일한 상황에 대한 인간의 반응에는 커다란 차이가 있기 때문에 인간의 심적 단일성이라는 개념은 명백한 오류이며 또한 심적 단일성을 전제로 한 문화적 발전의 단선적인 도식은 잘못된 것이었다. 이러한 비판에도 불구하고 진화론자들은 인류학적 사고와 연구방법론에서 빠뜨릴 수 없는 세 가지 기본 가정을 유산으로 물려주었다. 첫째는 문화적 현상을 자연주의적 양식으로 연구할 것, 둘째는 인류의 심적 단일성, 즉 집단간의 문화적 차이는 심리, 생물학적 차이 때문이 아니라 사회 문화적 경험의 차이 때문이라는 전제를 둘 것, 마지막은 자연과학의 실험 실습 기법의 대용물로서 비교의 방법을 사용할 것이 그러한 가정들이다.[8]

2) 연구방법

인류학이 태동하기 시작할 즈음에는 새로운 역사의식이 파급되고 있었다. 봉건시대에는 사회질서나 자연의 질서가 신에 의해 주어진 것이어서 인간의 생활을 그것에 맞추려고 했던 시대였다면 새로운 시대에서 사회는 사람들에 의하여 완성되지 않은 것으로서 계속 만들어져야 한다는 인식이다. 인류의 미래란 선택에 달려 있는 사회과정이기 때문에 자유와 지성과 헌신을 요구하는 발전의 과정이며 완성으로 나아간다는 역사의식이 형성되어 가고 있었다. 이러한 진화론적 역사의식의 토대를 형성하고 있었던 것은 인간의 행동에 대한 지성적 접근방법(Intellectualistic Approach)이었다.

이러한 시각의 기본 과정은 사회의 행위자는 합리적 원칙들에 의해 행동한다는 것이다. 즉 한 개인의 행위들은 그 자신의 합리적 사고의 산물이라

---

8) Ibid.

는 가정이다. 이러한 관점이 좀 더 거시적으로 적용되었을 때 사회와 사회의 제도들은 인간의 의식적이고 합리적인 창출물들로 이해되는 것이다. 이러한 사고의 틀 안에서 사회 내의 비이성적인 요소들은 무식과 실수의 산물로서 설명해 버린다. 따라서 모든 사회제도들은 합리적 이성에 뿌리를 두고 있으며 전통적, 의례적 혹은 상징적인 요소에 근거를 두고 있는 것은 근본적으로 불완전한 것이며 의식이 발달되면 점차 이성에 바탕을 둔 제도로 바뀌게 되는 것이다. 이것이 바로 인간의 행위와 사회가 바라보는 지성적 관점이고 대부분의 진화론자들이 갖고 있었던 사고의 틀이며 지식 생산의 방식이었다. 사회의 진화과정은 합리적 이성이 전통이나 의식, 종교 등 모든 불합리한 요소를 대치해 나가면서 그 완성의 형태로 가는 과정이다. 즉 자연적 선택(Natural Selection)의 완만한 과정으로 파악하였다.

3) 비평

첫째, 문화는 동일하거나 유사한 방향으로 진보된다고 하여 야만-미개-문명사회로의 진화의 전 과정을 거친 반면, 아직도 초기 야만생활을 하는 데 비해 다른 사회는 문명생활을 하고 있다. 또한 어떤 사회는 퇴보하거나 또는 사라졌는데, 진화론은 이처럼 다양한 인간 문화를 설명해 주지 못한다는 것이다.

둘째, 도덕윤리체계는 현대 사회라 해서 발달된 것이고 단순사회라 해서 뒤떨어진 것으로 평가할 수 있는 성질이 아니라는 것이다. 결국 이러한 진화론적 관점은 서구의 제도나 문물들을 기준으로 삼은 당시 서구인들의 자민족중심주의에서도 원인이 있다는 것이다.

셋째, 모건의 진화론에 대한 기능론적 관점에서 비판한 것으로서, 문화의 진보를 눈에 보이는 물질적 기술적 기준만으로 평가할 수 있겠는가라는 점이다. 즉 눈에 보이지 않는 종교와 윤리, 사회제도 등 비물질적 요소들도 해당 사회 전체가 유지되도록 필요한 기능적 조건들로 이루어졌기 때문에 어느 제도이든 그것은 그 사회에 맞는 합리적 요소들이라는 점이다.

넷째, 전파론적 관점에 의한 비판으로서, 이들에 의하면 거의 모든 사회는 외부사회의 영향 없이 고립된 채 발전하지 않으며, 언제나 다른 문화의 접촉과 전파에 의하여 발전된다는 것이다.[9]

다섯째, 미국의 인류학자 보아스는 진화론이 주장한 모든 인간문명에는 어떤 보편적 발전 법칙이 존재한다는 내용에 대한 비판적 견해를 제시했으며, 문화해석에 있어서 특수적 역사주의라는 관점을 제시했다. 즉 그는 원시인과 문명인 사이에 사고방식에 관한 근본적인 차이점이 없으며, 모든 문화는 동일하며, 따라서 인간의 모든 것은 동물세계와는 다르다고 한다.[10]

3. 역사적 특수주의

20세기에 들어서면서 당시 지배적이던 진화론적 사고는 거세게 도전받았다. 비판은 다양한 학파에 의해 제기되었으며 그 중 프란츠 보아스(Franz Boas, 1858-1942)의 역사적 특수주의(Historical Particularism) 관점은 인류학적 사고를 다양화하는 데, 그리고 미국 인류학의 독자적 흐름을 형성시키는 데 커다란 기여를 한 것이다. 보아스는 근대 합리주의 사상과 대립되는 신칸트학파의 관념론의 영향을 받아 인간의 행동에서 중요한 것은 감정에 의해 지배되는 것으로 보았다. 보아스의 감정지배론에 핵심이 되는 것은 습관(Habits)이라는 용어이다.[11]

어떤 행위가 상당한 기간에 걸쳐 반복되었을 때 그 행위는 자동적인 행위가 된다. 즉 그 행위는 의식과 결부되지 않는다. 예를 들면 어떤 사람이 식사할 때 나이프와 포크를 사용하는 것을 배웠다면 이러한 행위는 곧 습관적으로 되고 자연스러운 행위로 체화된다. 따라서 그 행위는 어떤 의식적인 사고보다는 무의식에 의해 지배된다. 무의식적인 행위가 되는 것 외에 습관적인 행위는 감정적 유대를 획득하게 된다. 즉 습관적으로 행하여지는 행위

---

9) 박동석, 『문화인류학의 이해』, 33.
10) Adam Kuper, *The Chosen Primate: Human Nature and Cultural Diversity* (Massachusetts: Harvard University Press, 1994), 59.
11) M. S. Gabarino, 『문화인류학의 역사』, 61.

로부터 조금이라도 벗어나면 즉시 눈에 띄게 되고 쉽게 감정을 자극하는 조롱거리 혹은 비난의 대상이 되는 것이다. 보아스는 이렇게 인간의 행위나 사회제도들은 감정과 습관에 의해 지배된다고 생각하였다. 따라서 인간이해에 중요한 사항은 객관적 합리성에 기반을 둔 것이 아니고 인간의 지각에 미치는 인식론적 주관, 즉 정신 상태인 것이기 때문에 사람은 자신이 가진 관념을 버리고 타자의 주관, 즉 정신을 이해하지 않으면 안 된다고 보았다.

보아스는 진화론을 거부하는 가운데 문화에 대한 특별한 역사적 접근방법을 제창하였다. 이 견해에 따르면 문화는 인종이나 인간의 지력에 의해서 결정되거나 지리적 환경에 의해서 결정되는 것이 아니며 각 집단의 특수한 역사적 배경과 과정에 의해서 결정된다고 주장하는 것이었다. 특히 신화, 민담, 민속의 공간적 분포에 관한 연구를 통해 보아스는 어떠한 문화든 그 문화의 요소는 대부분 전파와 인근 문화들로부터 차용하는 복합적인 역사적 과정의 산물임을 주장했다. 따라서 보아스가 주장한 새로운 역사적 방법은 명확히 구분된 작은 지리적 영역 내의 지리적 현상에 대한 사려 깊고 차분한 연구와 그 연구의 기초를 이루는 문화영역에만 한정하여 비교하는 것에 기초하고 있었다. 이렇게 각 집단의 특수한 역사적 맥락 속에서 문화의 차이를 이해해야 한다는 그의 주장을 역사적 특수주의라고 한다.

4. 전파주의(19세기 후-20세기 초)

1) 학자들

진화주의에 대한 또 다른 비판적 반응으로서 전파주의를 들 수 있다. 전파주의는 개별적인 문화의 내재적 발전을 전파라는 외재적 요인에 기초해서 연구하는 입장이다. 즉 서로 다른 지역간에 문화요소를 빌려 쓰는 현상인 문화전파 현상에 초점을 맞춘 것이다. 진화주의적 입장은 인간 정신이 낮은 것에서 높은 것으로, 단순한 것에서 복잡한 것으로 점진적으로 변화한다는 수직적인 문화발전 단계의 도식구성에 의해 특징지어졌지만 전파주의에서는 문화의 수평적인 병존관계를 강조하였다. 이러한 견해의 대표적인 두 학파는 영국과 독일 및 오스트리아의 문화연구가들이다.

영국의 극단적 전파주의자들은 전문적인 인류학자들은 아니었다. 그 주요 인물은 오스트레일리아의 해부학자이며 저명한 외과의사인 엘리어트 스미스(Grafton Elliot Smith, 1871-1937),[12] 페리(William J. Perry),[13] 슈미트(Wilhelm Schmidt, 1868-1954),[14] 리버스(W. H. R. Rivers, 1864-1922),[15] 그래브너(Fritz Graebner, 1877-1934), 위슬러(Clark Wissler, 1870-1947) 그리고 크뢰버(Alfred Kreober, 1876-1960) 등이다.

2) 연구방법

이들은 고등문명의 대부분이 원래 이집트에서 개발이 된 이후 이집트를 거쳐 간 사람들에 의해 세계의 여러 지역으로 전파되어 갔다고 주장함으로써 일명 이집트 학파라 부르기도 한다. 이집트의 발전에 선행하였던 티그리스 강과 유프라테스 강 유역의 사회들에 관하여 알지 못했던 이들은 이집트야말로 문명을 세계 각지로 퍼트린 글자 그대로 문명의 요람이었으며 문명은 전파를 거듭함에 따라 점점 희석되었다고 추정하였다.[16]

---

12) Ibid., 67. Smith는 미라의 해부학적 연구를 위해 이집트를 방문했다. 그에 의하면 문명을 움직이는 충돌은 종교였으며, 사후 세계의 관념과 미라를 만드는 관행은 인간이 단순한 생계 이상의 것을 추구하도록 만드는 결정적 계기였다는 것이다. Smith는 태양숭배와 대규모 석조 기념물들을 강조했기 때문에 스미스학파에게는 태양 중심적(heliocentric) 혹은 태양거석(heliolitic) 등의 이름이 붙여졌다.
13) Ibid. 학교의 교장으로서 『태양의 아이들』(Children of the Son, 1923)의 저자이기도 한 윌리엄 페리는 스미스와 함께 극단적 전파주의로 대중의 주목을 받았다.
14) Schmidt는 초기의 종교형태는 유일신교였으나 지방으로 종교가 전파되는 과정에서, 즉 중심부에서 멀리 떨어질수록 점점 마술적인 형태나 혹은 다신교적인 양상을 띠게 되었다고 주장하였다. Wilhelm Schmidt, *High Gods in North America* (Oxford: Clarendon Press, 1933).
15) Ibid., 68., Rivers)는 진화주의적인 입장에서 인류학을 연구하기 시작하였으나 말년에 전파-이주론(diffusionist-migrationist)의 입장을 선언하였다.
16) Carl Ember and Melvin Ember, *Cultural Anthropology* (New Jersey: Prence-Hall, Inc. 1996), 96.

3) 비평

첫째, 이런 방법론에 토대를 두고 문화 관계에 대한 발전도식을 전개했던 독일, 오스트리아 학파의 전파주의자들은 소수의 고유한 문화들이 그 발생 시점으로부터 마치 물에 파문이 일듯이 시간적으로 또한 공간적으로 퍼져 나와서 세계의 모든 문화들을 산출하게 되었다고 추정했다. 전파주의는 문화의 전파 과정에서 오는 요소들의 거절, 변형의 설명이 불가능하고, 각 문화가 가지고 있는 특성들을 설명하지 못하는 약점을 가지고 있다.

둘째, 문화 특성들이 한 사회로부터 어떻게 다른 사회로 이전하는가에 대해서 구체적으로 설명해 주지 못한다는 것이다.[17]

셋째, 동일한 요소도 지역에 따라서는 기능과 의미를 달리할 때 이를 단순히 물질적, 외형적 측면만 가지고 전파 관계로 설명할 수 있겠는가 하는 문제가 생긴다. 이를테면 이집트의 피라미드와 중미 마야제국의 신전은 외형은 비슷하다. 그러나 피라미드는 신격화된 왕의 무덤으로서 사후 세계에 대한 신앙적인 표현이지만, 신전은 왕의 권력을 상징적으로 보여주는 것이다. 그렇다면 과연 후자는 전자에 의한 전파라고 볼 수 있겠는가 하는 문제이다.[18]

5. 구조기능주의(20세기 중기 이후)[19]

1) 대표학자

사회를 하나의 체계-상이한 부분들로 이루어진 하나의 관계망으로서 파악하는 통합론적 관점은 구조기능주의(Structural Functionalism)라는 명

---

17) Ibid., 38.
18) 박동석, 『문화인류학의 이해』, 37.
19) 사회의 각 부분들은 전체적인 구조를 유지하기 위하여 통합되고 기능한다는 이론적 입장이다. Radcliffe-Brown의 개념이다.

칭 중 구조라는 부분을 설명해 준다. 즉 각 요소들은 통합된 전체 안에서 상호 작용하고 있으며 이들은 전체를 유지하도록 하는 구조를 가지고 있다는 것이다. 모든 제도들이 사회의 존속을 위해 상호 관련 속에 존재한다는 구조기능주의(Structural Functionalism) 관점의 이론적 토대는 프랑스의 뒤르깽[20]으로부터 찾을 수 있다. 뒤르깽은 단순히 탐구하려는 현상의 역사적 기원을 찾아내는 데 만족하지 않고 그의 저서 『사회학적 방법의 법칙』(1895)에서 유효한 원인의 탐구로부터 그것들이 다양하게 얽혀 있는 사회구조에 끼친 그 현상의 결과까지도 탐구하려 하였다.[21] 뿐만 아니라 종교연구와 관련해서는 종교경험이나 심리를 중시하는 입장에서 반론을 제기하고, 사회학적 연구는 종교를 역사적으로 주어진 외부적 사실로 취급해야 하며 개인의 고유한 경험 같은 것은 고려하지 않아도 된다고 강조했다.[22] 그는 언제나 원자적으로 사고하지 않고 전후관계를 중심으로 사고했다. 이런 점에서 그는 영국의 사회인류학계에 막대한 영향을 끼쳤고 후에는 미국사회학의 구조기능주의로 연결되는 기능적 분석의 직계 선조가 되었다. 그리고 『종교생활의 원초적 형태』는 뒤르깽 만년의 대작으로 정교의 사회학적 기반과 성격을 집요하게 밝힌 노작이다.

래드클리프-브라운(Alfred Reginald Radcliffe-Brown; 1881-1955)은 어느 정도는 프레이저의 영향을 받았겠지만 오히려 콩트와 뒤르깽의 영향을 훨씬 많이 받았다. 래드클리프-브라운의 궁극적인 목적은 사회구조를 연구하고 또한 통문화적으로 사회행위를 지배하는 법칙들을 도출하는 것이었다.[23] 뒤르깽과 마찬가지로 그는 그의 구조기능주의를 설명하는 데 있어 유기체에 대한 유추(organic analogy)를 사용하여 전체 유기체의 통합과 유지에 있어 그 구성 기관들의 적용을 강조하였다.[24]

---

20) M. S. Gabarino, 『문화인류학의 역사』, 151.
21) Emile Durkheim, *The Rules of Sociological Method* (New York: Free Press, 1938).
22) Tsuneo Ayabe(ed), 『문화인류학의 명저 50』, 김인호 역, 90.
23) A. R. Radcliffe-Brown, "Functionalism: A Protest," in *American Anthropologists*.
24) M. S. Gabarino, 『문화인류학의 역사』, 89.

2) 연구방법

문화가 하나의 계열을 따라 발전한다는 진화론적 가설에 대한 또 다른 대용이 영국에서부터 시작되어 구조기능주의라고 부르는 접근법을 발전시켜 나갔다. 이 접근법에서 분석의 주안점은 문화의 변천과정에 대한 보편적인 법칙을 발견하기보다는 한 사회의 여러 제도들과 문화적 요소들이 어떤 형태로 서로 연관되어 있으며 그 의미들은 무엇인가를 파악하는 데에 있었다. 이러한 분석방법의 토대가 되는 사고는 문화는 단순히 여러 요소의 나열이 아니고 정도의 차이가 있긴 하나 유기적인 통합체를 이룬다는 것이었다. 따라서 인류학의 주요 과제는 미개 부족의 문화적 특색을 고립시켜 개별적, 외면적인 비교에 의해 자의적으로 구성되는 과정으로서가 아니고 그것이 문화적 전체성에서 맥락을 가진 기능으로서 이해하는 데 있었다. 이는 진화론적 관점이나 역사적 특수주의의 관점, 전체주의 관점에 대한 매우 의미 있는 반박이었다. 즉 유사한 문화 현상을 그것들이 놓여 있는 전체의 맥락에서 분리된 문화요소들의 피상적인 비교에 빠져 문화 개개의 특성이 유기적 연관관계를 취하고 있지 않다는 비판을 구조기능주의자들이 제기할 수 있었다.

3) 비평

구조기능주의는 한 사회의 다양한 제도들과 문화적 요소들이 어떤 양상으로 상호 관련되어 있으며, 그 의미들은 무엇인가를 파악하는 데 관심을 두는 관점으로서 인류학을 학문적으로 크게 성숙시키는 데 공헌했으나 다음과 같은 비판을 받는다.

첫째, 구조기능주의는 사회체계의 기능적 유지에만 관심을 두는 반면에 사회 체계에서 일어나는 갈등은 다루지 못함으로써 동태적인 사회변동을 설명할 수 있는 이론적 틀은 제시하지 못했다. 어느 사회나 반드시 문화는 변하는 것이다.

둘째, 사회 내에 있는 모든 요소가 반드시 순기능만 한다는 것을 어떻게 검증할 수 있는가 하는 점이다.

셋째, 기능주의는 문화에 대한 물리적이고 생물학적 자연환경의 영향에 대해서는 설명하지 못한다.[25]

넷째, 기능주의는 식민주의가 어떤 영향을 미쳤는가에 대해서는 밝혀내지 못했으며, 따라서 식민시기 말기에 마르크스이론이 부활할 수 있게 해주는 원인 중의 하나를 제공했다는 비판을 받는다.[26]

6. 신진화주의

고전적 진화론이 역사적 특수주의, 전파주의, 구조기능주의에 의해 이론적으로 방법론적으로 도전을 거세게 받는 중에서도 진화론적 관점은 일련의 학자들에 의해 새로운 관심의 대상이 되었다. 이는 진화론에 도전하는 시각들이 진화론적 관점이 제시하는 거시적인 문화변동 모델에 대한 대안을 제시하지 못했기 때문이었다. 문화의 특수한 역사적 배경과 과정을 강조하였던 특수주의, 문화의 시·공간적 이동만을 중시했던 전파주의, 문화의 요소들이 어떻게 관련되어 있는가에만 치중하였던 구조기능주의에서는 문화의 변동, 더욱이 문화의 진화에 대한 연구는 의식적이든 무의식적이든 회피되거나 미미한 관심을 받아 왔다. 이에 대한 대응으로서 법칙 정립적인 거시적 문화변동이라는 이슈에 대한 관심이 다시금 부각되어 신진화주의가 생겨난 것이다.

1) 대표학자

이러한 관심을 주도하였던 사람은 미국의 인류학자 레슬리 화이트

---

[25] Michal C. Howard, *Contemporary Cultural Anthropology* (Boston: Little, Brown and Company, 1986), 33–35.
[26] Robert Layton, *An Introduction to Theory in Anthropology* (Cambridge: Cambridge University Press, 1997), 27–28.

(Leslie White), 줄리안 스튜어드(Julian Steward), 『석기시대의 경제학』 (*Stone Age Economics*)을 쓴 마샬 살린스(Marshal Sahlins)[27]와 서비스 (Elman Service) 등이었으며 이들을 신진화주의자 혹은 후기 진화주의자 (Neo-Evolutionist or Later Evolutionist)라고 부른다. 이들의 관점은 일찍이 1930년대 초에 특수주의에 대한 반동에서부터 나타났으나 1960년대에 들어서는 미국 인류학의 중요한 측면으로 간주될 수 있을 만큼 충분한 모멘트를 얻게 되었다.

단선론적인 발전단계에 대부분의 학자들이 등을 돌렸을 때 화이트는 거시적 문화변동이론에 집착하였다. 구체적인 문화들이 진화해 가는 다양한 방식들에는 별 관심을 두지 않았으며 문화를 매우 일반적인 수준에서 이해하려고 하였다. 그는 문화가 일정한 방향을 갖고 진보적으로 발전해 간다는 진화론적 사고에는 오류가 없으며 단지 그 사용한 자료에 문제가 있었을 뿐이고, 또한 문화적 진화란 생물학적 진화만큼이나 현실적이며 증명 가능한 것이라는 결론을 내렸다. 화이트(Leslie White)는 문화발전을 설명하기 위하여 소위 문화진화의 기본법칙(The basic law of Cultural Evolution)이라는 다음과 같은 공식을 제시했다. 즉 문화는 일인당 일 년에 이용된 에너지가 증가된 만큼 진보한다는 것이다.[28]

$$E \times T \rightarrow C$$ = E: 에너지, T: 기술, 도구의 효율성, C: 문화

이는 에너지가 집중되면 될수록 문화체계의 복잡성과 전문화도 심화되고 전체를 구성하는 구성요소의 수도 증가한다는 것을 의미한다. 새로운 에너

---

27) Marshal Sahlins, *Stone Age Economics* (Chicago, Aldine-Atherton, 1972). 이 저서는 그가 최초로 확립한 신진화주의의 입장을 포기하고 심볼리즘의 방향으로 이행하고자 한 과도기에 쓴 것이고, 그 자신의 사상적 변화의 발걸음이라는 관점, 그리고 1970년대 미국 인류학에서 일어난 패러다임 전환의 위상을 보여준다는 점에서 무척 흥미롭다. Tsuneo Ayabe(ed), 『문화인류학의 명저 50』, 김인호 역, 427.
28) Leslie A. White, "Energy and The Evolution of Culture," in Appelbaum, Herbert, (ed.). *Perspective in Cultural Anthropology* (State Univ. of New York Press, Albany, 1987), 239.

지의 원천이 개발될 때마다 그것이 문화체계 속으로 흡수되어 기존의 문화 요소들과 상호 작용관계에 들어감으로써 수많은 부수적인 결과를 가져오고 새로운 문화발전의 연쇄적인 반응을 유발한다는 사고방식이다.

스튜어트(Julian H. Steward)는 화이트가 제시한 포괄적인 용어로 파악되는 인간의 보편적 문화발전보다는 개별문화들의 발전에 훨씬 더 흥미를 가졌다. 스튜어트는 가족수준(Family Level), 다가족수준(Multifamily), 국가수준(State Level) 등의 범주를 사용하였는데, 이들은 나중에 무리사회(Band), 부족(Tribe), 추방사회(Chiefdom), 국가라는 범주로 재정리되었다. 각 수준은 상이한 통합의 수단을 가지고 있는데, 이들은 각각 친족, 결사(association), 경제적 보완관계, 경찰력 및 관료기구 등이다.

그 후 그는 진화론자들의 견해를 세 가지 학파, 즉 단선적(unilinear) 진화론, 보편적(universal)진화론, 그리고 다선적(multilinear) 진화론으로 구분했다.[29]

2) 평가

19세기 문화인류학에 중요한 이론적인 공헌을 한 고전적 진화론이 보아스의 역사적 특수주의와 말리노프스키와 래드클리프-브라운으로 대표되는 기능적 인류학 등 제 학파들에 의해 공격을 받으면서 20세기 초기에 자취를 감춘 듯하다가 20세기 중반에 화이트에 의해 옹호되면서 신진화론이 재등장한다.

그러나 신진화론에도 불구하고 초기 진화론이 지녔던 이론적 한계를 극복하지 못한다. 즉 일반적인 진화진보가 왜 일어나는가를 밝히지 못하고 있다는 점이다. 그러나 신진화론자 중 일부는 19세기의 진화론과는 달리 특수한 문화 진화를 설명하는 장치(문화가 특수한 환경에 적응하면서 진화한다는 견해)를 제시했다는 점에서 평가를 받는다.[30]

---

29) 박동석, 『문화인류학의 이해』, 47.
30) Michal C. Howard, *Contemporary Cultural Anthropology*, 35-36. Carl Ember and Melvin Ember, *Cultural Anthropology*, 40-41.

7. 구조주의(사회구조론, 20세기 후기)[31]

1) 대표학자

인류학의 이론적 조류의 하나로 가장 많은 영향력과 아울러 많은 비판을 받고 있는 것이 레비-스트로스(Claude Levi-Strauss)로 대표되는 프랑스의 구조주의이다. 이 구조주의를 체계화하는 데는 지질학과 프로이드의 심층심리학, 그리고 마르크스(Marx)의 사회철학의 세 지적인 영향이 있었다. 이런 영향으로 문화에도 문화현상의 기저에 있는 심층적인 구조를 밝히려 했다.[32]

문화인류학에서는 문화를 유전학적(genetic), 역사적(historical), 규범적(normative), 심리학적(psychological), 구조적(structural), 서술적(descriptive), 사회문화적(sociocultural), 자동조절적(cybernatic) 영역으로 나누어 적응체계(adaptive system), 인식적 체계(cognitive system), 구조적 체계(structural system), 상징적 체계(symbolic system)로 이해하였다.[33]

프랑스에서 시작된 구조주의(사회구조론)는 1960년대 이전에 시작되었지만 인류학자인 클로드 레비-스트로스(Claude Levi-Strauss)의 사상과 연구가 미국과 영국에서 인기를 끌기 시작한 것은 1960년대에 이르러서이다. 기능주의와 마찬가지로 레비-스트로스가 사용한 구조주의는 인류학에만 국한된 것이 아니라 사회과학의 광범위한 영역에 영향을 끼친 사고방식이다. 1962년 출판한 『오늘날의 토테미즘』, 『야생의 사고』[34]를 통하여 그는 친척구조, 경제체제, 원시 분류체계, 신화를 분석하는 방법을 제공했으며, 사회구조는 개인의 대인관계 전체에서 파악된 기본 원리이며 이 의식구조

---

31) 모든 인간에게는 공통적으로 겉으로 드러나 보이지 않는 선천적인 심리-생물학적인 구조가 있다는 철학적 입장이다. 레비-스트로스(Claude Levi-Strauss)의 개념이다.
32) 박동석, 『문화인류학의 이해』, 44.
33) 이원옥 외, "인류학에서 본 현대문화 이론," 『선교를 위한 문화인류학』(서울: 이레서원, 2001), 50.
34) Tsuneo Ayabe(ed), 『문화인류학의 명저 50』, 김인호 역, 307.

의 표면적인 현상이 문화라고 했다. 그 밖에 구조주의자로 분류된 다른 학문분야의 학자들로는 프로이드(Freud), 마르크스(Marx), 피아제(Piaget)가 있다.[35]

대부분의 인류학자들이 관심을 기울여 온 구조 혹은 구조적 문제들과 클로드 레비-스트로스(Claude Levi-Strauss)가 그의 이론에서 다듬어 온 구조적 관점들 간에는 중대한 차이가 존재한다. 우리는 앞서 구조기능주의라는 접근법에서도 구조적 접근방법이 오랫동안 영국의 사회인류학에 막대한 영향을 끼쳤다는 것을 살펴보았는데 이와 마찬가지로 레비-스트로스의 구조론에 강한 영향을 미쳤던 것도 구조언어학과 음운론이었다. 그는 언어학자 야콥슨(R. Jakobson)을 통해 음운론의 혁명적인 연구방법에 주목했다. 자신의 저작들을 통해 문화가 지역마다 다양한 모습을 취하고 있지만 그 심층구조의 모습은 비슷한 구조를 갖는다고 주장하는데, 그는 그 이유를 인간 정신 구조의 보편성에서 찾는다.

그에게 있어 구조주의란 모든 인간들에게 보편적인 심리, 곧 생물학적인 본질의 심층적이고 암묵적이며 생득적인 구조들을 탐구하는 것이다.[36] 이들은 문화를 "인간과 자연 사이의 상관적 활동의 결과이며 따라서 사람들 사이의 접촉의 결과이기도 하다"라고 정의했다. 이는 인본주의자들이 문화를 내면적이며 정신적인 것으로 보아 개인주의적 문화관에 매여 있던 것과 상당한 차이를 드러낸다.[37]

2) 비평

첫째, 양분제도에 관한 문제점은 보편적이 아닌 문화적 특성을 설명하기 위해 인간의 불변적인 이중성을 가정하고 있는데, 양분제도는 오로지 소규모 사회에서만 볼 수 있는 예외적인 제도이며 따라서 보편적인 것을 가지고 어떻게 보편적이지 않는 것을 설명할 수 있겠는가이다.

---

35) M. S. Gabarino, 『문화인류학의 역사』, 131.
36) Ibid.
37) 신국원, 『문화이야기』(서울: IVP, 2002), 63.

둘째, 구조주의 작품들이 견고한 민족지적 관찰과 증거에도 불구하고 심오한 이론적 분석에 중점을 두었다고 비판을 받아 왔다. 레비-스트로스의 연구는 너무 심오한 영역을 밝히기 때문에 다양한 문화의 특성을 간과하고 있다는 지적이다.

8. 심리인류학

미국에서는 1920년대 후반과 1930년대에 걸쳐 저명한 보아스학파의 학자들 다수가 심리학적 이론과 방법을 통문화적으로 적용하고 검증하는 데 흥미를 갖기 시작했다. 이러한 연구들을 초기에는 문화와 인성연구(culture-and-personality studies)라고도 했으나 후기에 이르러 연구자들은 이러한 하위분과를 심리인류학(Psychological Approaches)이라고 부르기 시작하였다.

이러한 심리인류학은 개인과 문화 사이의 상호 작용의 성격을 규명하는 인류학의 한 분야로서 같은 문화에 속한 개인들의 각기 다른 행동양식을 분석하려는 노력을 통해 인류학 분야에 심리학의 방법을 적용한다. 심층 면담, 역할 연기, 로르샤흐 테스트, 세밀한 전기(傳記)와 가족의 역할에 대한 연구, 꿈에 대한 다양한 해석 등 여러 방법이 이용된다.

초기의 문화와 인성연구는 유아기에 사회화가 어떻게 이루어지는가에 따라 성인 인성의 유형이 결정된다는 입장을 취하면서 학습이론, 형태심리학(Gestalt Psychology) 그리고 일반적인 아동심리학에 크게 의존하고 있었으나 프로이드의 이론은 별로 영향력이 없었다. 하지만 고도로 체계화된 프로이드 심리학의 영향 하에서 많은 미국 인류학자들은 상이한 문화에서 나타나는 육아과정에 초점을 맞추고 이러한 육아과정이 상이한 인성구조의 출현에 미치는 효과를 연구하고 궁극적으로는 집단인성과 사회, 문화적 제도 사이의 관계를 관찰하기 시작하였다.

9. 마르크스주의 인류학

마르크스의 역사적 유물론은 인류학자들의 유물론적 사고에 여러 가지 형태로 영향을 미쳤지만 정작 역사유물론은 미개사회를 분석하는 의미 있는 도구로서는 별로 주목을 받지 못하였다. 그 이유는 마르크스의 이론이 주로 자본주의 사회에 대한 것이고 미개사회에 대한 이론은 거의 없다는 것과 또한 마르크스의 경제결정론(하부구조가 직접적으로 상부구조를 결정한다는)은 친족조직이나 종교적 조직이 지배적인 미개사회에 적합하지 않다는 것이다. 따라서 마르크스의 역사유물론은 직접적인 형태로 도입되지는 않고 화이트나 스튜어드, 해리스 같은 여러 인류학자들의 이론에 영향을 미치는 정도에 머무르는 실정이었다.[38]

하지만 1960년대부터 프랑스에서는 고들리에(Maurice Godelier), 메일아수(Claude Meillassoux) 등과 같은 일단의 학자들이 마르크스의 유물론을 인류학의 유용한 분석조구로 채용하기 시작하였다.

마르크스주의 인류학자들은 구조기능주의와 레비-스트로스의 구조주의에 대해 비판적이었다. 구조기능주의가 가시적이고 경험적 차원에서만 문화를 파악하고 모든 요소가 평면적으로 구조화되어 있는 것으로 전제함으로써 한계를 지니고 있다는 것에 반해 레비-스트로스는 경험적 차원을 넘어서 비가시적 수준의 세계에 관심을 두긴 하였지만 의식구조의 보편성에만 집착함으로써 변화 또는 발전을 포함한 역동적 측면을 무시한 한계성을 가지고 있음을 비판하였다.

10. 생태인류학(문화생태학)[39]

생태학은 동물 및 식물과 그들의 환경과의 관계를 연구하는 학문분야이

---

38) M. S Gabarino, 『문화인류학의 역사』, 54-55.
39) 문화생태학이란 인간과 그 문화, 그리고 환경 간에 관계를 연구하는 학문을 일컫는 용어이다.

다. 문화생태학(Cultural Ecology)은 인간과 환경과의 관계를 연구대상으로 하고 있다. 인간이 동물과 비슷한 형태로 환경에 적응해 왔다면 문화생태학이라는 분야는 사실상 존재하지 않았을 것이다. 인간은 생물학적 진화의 산물이기는 하나 인간이 모든 인간하위의 종들과는 매우 다른 방식으로 그 환경과 타협하였다는 점에서 전적으로 독특한 산물이다.

모든 인간 하위의 생명형태가 본질적으로 주어진 것으로서 환경에 적응하는 반면 인간은 그 자신을 더욱더 수정하여 환경에 적응한다. 그것을 가능케 하는 장치가 이른바 문화이다. 즉 문화라는 일차적 기제를 통하여 인간은 자신의 환경에 적응하면서 마침내는 자신의 환경을 통제한다. 점차로 인간이 살고 있는 환경은 문화적 환경이 되어가는 것이다. 그리하여 문화생태학은 일반생태학과는 달리 특정한 환경 체계 내에서 생물형태의 상호 작용에만 단순하게 관여하는 것이 아니라 인간이 문화라는 도구를 이용하여 생태계 그 자체를 조작해서 형성해 나가는 방식에 관심을 두고 있다. 문화생태학자들은 환경을 조작하는 다양한 형태의 양상에 따라 상이한 종류의 문화적 통합체와 체계가 생산된다는 점을 강조해 왔다.[40]

스튜어드는 1930년대에 인류학에 생태학적인 관점을 소개하는 데 지대한 공헌을 했다. 그는 고고학과 민속지를 배경으로 그의 입장을 문화생태학적 방법론이라고 특징지었다.

그러나 문화생태학(생태인류학, ecological anthropology)은 여러 측면에서 비판에 직면하고 있다.

첫째, 모든 인간집단들이 그들의 환경과 균형을 유지하지 않는다는 것이다. 일부는 그들의 수용능력을 넘어서기도 하고, 또 역사적 과정의 결과로서 그들의 환경을 바꾸기도 한다. 달리 말해서 인간 문화에는 자동적인 균형 메커니즘이 존재하지 않는다는 것이다(no automatic equilibrium mechanism built into human culture).

둘째, 모든 문화와 사회는 자체 논리와 자체 조직원리를 가지고 있는데,

문화와 자연환경의 관계를 생태계 개념에 의거하여 설명함으로써 적어도 인간 쪽으로의 접근과 자연 쪽으로의 접근이라는 날카로운 외적 구분을 지양해서 양쪽이 서로 연계되어 있으면서 상호작용을 한다고 보았다. 즉, 환경변수와 문화변수가 서로 영향을 미친다고 보았다.
40) M. S. Gabarino, 「문화인류학의 역사」, 139-142.

이러한 것들이 환경조건에 대한 적응으로 환원될 수는 없다는 것이다. 그리고 생태인류학에서 말하는 인구집단, 특정 환경 등과 같은 단위가 무엇인지 정의하기가 어렵다는 것이다.

셋째, 생태적 요인들이 인간의 결정과 연관되는 방식과 인간의 동기를 결정하는 방식을 규정할 수 없다는 것이다. 그리고 사회제도의 생태학적 결과를 보여준다는 것이 사회제도를 설명하는 것은 아니라는 것이다.

생태인류학자들은 이러한 문제점들을 극복하기 위해 새로운 모델들을 개발해야 했다. 먼저 생태인류학에서 균형의 유지라는 기능주의적 모델과 가설들을 제거하고자 했다. 그 결과 생산체계와 인구의 관계, 그리고 환경압력에 대한 인간집단의 반응을 고려하는 모델에 접근할 수 있었다. 이 새로운 모델은 개인적 행위의 차원을 전체의 이론에 통합시키기 위한 적응전략의 개념과 의사결정의 개념이 주를 이루고 있다.

제4장

문화란 무엇인가?

문화는 커뮤니케이션이며[1], 인간의 생활 전체를 커뮤니케이션으로 간주하게 되면 광범위한 영역에서 의사소통과 관련된 사건들을 망라하는 스펙트럼을 생각해 볼 수 있다.[2] 그리고 문화는 세상을 바라보는 안경(filter)이다.[3] 인간은 문화를 만들고 사용하는 유일한 동물인가? 이 물음에 대해 행동과학에서 의견의 일치를 보지 못하고 있다. 이 물음에 대한 해답은 문화를 광의로 정의하느냐 협의로 정의하느냐에 달려 있다. 문화를 광의로 정의하면 학습된 행위유형(learned behaviour patterns)들의 복합체이다.[4] 그러면 인간은 문화를 만들고 사용하는 유일한 동물이 아니다. 다른 동물들도 생존을 위해서 스스로 학습한 것을 새끼들에게 가르친다. 침팬지와 오랑우

---

1) Edward T. Hall, *The Silent Language* (New York: Doubleday and Company, 1959), 『침묵의 언어』, 최효선 역(서울: 한길사, 1959), 141. Hall은 인류학을 배우는 과정에서 호피, 나바호 인디언 등의 거주지에 머물렀으며, 그 후 외국에서 작업하는 미국인의 훈련에 가담하여 이 문화 사이의 커뮤니케이션의 중요성을 통감했다.
2) Ibid., 142.
3) 이재완, 『선교인류학』, 19.
4) Ibid.

탄과 같은 에이프(apes)들은 특히 그러하다.

1. 문화의 정의

행동과학자들에게 문화는 학습된 인간의 행위유형이다. 이런 방식으로 가장 고전적으로 받아들여지는 문화의 개념은 타일러가 『원시문화』 (*Primitive Culture*)에서 정의한 개념이다. "민속지적 의미에서 폭넓게 받아들여지는 문화 혹은 문명이란 지식, 믿음, 예술, 도덕, 법, 관행 그리고 사회의 성원으로서 획득한 그 외의 다른 능력과 관습을 포괄하는 복합적 총체이다." 타일러의 정의 이래 문화의 개념은 여러 측면에서, 그리고 여러 형태로 정의되고 사용되어 왔으나 의견의 일치를 보는 문화의 정의는 없다.[5]

"문화는 학습된 행위와 그 산물들을 말한다."
"문화는 협약적 이해의 조직이다."
"문화는 사회적으로 전승되는 관습과 신념의 총체이다."
"문화는 적응을 위한 인간의 신체 외적인 수단들이다."
"문화는 환경에서 인간이 만든 부분들이다."

크로버와 클락크혼(Clyde Kay Maben Kluckhohn)은 300여개의 문화의 정의들을 정리하고 검토하고 난 뒤 기술적(내용에 기초), 역사적(전통을 강조), 규범적(규칙을 강조), 심리적(학습과 문제 해결을 다루는), 구조적(유형과 관련되는), 유전적(동물이 아니라 인간과 관련되는) 정의라는 6개의 범주로 나누었다. 크로버와 클락크혼[6]은 문화의 개념을 타일러의 정의처럼

---

5) Edward Tylor, *The Primitive Culture: Researches into the Development of Mythology and Philosophy, Religion, Art and Custom*, 2 Vols. London, John Murray, 1871. 이 책은 그 이전에 간행된 『초기 인류사에 대한 연구』(초판 1865, 재판 1870년)와 그 후 6년간의 논문을 합쳐서 만든 것이다. 그는 영국 최초 인류학 교수로 옥스퍼드대학에 부임해서 가르쳤고 '영국 인류학의 아버지'라고 불렸다.
6) Clyde Kay Maben Kluckhohn, *Mirror for Man* (New York, McGrow-Hill Book

일련의 특질들과 양식을 기술하는 것으로 사용해서는 안 되고, 관찰된 행위들로부터 추론된 유형이나 형태로 사용해야 한다고 결론 내렸다. 문화의 정의는 서술적인 것이 아니라 분석적인 것이 되어야 한다는 것이다. 그러나 크로버와 클락크혼처럼 문화의 개념을 분석적인 것으로 사용하는 것도 많은 문제를 야기한다. 문화를 관찰 가능한 일련의 행위들로부터 추론된 것이라고 하면, 그것은 이념형(ideal types)인지, 규범적 가치들인지, 통계적 수단인지 등과 같은 문제들이 발생하는 것이다.

문화의 개념에 대한 논쟁, 특히 문화를 초유기체로 파악하는 문제는 철학적인 논쟁으로 확대되었다. 그러나 문화의 개념에 대한 이와 같은 형이상학적 논쟁은 명백한 합의는 아니지만 인류학자들이 문화라는 이름 아래 그 무엇인가를 가리키는 어느 정도의 실제적인 합의는 존재한다는 사실을 희석시키는 것이다. 실제적인 합의는 다음과 같이 요약할 수 있다.

"문화는 상호 연관되어 있는 유형화된 전통들로 구성되어 있으며, 그 전통들은 시간과 공간적으로 전승되고, 그 전승은 언어적 능력과 상징적 능력에 바탕을 둔 비생물적인 메커니즘으로 이루어진다(culture is composed of patterned and interrelated traditions, which are transmitted over time and space by non-biological mechanisms based on man's uniquely developed linguistic and non-linguistic symbolizing capability)."

이러한 합의 아래 문화의 개념을 다양한 방식으로 사용하고 있다. 예컨대 어떤 특정 문화라고 하면 동일한 전통이나 동일한 문화적 특징들로 규정되는 독자적인 단위라는 의미가 되는 것이다. 이와 동시에 어떤 특정 문화라고 하면 하나 이상의 사회집단들이나 민족들이 소유하고 있는 가치와 관념과 행위의 체계라는 의미로 사용될 수도 있다. 한국 문화, 중국 문화, 서구

Company, 1949). 인류학자로서 Kluckhohn의 특징은 (1) 현지조사에서 얻은 살아 있는 데이터를 중시했다. (2) 문화의 가치체계를 구축하는 것에 힘을 쏟았다. (3) 학제적 연구를 항상 추구했다. (4) 인류학 연구에 정신분석학적 기법을 이용했다.

문화 등은 이러한 의미로 사용되는 용어들이다. 그러나 정확할 수는 없다. 왜냐하면 그러한 단위들의 경계를 구분짓는 것이 너무 어렵기 때문이고, 인위적인 구분은 경계를 초월하는 중요한 관계들에 대한 연구를 어렵게 하기 때문이다. 그런 의미에서 문화는 다음과 같이 정의될 수 있다.

1) 문화는 학습된 행위의 패턴이 통합된 체계이다.

한 부분의 하부요소의 문화요소를 바꾸면 다른 부분에 영향을 미친다. 우리와 다른 문화를 가진 것은 완고해서가 아니라 학습되고 교육받았기 때문이다. 그런 사람들과 만나면 그들을 정중하고 인내로 대해야 한다. 우리는 각기 다른 문화의 요소를 다루었다.

이 두 가지 정의가 중요하다. 즉 학습된 행위와 통합되었다는 것이다. 문화를 구성하는 하부 구성요소들(교육, 예술)이 있고 해 보자. 통합되었다는 것은 하부의 구성 요소들이 연결되어 있다는 것을 말한다. 문화라는 하부체계의 핵심에는 세계관이 존재한다. 이것은 접착제 같아서 서로 연결되게 해준다.

2) 문화는 지도이다.

새로운 도시에 가면 지도(map)를 보고 어떻게 갈지를 생각하게 된다. 문화 역시 한 사회에 속한 사람들에게 지도나 지침과 같다. 한국이라는 문화는 악수할 때 두 손으로 하는 것처럼 문화에는 수백만 가지의 지침이 있다. 캄보디아에서는 손을 모으고 상대의 나이가 많을수록 손을 점점 높이 한다. 인도에서는 사원에서 손을 최고로 높인다. 이처럼 다양한 문화는 우리가 각 나라에서 어떤 식으로 행동하고 생각할지를 알려주는 지도이다.[7]

구한 말 선교 초기 한국교회에서는 남자와 여자가 서로 보지 못하도록 기역자 형태의 예배당에서 예배를 드렸다. 그 벽이 점점 완화되더니 지금에

---

7) Ibid., 20.

와서는 완전히 달라졌다. 예배를 드릴 때 전혀 좌석에 구애를 받지 않는 사회가 되어버렸다. 당시 남녀가 서로 따로 앉는 것은 사회의 통제체제와 연결되어 있었다. 또한 한국에서 태어났어도 미국 가서 자라면 그 사람은 미국인의 사고방식을 갖게 된다. 이는 문화가 학습되기 때문이다. 문화의 학습은 강력한 것이어서 세상을 그대로 보고 느끼도록 한다. 그러므로 우리가 세상을 바라보는 가장 강력한 것은 문화이다. 문화는 우리의 현실을 어떻게 보느냐를 결정해 주는 요인인 것이다.[8]

사람들은 자신의 문화에 기초하여 관점을 가지고 있다. 아프리카에서는 자신의 영혼을 훔쳐갔기 때문에 아프다고 생각하기도 한다. 문화는 현실의 관점을 형성하는 강력한 형성자이다. 그러므로 선교는 그들의 세계관을 바꾸어 주는 것이다. 이제 학자들의 정의를 소개하겠다.

2. 학자들의 정의

1) 에드워드 타일러

영국인 에드워드 타일러(Edward Tylor: 문화의 아버지)는 18세기의 시대정신, 즉 진화론에 지대한 영향을 받았다. 그의 저술인 『원시문화』(*The Primitive Culture: Researches into the Development of Mythology and Philsophy, Religion, Art and Custom*)[9]에 따르면, 문화란 "사회의 구성원으로서의 인간에 의해 획득된 지식, 신앙, 예술, 도덕, 법, 관습 및 사회의 일원으로서의 인간의 능력과 습관을 포함하는 복잡한 총체(Complex whole)"이다. 이 개념 정의에는 문화를 구성하는 각 요소들의 상호 유기적 관계성과 부분과 전체의 관계성에 대한 언급이 없다.

---

8) Ibid.
9) Edward Tylor, *The Primitive Culture: Researches into the Development of Mythology and Philosophy, Religion, Art and Custom*, 2 Vols. London, John Murray, 1871.

2) 말리노프스키

말리노프스키(Bronislaw Malinowski: 1884-1942, 기능주의자)[10]는 문화란 문화를 구성하는 개인들의 기본적인 욕구와 필요를 충족시키기 위한 기능을 위하여 존재하는 것으로 보았다. 그는 인간에게 두 가지 종류의 욕구가 있다고 보았다. 하나는 주요한 욕구들(primary needs)로서, 인간의 생존을 위하여 절대적으로 충족되어져야만 하는 욕구들을 생리적(biological), 심리적(psychological) 그리고 사회적(social)인 것으로 분류했다. 또 하나는 이러한 주요한 욕구들로부터 발생된 부수적 욕구들(derived or secondary needs)로서, 문화 제도들(cultural systems)을 인간의 욕구를 충족시키기 위한 기능을 담당하는 틀로 보았다.[11]

3) 루이스 루즈베탁

루즈베탁(Louis Luzbetak)은 문화의 다섯 가지의 특성들을 지적함으로써 문화를 정의하고 있다. 첫째, 문화란 삶의 방식이다. 둘째, 문화란 삶의 전체적인 계획이다. 셋째, 문화는 기능적으로 하나의 체계로 조직화되어 있다. 넷째, 문화는 배움의 과정을 통하여 습득되어지는 것이다. 다섯째, 문화란 한 개인의 삶의 방식이 아니라, 한 그룹의 삶의 방식이다.[12]

문화란 전체적인 디자인이다. 문화란 사회가 신체적, 사회적, 이념적 환경에 자신을 적용시키는 계획이다. 문화들은 인간이 가지고 있는 같은 문제들에 대한 다른 답변들이다(Culture is a total design. It is a plan according to which society adapts itself to its physical, social, and

---

10) Bronislaw Malinowski는 폴란드 태생으로 미국으로 귀화한 문화인류학자로서 영국 정경대학교 교수로서 파푸아뉴기니, 태평양 트로브리안드 섬, 오스트레일리아 등을 리서치하면서 자신의 인류학적 이론들을 검증하는 작업을 통하여 인류학 발전에 커다란 영향을 끼친 석학이다.
11) M. S. Gabarino, 「문화인류학의 역사」, 83-86.
12) Louis J. Luzbetak, *The Church and Cultures: New Perspectives in Missiological Anthropology* (Maryknoll, NY: Orbis Books, 1995), 59-64.

ideational environment. Cultures are but different answers to essentially the same human problem).

4) 제임스 스프래들리

제임스 스프래들리(James Spradley)는 여러 선교학자들에게 영향을 미친 문화 개념 정의를 제공하였는데, 그에 따르면 문화란 "사람들이 자신의 경험을 해석하고 사회 행동을 조절하는 데 사용하는 획득된 지식"(the acquired knowledge that people use to interpret experience and generate social behavior)이다.

그런데 여기서 획득된 지식이란 인간의 가족, 학교, 공동체와 같은 인간 제도들에서 뿐만 아니라 하나님과의 관계에서 비롯된 것이라는 신학적 관점을 놓쳐서는 안 된다. 문화를 정신의 지도 혹은 프로그램이라 할 때 무엇을 위한 것인지에 대해서는 하나님의 말씀과 기독교 신앙이 최종적인 결정을 한다는 점을 선교인류학은 강조한다(예를 들면 린우드 바니 같은 학자, 바니의 글을 참조하라).[13]

5) 유진 나이다

유진 나이다(Eugene Nida)는 문화를 한 세대에서 또 다른 세대로 전달되어지는 물질적이고 비물질적인 경향들을 사회적으로 획득한 모든 학습된 행동들이라고 말한다(Culture is all learned behavior which is socially acquired, that is, the material and non-material traits which are passed on from one generation to another).[14]

---

13) Barney, G. L. "The Challenge of Anthropology to Current Missiology," (IBMR Vol. 5 No.4, 1981), 172-177.
14) Eugene Nida, *Customs and Culture* (Pasadena: William Carey Library, 1975), 24-30.

6) 기어트 호프스테드

화란인이며 문화조직과 행정체계 연구의 세계적 권위자인 기어트 호프스테드(Geert Hofstede)는 그의 책 『문화와 조직들』에서 문화를 한마디로 "정신의 소프트웨어", "정신 프로그램"으로 정의한다. 이 "정신의 소프트웨어"로서의 문화는 가정, 이웃, 학교, 일터 그리고 지역 공동체에서 입력된다고 본다. 즉 한 사람의 정신 프로그램은 그가 자라난 생활경험을 축적한 사회 환경 속에 뿌리를 두고 있다는 말이다.

물론 사람이 컴퓨터와 똑같은 방식으로 프로그램 된다는 뜻은 아니다. 사람의 행동이 전적으로 정신 프로그램에 의해 결정되는 것은 아니다. 사람은 그 프로그램을 벗어나 행동할 수 있는 기본적인 능력을 지니는데 새롭게, 독창적으로, 파괴적으로, 또는 엉뚱하게 반응할 수도 있다. 기어트 호프스테드는 정신의 소프트웨어를 단지 한 개인의 과거를 알면 어떤 반응들이 짐작되고 또 납득이 되는지를 가리킬 뿐이라고 한다.

문화란 성격이나 인간성과는 다르다. 성격이란 개인에 제한되고 유전되거나 학습되고, 인간성은 보편적이며 유전이 되지만 문화는 집단과 범주에 한정되고 학습된다. 호프스테드는 다섯 가지 문화 차원, 혹은 문화 유형을 분류하였다. 첫째, 평등문화와 불평등문화 둘째, 개인주의 문화와 집합주의 문화 셋째, 남성적 문화와 여성적 문화 넷째, 불확실성 회피문화와 불확실성 수용문화 다섯째, 장기지향 문화와 단기지향 문화 등이다. 그는 기업 경영과 관련 있는 조직문화에 대해서도 소개하고 문화 간 만남과 다문화 세계에서의 생존에 대한 나름대로의 관점을 제공한다.[15]

7) 폴 히버트

폴 히버트(Paul G. Hiebert)는 문화란 한 사회에서 습득된 행동과 사고의 양식들(patterns)과 한 사회에 특징적인 생산품들의 종합적인 시스템

---

15) Geert Hofstede, *Cultures and Organizations: Software of the mind*, 『세계의 문화와 조직: 문화 간 협력과 세계 속에서의 생존』, 차재호 · 나은영 역 (서울: 학지사, 1995).

(Culture is the integrated system of learned of behavior, ideas, and products characteristics of a society)이라고 했다.

첫째, 문화는 정형화(양식화) 된 행동(patterned behavior)이다. 하나의 문화는 그 나름대로의 특색 있게 정형화된 사고와 행동의 체계를 가지고 있다. 이 정형화된 체계에 의하여 그 문화에 속한 사람들의 사고와 행동이 형성되어진다. 그리고 개인적인 다양성도 문화가 허용하는 범위 안에서 이루어진다.

둘째, 문화는 습득되어진 것이다. 반복되는 경험이나 자극적인 경험들을 통하여 사회적인 환경에 어떻게 적응해야 하는가를 알려준다. 이를테면 어린아이들이 차가운 물체나 뜨거운 물체, 위험한 물체들을 접했을 때 자연스럽게 경험들이 축적된다. 이 반복된 경험들을 통해 보다 안전한 생활방식을 스스로 습득하게 되는 것이다.

셋째, 문화는 종합적인 시스템(Integrated system)이다. 한 나라의 정치, 종교, 교육, 사회, 도덕, 법률 등의 다양한 시스템이 하나의 문화를 형성하게 되는 것이다.

넷째, 문화는 사고들(ideas)이다. 문화는 그 문화가 공유하고 있는 세계관적인 관점들과 지식의 체계를 가지고 있다.

다섯째, 문화는 산물들이다. 문화는 물질적인 대상물들, 즉 집, 수레, 자동차, 컴퓨터 등등을 포함한다. 이런 것들은 그 문화가 가지고 있는 보이지 않는 것의 표현이다. 그리고 그 문화집단에만 해당하는 특징적인 성격을 표출하게 되는 것이다.[16]

8) 존 스톤과 셸비

존 스톤과 셸비(Johnstone & Shelby)는 문화를 다음과 같이 정의한다. 첫째, "문화는 세계를 구성하는 일련의 법칙이다." 문화란 여러분이 보거나 만질 수 없는 일련의 법칙이다. 투구나 창, 집, 카누 등은 보거나 만질 수는

---

16) Paul. G. Hiebert, *Anthropological Insights for Missionaries*, 36-37.

있으나 이들이 문화는 아니다. 이와 같은 물건들은 문화적인 법칙들을 적용해서 만든 산물이다. 문화는 의미를 갖고 있는 세계를 고안하고, 이해하며, 그 세계에서 생활할 수 있도록 해주는 일련의 지침이라 생각할 수 있다.[17]

문화적인 법칙은 우리들의 깊숙이 내재하고 있어서 통상은 이것을 의식하지 못한다. 때때로 인류학자들은 언어에 있어서와 마찬가지로 사고나 행동에 있어서도 일련의 법칙이 있기 때문에 이들을 문화의 문법이라고도 말한다. 그러나 이러한 법칙을 찾기란 어렵다. 우리는 사람들의 형태를 관찰하고 우리 자신이나 다른 사람들의 사고에 관하여 많은 성찰을 함으로써 이들 법칙을 추구할 수밖에 없다. 우리는 이와 같은 방법으로 문화 규범에 대한 일반화와 법칙들을 알아내려고 노력한다.

둘째, 문화란 "세계를 해석하는 일련의 법칙이다." 우리는 우리들의 세계를 구성할 뿐만 아니라 또한 해석한다. 우리는 다른 사람의 세계와 우리들 자신의 세계를 이해해야 하기 때문에 세계를 해석하는 일과 구성하는 일은 병행한다. 또한 우리들의 경험을 해석하는 데는 일련의 법칙이 있다. 우리는 이들 법칙에 다시 한 번 동의해야 한다. 이러한 문화법칙은 우리들이 우리들의 세계를 형성하고 해석하는 것을 가능하게 해준다.[18]

셋째, 문화란 "세계에 적응하게 하여주는 것이다." 우리들의 세계를 구성하고 이해시킨 이들 일련의 법칙은 또한 우리의 형태나 사회집단의 행태를 수정해 준다. 이렇게 하여 우리는 우리들의 환경을 이해한다. 문화란 바로 인류가 세상에 대처 및 적응할 수 있게 해주는 일련의 법칙들이다.[19]

3. 문화의 특성

문화의 특성을 잘 이해해야 한다. 한쪽에서 무엇을 바꾸면 다른 영향을 끼치기 때문에 조심해야 한다. 영향을 미치므로 어떤 행위의 변화를 목표로

---

17) F. E. Johnston and H. Shelby, 『현대문화인류학』(서울: 탐구당, 1981), 96.
18) Ibid., 97.
19) Ibid., 98.

학습하는 것이라면 인내하고 기다려야 한다. 가령, 어떤 사람들이 행동하는 것을 보면 답답하다. 그런데 그들이 변화가 되기를 바란다면 인내하고 기다려야 한다. 같은 문화 속에서도 세대가 다르면 다른 문화가 생기게 마련인 것이다. 한국도 세대간의 차이가 극심한 나라이다. 예를 들면 나이 많은 교수들은 모자를 쓰고 들어오는 학생들을 버릇없다고 여긴다. 그러나 많은 경우 모자를 쓰는 경우에는 패션, 혹은 머리를 감지 않았기 때문이다. 두 세대를 잘 이해해야 한다.

1) 문화는 삶의 총체적인 방식이다.

누구든지 나름대로의 삶의 방식이 있다. 그러므로 무엇인가를 주고받는다. 이미 자신이 가지고 있는 사상과 행동을 다른 사상과 가치간과 바꾸는 것이다.

2) 문화는 수용적이다.

살아오면서 변화된 문화가 있는가? 식사, 주거환경, 자동차, 컴퓨터, 옷 입는 것 등이다. 문화는 매우 수용성이 강하다. 많은 다른 방식이 있다는 것을 문화는 가르쳐 준다. 어떤 것이 옳고 그름이 있는 것이라기보다는 다른 것일 때가 많이 있다. 같은 질문에 대해 문화는 다른 대답을 준다. 우리의 문화에 대한 다양한 인식은 그것이 도덕과 연관된 것이 아니라면 수용하는 자세를 가져야 하는 것이다. 한국에서도 많은 문화의 변화를 볼 수 있다. 이를테면 생활 문화 중 잠자리 문화가 온돌에서 침대로 변화되고 있다. 의복 문화 중 여자들이 이제는 한복을 거의 입지 않는 추세이다. 그리고 교통수단의 변화도 중요한 부분일 것이다. 즉 지금의 기성세대들이 자랄 때 부모님들이 자가용을 소유한 집이 그렇게 많지 않았지만 지금은 마이카(My Car) 시대가 되었다. 큰 변화이다. 뿐만 아니라 통신 문화도 엄청난 변화가 일어났다. 휴대폰 시장은 한국이 단연 타국의 추종을 불허한다. 청소년들부터 성인에 이르기까지 휴대폰을 소유하지 않은 이가 거의 없을 정도이다.

이처럼 문화는 계속 변화한다. 문화는 매우 수용성이 강하다. 문화는 어떤 일을 하는 데 많은 방법이 있다는 것을 가르쳐 준다. 이를테면 한국어는 왼쪽에서 오른쪽으로, 일본어는 오른쪽에서 왼쪽으로 읽는데 어느 것이 옳은가? 이것은 옳고 그름의 문제가 아니고 서로 다름에 관한 문제이다. 서로 다를 뿐이다. 미국에서 집을 지을 때, 미국의 톱은 밀 때 더 잘 잘린다. 그러나 아시아의 톱은 반대로 잡아당길 때 더 잘 잘린다. 이처럼 동일한 질문에 대해서 문화는 다른 대답을 준다. 다양한 문화의 인식은 도덕과 연관된 것이 아니라면 다른 방법들을 수용해야 한다는 것을 알려준다.

이처럼 교회의 예배 형식에도 많은 변화가 왔음을 금방 알 수 있다. 그리고 점점 교회의 건물의 형태도 바뀌어 가고 있는 것을 볼 수 있다. 주일 예배시간 문제도 많은 상황화가 이루어지고 있다.

3) 문화는 학습된다.

때때로 너무 강제적이어서 옳은지 그른지도 모를 정도로 무조건 학습해 버린다. 너무나 강력해지기 때문에 단일민족중심적인 생각으로 살아간다. 자아중심적인 사람(ethnocentric people)은 우리의 문화가 최고라고 생각한다. 대부분은 그렇게 생각한다. 한국음식은 다른 나라 음식보다 더 낫다고 생각하는가? 그렇게 생각하라고 문화는 가르친다.

무조건 받아들인다. 유일무이하게 옳은 것이라고 수용한다.

문화는 강력하게 교육받는다. 자민족중심적인 생각으로 살아간다. 자아중심적인 사람이란 자기가 최고라고 생각하는 사람이다. 같은 원리로 민족중심적인 생각은 우리 문화가 최고라고 생각하게 한다. 우리는 모두가 다 자기민족주의적인 생각을 가지고 살아간다. 문화가 우리에게 우리가 최고라고 가르친다. 문화가 우리에게 가르쳤다는 것을 인식하고 초문화를 접하게 될 때 다르게 생각하게 될 것이다.

이를테면 일본의 선교사로 간 목사는 일본 사람이 볼 때 자민족주의적이다. 자민족주의가 강한 한국 선교사가 자민족주의가 강한 일본 사람과 만나게 될 때 매우 조심하지 않으면 안 된다. 국제적인 다른 문화를 접하게 될 때 배운 방식에 대해서 조심해야 한다. 6개월 이하 된 아기를 입양해서 데리고 미국에 가서 키우면 완전한 미국인이 된다. 문화는 유전이 아니라 완전한 학습이기 때문이다. 5-6살이 되면 스스로 문화의 80-90%를 배우게 된다. 문화는 보고 느끼도록 만들어 주는 것이다.

문화는 세상을 바라보는 강력한 안경이다. 문화가 현실을 바라보는 것을 결정해 준다. 세상이 흥미롭다. 중국 사람의 세상을 보는 관점은 한국 사람과 다르다. 한국 사람의 세계관과 일본 사람의 세계관은 다르다. 함께 일하지만 보는 관점이 다르다. 왜 일본 사람이 저렇게 하지? 왜 한국 사람이 다르게 하지? 생각한다. 학습된 행위는 문화적인 안경이 무엇이 옳은지 그른지를 바라보는 강력한 영향을 미치게 된다.

한 사람이 캄보디아에서 태어나서 자라게 될 때 그는 그 나라의 세계관으로 형성되는 문화적인 안경을 끼게 된다. 예를 들어 그들은 병에 걸리게 되면 악령이 들어서 그렇다고 생각한다. 사실은 그들 대부분이 더러운 물을 마심으로 말미암아 대장균에 의하여 질병에 걸렸음에도 불구하고 악령에 의해서 아프다고 생각한다. 만약 우리가 그들의 문제를 도우려면 어떻게 그들의 안경(가치관)을 바꿀 수 있을까? 현미경으로 그들이 마시는 물을 보게 하고, 세균을 보게 할 수 있을 것이다. 그들의 말처럼 악마(?)가 우글거리는 것을 보여줄 수 있을 것이다. 그런데 그 대장균이 우글거리는 물을 뜨겁게 펄펄 끓였더니 세균(악령)들이 죽었다. 그 후 그들에게 물을 끓여 먹으면 아프지 않을 것이라고 가르쳐야 한다. 그들의 세계관을 바꾸어 주어야 한다.

문화는 현실에 대한 관점을 형성하는 중요한 것이라고 인식해야 한다. 학습된 행위가 통합된 체계가 문화이다. 학습된 행위가 체계적으로 통합된 것이다. 한 쪽에서 무엇을 바꾸면 다른 쪽에 영향을 미치기 때문에 신중해야 한다. 학습된 것을 위해서는 기다리고 인내해야 한다. 변화시키기를 원한다면 인내하고 기다려야 한다.

4) 문화는 문화 속에 사는 사람들에게는 매우 합리적으로 보인다.

각기 다른 문화는 다른 논리 체계를 가지고 있다. 사람이 아픈 이유를 악령, 혹은 영혼을 빼앗겨서, 병균 때문에 등으로 각각 다르게 결론짓는다. 외국인이 한국에 와서 다른 문화에 노출될 때 서로 다르다는 이유로 바보 같다는 생각을 하게 된다. 한국이라는 세계를 논리적으로 이해하기 전에 쉽게 판단해 버릴 수 있다는 것이다.

외국인이 한국에서 와서 다른 문화에 노출될 때 부정적인 말을 하게 되면 한국은 왜 그렇게 하는지를 이해시키기 전에 그들을 쉽게 정죄하게 된다.

한국의 중매결혼 제도에 관하여 외국인들은 매우 이해하기 어려워한다. 그런데 결혼이란 한 남자와 여자의 결혼이 아니라 가문과 가문과의 결합이라는 것을 생각하면 부모의 역할이 결혼에 들어가야 한다는 것을 이해할 수 있다. 이것은 특히 그룹 중심의 문화와 개인 중심의 문화의 차이에서만 이해할 수 있는 관점이다. 예컨대 일본에서는 중매결혼을 이해하지 못한다. 그들에게 그것은 전혀 일어날 수 없는 일이다. 그런데 그들은 결혼이 가문과 가문간의 결합이라는 것을 알게 됨으로써 결혼에 부모의 역할이 포함되어야 하는 것을 인식하게 되었다.

5) 모든 문화는 변한다.

70년대에는 한자 간판이 많았는데 지금은 한자 간판이 별로 없다. 오히려 영어 간판이 많다. 마이카(My car) 시대가 되었다. 핸드폰(Cellular phone) 시대가 되었다. 사이버(Cyber) 시대가 되었다.

6) 문화는 세계관 중심으로 형성(통합)된다.

문화의 각기 다른 요소들이 세계관에 의해 형성되고 접착되어 있다. 세계관이라는 것은 가치관 등으로 우리의 관점을 이루는 기본이다. 세계관은 한 세대 속에서 무엇이 중요한지를 보여준다. 한국사회에서 가장 중요한 것은 무엇인가? 좁은 섬에서 가장 중요한 가치는 화를 버럭 내고 싸우는 것을 금하는 것이 될 수 있다. 그것은 때때로 간음보다 더 나쁜 죄처럼 인식되었다. 이런 이야기는 세계관이 얼마나 중요한지를 이야기해 준다.

일례로, 남태평양 미크로네시아 제도에서는 가장 중요한 가치관 중에 인간관계에서 최악의 것은 화를 벌컥 내는 것이라고 한다. 작은 섬이기 때문에 다른 곳으로 갈 수 없기 때문에 그렇다. 그래서 그 섬에서 가장 중요한 가치관은 서로 화목하게 잘 지내는 것이다. 그래서인지 그 섬에서는 서로 화내고 싸우는 것을 거의 볼 수가 없다. 왜냐하면 어려서부터 인간관계에서 서로 친절해야 한다고 배웠기 때문이다. 그리고 이곳에서는 윗도리를 입지 않는다. 그러나 한국 사람은 옷 입는 것을 중요하게 생각한다. 이는 세계관이 속한 사회에서 무엇이 중요한지 일러준다.

7) 문화는 작용하게 만든다.

두 가지 종류의 문화가 있는데 핵심적인 요소는 여러 사람들이 각기 다르게 행동하지만 공통적인 생각이 있다. 미국은 다민족 국가이므로 핵심적인 부분이 작다. 그러나 한국이나 일본은 단일민족이므로 핵심적인 요소가 크다. 나이 많은 사람들은 핵심이 크다고 생각하고, 젊은이들은 핵심 사항이 작다고 생각한다. 옷 입는 것, 말하는 것 등.
일본 속담에 튀는 놈은 얻어맞는다는 말이 있다. 이것은 각기 다른 문화는 각기 다른 여건 속에서 사회를 통제하는 시스템을 갖추고 있다는 의미로 해석된다. 동시에 교회도 이런 통제하는 것들이 있다.
한국에서는 어른들은 여자들이 치마를 입어야 한다고 주장하지만 젊은이들은 바지를 입어야 한다고 주장한다(문화적인 변동).

8) 문화는 또한 과거의 것을 보존한다.

문화는 과거에 대해 보존(preserves the past)하려는 흥미로운 속성이 있다. 미국에서는 어떤 특정교단만이 KJV(킹제임스역: 400년 이상 된 영어 번역본) 번역본을 고집하고 주장한다. 어떤 번역판을 쓰느냐에 대해 신학적 논쟁까지 벌이는 사람들이 있다. 그리고 왜 양복 소매에 단추가 달려 있는가? 그것은 역사의 일부분이다. 나폴레옹의 군인들은 교육수준이 별로 높지 않아서 자꾸 소매로 코를 닦았는데, 그렇게 하지 못하도록 하다가 단추가 점점 밑으로 내려가 달린 것이라고 한다.

9) 모든 문화는 지도와 같다.

문화는 무엇을 해야 할지를 알려준다. 전 세계 각국에서 미국으로 몰려온다. 이를테면 라오스에 살던 사람들이 미국으로 이민을 와서 살았다. 한 사람에게 창고 페인트칠하는 일을 시켰다. 그런데 이 사람은 페인트칠하는 것을 알지 못했다. 그래서 주인이 페인트칠하는 것을 보여주었다. 한 시간 후에 와서 보니 한 곳만 덧칠하고 있었다. 라오스 문화에서는 페인트칠을 할 일이 전혀 없기 때문에 전체를 칠해야 하는데 한곳만 계속 칠하고 있었던 것이다. 다른 문화에 가면 그 문화에 적응해야 한다. 그런데 잘 알지 못하기 때문에 문제가 생긴다. 자신이 살던 곳에서는 어떻게 하는지 아는데 다른 문화에서는 잘 모르는 것이다. 그래서 문화란 안내하는 지도와 같다.

10) 모든 문화는 복합적이다.

우리와 다른 문화를 보면 때때로 문화가 '단순하다', '원시적이다' 라는 표현을 한다. 그래서 야만인(캄보디안)이라 한다. 그러나 캄보디아에서는 숲 속에 사는 사람을 야만인이라고 부른다. 그들은 정글에서 생존하는 법을 안다. 그들의 환경에서 집을 만들고, 음식을 만드는 법을 안다. 야만인이라고 부르는 사람을 정글에서 살게 하면 한 주일 이상 살 수 없다. 그들을 야만인이라 부르는 그들을 정글에 갖다 놓으면 한주 이상 생존하겠는가? 이처럼 모든 문화는 복합적이고 문제에 대한 해답을 제공한다. 모든 문화는 그 문화적인 상황에 사는 사람에게 적절하다. 그 안에 사는 사람에게 해답을 제공한다.

가령, 개고기를 먹는 것의 유용함을 미국인들에게 설명한다는 것이 얼마나 어려운가를 생각해 보라. 우리가 믿는 것이 어렵다고 생각하면 다른 사람들을 설득하는 것이 얼마나 어려운가를 짐작해 보아야 할 것이다. 다른 관점을 가지고 있는 사람들에게 예수님을 전도하려고 하면 전혀 다른 관점을 가지고 있는 내가 다른 사람을 설득하는 것이다. 개고기를 전혀 먹어보지 않은 사람들이 다른 사람들을 설득하기는 어렵다. 그러나 내가 다른 사람들에게 예수님을 믿도록 설득하는 것은 좀 다르지 않은가? 자신의 안경을 끼고 인식한다는 것은 포스트모더니즘 속에 살아가는 사람들을 이해하는 데 중요한 생각이다. 세속적인 사람들은 진리보다는 체험하기를 원한다. 대부분 우리는 진리를 강조한다.

그러므로 많은 사람들이 세례(침례)를 받고 교회에 들어왔지만 기대했던 것을 경험하지 못했기 때문에 교회를 떠나는 경우가 있는 것이다. 우리에게는 경험도 필요하고 진리도 필요하다. 개고기를 전혀 먹어보지 못하고 다른 사람들을 설득하는 것은 어려운 것이다. 1-2년이 지나도 사람들이 교회에 남아 있도록 하기 위해 우리가 어떻게 해야 할지를 생각해야 한다. 그들이 떠나는 이유는 그들이 필요로 하는 것을 교회 안에서 찾지 못했기 때문이다. 그들은 자신들의 필요를 찾기 위하여 다른 곳으로 가는 것이다.

4. 문화의 제 이론

선교는 어떤 한 개인을 변화시키는 것만이 아니라 세계관의 변혁을 전제한다. 개인의 삶이 존재론적으로 변화되는 것뿐만 아니라 그 개인이 몸담고 있는 문화적 삶의 근본적인 변혁을 내포하고 있다. 인간의 삶의 현장을 하나님 나라의 현재성 측면에서 그리스도 안에서 총체적으로 변화시키는 통전적 선교가 요청되기 때문이다.

즉 이교적 문화는 선교의 대상이 된다. 비인간적인 사회 관심과 규례의 굴레 속에서 고통당하던 사람들이 인간의 존엄성을 되찾고 삶의 소망과 가치관을 회복케 된 일이 얼마든지 있다. 과거의 서구 선교의 많은 부분이 피선교 지역의 문화를 인정치 않고 모든 것을 악마적인 것으로 규정하여 서구 문화의 가치관을 이상적인 성경적 가치관으로 규정하고 이것을 일방적으로 피선교 지역의 사람들에게 강요한 일이 있어 부정적이지만 분명한 것은 모든 문화가 인간 죄성에 영향을 받아 사탄의 활동영역이 되었고 선교적 변혁을 존재론적으로 요청하고 있다는 것을 알아야 한다. 이것은 한시적이 아니라 그리스도가 오는 날 까지 계속되어야 한다.

문화는 다분히 선교의 대상이다. 그런 의미에서 문화인류학의 연구에 관한 방법들과 여러 가지 이론들은 당연히 선교학과 신학의 바탕 위에서 다루어져야 한다. 문화를 이해하는 데 있어서 이제 언급하고자 하는 다섯 가지의 문화이론들은 연대기적인 순서로 이루어졌는데,[20] 여기서 역사적인 연구의 산물들인 문화의 다섯 가지 이론들을 고찰해 보고자 한다. 이것은 선교에 있어서의 목표인 문화 변혁에 있어서 가장 이상적인 선교학적 모델이 무엇인가를 찾는 데 중요한 도움을 받을 수 있을 것이다.

1) 문화진화론

문화라는 말은 1840년대에 독일에서, 1860년대에 영국에서 사용되었다. 특히 이 이론은 찰스 다윈의 저서 '종의 기원'(Origin of species)[21]과 '인간의 출생'에서 중요하게 언급된 생태학적 진화론을 기초로 하여 문화론에 적용시킨 것이다. 즉 치열한 생존경쟁 속에서 열성은 도태되고 우성은 더욱 발전하여 발전적 방향으로 나아간다는 진화론이 문화론에 들어와 종교를 비롯한 모든 문화가 진화를 통해 발전한다는 이론이다.[22] 여기서 적자생존 이론이 나오고 진화론적인 발전주의가 나왔으나 역사를 보면 그리 발전적이지 않다는 문제점을 안고 있다. 이 이론은 막스 뮐러(Max Muller)에게 영향을 주어 사회의 발전 과정에 따라 언어도 진화 발전한다고 주장했다.[23]

종교학에 있어서는 에드워드 타일러와 제임스 프레이저 등에 영향을 주었고, 타일러는 이 입장에서 종교의 기원을 가장 초기 형태의 정령(Anima)에서 다신교와 최고의 신의 개념, 그리고 최종적으로 유일신교로 발전했다

---

20) Marvine Harris, *The Rise of Anthropological Theory* (New York: Harper & Row, 1968).
21) Charles Darwin, *Origin of species* (New York: New American Library, 1958).
22) Ibid., 86.
23) 김성태, 『선교와 문화』(서울: 도서출판 이레서원, 2000), 48.

는 이론을 펼쳤다.[24] 그리고 신학에 있어서는 독일의 종교사학파에 영향을 주어 대표적인 학자로는 벨하우젠과 헤르만 궁켈을 들 수 있다. 특히 벨하우젠은 이 이론을 기초로 하여 구약성경을 연구하였다. 즉 가장 초기의 종교 형태를 다신교라 했고, 후에 유일신교로 발전되었다고 했다. 결국 종교진화론의 궁극적인 목표는 인본주의가 종교를 대치하게 된다. 그러나 이 이론은 오늘날 검증되지 못한 구시대의 이론으로 남아 있는 것이다.

그래서 조금 다른 입장이지만 빌헬름 쉬미트의 확산주의가 일어난다. 확산주의는 중심이 있고 그 중심을 따라 주변으로 갈수록 미개하기는 하지만 중심의 문화가 확산되어 간다는 이론으로 오늘날 이 이론이 더 설득력을 얻고 있다.

2) 문화결정론

16세기부터 17세기 사이에는 인류학의 기초가 세워졌고, 18세기는 인류학의 모든 분야가 발전을 하였다. 대표적인 학자들로는 마가렛 미드(Magaret Mead)[25]와 루스 베네딕트(Ruth Benedict)[26] 그리고 지오프리 고어(G. Gorer)가 있다. 이 이론이 정의하는 문화란 "지정학적인 특성과 그들이 가지는 삶의 경험이 보다 유용하고 발전적인 삶의 정황을 형성하는 것으로 민족적 특성을 나타내는 것"이다.

이 이론은 문화의 행동양식이 그 문화 속에 있는 사람들의 정서를 형성하고 이것은 궁극적으로 일종의 그 민족성을 형성하게 된다는 이론이다.[27]

이것은 좋은 지리적 환경과 발달된 문화 행동양식은 그보다 못한 지리적 환경과 행동양식을 가진 문화권의 사람보다 뛰어나다는 결론에 이르게 되는데, 민족성의 근거를 입증하기에는 좋은 장점을 가진다. 그러나 문화의 행동양식을 통하여 형성된 민족성이 거의 교정이 불가능하다는 행동심리학

---

24) Edward B. Tylor, *Premitive Culture*, 334.
25) Magaret Mead, "Cultural Determinants of Behavior," in *Behavior and Evolution*, G. G. Simpson ed (New York: Yale University Press, 1958).
26) Ruth Benedict, *The Chrysanthemums and Sword* (Boston: Houghton Mifflin, 1946).
27) 김성태, 「선교와 문화」(서울: 도서출판 이레서원, 2000), 53.

적 전제와, 좋은 지리적 환경과 발달된 행동양식은 우월한 문화를 형성하게 되므로 종족간에도 우수성의 차이가 있다는 결론은 자칫하면 선교무용론에 빠질 수 있는 위험성을 초래한다. 그런 의미에서 이 이론은 문화의 우열을 말할 수 없다는 점에서, 그리고 오늘날 고도로 발달된 통신 매체와 미디어의 영향으로 급속한 문화변혁을 일으키고 있는 시점에서 정적인 문화를 주장하는 문화결정론은 잘못된 것이다. 그러나 문화의 행동양식이 그 문화 속에 살고 있는 사람들에게 정서적인 영향을 미치고 일종의 민족성을 형성케 된다는 것은 선교학적으로 유용한 통찰로서 선교의 대상을 보다 깊이 이해하는 데 도움을 준다.

3) 문화기능주의

문화는 그 속에 살고 있는 사람들의 생존을 위해 필요충분적 역할을 한다는 전제하에 문화를 기능적인 측면에서 연구하는 것이다. 문화는 인간의 기본적인 욕구를 충족시켜 주는 곳이며 최적의 삶의 조건을 제시한다. 이런 관점은 문화를 낙관적으로 보고 다원적 문화의 길을 열어놓는 것이다. 문화의 낙관성에 대해 말하는 신학적 전제는 첫째, 문화가 하나님께로부터 기원했다는 것이며 둘째, 문화를 계시 도구로 삼으신다는 점 셋째, 성경은 어느 특정 문화를 옹호하고 있지 않다는 점, 그리고 넷째, 문화는 사용자에 따라 달라지기에 중립적 특성을 가진다는 것이다.

그래서 문화에 대해서 낙관적이며 토착 문화의 중요성을 강조하고 문화의 상대적 가치를 주장함으로써 다원적인 문화의 길을 열어 놓았다고 할 수 있다. 주로 문화인류학자들은 이 입장에서 문화의 상대적 가치와 그 효용성을 강조하면서 선교를 통한 문화변혁을 부정한다. 선교학자들로는 유진 나이다,[28] 루이스 루즈베탁,[29] 찰스 크래프트,[30] 마빈 메이어스 등이 있다.

---

28) Eugine Nida, *Customs and Culture: Anthropology for Christian Mission* (New York: Harper and Brothers, 1954).
29) Louis J. Luzbetak, *The Church and Culture: New Perspectives in Missiological Anthropology* (Maryknoll, NY: Orbis Books, 1995).
30) Charles Kraft, *Christianity in Culture* (Maryknoll: Orbis, 1993).

그러나 중요한 결점은 문화를 중립적인 것으로 보는 것인데, 문화는 죄성을 가진 인간이 만든 것으로 물론 은총적인 면도 있지만 여전히 죄의 문제를 해결하지 못하고 구원과는 직접적인 상관이 없는 것으로 항상 혼합화의 위험성이 있으므로 선교적으로 풀어야 할 과제를 안고 있다.

4) 문화구조주의

이 이론은 이미 영국인 래드클리프-브라운(Radcliffe-Brown)의 『안다만 섬사람들』(*The Andarman Islanders*)과 폴란드생 미국 이민자인 맬리노프스키(Malinowski)의 『서태평양의 항해자들』(*Argonauts of the Western Pacific*)의 출판을 통해 발전되었다. 그리고 프랑스의 레비-스트로스(Levi-Strauss)는 문화 속에 기본적인 규칙들과 상호 결속적인 원리들이 있어 모든 것을 통합하는 구조적인 특성이 있음을 주장한다.[31] 문화는 구조적이고 조직적으로 사용되는 것이라는 주장으로 문화상징주의의 배경이 되지만 기능주의와 함께 받아들여지는 이론이기 때문에 기능주의의 모든 문제점을 그대로 내포하고 있다고 볼 수 있다.

이 이론의 문제점은 첫째, 기능주의와 상대주의에서의 지나친 강조는 도덕적 민감성을 둔하게 만든다. 둘째, 소수이면서 반대하는 의견을 무시하는 것은 문화의 조화와 일치, 시각을 가정한다. 셋째, 문화의 안정성과 조화를 과장하는 것은 변화를 필요로 하는 사람들과 복음을 통한 변화 가능성을 과소평가하도록 한다. 그리고 기독교 안에서 인류학적 이상주의는 이원론자가 되도록 북돋우고 영지주의와는 아주 유사하지만 성경 자체와는 아주 다른 방식으로 영적인 것과 천국과 영원을 강조하도록 하고 물질적인 것과 세속적인 것, 일시적인 것을 무시하도록 한다.[32]

---

31) Levi-Strauss, "French Sociology," in *Twentieth Century Sociology*, G. Gurvitch and W. Moors, eds. (New York: Philosophical Library, 1945), 524-525. 김성태, 『선교와 문화』(서울: 도서출판 이레서원, 2000), 60, 재인용.
32) 이원옥, "인류학에서 본 문화 이론들," 63-66.

5) 문화상징주의

문화상징주의란 인간의 형이상학적이고 종교적인 인식이 문화 형태와 의미를 결속시키는 하나의 상징으로 나타난다는 이론이다. 학자들로는 메리 더글러스(Mary Douglas),[33] 빅터 터너(Victor Turner),[34] 그리고 클리포드 기어츠(Clifford Geertz) 등이 있다. 이것은 인간이 하나님의 형상으로 지음 받은 종교적인 존재이며 종교성이 인간 존재의 본질이라는 성경적 인간관에 비취어 볼 때 타당한 이론이다. 그러나 이것이 종교 다원주의나 보편구원설을 주장하는 것은 아니다. 문화상징주의의 핵심은 세계관이며 이 세계관의 반영이 종교를 통하여 절정으로 나타난다.

5. 문화와 복음

문화란 넓은 의미에서 인간의 삶 전체를 가리키는 포괄적인 뜻이 있다. 사전적 의미는 '인간 사회가 자연 상태에서 벗어나 일정한 목적 또는 생활 이상을 실현하려는 활동의 과정 및 그 과정에서 이룩해 낸 물질적, 정신적 소득의 총칭'을 문화라 한다. 좀 더 좁은 의미에서 본다면, 의식주와 같이 생존에 필요한 가장 기본적인 것들 외에 그 이상의 어떤 만족을 얻기 위하여 행해지는 인간 삶의 모든 요소들을 가리킨다고 볼 수 있다. 따라서 인간이 사는 곳에는 항상 그 사람들의 문화가 있다. 특히 생존의 문제가 어느 정도 해결된 사회일수록 문화에 대한 욕구와 문화의 영향력은 상당하다. 이 문화는 그리스도인들에게 항상 도전을 준다. 세상에 발을 붙이고 사는 이상 쉽게 외면할 수도 없고, 동시에 선뜻 받아들일 수도 없기 때문이다. 그리스도인들은 다음 세 가지 점을 분명히 해둘 필요가 있다.

첫째, 하나님은 문화를 인정하신다. 본래 하나님은 사람을 하나님의 형상

---

33) Mary Douglas, *Natural Symbols* (New York: Random House, 1970).
34) Vivtor Turner, *The Ritual Process: Structure and Anti-Structure* (Chicago: Adline, 1969).

대로 창조하시고, 문화명령을 주셨다(창 1:28). 이를 통해 하나님은 사람을 비롯한 모든 피조물들로부터 영광과 찬양을 받기 원하셨지만 타락한 인간은 문화명령을 올바로 수행할 수 없었다. 인간은 죄로 인해 병들고 왜곡된 문화를 만들었다(창 4장). 물론 하나님은 이것을 기뻐하지 않으시고, 노아 시대 대홍수를 통해 모든 것을 쓸어버리셨다(창 6-9장). 그럼에도 불구하고 성경은 인간의 타락에도 불구하고 하나님께서 사람에게 주셨던 문화명령을 취소하지 않으시고 그대로 인정하셨음을 증거한다(창 8:21-22; 9:1-2). 인간의 반역에도 불구하고, 하나님은 온 세상 구석구석을 통치하시며, 그 모든 영역에서 영광과 존귀를 받기 원하신다. 이것은 우리가 모든 문화를 다 수용해야 한다는 뜻은 아니다. 문화를 '인정'하는 것과 '수용'하는 것은 다르다.

둘째, 문화에는 종교성이 있다. 문화(culture)는 colere라는 라틴어에서 유래되었다. 이는 '밭을 갈다', '경작하다', '집을 짓다'라는 의미 외에 '경배하다'라는 뜻이 있다. 이는 문화 자체가 이미 어느 정도의 종교성을 가지고 있다는 뜻이다. 따라서 문화는 중립적이지 않다. 문화적인 매체는 중립적일 수 있지만, 문화는 중립적일 수 없다. 문화에는 그 문화를 만들고 추구하는 사람들의 가치관과 세계관이 들어 있고, 더 나아가 반드시 종교성이 포함되어 있다. 지금 일본, 중국에서 불고 있는 한류 열풍 등은 단순한 문화 현상만은 아니다. 이미 그 속에 어느 정도 종교성이 들어 있다. 실제 그 팬들의 이야기를 들어보면, 자기가 좋아하는 연예인의 노래나 음악, 영화나 드라마와 같은 작품을 통해, 자살을 하려던 사람이 삶의 의미를 찾고 우울증을 치료받기도 한다. 이같이 어떤 문화를 볼 때 그 문화의 여러 가지 특징을 파악하면서도 그 속에 있는 종교성을 간과하지 말아야 한다.

셋째, 인간이 존재하는 곳에는 항상 문화가 있다. 따라서 복음은 문화를 떠나서 존재할 수 없다. 문화를 떠난 복음은 아무런 설득력을 지닐 수 없다. 따라서 복음과 문화는 필연적으로 상호 관계가 있다. 처음 복음이 전해지는 곳에는 기존의 문화가 존재한다. 그리고 복음이 들어가면 문화적인 변혁이 일어나는 과정에서 갈등이 생기고, 거센 저항이나 핍박을 받을 수 있다. 복음이 성공적으로 전해진 지역에는 개혁되거나 새롭게 만들어진 기독교 문화가 존재한다. 이처럼 복음은 처음부터 끝까지 문화 속에서 존재하며, 문화를 떠나서는 존재할 수 없다. 복음이 text라면, 문화는 상황(context)이다. text는 변치 않고 항상 동일하지만, 상황(context)은 항상 변한다. 그리고 이 상황(context)을 무시한 text는 아무런 설득력이 없다. 그러므로 복음에 깊은 관심을 갖는 만큼 문화에도 깊은 관심을 가져야 한다.

구분	근본주의	이원론	복음주의	혼합주의	문화적 기독교
신학적 특징	배타주의 급진적 개혁주의	두 왕국 인이며 죄인 죄인이며 의인	복음에 의한 문화의 개혁	모든 문화수용 문화의 혼합	복음과 문화 일치(동일시)
신학적 분류	Christ **against** Culture	Christ and Culture **in paradox**	Christ, the **transformer** of Culture	Christ **above** Culture	Christ, the Culture of Culture
신학자	터툴리안 도나티스트 재세례파	마틴 루터 키에르케고르	어거스틴 칼빈 카이퍼	토마스 아퀴나스	가이샤라의 유세비우스 자유주의

〈도표 4-1〉 복음과 문화의 관계

넷째, 리차드 니버의 '그리스도(복음)와 문화'[35]에 관한 도표를 소개했다. 이 도표는 가장 전통적인 분류법에 의한 것이다. 그러나 여기에는 커다란 맹점이 있다. 그것은 '문화' 라는 것을 철저히 '로마 문화' 내지는 '서양 문화' 로 본 것이다. 그러나 문화는 이렇게 획일화시킬 수 없다. 같은 로마 제국이라도 4세기 북아프리카 지역을 중심으로 보면, '로마' 와 '로마 문화' 의 이름으로 오는 기독교는 받아들일 수 없다. 왜냐하면 그들은 로마사회라고 하지만, 실제는 로마의 부와 사치, 향락을 뒷받침하기 위해 수탈을 당하는 식민지나 다름이 없었기 때문이다. 이런 정황을 본다면, 그들은 '로마' 와 '로마 문화', 더 나아가 로마와 로마 문화의 이름으로 오는 기독교 복음에

---

35) H. R. Niebuhr, *Christ and Culture* (New York: Harper and Row, 1951), 14.

대해 배타적일 수밖에 없다. 도나티스트 운동이 그 예이다. 이 운동은 '문화에 대립하는 그리스도'(Christ against Culture)라기보다는 '그리스도는 문화의 변혁자'(Christ, the transformer of Culture)라고 보아야 할 것이다. 종교개혁도 마찬가지다. 가톨릭 입장에서 보면, 종교개혁자들은 급진적 개혁주의요, 종교개혁 운동은 '문화에 대립하는 그리스도'(Christ against Culture)일 것이다. 그러나 하나님 중심에서 보면, 종교개혁이야말로 '그리스도는 문화의 변혁자'(Christ, the transformer of Culture) 운동이요, 종교개혁자들이야말로 진정한 문화의 개혁자이다. 그러므로 복음과 문화와의 관계에서 가장 중요한 것은 문화의 다양성이다. 이를테면 대학교 캠퍼스 문화도 각 대학마다 다르고 대학이라도 과마다, 학년마다 다르다. 중요한 관점은 복음을 접하게 되는 개개인마다 그 문화(상황)가 다르다는 것이다. 복음과 문화와의 관계에서는 이 점이 특히 강조되어야 한다.

다섯째, 복음은 문화를 평가하고 개혁하며 나아가 창조한다. 복음과 문화의 관계에서 가장 먼저 언급되어야 할 것은 복음은 문화를 평가한다는 것이다. 어떤 문화든지 복음이 그 문화 속에 들어가면 복음은 그 문화를 평가하게 된다. 어떤 문화든지 그 속에는 좋은 문화적 요소와 나쁜 문화적 요소가 함께 존재한다. 복음은 이렇게 혼재되어 있는 문화적 요소를 평가하여 이용하고, 계승 발전시켜야 할 좋은 문화적 요소와 제거하고 타파해야 할 나쁜 문화적 요소를 밝히 드러낸다. 이를 통해 문화에 대한 개혁이 일어난다. 여기엔 필연적으로 '긴장'이 있고, '고난'의 문제가 있다. 예수님은 이것을 새 포도주와 낡은 가죽부대의 비유로 말씀하셨다(마 9:16-17). 그런 의미에서 복음은 세상 문화에 대해 거스르는 위치에 있다.

한 단계 더 나아가 복음과 문화의 관계에서, 복음은 새로운 문화를 창조한다. 생명의 문화요, 진리의 문화인 '기독교 문화'를 창조한다. 이 기독교 문화는 복음의 꽃이요, 열매이다. 한 지역이나 사회가 복음화된다는 것은 단순히 교회가 세워지고 많은 사람들이 회심하는 것만을 의미하지 않는다. 그 지역과 사회의 문화가 복음으로 개혁되고, 새로운 기독교 문화가 생겨날 때 비로소 복음화되었다 할 수 있다. 많은 교회가 세워지고, 많은 사람들이 신자가 되었지만 비복음적인 문화가 여전히 그 지역과 사회를 지배할 때 아직 복음화되었다 할 수 없다. 이런 경우, 예수 그리스도를 믿는 신앙고백을 하면서도 실제 삶에서는 불신자와 똑같은 삶을 사는 경우가 많다. 즉 신앙과 생활의 분리이다(폴 히버트는 이것을 1962년 Jaime Bulatao 신부가 사용한 개념을 인용하여 '복층식기독교'라 불렀다). 우리는 구원받은 것에 그치지 않고, 자신이 속한 지역과 사회와 공동체의 문화를 복음으로 개혁하고, 나아가 기독교 문화를 꽃피우고 열매를 맺는 문화 개혁자가 되어야 한다. 기독교 시민운동은 그래서 매우 의미 있다.

6. 문화의 요소

문화는 삶의 총체적인 방식이다. 우리가 성경을 읽을 때 우리의 문화가 영향을 미칠까?

이를테면 원래의 사건-관찰자의 인식(관찰자의 기록)-독자의 인식-설교를 듣는 청중(Original Event-Perception of Observer(recorded)-Perception of Reader-Perception of Hearer)

예수의 기적-마가가 기적 기록(성령이 도우심)-(우리들, 설교)

원래의 사건에 대해 저자가 기록한 의미가 각기 다른 안경을 끼고 청중에게 말해지게 될 때 청중은 다른 의미를 갖게 될 수도 있다.

예를 들면 2003년 가을 일본 사야마시 노조미교회에서 전도집회를 할 때, '우리는 모두 죄인입니다'라고 선포하는 것에 대해 인정하는 자들도 있었으나 일부는 죄인이 아니라고 말했다. 그래서 그들에게 죄라는 말이 어떻게 인식되는지 물었다. 그들 대부분은 불교도들이었는데 그들에게 있어서 죄는 도덕적인 죄인에게만 해당되는 단어였다. 그러므로 죄와 죄인이라는 말은 그들에게 적용되지 않았다. 그와 같은 상황에서 어떻게 해야 하는가? 그 다음에는 설명하기를 이런 것도 죄지만 마음속에 이기심까지도 죄라고 선포했다.

또 어느 일본 선교사는 일본 대학생들에게 성경을 가르치면서, 몇 달 동안 성경 공부반에 참석한 그들에게 "우리 모두가 죄인이죠?" 하고 물었다고 한다. 그러자 모두들 얼굴에 의아스러운 표정으로 '아니라'고 했다고 한다. 순간적으로 당황해서 그는 찬미를 부르고 일찍 집에 갔다. 다시금 얼마간의 시간이 흐른 후 일본인들이 죄에 대해 어떻게 인식하는지 물어보았을 때 그들은 강간, 살인하여 경찰에 잡혀가는 것이 죄라고 했다. 즉 감옥에 가게 되는 상태가 죄라는 것이다. 일본인들에게 죄라는 의미는 사로잡혀가는 것을 의미했다. 그런 상황에서 어떻게 하겠는가? 선교사는 사로잡혀 가는 것도 죄이지만 마음속의 죄도 죄라고 설명했다.

지하철에서 불쌍한 사람들을 만나면 자는 척하거나 혹은 창 밖을 내다보는 것들은 어떤가? 이런 것들이 이기심이고 죄이다. 하나님의 이상과 완전한 표준이 있다. 그리고 성경에서 말하는 죄는 이기심뿐 아니라 하나님의 이상대로 살지 못하는 모든 것을 죄라고 말한다. 그렇게 집회기간 동안 죄의 개념에 대해서 구체적으로 적용하자 우리가 모두 죄인이라고 고백하기 시작했다. 전혀 기독교인이 아닌 속에서 복음을 전할 때 주의해야 할 점들이 바로 이런 것들이다.

한국에서 GOD은 어떻게 불리고 어떤 의미로 사용되는가? 꼭 기독교만의 신으로 생각하는가? 여러 신들을 지칭할 때도 쓰이는가? 전혀 신을 믿지 않는 젊은이들에게 하나님이라는 뜻은 어떤 뜻으로 이해되는가?

뉴 에이지(New Age)라는 개념에서 신이라는 말은 어떤 식으로 인식할까? 에너지, 생명을 움직이는 기운, 이런 것이 우리에게 있을 때 내가 신이 된다. 다원주의적인 환경에서 교회적인 용어를 다른 사람들에게 사용할 때 상대방의 인식에 대한 주의가 필요하다.

Allah란 아랍어로 신을 지칭하는 용어이다. 기독교인도 하나님을 지칭할 때 GOD이라 한다. 그러나 기독교인들과 이슬람교인들은 같은 단어를 쓰고 말하지만 인식은 다른 것이다. 무슬림은 코란에 의해서 알라의 의미를 형성하였고, 기독교인들은 성경에 의해 알라의 의미를 알고 있다. 때로 선교사들은 알라는 하나님을 지칭하지 않는다고 말하지만 그들은 성경적인 개념으로 알라를 기독교적인 하나님으로 지칭하고 있다. 알라라는 것은 문화적

제4장 문화란 무엇인가? 111

인 하나의 형태인데 문화의 차이 때문에 오해가 있을 수 있다는 것이다.

초기 일본의 천주교 선교사들은 성경에 나오는 용어들을 많은 불교용어들로 설명했다. 그들은 일본말을 잘 몰랐으므로 통역자들의 인도대로 사용하였다. 그래서 15-20년 정도 되어 일본어를 유창하게 하게 되었을 때 기독교적인 사상이 불교적인 용어로 한정되어 이해되었다는 것을 알게 되었다. 그래서 그들이 실망해서 다른 용어인 라틴어로 된 것을 가르쳤다. 그것은 올바른 방법인가? 성경적 이해를 위해 라틴어와 헬라어를 가르쳐야 하는가? 해당 민족의 언어를 사용하면서도 성경적인 이해를 할 수 있지 않는가?

해당 지역의 용어로 설명할 때 완벽하지 않기 때문에 그 용어에 성경적인 의미를 부여해야 하는 문제가 있다. 한국사회가 점점 다원주의 사회가 되기 때문에 용어 선택에 주의할 필요가 있다. 용어에 성경적인 개념들을 부여해 주어야 성서적인 설명이 가능하다.

예수님의 복음은 모든 사람들이 자신들의 용어로 이해할 수 있어야 한다. 점점 사회가 세속화 되어가면서 종교적인 용어가 익숙하게 되지 않기 때문에 의미를 부여하는 일이 더욱 많이 필요한데, 우리의 설교에도 꼭 필요하다. 학교에 가서 다원주의적인 사람들에게 기독교적인 용어로 설명하는 것은 이해하기 어렵다. 그래서 성서적인 의미를 넣어서 설명하는 일이 필요하다. 한국은 파송선교사 수가 2006년 말 16,616여 명(한국해외선교회 통계자료)에서 2007년 중반기인 현재 이미 17,000명을 넘어서고 있다. 한국 선교사들이 현지에서 직면하는 가장 어려운 것들이 바로 이것들이다. 많은 시간을 투자해야 하는 것은 지금 청중들이 무엇을 듣고 있는가 하는 것이다. 나는 내 말을 아는데 청중들은 어떻게 이해할까 하는 것이다. 청중이 어떻게 듣고 이해하는가? 나의 의도와는 전혀 다르게 이해할 수도 있다. 인식과 관념이 다른 사람들에게 접근할 때 이런 것들을 고려해야 한다.

* 원래의 상황-관찰한 사람의 인식-독자의 인식-듣는 사람들의 인식

시편 23편에서 목자라는 말을 한국은 어떻게 받아들이는가? 사실 이 용어는 우리에게 마음에 와 닿는 단어는 아니다. 그러나 팔레스틴에서는 애정과 관심의 상징이다. 나이지리아에서 목자는 약간 모자라는 어린아이들이 하는 일이다. 그렇다면 그들에게 하나님은 어리고 좀 모자라고 별 볼일 없는 존재로 이해되는 것이 아닌가!

성경은 하나님을 용서하는 하나님이라고 설명한다. 아프리카의 한 선교사가 용서에 대해 설교했다. 그분은 절대적으로 용서해 주시는 분이며 죄의 대가에 대해서는 별로 말하지 않았다. 법 없는 은혜만 많이 설교했다. 그러니 청중들은 우리가 마음껏 죄를 지어도 되는구나 했다.

요셉의 이야기에서 핵심이 되는 메시지를 살펴보자. 한국에서 요셉에 대해 설명할 때 가장 핵심이 되는 관점은 무엇인가? 형제들을 용서함, 시험을 이김, 성실함 등등이다. 한국 사람들과 아프리카 사람들과 미국 사람들은 다른 것을 본다. 왜냐하면 각기 다른 문화적인 안경을 끼고 있기 때문이다.

미국 문화에서 요셉은 강한 사람, 악을 저항한 사람이었다. 그들은 자신들이 중요하다고 생각하는 것을 이야기에서 발견해 낸다. 아프리카 사람들은 한 젊은이가 가족들의 생계를 책임진 것으로 보았다. 그들은 요셉이 가족에게 마차를 보내고 가족들을 잘 부양한 것에 집중했다. 왜냐하면 아프리카의 관점에서 자신의 식구를 먹이고 돌보는 것이 가장 중요한 것이기 때문이다. 그들은 어려운 가운데에서도 매월 10-20달러를 보내는데 그들의 최고의 가치는 가족을 돌보는 일이기 때문에 그렇다.

성경을 읽을 때 문화적인 안경 때문에 보지 못하는 것들이 있다. 아프리카 사람들이 가족을 돌보는 것처럼, 성경에는 부모를 공경하라고 말하지만 미국에서는 개인적인 관계가 얇고, 부모도 늙으면 양로원에 보내다. 왜 미국교회는 이런 것들을 모를까? 국제교회에서는 서로의 안경 때문에 보지 못하는 것들을 서로 보게 되는 것이다. 성경적인 관점을 바로 전하기 위해서는 성경의 문화를 바로 이해하는 것이 필요하다.

삭개오는 키가 작고, 부정직하며 부자이다. 그런 그가 예수님을 보기 위하여 뛰었고, 나무에 올라갔다. 당시의 정서로 부자는 절대 뛰지 않는다. 긴 옷을 입고 천천히 걷는 것이 부자들의 문화이다. 그가 어린아이처럼 뛰었다는 것은 그 시대적인 배경으로 보면 예수께 대한 큰 열망을 가졌음을 나타낸다. 성경적인 문화를 통해 원래의 의미를 잘 이해해야 하는 것은 말씀을 잘 전하는 데 있어 중요하다.

한 선교사가 타문화에 와서 무엇인가를 할 때 그것과 듣는 사람들의 인식은 전혀 다를 수 있다.

인도네시아는 영적으로 상당히 눌려 있는 지역이다. 이슬람 지역이다. 자카르타 시내의 중앙 도로를 달릴 때 온통 모스크로 가득한 도시의 정황을 본 적이 있다. 그곳 한국 교민들은 인건비가 싼 문화이기 때문에 가정부를 두고, 기사도 두는 것을 보았다. 오히려 복음전파의 좋은 기회도 될 수 있을 것이다.

수마트라의 빠스마(Pasemah)[36] 종족, 아낙 달람(Anak Dalam)[37] 종족, 러장(Rejang)[38] 종족 등 미전도 종족들의 문화를 더 깊이 연구하고 선교적으로 접근해야 할 것이다.

한국 선교사가 몽고에 갔을 때, 한국의 편한 생활을 포기하고 몽고에 갔다고 생각한다. 그러나 몽고 사람들이 볼 때 한국 선교사들은 좋은 집에 살고 차도 있다. 한국 선교사는 많이 포기했다고 생각하지만 그곳의 사람들은 선교사들이 부자라고 생각한다.[39] 미국 선교사들이 한국에 왔을 때도 한국 사람들은 그들이 좋은 곳에 살고, 좋은 차를 몰고 다니는 것을 보고 부자 선교사라고 생각했었다.

많은 경우에 선교사들이 너그럽다고 생각한다. 자신들의 시간과 재정을 바치고 있다고 생각한다. 그러나 현지 사람들은 선교사들이 이기적이라고 생각한다. 항상 방문도 꼭꼭 잠그는 등 인식의 차이가 많다. 우리는 선교사들이 예수님을 전하고 섬기러 갔다고 생각한다. 그러나 현지 사람들에게 있어 선교사는 자신들보다는 자동차를 수리하고, 컴퓨터만 고치고 자신들에게는 관심이 없다고 생각할 수도 있다. 이렇게 차이가 나는 것은 각기 다른

---

36) 백성영, 『인도네시아 미전도 종족을 찾아서』(서울: 도서출판 하나, 1992), 63.
37) Ibid., 131.
38) Ibid., 201.
39) 이용규, 『내려놓음』(서울: 도서출판 규장, 2005).

안경을 끼고 있기 때문이다. 이것은 옳을 수도 있고 옳지 않을 수도 있다. 어떤 안경을 쓰든 하나님의 관점처럼 온전하고 완전하지 않다는 것을 알아야 한다.

태국 방콕에는 "송크"란 축제가 있다. 이 축제는 신년 새해를 맞이하는 축제로서 거리를 지나는 행인이나 관광객 그리고 차량에 물을 뿌리고 석회나 밀가루를 발라주는 축제이다. 이는 물을 뿌리면 악귀가 쫓겨 가고 복을 기원하는 의식적인 행위이다.

음식문화를 보면, 나라마다 선교지마다 음식문화도 너무나 다양함을 알 수 있다. 인도의 힌두교도들은 쇠고기를 먹지 않고 유대인이나 이슬람교도들은 돼지고기를 혐오하고 미국인들은 보신탕에 대해 생각만 해도 구역질을 느끼는 것을 보면 무엇이 먹기 좋은 음식인가를 규정하는 것은 단순히 소화생리학을 넘어서는 어떤 것임에 틀림없다. 그 어떤 것이란 그 나라 사람들의 식도락 전통과 음식문화이다. 프랑스인과 벨기에인들은 말고기를 좋아하고 대부분의 지중해 사람들은 염소고기를 좋아한다. 어떤 나라에서는 구더기와 메뚜기가 진미로 알려져 있으며 미국 병참부대가 의뢰한 한 조사에 의하면 쥐고기를 먹는 사회가 42개나 된다.[40]

나라마다 종교와 음식은 깊은 관계가 있음을 알 수 있다. 인도 연방 헌법 제48조에는 "소와 송아지, 혹은 다른 젖 짜는 동물이나 수레 끄는 동물을 도살하는 것"을 금지할 것을 요구하고 있다. 케랄라와 서부 벵갈을 제외한 모든 주에서 '소 보호법'을 통과시켰다. 그래서 인도는 세계에서 가장 많은 소를 가지고 있다. 인도 재래종만 1억 8천만 마리이다.[41] 인도인들은 우유, 버터, 치즈, 요거트를 맘껏 즐긴다. 불교도들은 동물을 죽이거나 죽이는 것을 봐서는 안 된다. 그러나 그 죽인 것에 책임이 없는 한 동물의 고기는 먹어도 된다. 부처 자신이 멧돼지고기 먹기를 포기한 적이 없으며 티벳, 미얀마, 타이, 스리랑카의 불교 승려들은 유제품은 물론 고기도 먹는다.[42]

캘리포니아에 유럽인들이 정착하기 전에 원주민들은 농업도 없었고 개를

---

40) Marvin Harris, 『음식문화의 수수께끼』(서울: 한길사, 1992), 14.
41) Ibid., 53-54.
42) Ibid., 26.

제외하고는 가축도 없었으므로 벌레를 많이 먹었다. 그들은 특별히 벌과 장수말벌, 개미, 구정모기, 나방의 어리고 통통한 유충을 좋아했다. 아마존 강 유역의 많은 원주민들은 특히 벌레음식에 예민하다. 콜롬비아와 브라질 국경 근처에 사는 타투야 인디언에 관한 연구에 따르면 그들은 약 20종의 벌레를 먹고 있었다. 미개한 부족과 부락사회에서만 벌레음식을 좋아하는 것이 아니라 문명사회에서도 그렇다. 중국인들은 최근까지도 누에의 번데기, 매미, 귀뚜라미, 물방개 그리고 파리의 구더기를 먹었다.[43] 라오스인들은 전갈과 절지동물, 곤충 거미를 즐겼고, 뉴칼레도니아인, 켐카차인, 칼라하리의 산족, 서인도제도의 카리브인, 마다가스카르 섬의 주민들은 거미를 좋아했고, 남아메리카의 구아하리보와 피아로아 인디언들은 특히 독거미를 좋아했다.[44] 폴리네시아에서 개는 신과 나누어 먹어야 될 정도로 좋은 음식이었다. 타히티와 하와이 군도에서는 사제들이 중요한 공적인 행사에서 개를 많이 잡았다. 하와이인, 타히티인, 마오리족들은 모두 개를 명예로운 재신이며, 가치의 척도로 생각했다. 하와이인들은 세금과 대여료와 요금, 통행세를 개로 지불했다.[45] 한 연구에 따르면 245개의 북미 원주민 문화 가운데 75개 문화가 개고기를 먹었다고 한다.[46]

사회가 많이 발전하고 세계 시민의식도 많이 성장한 것처럼 보이지만, 아직도 세계 곳곳에서 많은 사람들이 말도 안 되는 이유들로 차별과 불평등한 대우를 받고 있다. 산업사회에서는 계층과 계급으로 인한 재산, 생산 수단의 소유여부, 학력, 집안 배경으로 차별이 발생하고 있고, 모든 사회에서 인종, 성 종족 등의 생득적 특성과 나이를 통해 불평등이 발생한다. 또한 카스트와 같은 신분제도는 지위의 세습을 통해서 개인의 노력으로는 절대로 벗어날 수 없는 차별이 합법적으로 행해지게 하고 있다. 인도의 신부지참금 문제와 남아메리카의 흰 피부 선호와 지위문제를 통한 차별과 불평등 문제가 그렇다.

인도의 신부지참금 제도는 차별과 불평등에 관한 문제 중에서도 매우 심

---

43) Ibid., 186-187.
44) Ibid., 188-189.
45) Ibid., 214-215.
46) Ibid., 219.

각한 수준이다. 왜냐하면 지참금이 사람의 목숨까지도 좌우하기 때문이다. 인도는 예부터 신부대를 지불하는 나라들과는 반대로, 신부가 지참금을 가지고 시집을 가야 한다. 지참금은 액수도, 기간도 정해지지 않았기 때문에 결혼한 뒤 시간이 꽤 흘러도 남편 측에서 계속 지참금을 요구하는 경우도 있다. 지참금이 적거나 기대에 부응하지 않을 때에는 신부를 불에 태워 죽이기까지 한다. 인도인들은 지참금을 삶의 질을 향상시키는 수단이라 생각하며, 사회질서의 상징으로 받아들인다. 지참금의 액수가 가문의 지위를 나타내므로 지참금이 많을수록 부와 명성을 얻는다. 따라서 국가 차원에서 지참금 금지 법안을 마련해도 법적 효과를 거의 보지 못한다. 현재 인도는 공공단체들이 계몽과 교육 캠페인을 벌이기도 한다.

초문화적인 상황에서 직면하게 되는 도전들을 보면, 특히 캄보디아 선교지의 문화를 보면, 캄보디아는 정령주의가 강한 국가이며 토속불교이다(한국은 샤머니즘 불교). 그래서 캄보디아인들은 아픈 사람들은 악령 때문에 병이 났다고 생각한다. 한 여인이 혹이 나서 걸을 수 없게 되었다. 그래서 무당에게 찾아가서 치유의식을 행했는데 무당은 말하기를 병이 난 가장 큰 이유가 우마차의 악령이 그 여인에게 자리를 잡았기 때문이라고 하면서 소가 끄는 수레를 불태우면 병이 나을 것이라고 하였다. 이에 그녀는 즉시 수레를 불태워 버렸지만 병은 낫지 않았다. 무당은 말하기를 악령이 너무 강해서 다른 우마차로 갔단다. 두 번째 우마차를 파괴했는데도 낫지 않았다. 이제는 악령이 마차를 떠나서 집으로 들어갔단다. 집을 부수고 다른 곳으로 이사 가서 더 좋은 집을 짓고 이사 가면 더 이상 악령이 따라오지 않을 것이라고 했다. 그래서 들판으로 가서 다시 이사를 갔다. 돈이 많은 사람이 아니어서 집을 뜯어서 이사했지만 집은 별로 잘 지어지지 않았다. 남편도 열병에 걸렸고, 그런 후 한 선교사가 그들을 만났고 의사에게 데리고 가서 치료를 받게 했다. 왜 집을 떠나 험난한 선교사로 가야 하는가? 우리는 우리의 편안한 생활을 모두 뒤로하고 왜 선교사로 가야 하는가?[47]

그 이유는 하나님이 가라고 하셨기 때문이다. 밖에는 수많은 사람들이 무지 가운데 살고 있다. 우리는 우리에게 있는 지식만으로도 매우 부자이다.

---

47) 이재완, 『선교인류학』, 30.

우리는 어떻게 해야 건강하게 살지 많은 것들을 알고 있다. 그런데 많은 사람들이 그런 것조차 알고 있지 못하다. 그들은 예수 그리스도의 능력으로 악령으로부터 해방될 수 있음을 잘 모르고 있다. 하나님께서 그들을 어떻게 자유롭게 하셨는지 그들에게 알려야 하지 않는가? 하나님께서 몽고, 캄보디아, 베트남 등등에 갈 사람을 찾고 있다면 기도해야 하지 않겠는가? 우리의 교회가 세계 선교의 한 핵심을 담당해야 하지 않을까?

제5장

단일문화와 초문화

초문화적인 관점(Cross cultural perspective)은 인간의 좁은 관점이 아니라 하나님의 관점에서 보는 것이다. 어떤 나라 사람이든 하나님께서는 좁은 관점이 아니라 넓은 관점에서 세계를 보기를 원하신다. 대부분 우리는 단일문화적인 관점(Mono-culture perspective)을 가지고 살았고, 이것은 자연스러운 것이었다. 왜냐하면 그렇게 교육받았기 때문이다.

1. 단일문화적인 관점

첫째, 자연히 자민족중심적이다(ethnocentric). 우리 민족의 문화가 다른 민족의 문화보다 더 낫다고 생각하는 것이다. 그러나 다른 문화에 속한 사람들에게 의사소통할 때 이런 것들을 배제해야 한다.[1] 이를테면 가까운 대만으로 선교를 갔다고 생각하자. 우리의 문화가 훨씬 뛰어난다고 생각하면

---

1) F. E. Johnston and H. Shelby, 『현대문화인류학』, 111.

대만 사람들이 교만하다고 생각할 것이다. 한국 문화 속에서도 문제가 생긴다. 유교인들을 무시하고 학대하는가? 그들에게 잘난척하는 존재로 인식되지는 않는가? 때론 선교사들이 자민족중심적인 모습으로 비쳐지고 있는 것이다.[2]

둘째, 절대주의적이다(Absolutistic). 때때로 그리스도인들은 성령께서 자신들에게만 역사하신다고 생각하는 경향이 있다. 그렇게 생각하는가? 이 절대주의적인 자세는 다른 그룹에는 진리가 없다고 생각하는 것이다. 내 방식은 옳고 나와 다른 행동을 하는 사람들은 잘못되었다고 하는 위험한 태도이다. 교회에서 박수를 치는 것은 잘못이라거나 히브리어로 아멘을 해야 하다는 등등, 나의 방식만이 옳다. 이런 사람들은 의사소통하기 어려울 것이다. 왜냐하면 다른 사람들은 잘못되었고 나만 옳다고 주장하는 태도 때문이다.

셋째, 자신의 인식을 절대적 인식과 동일시한다(Equates my view of reality is reality). 단일문화적인 관점을 가진 사람들은 내가 보는 것은 진짜 실체이고 하나님의 관점과 같다고 생각한다. 내가 보는 식으로 보지 않으면 잘못되었다고 생각하는 것이다. 오직 진실한 관점은 내가 보는 관점이라는 입장이다. 하나님께서 내 의견을 지지한다고 믿는다. 우리의 인식들이 여러 많은 것들을 통해 영향을 받았다는 사실을 깨달을 때 겸손할 수 있다. 우리가 보는 것에 약점이 있을 수 있다고 겸손히 인정해야 할 것이다.

넷째, 자신이 보다 우월하기 때문에 단일문화적 관점을 가졌다고 주장한다(Assumes th views have been arrived became they are superior). 인사하는 방법에 있어서 프랑스에서는 볼에 입을 맞추고, 에스키모 사람들은 코를 비비며, 러시아 사람들은 서로 끌어안는다. 그러므로 고개를 숙이거나 손을 잡거나, 내가 하는 방식만이 옳은 것이라고 주장할 수 있을 것인가! 세계선교대회에 가보면 우리는 다양한 문화를 접하게 된다. 인도 여성들은 배꼽을 다 내 놓고 온다. 반드시 정장만 입는 사람들에게는 좋게 보이지 않을 것이다. 그러나 다양함을 볼 수 있다.

다섯째, 단일문화 속에서 사는 사람들은 조상들이 최고의 것을 주었으므

---

[2] Paul. G. Hiebert, *Anthropological Insights for Missionaries*, 97.

로 우리 것이 최고라고 생각한다. 다른 문화에 사는 사람들에 대한 존경심이 없고 타문화를 무시하는 것이다(No respect for other culture). 타인들의 행동방식에 대해 무시하고 진지하게 생각할 필요가 없다고 생각한다. 타국에서 그런 태도를 취한다면 그 사람들이 좋아할까? 선교가 순조로울 수 있을까?

여섯째, 우리 문화의 장점으로 다른 문화를 취급한다(evaluate the other culture by out cultural strengths). 가장 큰 필터(안경)는 문화이다. 자기 문화 속에만 살 때에는 문제가 없는데 다른 문화 속에 가면 문제가 된다. 한국에서는 최고의 문명을 경험한다. 그러나 몽고에는 전혀 이런 것들이 없다. 시대를 거꾸로 가는 너무 원시적인 것을 느낄 수 있다. 몽고의 문화를 기술 문명의 관점에서 평가하는 것이다. 그러나 몽고의 문화에는 한국과는 다른 좋은 것들이 있다. 상호 인간관계가 한국보다 강하다. 그들도 역시 다른 문화를 볼 때 자신들의 가장 강한 강점으로 평가하고 보는 것이다. 이런 관점을 가진 사람들은 다른 문화를 볼 때 우리는 개화되었고, 기독교적이고, 성숙하고, 표준어를 쓰는 반면 다른 문화는 비문명적이고, 이교적이고, 미신적이고, 신화이고, 비성숙하고, 유치한 방언을 쓴다는 등등 무시하는 태도를 보인다.

2. 초문화적인 관점[3]

첫째, 모든 문화에는 장단점이 있다(There is good & evil in every culture). 미국 문화의 단점은 성, 폭력, 물질주의, 관계의 부족 등이다. 한국 문화는 어떤가? 어느 곳이든지 좋은 장점이 많이 있지만 분명히 좋지 못한 점들도 있다. 완벽한 문화는 없다.

---

[3] 탁월한 인류학자인 Paul G. Hiebert는 매우 진실한 메노나이트(재 침례파의 후손들)이다. 인류학의 기본전제는 부정하지만 보다 나은 의사소통을 위해 사용하고 있다. 그들의 많은 생활습관은 세속적인 것과 구별되어야 한다고 생각한다. 매우 보수적이다. 그는 가장 존경받는 그리스도인 인류학자이다.

둘째, 삶의 질문에 대해 동일한 가치를 가진 다양한 대답이 있을 수 있다(There are many equally valied answers to many questions). 젓가락으로 밥 먹는 것, 손으로 혹은 포크를 쓰는 것 등등 이것은 옳으냐 그르냐의 문제가 아니라 같은 가치를 가진 다른 점일 뿐이다. 한 문화 속에서 동일한 것에 대해서 같은 가치를 가진 많은 것들이 있음을 인식해야 한다.

셋째, 다른 사람의 문화가 우리의 문화만큼 타당성을 가진다(Your culture is just as valid as mine). 우리 문화가 더 낫다는 인식으로 교육을 받았지만 다른 문화도 가치 있는 것으로 인정해 주는 것이다. 미국에서 미국 남자가 일본 여자와 결혼을 할 때 상호 문화 사이의 타당성을 이야기한다. 일본 문화에 대해 비평할 때 남편은 부인에게 상처를 주는 것이다. 황금률은 다른 문화의 사람들을 만날 때 존경을 가져야 한다. 다른 문화를 비평하는 것은 매우 쉽지만 그러면 안 된다. 초문화적 접근은 이유를 묻는다. 다른 가치가 있는지를 탐색하는 태도이다.

* 질문하기/ 하나님과 인간과 문화와의 사이의 관계는 무엇인가?

사회학의 강조점	신학적 관점	인류학적 관점
권위	하나님(신본주의)	사람(인본주의)
진리	계시를 통해 주어짐	인식적인 발견을 통해서
인간의 한계	하나님이 정해 주심 초자연적인 것	문화와 심리학, 자연이 정해 줌 자연적인 것
절대적이냐 상대적이냐?	절대적인 것이 있다	상황, 문화 등에 따라 달라짐
악에 대한 것	사람은 악하다. (인간 안에 존재)	사람은 선하고 제도가 악하다. 사회(Human system)를 통해 유전

〈도표 5-1〉 신학적 관점과 인류학적 관점의 차이

3. 문명충돌을 극복할 수 있는 다문화주의

서구 자본주의를 중심으로 세계화가 급속히 진행되고 있다. 그러나 국민국가주의와 민족주의가 평행선을 달리고 있는 한, 인류공영의 길은 요원하게만 느껴진다. 니시카와 나가오 교수(리츠메이칸대학 국제관계학부)는 21세기 인류공영을 위한 해답을 다문화주의에서 찾고 있다. 니시카와 교수는 국민국가는 물론, 편협한 민족주의에 대해서도 비판하고 있다. 즉 "민족이란 이성적인 논리와 판단을 용납하지 않으며, 근대 이후에 일어난 모든 불행과 무관하지 않다. 지구를 피로 물들게 한 지배와 저항은 민족이라는 이름으로 점철되어 왔다"고 말하고 있다.[4]

20세기 말, 미소 양극으로 갈라져 있던 동서냉전체제가 붕괴되고 난 이후, 국제사회의 새로운 과제로 떠오른 것이 문화적 및 종교적 차이를 내세운 민족주의의 분출(분열)과 서구 자본주의를 중심으로 한 통합과정에서 생기는 갈등의 관계이다. 즉 경제적 부를 추구해서 자본주의를 지향하고, 다른 한편에서는 언어, 문화, 생활관습 등의 동질성을 내세운 새로운 민족주의가 일어나고 있다. 이 새로운 민족주의는 정치적 안정, 경제적 효율성, 집단 안전보장 등의 이유로 사회를 통합해 온 동화주의적 국민국가체제와 정면으로 부딪히고 있다.

21세기 인류공통의 과제는 공영이다. 인류공영을 위해서는 획일적이고 강제적인 국민국가나 배타적인 민족주의가 어떠한 이유로든 용납되어서는 안 된다. 인류공영을 위해서는 민족, 종교, 언어, 이념의 벽을 넘어 다양성이 융화될 수 있는 다원주의적 시민사회로 나아가야 한다. 다원주의적 시민사회는 다문화주의(multiculturalism)의 토양에서 성장할 수 있다.

그러면 다문화주의란 무엇인가? 다문화주의에 대해서는 접근하는 관점에 따라 그 개념을 달리 정의할 수 있지만, 세키네 마사미 교수(케이오대학 법학부)는 다음과 같이 정리하고 있다.

먼저 다문화주의는 동화주의와 배치된다. 즉 국가란 하나의 언어, 하나의

---

4) 「중앙일보」 2002년 12월 6일자.

문화, 하나의 민족으로 구성되어야 한다는 동화주의를 기조로 하는 국민국가와 정면으로 배치된다. 다문화주의는 다양한 언어, 문화, 민족, 종교 등을 통해서 서로의 정체성(identity)을 인정하고 함께 어우러질 수 있는 사회적 질서를 말한다. 이에 비해 동화주의는 다민족, 다문화사회의 통합에 유효하지 않고, 오히려 분쟁의 원인이 될 수 있다. 동화주의는 국민통합 또는 사회통합을 원리(ideology)로 하여 소수의 문화, 언어, 생활습관을 보호하고, 또 직업이나 교육의 기회에서 인종차별 금지 등 정책적으로 소수를 지원하고, 사회참여를 유도한다.

사회통합을 목적으로 하는 동화주의의 근거는 언어, 문화, 종교적 차이로 인한 소수의 정치적 및 경제적 불평이 자칫 사회적 불안을 야기시킬 수 있다고 보는 데 있다. 그런데 여기에 동화주의의 오류가 숨어 있다. 즉 언어, 문화, 종교는 이성적으로만 판단할 수 없는 생활의 일부이며 본능적인 것인데, 그러한 다양성을 강제적으로 억제한다는 것은 오히려 사회적 갈등과 분열을 초래할 수 있다.

여기에서 생각을 바꾸어 오히려 다양성을 인정하면서 사회통합을 이룰 수 없을까 하는 시각이 다문화주의의 출발점이다. 이러한 의미에서 다문화주의는 이문화, 이언어, 이교도 집단의 정체성을 인정함으로써 분열과 갈등을 예방할 수 있다는 점에서 보면, 국민통합을 위한 이데올로기가 될 수 있다(세키네, 1994:199-202).

다문화주의(multiculturalism)와 유사한 개념으로 문화다원주의(cultural pluralism)가 있다. 이 두 개념은 다양성을 인정하고 사회적 통합을 추구한다는 점에서는 같지만, 전제로 하는 조건과 실현방법이 다르기 때문에 구분해야 할 필요가 있다.

문화다원주의(cultural pluralism)는 20세기 후반 대량으로 발생한 이민정책으로 미국에서 출발하였다. 즉 소수가 존중되는 것은 바람직하지만, 그렇다고 해서 분리나 격리를 전제로 해서는 안 된다는 것이다.

다문화주의는 1970년대 후반 새로운 형태의 문화다원주의를 설명하기 위한 개념으로 정리되었다. 원래는 교육의 기회균등을 위해 다양성이 존중되어야 한다는 논리에서 출발했는데, 오늘날에는 사회생활 전반에서 다원적 견해와 소수의 권리를 보장하기 위한 논리로 설명되고 있다.

문화다원주의는 문화의 다원성 및 다양성을 인정하면서도 거기에는 주류(core)가 존재한다는 것을 전제로 한다. 이에 대해 다문화주의적 관점에서는 주류의 존재를 인정하지 않고 다양한 문화가 평등하게 인정되어야 한다는 것이다. 즉 다문화주의는 모두가 동등한 자격으로 인정되어야 한다는 데 대해, 문화다원주의는 주류 문화를 형성하는 지배사회를 인정하고 문화적 다원성을 수용한다는 것이다. 이를테면 캐나다나 오스트레일리아에서는 다문화주의를, 미국이나 유럽에서는 문화다원주의를 사회통합의 원리로 적용하고 있다고 볼 수 있다. 다문화주의(multiculturalism), 그것은 "문명충돌에서 문명공존으로" 인류공영의 길을 시사하는 화두이다.

4. 신학이 발전되어 온 몇 가지의 전제들

신학의 장점과 약점들을 보면, 신학은 인간에 의해서 하는 것들이다. 인간은 각자의 안경을 끼고 있다. 안경 때문에 우리가 하는 신학의 약점의 보지 못하는 단점을 갖게 된다.

첫째, 서구 신학은 문화를 발전시켰다(Western theology developed before culture concept). 우리가 배우고 있는 신학은 서양 신학인데 우리 교회가 알고 있는 것은 서양이 전해 준 것이다. 서구의 신학은 문화가 우리의 사고와 행동방식에 미치는 영향에 대해 우리들이 알기도 전에 전해진 것이다. 신학은 인간에 의해서 하는 것들이다. 서구 신학은 보지 못하는 맹점 혹은 단점들이 있다.[5]

예컨대 인도에서 선교하고 있는 그리스도인이라면, 인도의 문화사회의 지참금, 조상숭배에 대해 어떻게 언급하는가? 악령의 힘의 역사에 대해, 그리고 일부다처제는 어떻게 받아들이는가? 선교 현지에서 그리스도인이 되려면 어떻게 해야 하는지를 이웃에게 전해야 하지 않겠는가? 선교 현지가

---

5) 이재완, 『선교인류학』, 36.

가지고 있는 문화의 바탕에 복음을 잘 녹여야 하지 않겠는가?

앤드류스에서 조직신학을 연구한 사람이 한국에서 가르쳤는데, 그는 미국인의 시각에서 그들을 가르쳤다. 과연 서구 사람들의 시각에서 동양 사람들에게 문제에 대한 답을 동양의 관점에서 제시할 수 있을까?

일본에서의 일이다. 식당에서 기도하는 그리스도인을 보고 뭐하느냐고 질문하였을 때 그는 "기도를 드렸다"고 대답했다. 그때 누구에게 기도했는지 물었더니 하나님께 기도드렸다고 한다. 그때 다시 하나님이 있냐고 더 기본적인 질문을 했다. 왜 기도하는가, 즉 교리적인 것에 대한 관심보다는 본질적인 것에 대한 관심을 보인 것이다. 교리적인 질문에 척척 대답하는 그리스도인은 많이 있지만 삶의 본질에 대한 대답은 잘하지 못하는 것을 볼 수 있다. 그리스도인이 되려면 어떻게 해야 하는가?

교회에 와서 듣기 원하는 대답을 듣지 못했기 때문에 다른 곳에서 대답을 듣기 원하고, 어딘가에 소속감을 느끼기를 원하고, 공동체에 참여하기를 원한다. 종종 지식적인 신조들만 제공하는 것으로는 충분하지 않다. 신조와 더불어 친교와 공동체 의식을 체험하기를 원한다. 동양 사람은 서구 신학에 대해서 공동체 의식이 중요하다고 도전할 수 있어야 한다. 서구는 개인주의 문화이다. 서구의 신학을 배워서 개인적인 신학 즉 지식적인 것을 강조하지만 공동체 의식을 강조하고 체험을 하는 일을 약화시키고 있다.

둘째, 서구 신학이 초기에는 단일문화 구조 속에서 발전하였다. 각 곳에 있는 신학을 통해서 발전했다.

셋째, 학술적이다. 루터(M. Luther)와 칼빈(J. Calvin) 등은 신학자들이었다. 종교개혁자들의 설교는 강의 패턴에서 나왔기 때문에 학술적이었다. 매주 너무 많이 설교하기보다는 개인적인 간증을 많이 하라고 화이트(White)도 언급했다. 하나님께서 삶 속에 어떻게 역사하셨는지 회중들과 나누는 것, 즉 인식적인 것보다 체험적인 것을 나누라는 것이다.[6]

그러므로 성령님과 교통하는 체험들이 더 풍성하게 나누어져야 한다. 설교를 통해 많은 정보를 주고 체험하도록 원하는가? 많은 경우 체험을 두려

---

6) Ibid., 36.

워한다. 그러나 균형을 필요로 한다. 오순절주의자들은 경험을 중요하고 말씀을 무시하는 경향이 있음을 본다. 그러나 말씀에 기초한 경험이 필요하다. 학술적이고 지식적인 것에 기초하다 보니 많은 지식에 치우친다. 너무 지적인 것에만 집착하다 보니 행동과 체험에는 소홀히 할 수 있음을 인정하자. 서구 신학이 학술적이기 때문에 더 많은 정보를 제공해야 한다는 압력을 받는다.

설교를 할 때 더 많은 성경의 정보를 확증하기를 원하는가? 체험하도록 하기를 원하는가? 균형이 필요할 것이다. 오순절주의자들은 성령과의 교통을 중시하다가 말씀을 경시하지는 않는가? 말씀을 중시하다가 오히려 경험이 부족하지 않는가? 말씀에 기초한 경험의 균형이 필요하다. 일본인들이 묻지 않는 질문에 대한 많은 대답을 가지고 있었는데 사람들이 있는 정황으로 가서 그곳에서 삶의 질문에 대한 대답을 해주어야 한다.

넷째, 서구의 신학은 하나님의 초월성에 대해 말한다(Stressed God's Trans.). 하나님의 초월성과 능력은 강조하면서 그것들이 우리의 삶 속에 어떻게 체험되는지에 대해서는 말하지(강조하지) 않는다.

캄보디아인들은 90%가 불교인들이다. 전국적으로 3,369곳에 사원이 있고, 승려의 수(65,000명)가 많고 국민의 숭배대상이며, 사회의 교사 역할을 한다.[7] 그러나 캄보디아인들은 악령을 두려워한다. 하나님은 그들이 믿고 있는 악령을 어떻게 해주기를 원한다. 전도자들이 전도하려고 해도, 자신들이 이미 가진 신이 있다고 말한다. 그러나 예수님은 능력이 많으시다고 계속해서 말하면 그들은 곧 한 사람을 가리킨다. 즉 10년 동안 아픈 사람이 있는데 전통적인 무당도 치료하지 못했다고 하며, 예수님이 무엇을 할 수 있는지 보여달라고 한다. 악령에 사로잡혀 있는 사람들에게 예수님이 어떻게 능력을 발휘할 수 있는지 보여달라고 선교사들이 기도할 때 대부분의 경우 치료를 받고, 귀신에서 해방되는 경험을 하게 된다. 그들은 당신의 예수가 능력이 있다면 능력을 행사해 보라고 도전한다. 복음을 전하는 사람들은 많은 교육을 받지 못한 사람들에게 100시간 기도에 대해서 가르친다. 병든 자

---

7) 박장식 외, 『동남아의 사회와 문화』(서울: 도서출판 오름, 1997), 176.

를 위한 기도와 귀신을 쫓아내는 기도를 가르친다. 대부분의 경우 붙들고 기도할 때 치유와 회복을 경험한다. 그런 일을 보게 되면 마을 사람들은 이제 우리가 예수에 대해서 이야기를 듣겠다고 한다.

무속 신앙 등 아시아의 세속주의에 물든 사람들과 서구의 세속주의에 물든 사람들은 어떤가? 세속주의에 물든 사람들은 진리를 찾지 않는다. 그러나 삶이 변화되는 체험을 원한다. 먼저 그들로 하여금 예수를 경험하도록 해야 한다.[8]

탈현대주의(postmodernism)는 상대주의이다.[9] 탈현대주의에 머물러 있는 세속적인 사람들에게는 예수님을 체험하고 경험한 후에 진리를 전하는 것이 더 옳다고 생각한다. 현실적인 많은 문제들을 체험하고 해결하는 일을 먼저 할 것인가? 마음이 무너지고 상한 사람들이 예수의 능력으로 변화된 후에 진리를 깨닫게 되어야 바람직하지 않겠는가? 예수님도 그렇게 하셨다. 200-300년 전 서구 신학의 방법으로 계속 가겠는가? 현실의 사람들의 문제에 대답하는 방법으로 나아가겠는가? 마음이 무너지고 상한 많은 사람들이 있다. 예수 그리스도의 능력을 체험한 후에 진리에 대해서 문을 여는 과정이 있어야 한다. 세속적 사람들은 변화를 경험하기를 원한다. '예수 그리스도는 진리이다' 라고 말하는 대신에 예수가 당신의 삶을 변화시킬 수 있다고 말해야 한다.

5. 인류학의 장점들과 단점들

첫째, 하나님에 대한 반발이다. 하나님에 대한 과도한 강조에 대한 반발로 만들어진 것이 인류학이다. 200-300년 전만 해도 모든 대학의 과정은 신학 과정이었고 히브리어, 헬라어 등을 공부해야 했다. 다른 주제들은 별로 강조되지 않았다. 그러나 하나님에 대한 과도한 초점에서 인간의 행위와

---

8) 이재완, 『선교인류학』, 37.
9) 전호진, "다원주의와 근본주의에 대한 복음주의의 대응," 『선교신학의 21세기 동향』(서울: 도서출판 이레서원, 2001), 553.

삶에 초점을 맞추는 것들이 생기기 시작했다.

둘째, 그 반발로 태어난 것이 행동 과학이다. 사람이 실제로 생각하고 행동하는 것에 관한 하나님에 대한 과도한 강조에 대한 반발로 사람들에 대한 관심으로 돌아섰다

셋째, 반작용(Reaction)이다. 단일문화적인 관점에 대한 반발로 다양한 문화를 바라보아야 한다고 강조했다. 도덕적 가치를 결정하기 전에 많은 문화를 배우지 않으면 도덕적 가치를 정할 수 없다는 것이다.

넷째, 책으로만 공부하는 것에 대한 반발로 일어났다. 신학자들은 책만 가지고 연구했지만 사람들과 살면서 관찰해야 알 수 있다는 것이다. 참여하여 관찰하는 방법을 개발하게 되었다. 예컨대, 좋은 목사였는데 학기말에 C학점을 맞았다. 시험성적이 좋은 목사가 되는 기준점은 아니다. 모두 A학점을 맞았지만 목회는 형편없는 사람을 안다. 책으로만 하는 이론적인 방식에 반발하여 밖에 나가서 사람들과 함께하며 느끼는 것도 목회자들에 도전을 줄 수 있을 것이다.

다섯째, 인류학은 문화 밖에 있는 절대성을 부인한다. 하나님을 포함하여 대부분의 인류학자들은 신의 존재를 부정한다. 양쪽 다(신학, 인류학) 장단점이 있다. 신이든 무엇이든 문화에 의해 형성되었다는 것을 믿기 때문에 신을 믿지 않는다. 대부분의 인류학자들은 사람들이 상상에 의해 신을 만들어 냈다고 생각한다.

지금까지 하나님, 문화인류학과 신학에 관한 내용을 나누었다. 신학과 인류학의 강점과 약점이 무엇인지 보았는데 이제는 하나님께서 어떻게 문화와 연관되는지의 가능성에 대해 살펴보겠다.

6. 하나님과 문화

첫째, 하나님은 문화 안에 계시다. 그래서 세속적인 인류학자들은 사람들이 하나님을 만들어 냈다고 말한다. 문화 속의 사람들이 하나님을 만들어 냈다고 생각하는 것이다.

둘째, 하나님은 문화에 적대적이다.

"이 세상이나 세상에 있는 것들을 사랑치 말라 누구든지 세상을 사랑하면 아버지의 사랑이 그 속에 있지 아니하니 이는 세상에 있는 모든 것이 육신의 정욕과 안목의 정욕과 이생의 자랑이니 다 아버지께로 좇아 온 것이 아니요 세상으로 좇아 온 것이라"(요일 2:15-16).
"또 아는 것은 우리는 하나님께 속하고 온 세상은 악한 자 안에 처한 것이며"(요일 5:19).

하나님은 문화에 대해서 반대하신다. 이런 생각을 가진 사람들은 속세를 떠나서 수도원을 세운다. 공동체를 세운다. 시골 생활을 한다. 세상과 분리되어서 세상에서 오염되지 않기 위해서 따로 사는 것이다.

셋째, 하나님이 승인하는-인정하는 문화가 있다(God endorces a culture). 수백 년 전에 교회 안에서 보편적이었다. 하나님이 인정하시는 문화가 있다. 하나님께서 문화적인 것을 드러내시는 것이다. 그래서 아프리카에 가서 기독교의 문화를 소개하는 것이 하나님이 주신 일이라고 생각한다. 선교사들이 하는 첫 번째 일은 서구화시키고 기독교화시켰다. 식민통치하는 곳에서 영어, 독어, 프랑스어를 가르친 후에 문화를 가르치고 복음을 전했다.

아프리카와 아시아 등의 문화를 개화하는 것이 사명이라는 입장이다. 선교사들은 서구화시킨 다음에 기독교회를 세웠다. 먼저 식민통치하는 곳에서 언어(영어, 독어, 불어 등)를 배운 후에 비로소 복음을 전했다. 이를테면 아프리카는 영어와 프랑스어를 사용하는 나라이다. 하나님이 선택한 문화-미국, 영국, 프랑스-의 혜택을 누리기 위해서는 그 문화에 들어오도록 한 것이다. 오늘날 이것이 남아 있다. 하나님께서 선택하신 특정한 문화(서양의 문화들)에 들어와야 하고 그래야 성경적인 가르침을 통하여 하나님을 만날 수 있다. 하나님을 배우기 위해서 자기 문화를 떠나서 다른 문화에 들어가야 합니까?

넷째, 하나님은 문화를 초월해 계신다. 무슨 일이 일어나든지 관심이 없으시다. 이신론자, 즉 자연신론자들의 생각이다. 이신론이란 이성을 중요시하게 여기는 상상이다. 하나님은 큰 시계를 만든 사람이고 시계에 태엽을 감아 놓고 자연법칙에 의해서 세상이 돌아가게 하는 것이다. 대부분 서구 사람들은 자연신론적인 가치관을 가지고 있다. 하나님은 계시다고 생각하지만 현실에 개입한다고 생각하지 않는다. 하나님이 기도에 응답한다고 생각하지 않는다. 기도하면 마음도 바뀌고 편안해지고 좋지만 기도해서 바뀐다고 생각하지 않는다. 자연신론적인 사고방식이다.

아프리카에는 이신론적인 사고를 가진 종교들이 많다. 이를테면 두 여자가 옥수수를 절구질하고 있었다. 방아질하고 있는데 하나님이 얼굴을 맞고 떨어져서 더 이상 역사하지 않는단다. 즉 그들에게 조상신이 필요한데 멀리 가 있는 하나님을 중재하기 위해서 조상신이 필요하다는 것이다.

다섯째, 하나님은 문화를 초월해 계시지만 모든 문화를 통해서 역사하신다. 하나님을 배우기 위해서 영어를 배우거나 프랑스어를 배울 필요가 없다. 몽골에 간 선교사가 하나님을 가르치기 위해서 한국어를 가르칠 필요가 없다. 하나님께서는 모든 문화를 통해서 알려질 수 있다. 하나님은 모든 문화와 언어를 통하여 알려주신다. 기독교 문화라는 것이 있는가? 단일한 구조인가? 문화는 종교적인 신념보다 훨씬 크다. 종교도 문화의 범주에 들어갈 수 있다. 브라질 사람들은 우리와 매우 다르다. 한국과 브라질은 매우 비슷한 요소들이 있다. 그러나 브라질은 젓가락, 김치, 쌀 등을 사용하지 않고 한국인들처럼 친족, 인간관계에 대한 생각이 매우 다르다. 또한 그들은 한국인들의 인사가 형식적이라고 생각한다.

한 가지의 유일무이한 기독교 문화는 있을 수 없다. 나라가 다르면 여러 개의 기독교 문화가 있을 수 있다. 비록 많은 공통점을 가지고 있다고 할지라도 같은 문화는 아니다. 하나님이 교수 그룹에 들어가려면 고도의 지식체계를 사용하실 것이다. 한국의 교육받지 못한 사람들에게 하나님은 어떻게 하실까? 그런 사람들에게 접근하는 우리의 방식은 도대체 무엇인가? 두 그룹에 접근하는 방식은 달라야 한다. 얼마나 다양한 그룹이 있는가?

남자	여자
교육받은 사람	교육받지 않은 사람
가난한 사람	부자인 사람
불교인	세속적인 사람
기독교인	샤머니즘인 사람

〈도표 5-2〉 다양한 그룹

이 사람들에게 각기 어떻게 접근해야 하는가? 같은 방법, 같은 설교로 접근해야 하는가? 종종 우리는 그런 식으로 행동하지 않는가? 사실 하나님은 사람들이 있는 그 상황 속에서 만나신다.

방법론과 신학의 구별이 중요하다. 방법론은 결코 거룩한 것이 아니다. 말씀을 잘 포장해서 전하는 것은 유연하게 되어서 말씀을 듣는 청중에게 전해져야 한다. 우리는 다니엘서와 요한계시록을 똑같은 방식으로 전해야 한다고 생각한다. 한국에 있는 가난한 사람들에게 접근하는 방법과는 다른 방법으로 접근해야 한다. 여러 각기 다른 방법을 허용할 만큼 교회는 방법론에 있어서 유연성을 가지고 있는가? 여러분은 다음 세대를 위한 리더들이다. 여러분의 때가 되면 이런 변화를 가져오도록 준비해야 할 것이다.

7. 문화의 모델

모든 문화를 살펴보면 기본적 욕구가 있음을 알게 된다.

첫째, 생리학적 필요들(Biological needs): 먹고 자는 것들, 생로 병사
둘째, 심리학적 필요들(Psychological needs): 정서적인 욕구들
셋째, 사회 문화적 욕구들(Social-culture need): 도덕적 욕구, 안정에 대한 욕구들

넷째, 종교적인 필요들(Religious needs): 하나님과 연결되고 싶은 욕구들

종교적인 욕구를 회피하면 그들의 삶의 마지막이 그리 순탄하지는 못할 것이다. 어디에서 온 문화이든지 이 네 가지의 욕구를 가지고 있다. 천주교 신학자가 인간의 모든 욕구를 리스트를 73개의 범주로 세분화시켰다. 어떤 문화이든지 신체를 장식하고 싶은 욕구들이 있다. 이를테면 어떻게 하면 청소를 잘할까? 춤추고, 도덕, 윤리, 가족과 지내는 것, 머리스타일 등등. 이런 모든 것들이 모두 중요한 관심사이다. 이런 유사점에도 불구하고 세상에 있는 문화들은 다른가?

세계관으로부터 만들어진 것들
각기 다른 문화-문화1 /문화2 /문화3 /문화4 /문화5 /문화6 (세계관에 의해 만들어짐)
각기 다른 세계관-세계관1 /세계관2 /세계관3 /세계관4 /세계관5 /세계관6
기본적 도덕률(원칙들)-(도덕적 요구들, 불교-8계, 기독교-10계명, 이슬람교- 5핵심교리)
공통적인(네 가지) 기본 욕구

〈도표 5-3〉 기본적인 욕구들

네 가지의 기본욕구들과 유사한 기본 원칙들은 대개 중복된다. 그러나 세계관에서부터는 다양성이 생겨난다. 문화와 관습은 같이 포함시킨다. 이것은 각기 다른 세계관에 의해서 형성된다. 새로운 변화를 이야기하는 것은 새로운 변화에 대한 의도가 있어야 한다. 새로운 일은 종종 실수로 일어났는데 그것이 좋아서 계속 진행되는 경우도 있다. 부분적인 일들이 계속해서 중요한 부분으로 자리를 차지하는 경우도 있다. 문화들을 종종 실제로나 부분적으로 일어나지만 이것들을 이루는 것은 세계관이다.

8. 문화적 차이와 선교

해외를 여행하거나 해외에서 살 경우에 우리는 문화적 차이를 절감하게 된다. 그러므로 문화적 차이는 해외에서의 삶과 사역에 대단히 중요한 요소가 된다.

인류학자들은 당초에 문화적 차이보다는 인류의 보편적 공통성이 더 중요하다고 생각했다. 그러나 여러 문화를 알아갈수록 애초에 생각했던 것보다 문화적 차이가 심하며, 타문화권에서 살고 일하는 데 있어서 문화적 차이가 중요한 장벽이 됨을 인정하게 되었다. 인간의 발달 단계에 대한 설명에 있어서도 사춘기의 연령이 문화권별로 어떻게 다른가 하는 것 이전에 사춘기의 개념조차도 없는 문화권이 있다는 사실을 알게 되었다. 문화적 차이점은 단순한 표현의 문제일 뿐 아니라, 본질적인 부분에 있어서도 두드러짐을 알 수 있다.

문화적 차이를 설명하는 데 있어서 먼저 우리는 인사법에 있어서의 차이점을 인식할 수 있다. 우리 문화에서는 머리를 조아려 인사를 하지만, 서구에서는 악수를 한다. 악수의 원래 의미는 내 손에 보시다시피 아무 무기가 없으며 나는 당신의 적이 아니라는 뜻이다. 그래서 서로 빈손을 보이고 흔들어 대면서 평화를 나타내 보인다. 어떤 문화권에서는 상대방의 가슴에 침을 뱉으면서 인사말을 한다. 서로 친근하고 거리낌이 없는 사이라는 뜻이다. 문화적 차이는 시공간의 개념에 있어서도 나타난다. 시간적인 개념에 있어서 미국인들은 약속 시간 15분이 지나면 늦은 것을 사과해야 한다. 30분 늦게 도착하면 이때는 아주 무례한 경우가 되며, 늦은 이유를 자세히 설명하면서 사과를 해야 한다. 반면에 전통적인 이집트인들의 경우에는 약속한 시간보다 1시간 늦게 도착하면 제 때에 나타난 것이다. 그 시간으로부터 30분 이상 늦은 경우에만 사과를 한다. 전통적인 이집트 사회에서는 오직 하인들만이 정해진 시간에 정확하게 도착한다. 따라서 10시에 약속했다고 해서 상대방이 10시에 나타나기를 기대하는 것은 그 사람을 하인 취급하는 셈이 된다. 10시에 약속했으면 11시에 나타나면 되는 것이다. 문화적 차이는 공간 사용에 있어서도 나타난다. 미국인들은 일상적인 대화를 할 때 통상 4-5피트(1.2~1.5m 정도) 떨어져서 말을 한다. 이것이 그들에게 편안한 사회적 거리이다. 그런데 라틴아메리카 사람들이나 아시아인들은 이보다 더 가까이 다가간다. 그래서 미국인들은 다른 인종과 대화를 나눌 때 거리를 띄우려고 하고, 반대로 다른 인종들은 자꾸만 가까이 다가가려고 한다. 이렇듯 문화는 가장 기본적인 개념인 시공간의 개념에 있어서 그 차이점을 드러내고 있다.

문화적 차이는 문화집단간의 편견과 오해의 원인이 되기도 한다. 손으로 식사를 하는 인도인들의 경우 비위생적이고 불결하다고 생각할 수 있다. 그러나 그들은 서구인들이나 한국인들이 나이프와 포크, 그리고 수저를 사용하는 것이 더 불결하다고 생각한다. 왜냐하면 나이프와 포크, 그리고 수저는 오늘은 이 사람의 입에 내일은 저 사람의 입에 들어가지만, 인도인들의 잘 씻은 오른손은 평생 그 사람만의 것이기 때문이다. 이렇듯 문화는 많은 경우에 다를 뿐이지 우월하고 열등한 것이 아니다. 각 문화에는 나름대로의 지혜가 있다.

문화적 차이는 단순히 행위에 있어서 뿐만 아니라, 문화의 깊은 곳인 가치관과 세계관에 있어서도 차이를 드러낸다. 행위는 가치관에 의해 영향을 받으며, 가치관은 궁극적으로 세계관에 의해 편성된다. 모든 문화적 행위와 관습은 궁극적으로 세계관에 의해 형성되고 영향을 받는다. 세계관은 세계와 인생에 대해 가지고 있는 기본적인 전제들의 집합으로서 우리 눈의 안경과 같다. 안경이 보는 것마다 영향을 주듯이, 세계관은 모든 문화적 인식과 행위에 영향을 준다. 세계의 문화권들은 단순히 인사하고, 밥 먹고, 행동하는 데 있어서 차이가 날 뿐만 아니라, 세계와 인생관의 근본적인 내용에 있어서 다양성을 나타내 보이고 있다. 예를 들면 어떤 세계관에서 시간은 시작과 끝이 있는 것이지만, 다른 세계관에서는 시작도 끝도 없고 오직 반복과 순환만 있을 뿐이다. 이렇듯 문화는 표층부뿐만 아니라 심층부에 있어서도 놀라운 차이점을 내보이고 있다.

문화적 차이는 타문화권에서 생활할 때 문화 충격의 원인이 된다. 문화적 이질감을 경험하면서 사람들은 심한 스트레스를 받게 되고, 그 결과 무력감을 느끼게 된다. 이러한 문화 충격은 선교사들뿐만 아니라 여행객들에게도 문제가 된다. 그래서 타문화권에서 잘 생활하고 일하기 위해서는 문화 충격을 잘 극복하고 문화적 적응을 잘할 필요가 있다. 문화 충격을 잘 극복하지 못하면 집에 돌아가고 싶고, 소극적으로 되고, 현지인들과 여건이 싫어지고, 전반적으로 효율성이 떨어진다. 문화 충격을 극복하기 위해서는 자신의 문화적 한계를 인식하고 있는 그대로의 자신의 모습을 인정할 필요가 있다. 문화 충격을 받는 자신의 모습을 부인하려고 하면 더욱 힘들어진다.

믿음은 주님을 우리의 마음속에 영접하는 것을 의미한다(요 1:12). 그래서 주님은 우리들의 마음문을 두드리시고 열어달라고 말씀하고 계신다. 그런데 문을 두드리는 것도 문화에 따라 주의해야 한다. 빅토리아 호수를 따라 주변에 살고 있는 자나키족(Zanaki)은 요한계시록 3:20에 나오는 "볼지어다 내가 문 밖에 서서 두드리노니"라는 말씀을 이해하는 데 어려움이 많다. 왜냐하면 이들의 문화에서 문을 두드리는 사람은 도둑이기 때문에 그렇다. 선한 이웃이나 정직한 사람들은 그 사람의 집에 와서 문을 두드리지 않고 이름을 부른다. 그리고 집 안에 있는 사람은 그 목소리로서 그가 누구인지를 확인하는 것이다. 오로지 도둑만이 그 집 안에 사람이 있는지 없는지 확인하기 위하여 문을 두드린다는 것이다. 그러므로 이들에게는 이 말씀이 "볼지어다 내가 문 밖에서 이름을 부르노니"라고 번역해야 옳을 것이다.[10]

문화 충격은 일반적으로 타문화권에서 2주가 지나면 조금씩 느낄 수 있으며, 8주 이상이 되면 꽤 심각하게 느낄 수 있다. 한번 악화되면 바닥을 헤맬 만큼 어려워지기도 한다. 문화 충격이 심해지기 전에 우리가 취할 수 있는 최선의 조치는 예방책이다. 우리는 타문화권 생활의 초기에 적극적으로 그 문화에 결속됨으로써 그 문화권의 사람이 되고, 그렇게 함으로써 문화 충격을 막을 수 있다. 그래서 여행이나 장기 체류를 시작하는 초기에 적극적으로 그 문화와 사람들을 이해하고 존중하고 사랑하는 마음을 가짐으로써 그 문화에 대한 좋은 경험을 시작하고 긍정적인 경험들을 쌓아갈 수 있다. 그렇게 할 때 그 문화에 대한 거부감을 해소하고, 지속적으로 바람직한

---

10) Eugene Nida, *God's Word in Man's Language* (New York: Harper & Brothers, 1953), 45-46.

경험들을 할 수 있는 토대가 마련될 것이다.

특히, 타문화권을 여행하면서 우리는 다른 사람들도 우리와 똑같을 것이라는 막연한 생각을 버리고, 문화적 차이와 문화 충격을 염두에 두고 적극적으로 문화적 적응을 할 필요가 있다. 문화적으로 잘 적응할 때 여러 활동들을 의미 있게 할 수 있기 때문이다. 특별히 타문화권에서 복음을 전하는 선교사들의 경우 다른 문화와 세계관을 이해하는 것이 필수적이다. 그런데 우리 한국 선교사들은 단일문화권 출신으로서 문화적 민감성이 떨어지기 쉽다. 우리 선교사들이 이러한 약점을 극복하고 문화적으로 감도가 높은 선교사들이 될 수 있도록 기도하면서 도울 필요가 있겠다.

9. 선교와 문화

21세기는 지구촌으로 세계를 갈라놓았던 지리적, 문화적 장벽이 무너졌을 뿐 아니라 점차 인종, 언어, 사상, 종교의 경계선까지도 약화되고 있다. 서구 문화의 우월성을 지지해 주었던 인종과 문화 간의 격차가 좁아지면서 세계는 바야흐로 문화의 다양성과 상대를 인정하는 관용으로 넘쳐나고 있다. 이러한 현상은 세계를 하나의 공동체로 급속하게 수렴시켜 주고 있다. 그러나 내면적으로는 일체성이 무너지고 혼재와 다양성으로 혼란이 더욱 가중되고 있다. 그 대표적 현상이 종교 분야에서 일어나고 있는데, 종교 혼합주의와 다원주의가 그것이다.

이 시점에서 선교에 관한 문제를 제기한다면, 그것은 다음과 같다. 역사의 구심점을 이루어 왔던 기독교가 이런 혼합주의와 다원주의의 도전 속에서 어떻게 그 진리의 절대성을 보존할 것인가? 앞으로도 끊임없이 제기될 이와 같은 도전 앞에서 어떻게 기독교의 복음을 변질시키지 않은 채로 온 세계가 복음화될 때까지 선교적 사명을 감당할 것인가? 그 답은 만남과 충돌, 대화와 수용, 절충과 타협을 반복하면서 올바른 방식으로 복음의 현장화와 토착화를 이루어나가는 것이며, 그런 방법을 통해서 기독교의 선교적 사명을 계속하는 것이다. 또한 다문화와 다종교 현장에서 문화적인 변화에 적응하고 새로운 문화를 창조하면서도 예수 그리스도의 복음 진리를 "진리" 그대로 현장화하고 토착화하는 것이다.

선교는 복음을 새로운 문화 속에 심는 것이다. 문화적 위임과 복음적 위임을 동시에 실현하는 것이 선교이다. 구체적으로 말해서, 선교는 문화 속에 복음적 위임을 실행하는 것이라고 할 수 있다. 그 복음적 위임의 요체는 구원자이신 예수 그리스도이시다. 예수 그리스도의 복음은 변할 수 없다. 왜냐하면 예수 그리스도는 어제나 오늘이나 영원토록 동일하시기 때문이다. 그러므로 선교의 성패는 변할 수 없는 복음을 변하는 문화 속에 어떻게 심느냐에 달려 있다. 특히 현대 선교 신학에서 현장화 또는 토착화라는 이름하에 복음과 문화의 정체를 밝히지도, 구분하지도 않으려는 경향이 두드러지면서 복음을 문화에 심는 일이 한층 더 어려워지고 있다. 또한 복음의 현장화와 토착화를 명확하게 정의하지 않을 뿐 아니라 토착화를 종교적 혼합주의와 혼동하거나 동일시하는 실수를 범하기도 한다. 이러한 현실에서 선교의 당면 과제는 복음과 문화의 관계성을 정립하고, 복음의 현장화와 토착화에 관한 이론적 토대를 구축하는 것이다.

1) 선교와 문화

타문화권 선교는 다른 문화 속에 사는 사람들에게 복음을 전하는 것이다. 선교학에서는 누가, 무엇을, 어떻게 전하느냐에 오랫동안 관심을 가져왔다. 최근에는 선교사(누가)와 복음(무엇을), 선교의 전략이나 방법(어떻게)보다 선교의 대상인 "누구"에 초점을 두었다. 선교의 대상을 알기 위해서는 "사람"을 연구해야 하는데, 그것이 인류학이다. 인류학적 연구에는 두 가지 측면이 있는데, 인간의 생물학적인 면과 문화적인 면이 그것이다. 선교에서는 인류학의 문화적인 측면에 초점을 맞추어서 인간 문화에 비중을 둔다.

문화란 특정한 사람들의 총체적인 생활방식이다. 문화는 사람들이 그들의 세계를 조직해 가는 방법 또는 사람들이 어떤 것을 함께 생각하고 행동하는 표본적인 삶의 방식이라 할 수 있다. 또한 문화는 사람들이 함께 공동사회를 이루고 그들의 정체성, 존엄성, 안정성을 보장하는 공동체로서 특정한 신앙, 가치관, 관습 또한 제도 등을 공유하고 살아가는 삶의 총체적인 것이다. 이런 문화는 사회적으로 습득한 모든 것, 즉 물질적이거나 비물질적인 모든 배움에서 습득한 전반적인 행동이 대대로 전승하는 인간 사회에서만이 존재한다.

문화는 형식과 의미를 가지고 있다. 형식이란 눈으로 관찰할 수 있는 분명하고 가시적인 요소이며 표면에 드러나는 것이다. 반면에 의미는 표면 아래 있기 때문에 문화의 가장 중요한 요소이지만 가시적인 것이 아니다. 밖으로 드러난 문화의 제도나 형태도 물론 비물질적인 형식을 취할 수 있다. 예컨대 결혼 풍습, 가족 구조, 예배 의식 등이 이에 속한다. 이런 형식은 다른 문화에 속한 사람들에게는 전혀 다른 의미를 가질 수 있으며, 심지어 같은 문화 안에서도 사람에 따라 다른 의미를 가질 수 있다. 다시 말하면 문화적 형식은 문화에 따라서, 그리고 사람들에 따라서 다양한 의미를 지닐 수 있다.

복음과 문화는 대체로 혼재하고 또 서로 뒤섞여 있기 때문에 분명하게 구별해 내기 어렵다. 그렇지만 분명한 것은 복음이 내용이라면 문화는 그 그릇이다. 폴 틸리히는 문화는 종교의 형식이며, 종교는 문화의 내용이라고 규정했다. 그의 논리를 빌리면, 선교는 문화라는 밭에 복음의 씨앗을 심는 것이라고 할 수 있다. 복음은 새로운 문화에 들어갈 때, 문화라는 옷을 입고 들어간다는 것이다. 따라서 복음은 문화라는 형식에서 떠나버리면 하나의 추상, 이상론, 또는 도피주의에 빠짐으로써 진정한 의미를 상실하게 된다. 반대로 문화적 형식이 강조되고 복음의 진수가 가려지거나 흐려진다면 그것은 참된 기독교가 아니며 세속적인 문화 운동이 될 것이다.

복음이라는 내용을 어떠한 형식에 담아서 전달할 것인가는 이런 의미에서 효과적인 선교의 관건이다. 기존의 문화를 무시하고 전혀 생경한 문화에 복음을 담아서 전한다면 그 복음은 쉽게 거부되고 말 것이다. 반면에 주어진 문화를 그대로 수용해서 그 문화에 복음을 덧입혀서 전달한다면, 자칫 복음이 변질될 수도 있다. 리차드 니버는 『그리스도와 문화』라는 저서에서, 그리스도는 문화 속에 그리고 문화 위에 있으며 새로운 문화와 대립해서 문화의 변혁을 가져온다고 지적한다. 이런 의미에서 그리스도는 문화의 변혁자이며, 선교는 문화의 변혁을 몰고 올 그리스도를 전하는 것이다. 여기에서 문제는 문화의 변혁자로서 그리스도를 다른 문화에 심는 과정에서 선교사의 문화를 복음과 동일시한다든가 또는 서양 문화의 우월성이라는 문화적 오만에서 복음에 서양 문화를 덧입혀서 전달하는 것에 있다. 이것은 한편으로는 복음에 의한 식민지화나 문화 제국주의를 야기하였으며, 더 나아가 현지인들의 반발을 불러일으켰다. 다른 한편으로는 복음을 전달하는 것이 아니라 서양 문화를 전달하는 본말의 전도가 일어나기도 했다.

폴 히버트에 따르면, 그리스도는 온전한 하나님으로서 신성을 잃지 않은 채로 온전한 인간이 되셨으며, 이와 마찬가지로 복음도 하나님의 계시로서 진수를 잃지 않은 채 문화를 통해서 인간 사회에 전달될 수 있다고 한다. 이것은 문화가 복음전달의 장애물이 아니라 적절히 활용하면 오히려 효과적인 수단이며 통로라는 것이다. 문제는 문화를 이용해서 복음을 전할 때 복음을 문화에 의해 채색하거나 왜곡함으로써 복음의 진수를 훼손하는 것에 있다. 그러한 훼손은 복음의 현장화와 토착화를 올바로 함으로써 막을 수 있다.

2) 토착화와 문화

토착화(Indigenization)는 외래문화를 받아들이는 편에서 외래적인 것을 기존에 있는 자신들의 토착 문화에 적절히 적응시키는 것이다. 그런 의미에서 복음의 토착화는 선교 현지인의 입장에서 복음을 자신들의 전래 문화에 수용해서 접합시키는 것을 가리킨다. 전달자가 주체가 되어 현지인의 문화 속에 복음을 적응시킨 현장화와는 대조적으로, 현지인들이 주체가 되어 복음을 자신들의 문화에 비추어서 나름대로 해석해서 받아들이고, 또 그 복음을 자기들의 문화 형태 속에 접합시키고 적응시키는 것이 토착화이다. 현장화가 밖에서 들어온 외부인에 의한 운동이라면 토착화는 오래전부터 그 문화에 뿌리박고 살고 있던 현지인들에 의한 운동이다. 이런 이유로 토착화는 자율성과 개성 및 독자성을 강조하고 비서구화를 지향하는 경향을 띠게 마련이며, 자신들의 타고난 재래 문화 속에 새로운 외래문화를 적절하게 접합시키고 적응시켜서 자기들의 것으로 삼으려는 속성이 강하게 나타난다.

토착화의 주요한 방식은 3자 정신, 곧 자립과 자치 그리고 자전이다. 따라서 토착화된 교회는 문화적으로 뚜렷한 개성과 독자성을 지니면서도 진정으로 기독교화되어서 기독교를 확실히 표현하는 교회를 의미한다. 그러나 엄격한 의미에서 온전한 토착화는 불가능하다. 그 이유는 현대인들은 이미 서구화된 세계에 살고 있으며 교회도 서구화된 형태로 존재하기 때문이다. 서구 문화와 토착 문화의 구분이 희미해졌을 뿐 아니라 어떤 의미에서는 전 세계적으로 서구 문화의 침투와 확산이 극에 달해서 서구의 합리성과 문화가 지배하고 있는 현 시점에서 토착화란 사실상 그 의미를 상실해 가고 있는지도 모른다.

그러나 선교는 복음의 변혁적인 힘에 의존하기 때문에 복음의 토착화는 여전히 일어나고 있다. 복음은 변화시키는 힘을 가졌다. 어떤 문화든지 복음이 전달되면 엄청난 변화를 경험한다. 그 이유는 복음이 토착화됨으로써 전래 문화를 변혁시키기 때문이다. 복음은 단순히 전해지는 것이 아니라 성령께서 복음과 더불어 선교 현장에 들어가서 역사함으로써 개인의 삶과 사회를 동시에 변화시킨다. 문화적인 측면에서 복음의 이런 변혁적 힘이 파생시킨 부정적인 결과들에 대해 많은 논란들이 있었다. 그렇지만 기독교인의 사명에 비추어 볼 때, 복음을 받은 교회는 자기의 전통 문화에 적절하게 토착화시켜서 토착교회로서 홀로서기를 하는 것뿐 아니라 더 나아가 다른 문화에 복음을 효과적으로 전하는 것이 그들의 사명이다.

토착화 운동의 주체가 선교 현지인들이었듯이 토착교회는 외국 선교사와 관계없이 설립되는 것이다. 설사 현지인들이 외국 선교사들을 통해 복음을 받아들였다고 하더라도 그들 스스로 교회를 설립한 것이 토착교회이다. 그런 의미에서 선교사들은 개척자로서 토착화 운동을 시작하는 일에 참여할 수는 있지만 실제로 토착교회의 설립은 현지인들의 자발적인 사역의 결실이라고 할 수 있다. 그러나 문제는 서구 문화가 세계 문화로 되어 있는 현 시점에서 토착 문화를 구분해 내기가 어려우며, 그 결과로 복음의 토착화 역시 토착 문화에 일어난 것이 아니라 서구 문화에 토착화한 데 있다. 외견상으로는 토착화된 것으로 보이는 교회가 실제로는 토착 문화에 뿌리박고 있는 것이 아니라 외래의 사상과 문화를 그대로 이식해 왔다는 것이다. 이 경우에는 당연히 교회를 현 상태에서 뽑아서 다시 옮겨 심어야 할 것이다. 탈토착화(deindigenization)는 이러한 맥락에서 나온 용어이다. 즉 탈토착화는 자생적인 것이 아닌 외래적인 것에 뿌리를 내린 복음을 외래적인 바탕으로부터 분리시켜 내는 것이다. 외래적인 바탕으로부터 복음을 분리했다면, 그 다음 과정은 자생적인 바탕에 다시 토착화하는 것이다. 이 과정이 재토착화(reindigenization)이다. 따라서 복음의 토착화가 올바로 일어나지 않았을 경우에 수정하는 방법으로 등장하는 것이 탈토착화와 재토착화라 할 수 있다.

탈토착화는 한국교회가 내부로부터 갱생하는 운동이다. 갱생 운동으로서 탈토착화는 선교의 다른 측면인 탈현장화 및 재현장화 과정과 깊이 연관되어 있으며, 그 방식을 그대로 따른다. 즉 탈현장화 없이 재현장화가 불가능한 것과 마찬가지로 탈토착화 없이는 재토착화를 할 수 없다. 물론 탈토착화 운동이 선행되어야 재토착화를 시도할 수 있다. 진정한 탈토착화를 통해서 오늘에 걸맞는 재토착화를 할 수 있을 것이며, 한국교회의 재토착화를 통해서 선교 교회에 걸맞은 탈현장화를 시도할 수 있을 것이다. 잘못된 토착화에서는 탈토착화 운동이 일어나야 하며, 탈토착화에서 재토착화가 실현되어야 하며, 재토착화에서 탈현장화로 연결되어야 한다. 한국교회는 급변하고 있는 현대 문화 속에서 어떻게 참된 그리스도인의 삶과 모습을 지키면서 변형되지 않은 순전한 복음을 적절하게 토착화시킬 것인가를 고민해 왔다. 이제 오늘의 한국교회는 탈토착화와 재토착화를 통해서 종교 혼합주의와 다원주의의 문제를 해결해야 하는 선교적 과제를 앞에 두고 있다.

3) 종교적 혼합주의와 다원주의

복음과 문화를 어떻게 수용하느냐에 따라 선교는 상이한 결과들을 낳는다. 복음의 전달 과정에서 또는 듣는 사람들이 복음을 받아들이는 과정에서 복음의 내용이 유실되거나 왜곡되는 문제와 위험이 있다. 복음전달 과정을 보면, 복음이 하나의 외래문화로서 재래 문화 속에 수용될 때 맞지 않는 형태(form)를 입음으로써 내용이 왜곡될 수 있으며, 잘못된 의미(meaning)를 덧붙임으로써 의미 자체가 변질되는 수가 있다. 잘못된 형태와 결합하거나 다른 의미가 부여됨으로써 복음의 내용이 왜곡된 것을 혼합주의(syncretism)라고 할 수 있다. 혼합주의는 '복음의 자기상실의 위기(identity-crisis)'로 몰아간다. 혼합주의는 복음이 문화와 잘못 결합함으로써 본래의 모습을 잃는 것을 가리킨다.

흔히들 토착화와 혼합주의를 같은 개념으로 혼돈하는데, 사실상 이 두 개념은 상반된 개념이다. 전자는 토착 문화의 형태를 사용하여 어떻게 그 문화에 흡수되느냐이며, 후자는 내용을 변용하여 어떻게 종교적 신앙을 융합하여 적응하느냐이다. 다시 말해서 전자는 복음을 문화의 형태에 접합시켜서 그 문화에 맞는 모양으로 전달하자는 것이라면 후자는 문화적 융합이라는 이름 하에서 복음의 내용을 바꾸어서 토착 문화화시키는 것이다. 크래프트의 견해를 따르면, 토착의 형태와 기독교의 의미가 합하여 토착화를 이루고, 기독교의 형태와 토착적인 의미가 합하여 혼합주의가 된다. 이처럼 선교에서 토착화란 필수적인 것이므로 적극적으로 실천해 가야 하는 과제이다. 그러나 혼합주의로 나아갔을 때 그것은 더 이상 복음의 전달일 수 없으므로 올바른 선교를 위해서는 마땅히 지양되어야 하는 것이 혼합주의이다.

혼합주의는 잘못된 토착화에서 발생한다. 그 나라의 형식과 자료를 사용하지만 의미와 내용은 기독교적인 경우가 토착화이다. 그 반대로 기독교적인 형태를 사용하지만 의미와 내용이 그 나라의 전통적인 것이라면 그것은 혼합주의이다. 복음이 토착화 과정을 통해 선교가 이루어진다면 혼합주의는 복음의 정체를 상실한 것이다. 복음이 올바른 토착화를 하지 못하고 전통 문화와 혼합하든지 재래 종교와 혼합해서 혼합 종교화를 가져오는데, 이는 단순히 혼합 종교화 현상으로 남아 있는 것이 아니라 종교 다원화 현상으로 이어진다.

혼합주의가 몰고 왔던 종교 다원주의는 무엇인가? "다원주의"는 무엇이 문제인가? 기독교 신학은 타종교들에 대해 개방적이어야 하는가 아니면 배타적인 입장을 취해야 하는가? 종교 다원주의 상황에서 선교 정책을 전면적으로 수정할 것인가 아니면 재검토함으로써 대응책을 마련할 수 있는가?

이러한 질문들은 오늘의 기독교회가 답해야 하는 당면한 선교적 문제들이다. 제2차 세계대전 후에 모든 신학적인 문제의 초점을 선교 신학에 맞추게 되었던 것도 이러한 연유에서이다. 가톨릭교회는 제2차 바티칸 공의회의 선언을 통해서 타종교에 대한 문턱을 헐고 다원주의에의 길을 터놓았다. 이러한 추세에 맞추어서 세계교회협의회(WCC)도 타종교에 대해서 긍정적인 개방의 태도를 가지고 '타종교와의 대화'를 추진해 왔다. 그래서 일부 가톨릭교회와 개신 교회의 신학자들은 종교 다원주의 입장에 대해서 다른 종교와의 대화에 찬성하고 이러한 관용적이고 수용적인 태도가 기독교 신학의 발전을 가져올 것이라는 환상을 가지게 되었다.

종교 다원주의는 기독교 이외의 종교를 인정하는 것이며, 예수 그리스도를 통하지 않고도 구원에 이를 수 있다는 것이며, 결과적으로는 기독교의 절대성과 복음의 진리성을 부정하는 것이다. 따라서 종교 다원주의에 의하면 기독교적인 선교는 아무런 의미가 없는 것이다.[11] 단적으로 말하자면 기독교만이 구원에 이르게 하는 것이 아니라 불교나 이슬람교나 심지어 무속 종교나 명상을 통해서도 구원을 얻을 수 있다면 구태여 복음을 전할 필요가 없어지는 것이다.

종교 다원주의자들은 그들의 주장의 근거를 말라기 1:10-11과 히브리서 1:1에서 찾는다. 즉 이방인들도 하나님의 이름을 위하여 분향하고 재물을 드리는 것은 하나님은 이방의 하나님도 되시며, 하나님은 여러 부분과 모양으로 일하신다는 것은 여러 모양의 종교를 통해 역사하신다는 것으로 해석하는 것이다. 연장해서 추론하자면 선교사보다 먼저 선교 현지에 가신 하나님은 여러 모양으로 나타난 재래 종교와 다른 종교를 통해서 역사하셨다는 것이다. 그러므로 하나님의 그러한 역사하심을 이해하기 위해서는 "다른 종교와의 대화"가 필요하다는 것이다. 다른 한편으로 복음주의자들은 타종교와의 대화를 이교도에 대한 전도 전략 차원에서 시도해 보았지만 성과를 거두지는 못했다.

마침내 종교 다원주의자들은 다른 종교에도 기독교에서 말하는 "진리"가

---

11) Bruce J. Nicholls, *The Unique Christ in Our Pluralistic World*, 『그리스도의 유일성과 종교 다원주의』, 노봉린 역(서울: 도서출판 횃불, 1998), 25.

있는지를 알아내기 위해 우선 기독교의 "절대 진리"(The Truth)를 "상대적 진리"(a truth)로 바꾸고, 진리의 "선포"를 "나눔"으로 바꾸어서 다른 종교와 대등한 입장에서 대화를 시도했다. 그러한 전환은 기독교의 배타성을 완화시키고 다른 종교와 상호 이해, 상호 인정, 상호 존경이라는 긍정적인 결과를 낳게 되었지만 종래의 기독교 신학의 근본적인 바탕을 허물어뜨리는 부정적인 결과도 초래했다. 이처럼 현대 선교신학에서 혼합주의와 종교 다원주의는 복음을 무기력하게 했다. 복음과 성령이 역사하시는 선교의 장을 인간화를 위한 단순한 인간의 일터로 탈바꿈하고 있기 때문이다. 따라서 한국교회가 선교를 위해 시급하게 극복해야 하는 문제는 바로 복음을 의미 없고 무기력하게 만드는 종교 혼합주의와 다원주의이다.

4) 기독교의 세속화

기독교의 세속화는 첫째, 일반적으로 교회가 성스러운 속성을 상실하는 것을 가리킨다. 전통 사회에서는 교회가 성스럽고 거룩한 것을 독점하고 있었던 데 비해서 현대 사회에서는 점차 그러한 속성들을 잃거나 쇠퇴하는 것을 가리킨다. 둘째, 세속화는 기독교의 영향력이 약화되는 것과 관련된다. 교회가 교회뿐 아니라 정치, 경제, 의료, 교육 등의 모든 영역에서 막강한 영향력을 행사해 왔지만 현대에 와서 교회는 자신의 영역들을 세속 사회에 점차 이양하게 되었다. 현재의 교회는 단지 목양과 같은 극히 제한된 부분에서만 그 존재 의의를 확인할 수 있을 뿐이다. 끝으로 세속화는 교회가 교회 구성원들의 삶에서도 밀려나는 것과 연관된다. 교회가 개인의 일상적인 생활에 지침을 제공하고 삶의 의미와 목적을 주고 도덕적 규범과 규율을 제시해 왔는데, 현대 사회에서 교회는 개인의 삶과 유리된 채 심지어 개인의 종교적인 삶의 측면에 그다지 큰 영향력을 발휘하지 못하고 있다. 이러한 세속화는 기독교 선교에 엄청난 충격으로 다가왔다.

세속화는 이제 기독교 선교 자체를 위협하게 되었다. 무엇보다도 세속화는 기독교의 절대성을 손상시킴으로써 기독교 선교의 당위성과 열성을 약화시켰다. 현대인에게는 종교 이외에도 흥미를 끄는 것이 많아지게 되면서 기독교는 이른바 대중문화와 경쟁을 하는 처지에 놓이게 되었다. 아니면 현대인이 종교가 아니라 정부나 사회 일반으로부터 더 많은 것을 얻게 되자 교회는 어떤 의미에서는 국가와 사회 일반과도 경쟁을 하게 되었다. 특히 교회가 개개 교인들에게 종교적인 삶의 규범을 심어주지 못함으로써 교인들이 더 이상 교회 안에 머물려고 하지 않게 되었다. 교회로부터 현대인의 이반 현상은 기독교 선교의 역동성을 꺾어버렸다. 기독교가 선진 기독교 사회들에서조차 밀려나는 상황에서 복음을 듣지 못한 사람들에게 선교한다는 것은 더 이상 우선순위를 갖지 못하게 된 것이다.

　세속화는 서서히 교회를 비게 하고 있다. 유럽(독일 루터교회도 예배드릴 성도가 없어 평소에는 문을 잠가 놓으며, 관리인을 통해 관광 시 겨우 문을 열어 볼 수 있다. 한 목사가 여러 개 교회를 맡아 순회하며 예배를 드린다)이나 북미의 교인들이 교회를 떠나고 있다는 현상은 이제 전혀 새삼스러운 것이 아니다. 캐나다의 헤밀턴교회도 역사는 130여 년이 되었고 3,000여 명이 모이던 교회가 현재는 노인만 현재 30여 명 모이며, 최근에는 겨우 1불에 한인교회에 양도했다. 실제로 교회의 예배 참여 교인 수가 지난 수십 년 동안 꾸준히 줄어들었다. 이것은 서구의 교회들이 명목상의 교인들만 남는 상황으로 변하고 있다는 것을 반증한다(그러나 복음주의교회는 성장하고 있음). 이름만 기독교인일 뿐이며 실제로는 일 년에 한 번도 예배에 참여하지 않을 뿐 아니라 일상적인 삶에서도 기독교와는 무관하게 살아가는 명목상의 교인들이 급속하게 늘어나고 있다. 그런 측면에서 보면 프랑스와 독일, 스위스 그리고 영국과 같은 구미 사회들은 이제 새로운 선교지로 부상하고 있다고 할 수 있다. 바꾸어서 말하면 이들 지역이 신이교도(neo-pagans) 사회들로 변하고 있다. 이들 서구인들이 불신자나 무신론자로 되거나 아니면 미신을 믿는 경향이 강해지고 있다. 그래서 한때는 세계 선교를 주도했던 서구 교회가 이제 거꾸로 선교를 받아야 하는 선교지로 변하고 있는 비극이 현대에서 일어나고 있다.[12]

　세계는 이제 더 이상 기독교와 비기독교 또는 기독교인과 비기독교인으

---

12) 이재완, 『타문화권 선교방법론 연구』, 97.

로 명확하게 분리되지 않는다. 그 이유는 서구는 점점 더 비기독교화 되어 가는 반면에 비기독교인들이 비서구 사회에서 서구 사회로 대거 이주함으로써 종래의 기독교 지역이 종교적으로 복수화되고 다원화되고 있기 때문이다. 구체적인 현실을 보면, 기독교인과 회교도가 매일 어깨를 맞대고 일을 하며 기독교도와 불교도가 함께 어울려 식사를 하고 교제하는 상황에서 종교적으로 편을 갈라서 각 종교인에 대해 고정 관념을 강화하는 것은 비현실적이다. 뿐만 아니라 최근에는 다른 종교의 선교자들이 기독교 교회와 선교사들보다 더 적극적이고 공격적으로 포교하고 선교 활동을 펴고 있다. 이러한 전반적인 현상은 기독교 선교의 입지를 좁히고 열정과 사명감, 그리고 당위성을 약화시키고 있다.

세계는 가난한 나라와 부자 나라로 양분되어 있는데, 부자 나라는 기독교국이며 가난한 나라는 비기독교국이라는 선입견과 통념이 강하게 지배하고 있다. 이로 인해 빈부간의 경제적, 계급적 갈등이 기독교와 비기독교 간의 종교적인 갈등으로 비화되는 불상사가 생겼다. 현대 자본주의 체제에서 가난한 사람들은 더욱 가난해지고 부자는 더욱 부유해진다. 이러한 빈익빈 부익부 현상과 빈부간의 심한 격차는 부자와 부자 나라의 종교인 기독교에 대한 적대감을 더욱 심화시켰다. 결과적으로 이 빈부의 대립은 기독교 선교를 한층 더 어렵게 하고 복음의 전파를 가로막는 걸림돌이 되고 있다.[13]

우리의 '지구촌'(global village)은 한 마을이 아니라, 다른 문화 단위가 섞인 수천의 마을로 구성되어 있다. 사회는 다양한 종족, 사람, 계층, 언어로 어지럽게 수놓아져 있는 누비이불과도 비슷하다. 많은 문화를 가진 무수한 사람들이 바로 옆에서 이웃하여 살아가고 있다.[14]

---

13) http://www.godislove.net/wwwb/data/wsmc17
14) Donald A. McGavran, *The Clash between Christian and Culture* (Washington: Canon Press, 1974), 2.; 『기독교와 문화의 충돌』, 이재완 역(서울: CLC, 2007).

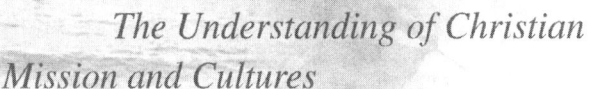

The Understanding of Christian Mission and Cultures

제6장

문화의 형식과 의미

성경은 그리스도인들이 반드시 알고 있어야 할 문화의 형식과 문화의 형식에 부여하는 의미에 대하여 탁월한 통찰력을 제공해 주고 있다. 먼저 로마서 14:13-23을 보면 도움을 받을 수 있다. 본문에서 바울은 "무엇이든 스스로 속된 것은 없으되 다만 속되게 여기는 그 사람에게는 속되니라"(롬 14:14)고 했다.

음식을 먹는 행위는 누구나 행하는 것으로서 이것은 문화의 형식에 속하는 것이다. 그러나 문제는 어떤 특정한 음식을 먹게 되었을 때 모든 사람들이 똑같은 의미를 부여하지 않는다는 것이다. 이를 테면, 미국인들에게는 개고기, 말고기, 혹은 고양이 고기를 먹는 것은 혐오스럽거나 거북스러운 것이다. 개는 그들의 애완견이기 때문에 더욱 그렇다. 즉 부적절한 것으로, 잘못된 것이라는 의미를 부여한다. 반면 그들은 쇠고기나 돼지고기에 대해서는 입장이 다르다. 그러나 정반대로 이슬람교도들(돼지고기)이나 힌두교인들(소고기)이 주를 이루는 인도 사회에서나 중동 지방에서는 돼지고기나 소고기를 먹는 것에 대해서는 매우 심각한 의미를 부여한다.

다음의 두 본문은 문화의 형식과 의미의 문제를 볼 수 있는 좋은 예가 될 것이다. 즉 신약성경 사도행전(10:9-23)에서는 율법적(종교적)으로 불결하다고 여기는 음식에 관한 문제가 나오고, 고린도전서(8:1-13)에서는 이미 우상에게 바쳐졌던 음식에 관한 문제가 나온다. 문화의 형식은 외부적인 것이다. 그래서 관찰할 수 있는 것이다. 그러나 의미는 개인적인 것으로서 그 개인이 문화적인 형식을 어떻게 해석하는가의 근거를 가진다. 어느 문화에서나 사람들은 자신이 접하게 되는 문화적 행위들을 해석하며 지속적으로 의미를 부여하며 살아가고 있는 것이다.

1936년 랄프 린톤(Ralph Linton)은 문화가 형식(form), 기능(function), 의미(meaning), 용도(usage) 등의 네 가지 측면으로 형성되었다는 것을 분석하였다. 당시 많은 인류학자들처럼 린톤은 문화적인 것과 인간적인 것을 총괄하여 하나의 실체로 취급하였다. 문화가 형식과 기능, 그리고 의미와 용도를 만들어내는 것은 아니다. 문화는 오직 형식일 뿐이다. 일련의 기능을 행하고 그 기능에 의미를 부여하기 위하여 문화적 형식을 사용하는 것은 사람이다. 이런 관점에서 형식과 의미에 대한 정의를 한 번 생각해 보고자 한다.

1. 형식과 의미의 정의

형식(Form)이란 어떤 문화적 요소로서 물질적인 것(단어-개, 의자)인데 의식(결혼식, 예배)이 포함될 수 있다. 이것은 관찰할 수 있는 문화의 일부들이다(손으로 지은 형식, 인사하는 것도 형식). 이를테면 물질적인 객체라 할 수 있는 자동차, 기계, 건물, 도구들 그리고 모든 관습, 구조 그리고 경향이라 할 수 있는 가족 구조, 교육 과정, 결혼 풍습, 모든 유형의 예식들(rituals) 등과 같은 비물질적인 것들이 문화의 형식이다. 문화적인 관점에서 볼 때 우리의 행동(제스처), 언어, 옷, 헤어스타일, 음식, 가구, 식사뿐만 아니라 정기적으로 드리는 교회에서의 예배도 문화의 형식에 속한다. 이처럼 문화의 형식은 매우 복잡한 것이다. 그리고 기능(function)이란 형식이

한 문화 속에서 작용하는 목적이다. 결혼식의 형식은 두 남녀를 결합시키는 것이며, 다른 기능은 성적 관계와 아이를 낳고 살도록 만들어 준다. 어떤 사람들은 결혼이 부모로부터 벗어나는 것이라고 한다. 어떤 문화에서 결혼은 하나의 성인식이다. 즉 결혼은 하나의 형식인데 문화에 따라 다른 기능이 있는 것이다. 이는 하나의 형식이 각기 다른 많은 기능을 가질 수 있음을 의미한다.

다음으로 의미(meaning)란 형식과 연관하여 마음에 불러일으켜지는 인상(느낌)이다. 한 마리의 개(형식)는 똑같은 개인데 어떤 사람은 두려워하지만 어떤 사람은 개를 너무 좋아한다. 나에게는 무섭지 않지만 상대방에게는 무섭고 징그러운 대상이 될 수도 있다.

표면적인 차원	내적인 차원 (세계관: 가정들과 형상들)
* 세부품목(물질적 객체, 개념들, 언어 등) * 경향들(건축계획들, 의식들, 문법 경향들) * 구조들(건물들, 제도들, 언어 구조 등)	* 세부품목(가정들, 가치들, 신뢰들 등) * 경향들(패러다임 등) * 구조들(주제들 등)

〈도표 6-1〉 문화의 형식들

문화의 형식은 문화에서 눈으로 볼 수 있는 것이고, 문화의 표현과 관계를 가지고 있다. 그러므로 문화 이해에 있어서 대부분 같은 형식에서 같은 의미를 깨닫게 된다(예, 십자가, 성찬식, 물고기 표시 등). 그러나 기독교적이지 않은 동기에서 기독교적인 형식을 취하는 일(예, 마리아 숭배 등)도 있다.[1] 의미는 문화의 외관 이면에 존재하는 복음의 메시지로서 하나님의 뜻을 전하는 것이다. 찰스 크래프트는 기독교 복음이 전해져가는 과정에서 형식과 의미(Form and Meaning)를 다음과 같이 도표화하였다.

---

1) 최정만, 『월드 뷰와 문화이론』(서울: 도서출판 이레서원, 2006), 325.

	이교도문화 (Pagan culture)	혼합주의적 문화 (Syncretism)	토착적 문화 (Indigenous)	기독교 문화 (Indigenous)
형식 (Form)	P	C	P	C
의미 (Meaning)	P	C	P	C

P: 이교도적 (paganism)   C: 기독교적 (christian)

〈도표 6-2〉 복음이 전해져 가는 과정[2]

결혼식의 의미는 무엇인가? 그것은 신랑과 신부가 가족이 되는 것이다. 그러나 현실적으로 신부의 어머니에게는 돈이 많이 드는 것이다. 문화마다, 누구냐에 따라 각각 의미가 다를 수가 있다. 그리고 자동차의 형식을 두고도 사람에 따라 느껴지는 인식이나 의미가 다르다. 과시하고 싶다던가 아니면 순수한 교통의 수단으로, 혹은 가격이 비싸다 혹은 싸다는 것으로, 주차할 곳이 있다 없다는 것 등으로 서로 의미를 다르게 둘 수 있다. 나아가 일본에서는 강과 호수에서 세례식(침례식)을 하면 이상한 예식이라고 관심을 가진다. 입교식, 성인식, 장례식, 세례식 등등, 한 형식 속에는 많은 의미들이 있다.[3]

형 식	의 미
개	무섭고 / 무섭지 않고
결혼식	직업 / 돈
자동차	교통수단 / 비싸다 / 주차 공간 없음 / 교통사고 과시하고 싶은 마음
침례식	물을 두려워함 / 성인식

〈도표 6-3〉 형식과 의미의 분류[4]

---

2) Ibid.
3) 이재완, 『선교인류학』, 42.
4) Ibid.

2. 형식과 의미의 중요한 원칙들[5]

1) 형식이 없이는 의사소통이 불가능하다.

의사소통은 반드시 문화적 형식을 갖추어야 한다. 기독교의 의미를 전하려면 문화적 형식을 사용해야 한다. 기독교적인 의미를 나누기 위해서는 올바른 형식을 사용해야 한다.

일본에서 글을 쓰는 세 가지 방식이 있는데, 한자, 히라가나, 가타카나를 쓴다. 많은 외국어를 차용해서 쓰고 있다. '아르바이트'란 말은 '일'이라는 독일어를 빌려다가 쓴 것으로, 대학생들이 하는 시간제 일을 의미한다.

2) 형식은 빌려올 수 있다. 그러나 본래의 의미와는 다른 의미를 가질 수 있다.

왜 신발을 신는가? 발을 보호하기 위해서이다. 르완다에서 하루만 하는 캠프미팅에 4,000명이 다 걸어서 왔다. 캠퍼스의 경계에 서 있었는데 한 사람이 짐을 들고 학교 경계에 들어오더니 신발을 꺼내서 신었다. 작은 신발을 억지로 신었다. 그리고 예배에 참석했다. 그에게 있어서 신발은 발을 보호하는 것이 아니라 자신을 과시하는 것을 표현하는 것이다.

아프리카에서 두껍고 긴 코트를 입는 것은 어떤 의미인가? 더운 곳인데 목까지 완전히 갖추어 입었다. 그런 사람들은 대개 추장급들이기에 몸을 보호하는 것이라기보다는 자신의 위치를 나타내기 위한 것이다.

3) 같은 형식이지만 문화에 따라 다른 의미로 사용될 수 있다.

첫째, 한국에서 남자들끼리 손을 잡는 것은 우정을 나타내나, 미국에서는 게이(동성애자)임을 암시하는 것이다. 인도에서는 손을 잡지 않고는 말하

---

[5] Ibid., 43.

지 않을 정도로 꼭 손을 잡고 말한다. 이처럼 손을 잡는 것은 문화에 따라 다른 의미를 가지고 있다.

둘째, 의자에 앉아 다리를 꼬는 것(형식)과 교회의 강단에서 목사가 이렇게 앉는 것은 같은 형식이지만 어떤 장소에서는 되고 어떤 장소에는 안 된다. 형식은 경외감을 표현하는 방법이다.

셋째, 미국에서 개는 애완동물이다. 그러나 한국에서는 음식일 수 있다. 또 동남아시아에서 개는 신경 쓰지도 않고 병에 걸려도, 돌보지도 않는다.

넷째, 예의범절(modesty)에 관한 이야기이다. 남태평양 미크로네시아의 얍(Yap)이라는 섬에서는 허리 위에는 아무것도 걸치지도 않는다. 그러나 매우 예의범절을 지킨다고 생각하는데 이것 때문에 라바라바라는 치마를 입는다. 또 어떤 지역에는 관광객들을 받지 않는데 관광객들이 예의가 없다고 생각하기 때문이다. 허벅지를 드러내는 것은 예의가 없다고 생각하는 것이다. 그들에게 있어서 예의범절은 우리가 말하는 예의범절과 다르다.

다섯째, 영국에서 인도에 간 선교사들은 매우 복장을 단정하게 입었다고 생각했다. 그러나 인도인들이 가장 민감하게 여기는 신체 부위는 종아리 부분이다. 인도 여인들 앞에서 예의를 차리려면 양말을 길게 신든지 치마를 길게 입든지 해야 한다.

여섯째, 오사카의 영어학원에서 기모노를 입은 비서는 온몸을 천으로 감아서 몸매가 드러나지 않는다. 나이 많은 할머니가 비서를 혼냈는데 그 이유는 창녀 같았기 때문이었다고 말했다. 온 몸을 다 가리고 있었는데 왜일까? 기모노를 목에 붙여서 입지 않아 목이 보였기 때문이었다. 고대 일본의 관념에서 목은 민감한 부위였다.

이상과 같이 한 문화 속에서는 예의가 있는 것인데 다른 문화에 가면 예의 없는 것이 될 수 있다. 그런즉 성경에서 말하는 예의 있는 것이 문화적으로는 다양한 상황으로 해석된다는 것을 기억해야 한다. 문화가 원칙들을 해석한다는 것을 별로 달갑지 않게 생각하는 사람들이 있다. 예의가 있다는 것은 허벅지, 장딴지, 가슴, 목 등 장소에 따라 다르다. 한국에서는 결혼반지가 결혼의 상징이지만 인도에서는 목걸이를 결혼의 상징으로 사용한다. 다시 말하면, 성경적인 원칙은 있지만 문화에 따라 많이 다르다.

4) 다른 형식을 찾아내야 하는데 그렇지 않으면 의미가 잘못될 수 있다.[6]

잘못된 형식을 사용하면 의미가 잘못 전달될 수 있다.

> 무릇 여자로서 머리에 쓴 것을 벗고 기도나 예언을 하는 자는 그 머리를 욕되게 하는 것이니 이는 머리 민 것과 다름이 없음이니라 만일 여자가 머리에 쓰지 않거든 깎을 것이요 만일 깎거나 미는 것이 여자에게 부끄러움이 되거든 쓸지니라(고전 11:5-6).

그리스도인 의미 (Christian Meaning)	그리스 형식 (Greek Form)	서구 형식 (Western Form)	한국 형식 (Korean Form)
God doesn't want non christian to be to criticize christians because they act improperly.	고전 11:5-6 여자는 머리를 가려야 한다.	머리에 쓰는 것은 관계없지만 머리를 손질해라. 머리에 덮어 쓸 필요는 없지만 옷을 단정하게 입어야 한다.	머리에 뒤집어쓸 필요는 없지만 복장을 단정하게 입어야 한다.
하나님께서는 그리스도인들이 적절하게 행동하지 않는 것 때문에 비난받는 것을 원치 않으신다.	고전 14:34-35 여자는 교회에서 말하면 안 된다.	교회에서 여자가 말하는 것을 금지하면 비난받는다. 여자도 말할 수 있다. 교회학교의 진행과 설교도 할 수 있다	상당한 교회들에서는 자유로워졌다.

〈도표 6-4〉 형식과 의미의 성경적 해석[7]

왜 머리를 가려야 했는가? 가리지 않으면 비기독교인들이 기독교인들을 비난하기 때문이었다. 이슬람 세계에 가면 여자들이 머리를 가리고 있다. 기독교 여자가 머리에 쓰지 않고 다니면 사람들이 적절하지 않다고 비난했다.

> 모든 성도의 교회에서 함과 같이 여자는 교회에서 잠잠하라 저희의 말하는 것을 허락함이 없나니 율법에 이른 것같이 오직 복종할 것이요 만일 무엇을 배우려거든 집에서 자기 남편에게 물을지니 여자가 교회에서 말

---

6) Ibid., 44.
7) Ibid.

하는 것은 부끄러운 것임이라(고전 14:34-35).

5) 같은 형식을 취한다 할지라도 의미가 달라질 수가 있다.

여자는 교회에서 이야기하지 말라(형식-헬라). 같은 의미로 사용되지만 바울 당시와는 그 의미가 달라질 수 있다는 것이다. 만일 오늘날 미국에서 예배시간에 말을 하면 안 된다고 한다면 여자들을 차별하고 하나님께서 여자들에게 주신 재능을 사용할 수 없게 한다고 해야 옳다.

형 식	의 미
서양 찬송	하나님은 서양의 음악만 인정하신다.
KJV 흠정역	하나님은 나이가 너무 많다. 오래된 하나님이야! 시대에 뒤떨어졌어.

〈도표 6-5〉 형식과 의미[8]

사실 선교사들은 자신들이 유일하게 알고 있는 것들을 가르쳤을 뿐인데 시간이 지난 후 그것만이 유일하게 사용해야 할 것으로 생각한다. 캄보디아 사람들의 화음은 서양의 것들과 완전히 달랐다. 피아노도 없고 자신들의 음조로 시작한다. 여러 사람들이 다른 음조로 노래를 부른다. 4절을 할 때에야 비로소 자신이 아는 노래라는 것을 알게 되었다. 이 사람들에게 서양식 찬양보다는 캄보디아 찬양을 부르게 했다. 찬송을 편집하던 자매에게 80-90%는 캄보디아 찬양을 집어넣으라고 했고 거의 편집을 마쳤는데 다시 바꾸라니 황당했다. 그러나 다시 설명하는 힘든 과정을 거쳐서 우여곡절 끝에 지금 캄보디아에서는 83%정도가 캄보디아의 찬양을 사용한다.

---

8) Ibid., 45.

루터가 작곡한 '내주는 강한 성이요'는 대중가요와 같은 것이었다. 찰스 웨슬리(Charles Wesley)의 노래의 음조는 세상에서 불리는 유행가 음조를 그대로 가져다 쓴 것이었다.[9]

우라이아 스미스도 역시 성곡의 음조를 따로 쓴 것이 아니라 일반적인 음조에 가사를 붙인 것이다. 일본에서 슬픈 노래를 읊조리는 노래들(뽕짝)을 사용하기도 했다. 슬픈 노래들은 상실되고 깨어진 인생을 노래하는 것이다. 일본에 갔을 때 일본 교인들에게 엥카(뽕짝)에 가사를 붙이기를 요청하여 깨진 사랑을 노래하는 부분을 하나님의 사랑을 노래하는 것으로 바꾸어 사용할 수 있었다. 혼합주의에 대해 경계하려면 성경적 의미를 바로 부여해야 한다.[10]

크리스마스에는 기독교적인 의미도 들어 있지만 역시 세속적인 문화도 들어 있다. 이를테면 크리스마스 상징들로 이미 자리잡고 있는 루돌프 사슴, 산타 할아버지, 선물, 성탄목 등등… 이런 것들이 기독교적인 가치를 가지려면 성서적인 의미를 가져야 한다는 것이다. 그렇지 않으면 세속적인 의미에 밀려서 그 의미가 교인들이 아닌 사람들의 방식(세속적인)으로 크리스마스를 대할 수도 있다. 성서적인 의미를 추구하지 않으면 혼합주의적인 것에 빠져들 수도 있다. 크리스마스의 관례들을 다루면 이교적인 요소들이 있다. 대부분은 원래의 의미를 잘 모른다. 그들은 재해석한다. 형식에 대해 새로운 의미를 부여한다(re-interpreting). 이미 교회의 문화 속으로 들어온 크리스마스 때 교회에 트리를 사용하되 하나님의 영광을 위해 사용해야 한다.[11]

넥타이는 이교적인 기원이 있다. 넥타이는 본래 남성의 은밀한 부분을 가리킨다. 그러나 우리는 다른 의미로 넥타이를 맨다. 넥타이를 매고 와도 이교적이라고 생각하지 않는다. 왜냐하면 동일한 형식이지만 재해석해서 다른 의미를 부여하기 때문이다.

CCM을 예배시간에 사용할 수 있는가? 우리의 형식과 하부문화와 관계

---

9) Ibid.
10) Ibid.
11) Ibid., 46.

되어 있다. 지혜로울 필요가 있다. 세속적인 젊은이들을 위한 교회를 개척한다면 기독교의 메시지(message)를 전하기 위해 CCM을 사용하는 것이 아무런 문제가 되지 않을 것이다.

KJV(500년 전 기록) 번역본을 사용하는 교회에 한 젊은이가 예배에 참석했다. 고대의 경칭어들이 잔뜩 들어 있는 성경만을 사용할 때 그 젊은이는 하나님은 오래된 분이고 현대어로는 말할 수 없다고 생각하는 괴리감을 느끼게 될 것이다. 성경적인 올바른 의미를 가지려면 시대적인 흐름을 읽고 가장 현대어에 가까운 번역본을 사용하는 것은 어떨지!![12]

6) 문화를 초월하는 형식이 있다.

형식은 한 장소나 한 시간에 얽매여 있는 것이 아니다(초문화적인 형식). 문화를 초월하는 형식이 있다. 형식은 의미를 앞설 수 없다. 첫째, 성만찬의 의미는 예수님의 몸에 참여하는 것이다. 둘째, 다양한 주일에 대한 성경의 구절들이 있다. 서로 다른 문화적인 상황에서도 주일은 계속해서 지켜지고 있다. 세례(침례)도 사복음서와 사도 바울이 선교한 지역에서 그 지역과 문화와 상관없이 계속해서 거행되어 왔다. 각기 다른 문화적인 상황에 있어서도 이것은 계속해서 사용되고 있다. 성만찬도 그렇다. 셋째, 한 장소나 시간에 얽매여 있는 것이 아니라는 것이다(초문화적인 형식). 여기에서 이 세 가지에 관한 의미와 형식이 밀접하게 연관되어 있기 때문에 분리될 수 없다. 처음부터 끝까지 형식의 변화 없이 문화를 초월하여 존재하는 형식이 있다는 것이다.

예컨대 성만찬에서 사용되는 포도즙에 관한 이야기이다. 세계선교에서 이 이슈들을 다루는 위원회가 있다. 많은 지역에서 포도를 전혀 키울 수 없는 지역이 있다. 많은 섬나라 열대지방에서는 구할 수 없다. 포도주스를 구하기 전에는 성만찬예식을 거행할 수 없는가? 위원회의 결정은 최선을 다하라는 것이다. 붉은색은 예수님의 피를 상징한다. 열대지방같이 포도주

---

12) Ibid.

스를 사용할 수 없는 곳은 붉은색 주스를 사용하라는 것이다. 포도주스가 예수님의 짓밟히고 깨지고 피 흘리심을 상징한다면 그와 가장 가까운 것으로 그 의미를 찾으라는 것이다.

사막에서 물이 없을 경우에는 침례를 어떻게 주는가? 물이 거의 없는 곳에서는 어떻게 하는가? 모래를 좀 파고 천을 깔고 천으로 감아서 입만 빼고 모두 모래에 묻는 의식-장사의 예식-을 행하고, 그곳에서 일어나면 부활의 의미로 침례의 의미를 살리려고 최선을 다한다.

전혀 해가 지지 않는 곳에서는 주일성수를 어떻게 하는가? 그들은 시간으로 주일을 지킨다. 즉 그들이 할 수 있는 최선을 다하는 것이다.

일자 변경선에 있는 나라들도 문제는 있다. 남태평양에 있는 나라들은 같은 주일인데, 섬 하나 차이로 생긴 인위적인 일자변경선 때문에 한 섬은 주일, 다른 한 섬은 토요일이다(바로 옆에 있는 섬인데도 불구하고). 그래서 그냥 같은 날 예배를 드린다. 대부분의 경우에는 문화를 초월하는 몇 가지 경우를 빼고는 형식보다 의미가 중요하다. 기독교적인 의미와 형식은 의미를 실어 나르는 도구에 불과한 것이다.[13]

7) 형식과 의미 중에 무엇이 더 중요한가?

대부분의 경우에는 의미가 더 중요하다. 문화를 초월하는 경우를 제외하고는 그렇다. 그리고 기독교적인 의미가 중요하다. 나이 많은 사람들에게는 의미 있는 의식이 젊은 세대들에게는 아무 의미 없는 의식일 수도 있다. 나이 많은 계층들은 젊은이들과 초신자들을 위해 많은 것들을 포기해야 할 것이라고 생각한다. 중요한 것은 어느 세대든지 그 세대가 좋아하는 방법대로 기독교를 이해하고 신앙을 받아들일 수 있도록 만들어야 한다. 같은 교회 속에서도 어린이반은 박수치고 음악도 밝고 경쾌하다. 그런데 어른이 되면 왜 갑자기 바꾸어서 행복하고 기쁜 예배는 어린이들만 드리는 것으로 되는가![14]

---

13) Ibid., 47.
14) Ibid.

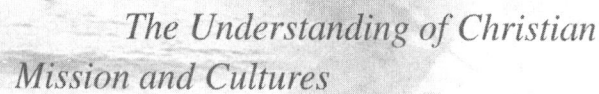
The Understanding of Christian Mission and Cultures

제7장

문화와 세계관

하나님께서 세상을 생각하시고 창조하셨듯이, 비록 그의 사고의 깊이의 심도와는 무관하더라도 하나님의 본질의 연장인 인간도 생각하고 행동한다. 그런데 인간의 사고활동은, 언제나 무엇인가 존재한다는 가정하에 이루어진 세계관에 근거하지 않고는 행해질 수 없다. 세계관이란 철학자나 심오한 사상가에 국한된 호사품이 아니라, 그가 사람이라면 반드시 갖고 있는 것이다.

그러면 도대체 우리의 존재 그 자체를 뒷받침하고 있는 세계관이란 과연 무엇인가? 제임스 사이어(James W. Sire)[1]는 "세계관이란 우리 세계(세상)의 기본적인 구성에 대해 우리가 (의식적으로나 무의식적으로) 견지하는 바, 일련의 전제들(혹은 가정들)이다"라고 설명한다. 또한 세계관이란 다음

---

1) James W. Sire, 『기독교적 세계관과 현대사상』, 김헌수 역, 서울: IVP, 1985). Sire는 콜롬비아의 미주리대학에서 영문학 박사학위를 취득 후 미국 전역을 다니며 캠퍼스에서 세계관, 변증학에 관한 강의를 하고 있다. 그의 저서는 아직도 반지성주의가 강하게 지배하고 있는 한국교회의 지성에 대해 바른 생각을 심어준다. 나아가 그리스도인이 대학시절에 기독교적으로 사고하는 법을 익힐 수 있는 구체적인 지침도 알려준다. Sire는 미국 IVP의 편집 자문을 맡고 있고 변증에 관한 강의를 하고 있다. 저서로는 『지성의 제자도』, 『삐뚤어진 성경해석』 등이 있다.

과 같은 질문에 대한 근본적 해답을 포함하고 있다고 설명한다.[2] 즉 (1) 참된 최고의 실재(reality)는 무엇인가? (2) 인간은 무엇인가? (3) 인간의 사후에는 어떠한 일이 일어나는가? (4) 도덕의 기초는 무엇인가? (5) 인간 역사의 의미는 무엇인가? 등이 그것이다.[3]

기독교 세계관이란 이와 같은 질문들에 대하여 하나님의 말씀의 원리에 입각해서 이 세상과 인생과 문화전체를 인식하고, 그에 따라 삶의 자세를 확립하는 기독교적 안목을 말한다. 세계관이란 한 인간의 신념과 감정 그리고 가치의 체제(Systems of Beliefs, Feelings, and Values)라 할 수 있으며, 세계관에 대해 마틴 마티(Martin Marty)는 '한 사람이 정신적으로 거주하는 가구가 갖추어진 아파트'라 했다. 그런 의미에서 세계관은 실재(reality)에 대한 우리의 기본적인 지도이며, 우리가 살아가기 위해서 사용하는 지도이다.

세계관은 안경과 같다. 세계관은 사람들이 세계와 인생을 볼 때 작용하는 전제들의 집합이다. 세계관은 선험적인 전제들(a priori presuppositions)로 구성되어 있기 때문에 당연히 옳은 것으로 받아들여진다.[4] 세계관이 안경과 다른 것은 벗었다 꼈다 하지 않고 본인도 의식하지 못하는 가운데 24시간 착용한 채 산다. 세계관은 특별한 변화가 없는 한 일평생 지속될 수 있다. 세계관이 안경과 다른 또 한 가지는 개인적인 차원이 아니라 문화적인 차원에서 벌어지는 집단적인 현상이라는 것이다.

세계관 변혁에 주목하는 것은 세계관이 신앙에 의해 형성될 뿐만 아니라, 세계관이 신앙에 영향을 주기 때문이다. 비기독교적 세계관과 기독교 신앙이 만날 때 비기독교적 세계관이 성경적 세계관으로 변하기도 하지만, 많은 경우에 비기독교적 세계관의 영향으로 기독교 신앙이 혼합주의로 변질되기도 한다.

린우드 바니(G. Linwood Barney)의 "문화와 초문화"[5]에 나온 문화의 단층

---

2) Ibid., 18.
3) Ibid., 20-21.
4) Clifford, Geertz, *The Interpretation Of Cultures* (Basic Books, 1973), 127.
5) G. Linwood Barney, unpublished manuscript, n.d. 2. The original version of this

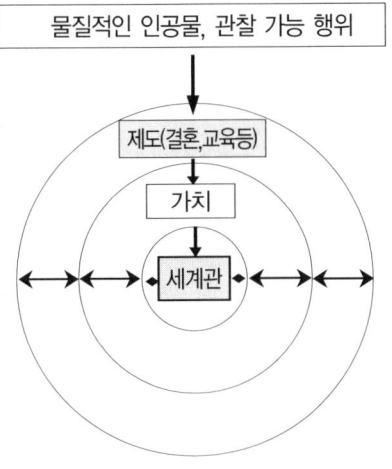

〈도표 7-1〉 문화의 단층

을 도표로 그린 것을 헤셀그레이브(David J. Hesselgrave)[6]가 수정하였다.

도표에서처럼 한 문화권의 초심자들이 생각하는 것과는 달리, 행위에 대한 문화적 규칙들을 이해했다고 해서 문화를 다 이해한 것은 아니다. 행위는 가치(values)의 영향을 받는다. 문화의 표층부인 행위보다 좀 더 깊은 곳에 가치가 있다. 이 가치는 대개 신념(beliefs)과 연관된 것이다.[7] 이 사실은, 사람들이 아는 대로 행동하지는 않아도, 가치관대로 행동하며, 믿는 대로 행동한다는 것을 확인해 준다. 지식과 행위가 분리될 수는 있어도, 행위와 가치 혹은 믿음은 분리되지 않는다는 것이다. 지식은 올바른데도 불구하

---

manuscript was a chapter by the same title in *The Gospel and Frontier Peoples*, ed, R. Pierce beaver (Pasadena: William Carey, 1973), 48-55.("문화와 초문화: 개척선교사들을 위한 내용"). David J. Hesselgrave, 105. 재인용.

6) Hesselgrave는 특히 『선교 커뮤니케이션론』이란 명저를 통하여 문화의 장벽을 넘어 복음을 전달하고자 하는 선교사에게 가장 큰 문제인 타문화권 커뮤니케이션 문제를 선교학과 커뮤니케이션을 결합시켜 다루고 있다. Hesselgrave 박사의 해박한 지식과 오랜 선교사 생활 경험과 선교학 교수로서의 해박한 지식이 농축된 이 책은 세계 개신교 선교 신학자들, 선교사들, 선교전략가들이 찬사를 아끼지 않는 대역작이다.

7) Paul G. Hiebert 교수는 가치와 신념의 차원을 동일시하는 데 반해, Lloyd Kwast는 신념이 가치보다 더 심층부에 있다고 보고 있다(1992, C3-C6).

고 행위가 잘못될 수는 있지만, 믿음과 가치가 성경적인데 비성경적인 행위가 나올 수는 없다. 우리는 한 사람의 지식만으로 그 사람의 신앙을 알 수 없으며, 행위로 나타나는 믿음이라야 참된 신앙으로 결론지을 수 있다(약 2:14-26).[8]

선교인류학이 말씀을 증거하는 데 어떻게 효과적으로 기여할 수 있는지, 구체적으로 교회에서 어떻게 적용할 수 있을지를 연구해야 한다. 의미를 위해 새로운 예식을 만든다든지 의식의 의미를 발전해 나가는 것 등 앞으로 어떻게 적용하겠는가? 매주 반복하는 프로그램들일 경우에 매우 조심해야 할 것은 습관적으로 하면 의미를 잃어버린다는 것이다. 계속 기독교적인 의미를 의사소통하고 있는가를 생각해야 한다. 형식 속에 의미가 있는지를 청중들에게 물어보면 안다. 의미를 모르고 참석하고 있다면 문제가 있는 것이다.

1. 세계관이란?

세계관은 사고의 체계가 아니라 인식의 틀이며, 사물을 인지하는 방식이다. 일본의 생활방식과 캐나다의 생활방식의 대조는 서로 다른 세계관의 증거가 되는데 일본의 세계관은 단체, 조상, 태양신, 불교, 신도, 유교 신앙에 그 뿌리를 두고 있는 반면 캐나다의 세계관은 개인, 자율성, 기독교와 인본주의의 신앙의 혼합 속에 그 뿌리를 두고 있다. 그러나 어떤 사회에서도 그 주류를 벗어난 소수의 세계관들과 성격을 달리하는 공동체들이 있게 마련이다. 만약 지배적인 세계관들이 없다면 필연적으로 문화의 붕괴가 초래되지만 한 세계관이 다른 세계관들보다 지배적일 때에는 소수의 세계관들을 어떤 식으로든 처리하는 것이 중요하다.

문화란 곧 세계관의 표출이며 실현이라고 할 수 있다. 어느 민족에게 복음을 효과적으로 전하기 위해서는 그 민족의 문화와 그 문화가 정초하고 있는 세계관을 이해하는 것이 필요하다. 선교사들이 선교지의 언어를 배우는

---

8) 문상철, 『복음 · 세계관 · 변혁』(서울: 한국해외선교회 세미나, 1999).

것도 결국은 그 나라의 문화를 이해하기 위한 것이며, 넓게는 세계관을 이해하는 과정의 일부라고 할 수 있다. 한 민족의 세계관이란 곧 그 민족의 문화의 근거요 뼈대라고 할 수 있다.

다른 사람의 세계관과 문화를 이해하는 것은 곧 그 사람을 이해한다는 말이기도 하다. 문화가 다른 사람들이 만나서 함께 일할 때에는 많은 오해가 생길 수 있다. 이를테면 한국의 인맥 문화, 구전 문화 속에서 자란 사람이 서구인들의 계약 문화, 기록 문화 속에서 일을 할 때에는 적응하기 어려울 것이다. 그래서 서로 다른 문화들 사이에서 간문화적(cross-cultural) 사역을 한다는 것은 어려운 것이다. 마음을 넓게 하여 상대방의 세계관과 문화를 존중하고 이해하려는 처절한 노력이 있을 때 비로소 간문화적 사역은 성공할 수 있다

세계관은 삶에 대한 시각만이 아니라 삶을 위한 시각도 된다. 하나의 세계관은 그 세계관을 가진 사람이 세상에서 지향해 나아갈 세계의 모델을 제공한다. 문화와 언어들은 세계관을 반영하지만 그와 동시에 세계관에 의해 형성된다. 이러한 순환을 결정하는 최초의 인자는 신앙의 결단이다. 신앙이란 '나는 누구인가?', '나는 어디에 있는가?', '무엇이 잘못되었고, 그 치료책은 무엇인가?' 라는 근본적인 물음에 대한 대답이다. 그렇다면 이 세계관을 판단하는 근거는 무엇인가? 세계관은 내적인 통일성을 가져야 하며 세계관 자체의 유한성과 한계성을 인식하는 개방성이 있어야 한다. 세계관을 판단하는 궁극적인 기준은 성경이다.

그러나 기독교적 사역에 있어서는 서로 다른 세계관과 문화를 이해하려고 노력하는 데 분명한 한계가 있다. 그것은 세계관적, 문화적 요소를 지나치게 강조하여 복음의 핵심이 흐려지는 데까지 물러나서는 안 된다는 것이다. 엄연히 복음 속에는 인간의 구원에 관한 매우 분명한 메시지가 들어 있으며 또한 우리들에게 어떻게 살라는 구체적인 명령이 있다. 복음 속에는 타락한 인간의 세계관, 문화와는 도무지 양립할 수 없는 부분이 있는 것이다. 때로는 죄악된 행동이나 관습이 세계관이나 문화의 차이란 말로 변호되는 경우도 있다. 어떤 사람들은 악한 행동을 하면서 그것은 문화요 생활양식이라고 말한다.

잘못된 문화는 존중되어서는 안 되며 정죄되어야 한다. 출애굽한 이스라엘 백성들이 가나안에 들어갈 때 하나님은 음란하고 우상을 숭배하는 가나안 원주민들의 문화를 존중하라고 가르치지 않았다. 죄악된 문화는 미화되거나 존중되어서는 안 되며 정죄되고 배격되어야 한다. 관리와 다스림의 대상으로 지음 받은 피조물들을 하나님처럼 섬기는 우상숭배는 결코 세계관이나 문화가 다르다고 인정해서는 안 되며 타락한 문화는 변화시켜야 한다. 마찬가지로 하나님의 형상대로 지음 받은 인간이 동물로 환생할 수 있다고 믿는 힌두교도들에게는 그것이 잘못된 신관, 인간관에서 나온 것임을 말해주어야 한다.

1) 인류학적 세계관의 정의

폴 히버트는 세계관을 "어떤 문화의 신앙과 행동 이면에 존재하는 실재에 대한 기본적인 가정이다"라고 정리했다.[9]

마이클 커니(Michael Kearney)는 세계관에 대하여 "어느 한 종족의 세계관이란 그들이 실재를 바라보는 방식이라고 설명하면서 세계관은 기본적인 가정들과 반드시 정확한 것은 아니다 하더라도 이 세계에 대한 어느 정도의 일치하는 사고방식을 제공하는 이미지들(Images)로 구성된 것이다"라고 서술했다.[10]

찰스 크래프트는 세계관에 대하여 정의하기를 "자신이 속한 문화권 속에서 이루어지는 사물에 대한 실제적인 인식과 그것을 통하여 나타나는 반응으로서, 문화적으로 구조적인 특징을 가진 가정(Assumption), 가치(Values)와 헌신(Commitment)이다"[11]라고 했다.

로버트 레드필드(Robert Redfield)는 "문화가 인류학자들이 한 종족으로 하여금 세계를 어떤 방식으로 보는가를 추정하는 것이라면, 세계관이란 만물이 한 종족에게 어떤 식으로 보이는가, 다시 말해서 '현재에 존재하는 것

---

9) Paul. G. Hiebert, *Anthropological Insights for Missionaries*, 45.
10) Michael Kearney, *World View* (Novato, Calif.: Chandler and Sharp, 1984), 41.
11) Charles Kraft, *Christianity with Power* (Ann Arber: Servant, 1989), 20.

들이 하나의 총체로서 어떠한 구도를 가지고 있는 것인가? 를 추정하는 것"이라고 했다.[12]

종합하면, 첫째, 세계관이란 문화나 하부문화에 의해서 광범위하게 갖게 되는 중심이 되는 핵심적인 주장이나 전제 그리고 개념들이다(the central core promises, and concepts more or less widely held by culture or subculture).[13] 빙산은 위로는 조금밖에 보이지 않지만 밑에는 더 많이 보인다. 빙산의 드러난 부분은 행동이고 밑에 숨겨진 부분은 세계관이다. 어떤 행동을 일으키는 핵심 전제를 세계관이라고 말한다. 대부분의 사람들은 행동은 바라보지만 세계관에 대해서는 생각하지 않는다. 우리 마음속에 있는 핵심 전제들을 고려하지 않는 것이다.

둘째, 우리의 마음속의 주장들은 합리적인 것이 아니다. 어려서부터 그냥 받아들였기 때문이다.

셋째, 절대적인 것으로 수용된다. 의문하지도 생각하지도 않고 한 사회 속에 지도로써 사용되는 것은 생각들과 주장들이다. 넷째, 세계관은 거의 질문을 던지지 않는다(seldom qusetion).[14]

남미의 한 소년이 자기 부족에게 예수님을 소개하기 원했다. 당시 마을 사람들의 눈에는 안질이 번지고 있었다. 안약이 있었던 그 소년은 자신의 부족 우두머리에게 약을 가져가서 눈에 넣으면 나을 것이라고 말했지만 무당이 그 약은 외국인을 위한 것일 뿐이라고 하며 저지했다. 그러자 그 소년은 자신의 눈에도 안질이 걸리도록 했고, 다시 무당의사에게 찾아가 그 약을 자신의 눈에 넣어달라고 했다. 그러자 얼마 후 눈이 나왔다. 소년이 무당에게 다른 사람들도 병이 나을 것이라고 말했더니 그제야 무당은 그 말을 들었다. 이것은 어떻게 해야 세계관이 바뀔 수 있는지를 말해 준다.

---

12) Robert Redfield, The *Primative World and Its Trasformations* (Ithaca, N. Y.: Cornell University Press, 1957), 85-86.
13) 이재완, 『선교와 교육』(아세아연합신학대학교 강의안, 2007), 39.
14) 이재완, 『선교인류학』, 51.

2. 기독교 세계관의 탄생

기독교 세계관(Christian Worldview)이란 용어를 처음으로 사용한 학자는 스코틀랜드 장로교 신학자이며 교육자인 제임스 오르(James Orr, 1844-1913)이며,[15] 이 용어를 중심으로 새로운 신학운동을 일구어 낸 사람은 아브라함 카이퍼(Abraham Kuyper, 1837-1920: 목사, 신학자, 교회개혁자, 수상)이다. 기독교 세계관은 유럽의 개혁교회(Reformed Church) 전통에서 형성되었는데, 사실 신학을 일종의 '세계관적 철학'으로 이해하는 사고방식은 이미 개혁신학의 창시자인 칼빈(Jean Calvin, 1509-1564)에게서 엿보인다. 칼빈은 '기독교 세계관' 이란 말을 쓰지는 않았지만, 그의 『기독교 강요』(Institutes of the Christian Religion, 1560) 불어판 서문에서 "비록 성경은 아무것도 더할 나위 없이 완벽한 교리를 포함하고 있지만, 아직 성경을 이해하는 데 충분한 경험이 없는 사람을 안내하고 방향을 제시할 충분한 이유가 있다. 그래서 지금 성경이 가르치는 내용 전부를 평범한 사람들이 발견하도록 안내하고 돕는 일은 성경 자체를 통해서 보다 기독교 철학(Christian philosophy)에 포함된 중요한 문제들을 다룸으로써 잘 이루어질 수 있다"[16]라고 했다.

여기서 칼빈이 말한 대로 '기독교 철학'이 일반 성도들에게 성경의 가르침 전체를 체계적으로 설명하는 활동이라면 칼빈의 신학적 후계자인 제임스 오르나 아브라함 카이퍼가 사용하기 시작한 '기독교 세계관' 도 그와 비슷한 동기에서 탄생했다고 볼 수 있다. 제임스 오르는 19세기 후반에 빠른 속도로 진행되던 유럽의 세속화에 대항하여 기독교 신앙을 방어하려고 노력했던 신학자이다. 그는 칼빈주의 전통에 서 있는 장로교 신앙을 변호하기 위해 독일 철학에서 사용되던 '세계관' (Weltanschauung)이란 개념을 사용했고 그의 이론은 마침내 『성육신에 중심을 둔 기독교 신관과 기독교 세

---

15) David K. Naugle, *Worldview: The History of a Concept* (Grand Rapids/Cambridge: Eerdmans, 2002), 5.
16) John Calvin, *Institutes of the Christian Religion*, ed. J. T. McNeil, *Library of Christian Classics*, vol. 20 (Philadelphia: Westminster, 1960), 6.

계관』(The Christian View of God and the World as Centering in the Incarnation, 1893)이란 대작으로 완성된다. 오르는 당시 독일 철학과 신학에서 흔히 사용되던 '세계관'의 개념을 받아들여 "어떤 특정한 철학이나 신학의 관점으로부터 세상의 사물 전체를 통틀어 파악하려는 가장 넓은 관점을 가진 정신적 태도"[17]라 정의했으며, 오르의 목적은 이런 세계관의 개념을 사용해서 기독교 신앙을 설명하는 데 있었다. 그 결과 기독교 세계관은 기독교가 단지 종교의 영역에만 국한되지 않고 실재하는 모든 사실과 연결되어 있음을 새로운 방식으로 일관되게 보여줄 수 있는 새로운 기독교 변증의 수단이 된 것이다.

아브라함 카이퍼의 관심은 성경을 통해 계시된 하나님의 주권(sovereignty)을 정치, 경제, 사회, 문화, 사상, 생활 등 세상의 모든 영역에서 인정하고 드러내려는 데 있었다. 1897년 그가 편집장으로 있던 「데 스탄다르드」 신문 25주년 기념식에서 자신의 신앙을 표현하기를, "한 가지 열망이 나의 삶을 지배해 왔다. 하나의 고상한 동기가 나의 마음과 영혼에 흔적을 남겼다. 바로 그것은 온 세상이 반대하더라도 하나님의 거룩하신 명령이 가정과 학교와 국가에서 모든 사람의 선을 위해 다시 확고하게 수행되어야 한다는 열망이다. 즉 국가가 하나님께 다시 경의를 표시할 때까지 성경과 창조세계가 증거하는 주님의 명령을 국가의 정신 안에 새겨 넣는 열망이다."[18]

따라서 카이퍼에게 기독교 세계관이란 근본적으로 하나님에 대한 순종이냐, 아니면 불순종이냐의 태도, 즉 "하나님을 경배하게 만들고 만물에 대한 하나님의 뜻에 대한 순종을 일으키는 광범위한 시각"[19]에서 출발한다. 카이퍼도 이미 독일 철학에서 사용되는 세계관의 개념을 알고 있었지만, 오르의 책을 통해 기독교 세계관에 대한 자신의 기본관점을 체계화하게 된다. 카이퍼가 자신의 기독교 세계관 이론을 비로서 명확하게 제시한 계기는 프린스

---

17) James Orr, *The Christian View of God and the World as Centering in the Incarnation* (Edinburgh: Andrew Eliot, 1893), 3. ; Naugle, Worldview, 7. 재인용.
18) Abraham Kuyper, *Lectures on Calvinism* (Grand Rapids: Eerdmans, 1994), iii.
19) James Orr, *The Christian View of God and the World as Centering in the Incarnation* (Edinburgh: Andrew Eliot, 1893), 3. ; Naugle, Worldview, 17. 재인용.

턴대학과 신학교의 초청을 받아 강연한 1898년의 "스톤 강좌"(Stone Leture)였다. 오르와 마찬가지로 카이퍼에게 기독교 세계관은 근대의 세속주의(modernism)의 세계관과 대립하면서 하나님의 주권을 일관되게 삶의 모든 영역에서 제시하는 이론체계이자, 실천의 체계이다. 그래서 그는 기독교 세계관을 "삶의 체계"(Life-system) 또는 "삶과 세계에 대한 조망"(a life and world-view)이라고 부른다. 카이퍼는 이 기독교 세계관을 통해 이성과 학문의 이름으로 하나님의 주권을 거부하는 근대적 세속주의에 대해 그와 동일한 일관성과 체계성을 가지고 대응하면서 다음과 같이 언급하였다.

"모든 식물이 하나의 뿌리를 가진 것이 참인 것처럼, 삶의 모든 현상 아래 하나의 원리가 있는 것이 참이다. 각각의 원리들은 서로 연결되어 있고 가장 근본적인 원리에 공통의 뿌리를 내리고 있다. 이 근본원리로부터 우리의 삶과 세계에 대한 조망을 주는 주도적인 이념과 개념들의 전체가 논리적이고 체계적으로 발전된다. 그러한 자신의 원리와 일관되고 멋진 구조에 확고한 근거를 둔 세계관과 인생관을 가지고 근대의 세속주의는 기독교를 공격한다. 이러한 생사의 위기 속에서 크리스천은 동일한 분명함과 논리적 일관성을 가진 자신의 원리에 확고하게 서 있는 자신의 삶과 세계에 대한 조망을 근대주의에 대립시킴으로써만 그의 거룩한 신앙을 성공적으로 방어할 수 있다."[20]

3. 세계관의 특징

기독교 세계관은 신앙생활에 있어서 신비체험이나 은사체험, 그리고 죽음 후에 영혼이 하늘나라에 가는 개인적 종말론보다는 현실의 사회생활 속에서 신앙의 표현과 실천, 그리고 역사의 마지막에 올 예수님의 재림과 동시에 '새 하늘과 새 땅'의 도래를 지향하는 일반적 종말론에 관심을 집중한

---

20) Abraham Kuyper, *Lectures on Calvinism* (Grand Rapids: Eerdmans, 1994), 189-90.

다.[21] 그래서 인간의 자연적 욕구, 감성, 이성을 하나님의 창조의 선물로 보되, 그것들을 인간의 타락과 하나님의 구속섭리의 관점에서 비판적으로 평가한다. 모든 사회활동과 직업이 하나님의 평가의 대상이 된다. 그 사회에서 "교수나 변호사가 되는 일"이 "과일 장수나 자동차 정비사가 되는 일"보다 훨씬 더 가치 있게 평가되지만 기독교 세계관에서는 그렇지 않다. 요즘의 신세대들은 "결혼해서 아이를 낳고 기르는 일"이 합리적이거나 필수적이라 생각하지 않지만, 기독교 세계관에서는 결혼과 가정이 창조질서 보전의 중요한 사명이다. 인간의 욕구도(성욕, 식욕 등)도 창조의 선물이지만, 어떻게 사용되느냐에 따라 선과 악으로 평가된다. 일류대를 졸업하고 대기업에 입사하는 것이 성공과 행복의 지름길이란 생각을 바꿔야 한다. 사람들이 인정해 주는 소위 일류대가 성공의 기준이 아니라, 하나님께서 주신 능력과 위치를 통해 하나님과 이웃을 위해 어떤 삶을 살면서 열매를 맺느냐가 기독교적 성공의 기준이다. 기독교 세계관은 일방적인 능력주의나 숙명주의를 반대한다.[22]

여하튼 기독교 세계관은 자연적 욕구나 감정이나 이성을 전적으로 부정하지 않으면서 왜곡된 사회적 기준과는 다르게 그것들을 하나님의 기준으로 재평가한다. 이런 판단을 일관되게 실천하는 일은 동양의 전근대적 전통주의와 서양의 근대적 합리주의, 최근에는 포스트모더니즘까지 불안정하게 결합된 선교 현장의 문화상황에서 매우 어렵다. 그러나 기독교 세계관의 실천은 모든 그리스도인들이 하나님께 영광을 돌리고 하나님 나라에 동참하는 방법이다.

4. 성경적 세계관의 내용

오르와 카이퍼 이후 기독교 세계관은 성경의 가르침을 일관되게 설명하고 그 가르침을 삶의 모든 영역에 적용하는 것을 강조해 왔다. 이들은 하나

---

21) 이재완, 『선교와 교육』, 48-49.
22) Ibid.

님에 대한 우리의 신앙이 '영혼의 구원'과 '내세에 대한 희망'(개인적 종말론)에만 제한되는 것이 아니라, 하나님이 창조하셨으나 타락한 이 세상과 전 우주의 변혁(일반적 종말론)에 관한 신앙이라는 점을 강조했다. 오르와 카이퍼의 후계자인 헤르만 도이베르트(H. Dooyeweerd), 고든 클락(G. Clark), 칼 헨리(C. Henry), 프란시스 쉐퍼(F. Schaeffer)와 캐나다와 미국에서는 월쉬(B. Walsh)와 미들톤(J. R. Middleton), 알버트 월터스(A. Wolters), 아더 홈즈(A. Holmes), 제임스 사이어(J. Sire), 폴 마샬(P. Marshall) 등은 모두 하나님의 역사의 기본틀인 창조(creation), 타락(fall), 구속(redemtion)의 원리를 전제로 삼는다. 이로써 예수 그리스도를 믿음으로 얻는 구원의 의미는 개인의 구원에서 끝나지 않고 세상 역사 속에서 이루어져가는 '하나님의 나라'의 성취에까지 확장된다.

기독교 세계관은 하나님의 선한 창조의 위대성과 (타락에도 불구하고) 여전히 남아 있는 창조의 은총(일반은총)에서 출발하여 인간과 우주의 타락과 죄의 결과를 철저하게 인정하면서 예수님을 통해 인간의 역사에 들어온 구원과 성화, 종말의 완성을 내다보는 거시적인 신학이며, 전통적인 조직신학의 틀(신론, 기독론, 인간론, 구원론, 교회론, 종말론 등)을 벗어나 모든 크리스천이 이해할 수 있는 언어로 성경의 기본 관점을 구체적인 사회적 경험에 적용하는 이론이다. 즉 기독교 세계관은 유럽의 개혁주의, 영미의 청교도주의에서 나타난 것처럼 회심과 경건신앙을 현실생활의 모든 영역에 적용하려는 '생활영성' 운동과 사회참여라 할 수 있다. 그러나 기독교 세계관은 근본적으로 성경에 기초하는 이론이고 성경에 충실한 신학적 해석을 존중한다.

성경적인 세계관은 세 가지 차원으로 이루어져 있다.[23]

1) 창조

성경적 세계관은 창조와 더불어 시작하기 때문에[24] 창조가 비록 성경의

---

23) Paul. G. Hiebert, *Anthropological Reflections on Missiological Issues*, 189-201.
24) 최정만, 『월드뷰와 문화이론』, 25.

중심되는 메시지는 아니지만 그 기초가 된다. 창조를 묘사하기 위해 성경이 사용하는 두 가지 본보기는 말씀에 의한 창조와 지혜에 의한 창조이다. 전 우주는 그 존재를 야훼께 의존하고 있으며 또한 야훼는 그의 피조물에게 찬송과 경배를 받으신다. 그렇다면 나는 어디에 있는가? 성경은 우리를 피조물인 동시에 다른 피조물과는 다른 하나님의 형상으로 창조되어 있다고 한다. 그리고 하나님의 형상은 땅을 다스림과 종교적인 선택이라는 개념과 연결되어 있다. 최초 인간의 이중적인 사명은 피조된 환경을 개발하고 보존하라는 것이다. 피조된 환경은 인간 사회의 모든 영역을 망라하는 것이기에 땅을 정복하라는 명령은 문화적인 명령이다. 그러나 우리의 문화 형성은 이기적인 방식이 아닌 피조세계에 대한 참된 돌봄과 더불어 이루어져야 한다. 기독교 세계관이 근거하고 있는 성경 말씀을 보면, 창세기 1:1, 27-28과 시편 8:4-6; 19:1 24:1 등이다.

2) 타락

기독교 세계관은 '인간의 삶에서 무엇이 잘못되었는가?'에 대해 인간의 불순종이라는 견지에서 대답한다. 하나님의 형상이란 말은 땅을 다스림과 함께 종교적 선택, 즉 우상숭배라는 말을 염두에 두고 있다. 인간은 본질적으로 피조물이므로 신을 섬겨야 하는데, 우상숭배란 하나님을 섬기는 것 대신으로 하는 어떤 일이다. 우상숭배가 악한 이유는 하나님을 가시적으로 만들기 때문이 아니라 거짓된 경배와 거짓된 형상을 꾸미는 것을 수반하기 때문이다. 우상숭배는 하나님뿐만 아니라 우리의 위치까지도 찬탈한다. 그러므로 인간은 두 가지 언약의 길 중에서 하나를 선택해야 하고 그 결과는 명백하다. 우리는 문화 활동 전 영역에 주님께 봉사하고 그 왕권을 인정하도록 부름을 받았기 때문에 거기에는 성/속의 구분이 있을 수 없다. 사탄의 파괴 왕국은 하나님의 질서에 대립해서 움직이며 인간을 언약에의 불순종으로 이끌고 나아간다. 우리는 하나님이 주신 독특한 권세로 인해 우리의 타락은 전 피조세계를 저주 아래로 떨어뜨리고 말았다. 따라서 우리의 구속만이 해방을 보장해 줄 것이다. 이에 대한 근거 구절은 창세기 3:7; 4:8과 로마서 3:10-11; 8:22 등이다.

3) 구속

죄를 지은 인간에게 진정으로 필요한 것이 무엇인가? 성경은 사탄의 왕국이 파멸될 것을 약속하셨지만 타락 즉시 예수님을 보내지 않으시고 메시아가 오실 수 있도록 세상을 준비하셨다. 창조와 마찬가지로 구속도 본질적으로 언약적이므로 구속사의 절정에서 우리는 예수께서 개진하시고 자신의 피로 인침된 새 언약을 대두하게 된다. 그러나 새 언약이라는 말 대신에 하나님의 나라라는 말이 더 많이 사용되고 있다. 누가는 예수님의 사역을 메시아에 대한 예언의 성취로 그리고 있는데 그 성취의 성격은 이중적으로 하나님의 날의 소식이 말로 선포되는 것과 물리적으로 표출되는 것이었다. 이것을 하나님의 나라라고 불러야 되는 이유는 타락한 피조세계 속으로 예수께서 언약적인 순종을 회복하려고 오셨기 때문이다. 언약적인 순종이란 사죄뿐만 아니라 인간 삶의 전체적인 회복(하나님의 구속적 통치의 시작)을 포함하는 것으로, 예수께서는 이러한 사역을 수행하면서 좋은 소식을 실증하셨다. 이러한 사실이 나오는 성경들의 주제는 두 가지인데 그것은 모든 것이 구속되어 있고, 구원을 무엇인가를 다시 하는 것으로 본다는 것이다. 이 일에 있어서 예수께서 맡으신 사명은 사탄을 이기고 결박하는 것이고 자신의 죽음과 부활의 승리를 통해서 하나님의 종들을 순종하도록 회복시키기 시작하신 것이다. 그분의 초림은 하나님의 나라의 출범을 의미하고, 재림은 그 나라의 절정을 알리는 것이다. 그리스도께서 그의 모든 지상 생애 동안 하나님을 완전히 드러냈듯이 우리도 지금 여기에서(Here and Now) 그리스도의 생명과 임재를 가시적으로 드러내야 하는데, 이것은 하나님의 형상의 회복이고 그리스도 안에서의 성숙, 현재적 실현 즉 성화(sanctification)이다. 우리가 하나님의 형상을 반영한다는 것은 우리의 삶의 양식 전체가 변화됨을 의미하는데 우리는 미래의 상속과 영광의 인 치심, 즉 보존으로 주신 성령에 의해 이것을 미리 맛본다. 형상이라는 말이 문화적인 통치를 표시한다는 것과 그리스도인들은 화목의 역군으로서 형상을 드러낼 사명을 가지고 있으므로 우리의 사명은 함께 하나님의 형상을 드러내는 공동체적 사명이다. 구속이란 우리의 삶의 흐름의 방향을 하나님의 뜻에 대한 우리의 순종으로 회복시키는 것으로 재창조하는 것이다. 또한 선교와 삶의 현장에서 문화적인 현상들을 이해하고 그리스도의 주권 아래에 그것을 복종시키려고 노력해야 한다. 기독교 세계관이 근거하고 있는 성경 말씀을 보면, 로마서 1:20, 마태복음 5:45(일반은총)과 골로새서 1:20과 로마서 8:21, 요한계시록 21:1, 24-26(그리스도를 통한 만유회복) 등이다.

5. 문화와 인간

첫째, 문화는 주의 깊게 학습된다(Culture is careful learned). 우리는 마치 문화가 시키는 대로밖에 할 수 없는 로봇과 같다는 입장이다. 어떤 문화는 풍속과 양식, 사회적인 관습과 언어 그리고 사회구조와 인간적인 많은 산물들로 구성되어 있다. 그리고 문화는 양탄자에 비유하기도 한다. 또한 문화 속에서 태어나서 자라간다.

둘째, 문화화(enculturation)된다. 즉 생후 5-6세 정도가 되면 누구든지 문화의 90% 정도를 학습하게 된다. 문화학습은 좋은 것들뿐만 아니라 나쁜 것들도 자신들도 모르게 학습된다. 기도할 때 손을 모으고 하라고만 가르친다. 사실 손을 들고 기도하는 것이 성경적인데도 불구하고 그렇다. 기도할 때 무릎을 꿇고 땅에 엎드리는가? 이것도 성경적이지 않은가? 이렇게 하면서 아이들에게 한 가지만 가르치기 때문에 찬양할 때 손을 들고 찬양하는 것은 이상한 것으로 여겨진다. 문화는 강력하다. 성서적인데도 불구하고 손을 들고 찬양하면 이상하게 생각할 것이다.

문화는 어떻게 걸어야 하는지도 가르쳐 준다. 아이들은 부모들이 걷는 것을 따라서 걷는다. 일본 사람들은 따박따박 걷고, 서양 사람들은 엉덩이를 흔들면서 걷는다. 문화는 그것들이 유일하게 옳은 방법이라고 가르친다.

셋째, 우리는 문화의 희생자만은 아니고 언제나 선택할 수 있는 선택권이 있다(Not hapless victims-still have choices). 옷을 입는 것을 선택할 수 있다. 옛날에는 흰색 와이셔츠만 입었는데 지금은 색깔 있는 옷도 입고, 젊은 여자들은 교회에 올 때 바지도 입는다. 다양한 선택권이 있다. 문화는 무엇인가를 강요하면서 다양성도 있다. 즉 어떤 문화 속에서 사는 사람들은 이미 자신의 문화에 대해 문화적으로 결정된 간점들을 가지고 있기 때문에 타문화권에서 사역하는 선교사는 매우 진지한 태도로 그 문화의 관점을 위해야 한다. 그렇지 않으면 선교사는 효과적으로 커뮤니케이션[25]을 할 수가 없다. 더구나 선교사는 타문화권 응답자들의 세계관을 이해하기 위하여 초인적인 노력을 기울이고, 그러한 틀 안에서 이야기할 때까지 자신의 세계관에 대하여 제한을 받을 수밖에 없는 것이 사실이다. 바로 그 지점에서 선교 커뮤니케이션이 시작되는 것이다.[26]

개성(Personality)에도 영향을 미친다. 내향, 외향의 각기 다른 성격들을 가질 수도 있다. 인류학을 배우는 목적은 변화를 어떻게 가져올 수 있느냐 하는 것이다. 선교사(목회자)의 일은 사람들을 변화시키는 것이다. 다양한 변화의 여지 속에서 어떻게 사람을 변화시키고 사회에 영향을 미칠 수 있는가 하는 것이다. 변화는 개인의 머릿속에서 일어나기 시작한다(Change happens first in people's mind). 지도자들에게 먼저 전파되어야 한다(Opinion leaders).

일본교회는 복음이 지도자들이 아니라 낙오자들에게 전파되기 때문에 기독교가 많이 발전하지 못했다. 오사카에서 전도할 때 인생에 시달린 사람들에게만 전파되었던 기억이 있다. 정상적이고 지도급에 있는 사람들은 교회에 올 필요가 없도록 풍토가 만들어진 것이다. 일본에서 정상적인 사람들을 교회로 인도하는 기관은 외국어 학원이다. 학생들은 정상적으로 보이는 사람이 왜 예수님을 믿느냐고 묻는다. 그때 하나님이 내 삶에 어떤 변화를 주셨는지 간증할 수 있다. 지역사회에 나가서 전도하려고 하면 가장 중요한 계층이 누구인지, 리더가 누구인지, 그들에게 예수님을 전할 수 있을지, 그들에게 어떻게 예수님을 중요하게 인식시킬 수 있을지 고민된다. 종종 많은

---

[25] 커뮤니케이션이란 언어와 비언어적 상징을 (비)의도적 또는 (무)의식적으로 사용하여 다른 사람들과 상호교류하며 사회생활을 영위해 나가는 과정을 의미한다.
[26] David J. Hesselgrave, 『선교 커뮤니케이션』, 강승삼 역(서울: 생명의말씀사, 1978), 202.

교회들은 스포츠 스타나 탤런트들이 간증하는 방법을 통해 사람들을 그리스도께 인도하기도 한다.

힌두세계는 주로 인도에 있지만 세계 큰 도시를 가면 볼 수 있다. 도마가 인도 서쪽 해안에서 복음을 전하다가 순교했다. 서쪽 해변에 도마 교회가 있고, 도마 박물관도 있다. 수많은 사람들이 당시 도마의 손톱과 머리카락 등을 전시해 놓은 것을 보고 또 만지면서 기도하여 병 낫기를 갈망한다. 인도는 15세기 포르투갈로부터 가톨릭이 들어왔을 때 일요일 예배와 세례예식으로 바뀌게 되었다. 기독교 2천 년의 역사 동안 인도 인구의 3%가 기독교인이 되었다. 인도의 인구는 10억인데 기독교인 300만 명에 불과하다. 힌두에는 많은 종류가 있다. 철학적 힌두교는 지적인 영성을 통해서 신에게 접근하는 것이다.

토속(마을) 힌두교는 온갖 종류의 신을 섬기고 피를 흘리는 제사를 드린다. 인도에 8억 5천의 신이 있다. 힌두교 안에는 온갖 종교의 예식과 예전이 혼합되어 있다. 뉴 에이지 운동의 형태로 전 세계에 알려진 것이 힌두교 배경이다.[27]

카르마(Karma)의 개념은 업(業), 즉 선한 일을 하면 선한 결과를 가져오고 악한 일을 하면 악한 결과를 가져온다는 것이며 이들은 환생을 믿는다.[28] 윤회사상을 가지고 있기 때문에 현재의 삶에 대한 불평등과 차별화에도 인내하면서 견딘다. 인도에서 최근 5년간 놀라운 교회 성장이 있다. 수십만 명의 새로운 신자가 일어났는데 이들은 모두 가장 낮은 신분 출신들이다. 교회 안에 하층 계층의 사람들이 모여 오면 중간과 고위 계층의 사람들을 교회로 인도하기 어렵다. 그래서 인도교회는 서로 신분이 비슷한 사람들끼리 교회로 모이는 특별한 상황이다. 하나님의 은혜로 인도에서 낮은 계층의 사람뿐 아니라 모든 카스트 계층의 사람들에게 복음이 원활하게 전파되도록 기도해야 한다.

인도에는 많은 종교들이 있다. 기독교에 많은 도전을 준다. 많은 언어들이 있는데 1,500가지의 방언이 있다. 곳곳마다 방언이 다르다. 공식적인 언

---

27) 이은구, 『인도 문화의 이해』(서울: 세창출판사, 1995), 207-225.
28) 이동주, 『아시아 종교와 기독교』(서울: CLC, 1998), 139-140.

어가 16개가 있다. 카스트 제도[29]가 있다. 종교/ 언어/ 카스트 제도/ 빈곤의 문제 등이다. 브라만은 자신들이 거룩하고 신적인 존재라고 여긴다. 전통에 따르면 제일 하층의 사람이 만지거나 그림자가 스쳐도 죽임을 당했다.

인도에는 600,000개의 마을이 있는데 1,000개의 선교팀이 매주 한 번 전도를 나가면 10년 이상 걸린다. 인도는 매우 매력적인 나라이다. 3억 마리의 신성한 소가 걸어 다닌다. 우리에 가두어 놓지 않고 마음대로 돌아다니는데 이는 거룩한 신이라고 여기기 때문이다. 이러한 현상은 큰 혼란을 가지고 온다. 빈곤의 문제가 있다. 10억의 인구 중에 3,500만 명이 중산층이다. 6억의 인구가 매우 빈곤하게 살아가는 형편이다. 봄베이는 사람들이 중앙선에 쭉 늘어서서 잔다. 많은 사람들이 인도 옆에서 잠을 잔다. 몇 개의 나뭇가지에 천을 걸치고 한 가족이 산다. 거리가 화장실이다. 그리고 호수 위에서 사는 사람들은 조석간만의 차에 물이 들어왔다 나갔다하며 오물을 물 위에 그대로 버린다. 인도에 있는 그리스도인들을 위해서 기도-신실하게 그리스도인 사역을 할 수 있도록-해야 한다. 많은 기독교인들이 힌두교에게 접근하지 않고 기독교인들끼리 살아간다. 11억의 인도 사람들을 위해서 기도해야 한다. 인도선교에는 많은 도전이 있다. 그곳에 있는 그리스도인들과 선교사들을 위해 기도하자!

일본에 갔을 때(2003) 예배드리는 형식이 한국과 같았다. 우리가 예배를 드릴 때 목적이 있는 예배를 드리는가, 아니면 기계적으로 예배를 드리는가? 어떤 형식이 계속 반복되면서 의미가 흐려진다면 의미를 새롭게 하는 형식을 생각할 필요가 있다. 매일, 그리고 매주 반복하는 프로그램을 할 때, 습관적으로 하는 것은 의미를 잃어버리기 때문에 의미를 잃어버리지 않기 위해서 조심해야 한다.

기독교적 의미를 의사소통하고 있는가? 형식이 의미가 있는지 없는지 어떻게 알 수 있는가? 참석하는 사람들에게 물어봐야 한다. 청중들에게 왜 이렇게 하는지를 물어보라. 모른다고 하면 그 의미를 모르는 것이다.

---

[29] 이은구, 『인도 문화의 이해』 149. 카스트 제도는 스스로 고매한 브라만들에 의하여 그들 자신의 권익을 유지하기 위하여 고안된 제도로서, 모든 인도인들을 필요에 따라 세분해 놓은 교묘한 사회제도이다.

정기적으로 한 번씩 성만찬예식을 거행하라. 연말에 새해를 맞이하기 전에 교회 친교실에 촛불을 켜놓고 성만찬예식을 거행한다면 금요일 저녁에 젊은이들을 위해서 촛불을 켜놓고 하는 성만찬예식을 할 때 의례적으로 하던 것을 벗어나서 조금만 바꾸면 참여하는 사람들에게 새로운 의미를 줄 수 있다. 계속해서 기독교적인 의미가 있는지 확인하지 않으면 습관적으로 될 수 있다. 다양한 형식이 가능하지만 성경적인 의미가 사라지지 않고 더 분명하게 해야 한다.

6. 문화와 세계관

문화에는 깊이가 있다. 문화의 표층부는 행위(behaviors)가 구성하고 있다(도표 7-2).[30] 행위는 사람들이 쉽게 관찰할 수 있는 것이다. 행위를 관찰하고 통제하는 것이 상대적으로 쉽기 때문에 사람들은 행위에 초점을 맞추고 문화적 규칙들을 만들고 적용한다. 문화적 규칙들은 해야 될 행위와 하지 말아야 할 행위를 정하며, 사회의 구성원들에게 이를 강요한다. 중동 문화는 음식을 먹을 때나 악수를 할 때는 오른 손을 쓰고, 화장실에서는 왼손을 써야 한다고 규정한다. 그 문화권에 적응하는 과정에서 왼손으로 음식을 먹거나 악수를 하는 행위는 있을 수 없다는 것을 배운다. 말레이시아에서 좋은 것을 가리킬 때에는 엄지손가락을 사용하고, 하찮은 것을 가리킬 때에는 검지를 사용한다는 것을 배우기 전에는 검지를 사용해서 음식물을 가리키는 행위적 오류를 범하기 쉽다. 루스드라 사람들이 바울과 바나바에게 제사를 올리려고 소와 화관들을 가지고 온 행위는 갑자기 튀어나온 돌출 행동이 아니라 예측 가능한 문화적 행위였다. 그렇기 때문에 그 행위는 그 문화의 내부자들에 의해 제지되지 않았다.

---

30) 문상철, 『복음 · 세계관 · 변혁』(서울: 한국해외선교회 세미나, 1999), 4.

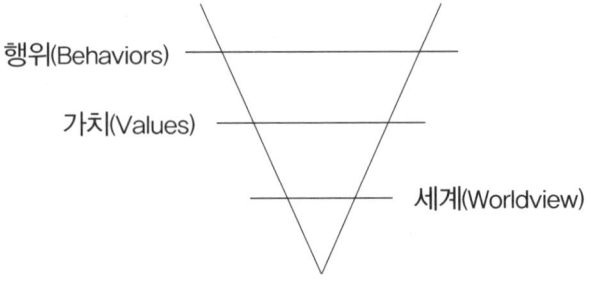

〈도표 7-2〉 문화의 깊이

문화의 가장 깊은 곳에는 세계관이 자리잡고 있다. 세계관은 가장 깊은 곳에 있기 때문에 쉽게 노출되지 않는다. 세계관은 가치와 신념을 통제하며, 모든 문화적 행위의 근본 원인이다. 세계관은 다른 모든 문화적 주제들과 특성들을 형성하지만, 그 자체는 쉽게 변하지 않는다. 세계관은 문화적으로 학습된 것이기는 하지만, 집단의 정체성과 관련된 것이기 때문에 대대로 전수되는 것이다. 세계관은 어릴 때부터 지극히 당연한 것으로 공식, 비공식적으로 주입되며, 의식, 무의식적으로 강화된다. 그렇기 때문에 세계관은 좀처럼 변하지 않는다. 단일문화권에서 자라온 사람들은 다른 문화, 특별히 다른 세계관을 이해하기가 어렵다. 자기 안경을 벗고 남의 안경을 써 보는 순간 안경의 효과를 절감하듯이, 자신의 문화적 전제들을 벗어나서 다른 세계관에 접하는 순간 혼란을 겪는다. 사도행전 14장에 나타난 루스드라 사람들을 움직인 것은 근본적으로 그들의 세계관이었다(행 14:13). 헬라 세계관은 다신교적인 전제들을 가지고 있었고, 신들이 인간의 형상을 하고 나타나는 것이 가능한 세계관이다. 그 신들은 분노하기도 하고, 질투하기도 하고, 애정행각을 벌이기고 하는 너무나 인간적인 신들이다. 그렇기 때문에 루스드라 사람들은 인간의 모습을 한 제우스와 헤르메스 신으로 보인 사도들에게 제사를 올려야 한다는 판단을 하고 행동에 옮기게 된 것이다.[31]

---

31) Ibid.

한 사람이 그리스도인이 된다고 할 때 그것은 단순히 그 행동의 변화만을 의미하지는 않는다. 절에 다니다가 교회당에 나온다고 해서 그리스도인이 되었다고 보증할 수 없다. 여전히 불교적인 가치관에서 기독교적인 신앙 행위를 할 수도 있다. 한 사람의 가치가 변했다고 해서 그가 온전한 그리스도인이 되었다고 할 수 없다. 어떻게 보면 기독교적이고 어떻게 보면 유교적인 모호한 가치와 신념을 가졌지만, 그 세계관을 들여다볼 때 유교적이라는 판단을 할 수 있는 사람일 수도 있다. 세계관까지 변해야 온전히 변한 것이다. 그러므로 회심(Conversion)과 성화(Sanctification)는 사실상 분리해서 생각하기가 어렵다. 우리가 끊임없이 물어야 할 질문은 '당신은 진정으로 그리스도인입니까?' 하는 것과 함께, '당신은 진정으로 어느 정도의 그리스도인입니까?' 하는 것이다.

세계관은 새로운 경험을 하게 하며, 새로운 설명을 해준다. 즉 눈이 어떻게 나을 수 있는지 보여주고 세균이 무엇인지 어떻게 전염되고 어떻게 취급하는지 설명하는 것이다. 이것은 세속적인 사람들에게 어떻게 접근하는지를 말해 준다. 그러나 세계관의 변화는 먼저 새로운 경험을 전제로 한다. 왜 오순절 계통의 순복음교회가 성공적으로 성장하는가? 많은 사람들의 삶 속에 감동을 주고 있는가? 병든 자를 위해 기도하는 것이 그들의 중심사역이기에 그렇다.[32]

램지 맥뮬랜(Ramsay MacMullan: 예일대 역사학 교수) 박사는 로마 제국을 연구한 가장 권위 있는 학자이다. 알다시피 로마 제국은 황제를 신으로 섬기며, 잡다한 신들에게 날마다 제사지내는 나라였다. 이런 나라가 어떻게 300년 사이에 기독교 나라로 바뀌었을까? 어떻게 300년이란 짧은 기간에 그 촌뜨기들이 전한 예수의 복음에 그 큰 제국이 무릎을 꿇게 되었을까? 맥뮬런 박사에게 이것은 굉장한 관심거리였다. 그래서 그 300년 기간 동안 어떻게 복음이 전 세계에 확산되었는지 연구하여 책을 냈다. 이 책에 의하면, 당시 기독교가 로마 제국을 정복할 수 있었던 이유 중 가장 두드러진 것은 귀신축사에 탁월했다는 점이다. 전도자들이 귀신들린 사람에게

---

32) Ibid.

"예수의 이름으로 물러가라" 하자 귀신이 깨끗이 떠나 새 사람이 되고 예수를 믿었다. 또 어떤 신전에 가서 복음을 전하자 그 신전이 아수라장이 되는 역사가 일어났다. 소위 이런 예수님과 예수님보다도 열등한 신과의 대결에서 예수가 이기는 능력과 표적이 계속 나타나자, 점점 로마 제국이 흔들리는 역사가 일어났다. 성령충만하면 이 같은 표적과 기사가 우리에게도 일어날 수 있다.[33]

우리의 사역의 중심도 그런 것이 되어서는 안 되는가? 병원에 가서 의사를 만나라고만 해야 하는가? 세속에 속한 사람들이 병들었을 때 당신을 위해 기도해 주겠다고 말하면 안 되는가? 알코올 중독에 걸려 있는 사람을 위해 기도해 주겠다고 말하면 안 되는가? 살아 계신 하나님은 그런 억압된 것으로부터 여전히 자유롭게 하실 수 있는 분이심을 믿는가? 우리는 새로운 설명, 진리에 대해 관심이 있지만 경험하는 일에 대해 관심이 적다. 세속적인 사람들일수록 경험을 먼저 하게 해야 하고, 그다음에 설명을 해야 한다. 성경은 병든 자들을 위해 기도해야 함을 많이 가르치고 있다.

우리는 천주교처럼 되어버렸다. 기름 바르는 의식이 임종의식처럼 변해 버렸다. 야고보서는 병들었을 때에는 교회의 장로(목회자)를 부르라고 말했다. 이런 체험적인 것들을 통해 사람들의 세계관을 바꿀 수 있다. 사람들에게는 더 이상 지식이 필요한 것이 아니라 체험하는 것이 필요한 것이다. 체험적이고 동참하는 교회, 경험하는 교회는 성장하지만 이론적인 교회는 더 이상 성장하지 않는다. 그런 의미에서 선교도 성경공부뿐 아니라 나가서 전하는 전도하는 체험이 필요한 것이다.

다른 교회에서 치료하는 사역들이 일어나는 것들이 쉽게 사탄(satan)이 하는 일로 단정해서는 안 된다. 그들은 모두 예수님의 이름으로 병든 자들을 위해 기도한다. 하나님은 자비와 은혜의 물결이 모든 사람들에게 넘치도록 하기 위해 불완전한 도구라도 사용하시기 때문이다. 만약 성령께서 완전한 사람들을 통해서만 역사하시면 몇 명이나 성령의 역사를 통해 일하겠는가? 다른 교회의 목사들의 설교도 우리들의 마음에 큰 은혜가 되는가? 하나

---

33) Ramsay MacMullen, 『서기 100-400년간 로마 제국의 그리스도교화』(*Christianizing the Roman Empire A. D. 100-400*).

님의 은혜와 사랑은 너무 넓고 깊어서 불완전한 사람들을 통해서도 종종 역사하신다. 조용기 목사의 여의도순복음교회, 김삼환 목사의 명성교회, 이동원 목사의 지구촌교회를 통해서도 그리고 나열할 수 없이 수많은 이 땅의 건강한 교회를 통해서도 참된 성령의 역사를 경험할 수 있다. 그리고 심판의 때에 주님의 이름으로 귀신도 쫓아내고 병도 고쳤다고 외칠 것이다. 그러나 그들은 쫓겨난다. 그들이 예수님의 이름으로 한 일을 말씀하시는 것이 아니라 예수께서 저희를 알지 못한다고 말씀하신다. 이는 그들이 하나님의 이름으로 많은 일을 할 수 있을지라도 하나님과의 관계가 더 중요함을 이야기하는 것이다.[34] 오늘날 한국교회는 교회 지도자들이 성경을 연구하고 기도하면서 변화를 추구하는 새로운 결단이 필요할 때이다. 물론 전통은 극복하기 어려운 과제이다. 그러므로 변화를 시도할 때에는 조심해서 해야 한다.

새로운 교회를 시작한 목사가 순서를 바꾸려고 할 때 순서 하나를 바꾸기 어려운 교회들도 많이 있다. 설교할 때 이설을 가르치는 것이 순서 하나를 바꾸는 것보다 어려울 때가 있다. 단에 올라가서 이상한 말을 해도 아무도 깨닫지 못하는데 순서 하나만 바꾸어도 다음 주에 난리가 난다. 그래서 어떤 목사는 매 분기마다 한 주일을 특별한 날로 삼아서 다른 순서로 예배를 드릴 것을 제안했다. 13주일 중에 1번, 한 분기에 한 번은 특별한 순서로 드리겠다는 것이다. 그리고 2년 후 특별한 순서를 한 달에 한 번으로 조정하고 2년 후에는 순서를 아무 때나 바꿀 수 있는지 제안했다. 그러다가 결국 완전히 바뀌게 되었다. 모든 문제는 백성들이 인식하기 전에 너무 빨리 변화를 일으키려고 하기 때문에 발생한다.

일본 젊은이들과 함께한 영어캠프에서 5-6명의 대학생들이 함께 앉아서 이야기할 때였다. 나는 각자의 삶 속에서 바꾸기를 원하는 것이 있으면 한 가지만 말하라고 했다. 그들이 돌아가며 하나씩 이야기했는데 대부분 인간관계나 습관 등과 관련된 것들이었다. 그래서 나는 "오늘 저녁 당신들을 위해 기도할 텐데 당신들에게 변화가 일어나기를 바란다"고 말했다. 그런데

---

34) 이재완, 『선교인류학』, 52.

한 청년이 자신은 하나님을 믿지 않는다고 했다. 그래도 난 하나님은 반드시 들어주실 것이라고 했고 곧 기도했다. 그 다음 날 저녁, 다시 모인 그들은 자신들의 삶 속에 변화되기를 원하는 것을 다시 내어놓고 돌아가면서 옆 사람을 위해 기도해 달라고 했다. 여러 명이 하나님을 믿지 않는다고 했으나 이렇게 기도하라고 했다. 하나님이 있다면 옆 친구의 기도를 들어주시고, 삶을 바꾸어 달라고 기도했다. 그 주에 놀라운 일들이 일어났다. 처음 하나님을 받아들이는 사람들에게 있어 살아 있는 하나님에 대한 경험은 매우 중요하다. 많은 경우에 설명만 하고 경험에 대해서는 관심이 적다.

성령의 은사 중에 예수님이 유일하게 행하시지 않으신 것이 방언의 은사이다. 다른 교회들은 중요한 것으로 생각하지만 귀신 쫓아내는 목사에게 두 그룹이 귀신을 쫓아내달라고 왔다. 뉴 에이지 그룹, 성령을 받은 표로 방언을 해야 한다고 가르치는 교회, 방언의 은사를 너무 강조하는 교회는 잘못된 영이 임할 수도 있다. 그러나 모든 다른 교회의 치유나 모든 다른 교회에서 행하는 것들이 잘못되었다고 생각하는 것은 옳지 못하다. 성경의 권면 중에 마귀도 치료하니 치료에 대해서 조심하라는 말은 단 한마디뿐이고 많은 구절들은 병든 자를 위해 기도하라고 말하고 있다. 하나님께서 그들을 사랑하시기 때문에 기도하라고 권면하라고 하고 있다. 교회 안에서의 방언은 매우 유익하다.

세계관이 다른 사람들은 서로 연결하는 다리를 놓기가 어렵다. 우리가 그리스도의 복음을 전할 때 세계관의 깊이에서 전해야 받아들일 수 있다. 행동을 바꾸기는 별로 어렵지 않다. 다른 사람이 양복을 입고 넥타이를 하게 하는 것은 별로 어렵지 않다. 그러나 가치관을 바꾸는 것은 어렵다. 토요일 날 교회에 오게 할 수는 있지만 그들의 가치관을 바꾸는 것은 어렵다. 많은 사람들은 교회에 왔다가 떠나는데 그것은 행동은 잠시 변했어도 세계관이 바뀌지 않았기 때문에 그렇다. 그래서 세계관의 관점에서 복음이 전해져야 한다.[35]

10여 년 전 르완다에서 발생한 후투와 투치족의 싸움에서 거의 100명이

---

35) 이재완, 『선교와 교육』, 65-66.

죽었다. 그곳은 대부분의 사람들이 기독교인들이고 천주교회가 가장 많은 나라이다. 그 나라 사람들은 주일마다 교회에 출석하고 술, 담배를 하지 않았지만 정작 세계관이 바뀌지 않았다. 그래서 같은 신자들을 살해하였다. 그들은 자신의 권위의 최상권을 하나님께 주지 않고 부족에게 주었기 때문에 하나님을 믿는 사람들이었음에도 다른 사람들을 살해하게 된 것이다.[36)]

남의 것에 손을 대면 그것은 도둑질이라고 배웠는데 이곳 시베리아는 사정이 다르다. 직장에 나가면 무엇이라도 하나 들고 집으로 돌아와야 한다는 사고방식이다. 교회에도 없어지는 것이 많았지만 그냥 모른 척하고 지낼 수밖에 없었다. 하나님의 말씀으로 도둑질이 얼마나 나쁜 것인가를 가르쳤으나 여전히 변화가 없었다. 야단을 치면 당당히 교회를 떠난다. 그러나 꾸준히 하나님의 말씀으로 양육하는 방법밖에는 없다. 그리고 그 일에는 대단한 인내가 필요하다.[37)]

7. 세계관의 기능

1) 설명

세계관은 우리가 어디서 와서 어떻게 되는지 현실이 어떠한지를 육하원칙에 따라 설명해 준다. 또한 우주의 특성에 대해서 설명한다.

어떤 사람은 세상을 유기체와 같다고 생각한다. 우주는 비인격적인 기운으로 이루어졌다고 생각한다. 또 어떤 사람들은 자연의 법칙이 우주를 지배한다고 생각한다. 세상은 선한 영과 악한영의 세력 다툼 사이에 있다고 생각한다. 하나님은 세상을 창조하시고 자신의 창조를 유지하기 위해 활동하시고 인간과 교통하고 있다. 이것은 성서적인 세계관이다. 그런데 많은 사람들이 자연주의적인 가치관을 가지고 진화론적으로 생각한다.

---

36) 이재완, 『선교인류학』, 53.
37) 조성우, 『얼음꽃을 피우는 사람들』(서울: 제이하우스, 2005), 54.

2) 평가 및 타당성 부여

어떤 것이 타당성이 있고 없는가? 선하고 나쁜 것이 무엇인가? 아름다운 것은 무엇이고 못생긴 것은 무엇인가? 우리 나름대로 각자 아름다움의 기준은 매우 다르다. 아프리카의 한 부족은 앞니 두개가 빠져야 예쁘다. 우리는 예쁜 것에 대한 나름대로의 기준을 가지고 있다. 밝은 미소가 아름다운가? 마음이 예쁘고 종교성이 있어야 예쁜가? 대개 우리의 문화는 육체적인 관점에서 아름다움을 평가한다.

윤리는 어떤가? 무엇이 옳고 그른가? 시험을 치를 때 커닝하는 것은 어떤가? 우리의 세계관은 어떤 것이 윤리적이고 어떤 것이 비윤리적인지를 가르쳐준다.[38]

한국에서 혼전 성관계에 대해서 어떤 문제가 있는가? 젊은이들에게 혼전 성관계는 때때로 쾌락으로 여겨지는 경우가 있다.

경제적인 것들은 어떤가? 금과 은 중에 어떤 것이 더 높은 가치를 갖는가? 금과 다이아몬드는 어떤가? 각기 다른 항목에 대해서 가치를 평가하는 관을 가지고 있다.

남태평양 미크로네시아의 얍(Yap)이란 동네는 돌을 화폐(stone money)로 사용한다. 중간에 작은 구멍이 뚫린 큰 돌이 화폐로 사용되고 있었다. 왜 이것이 귀하냐면 그 섬에서 나는 돌이 아니고 400-500km 떨어진 곳에서부터 가져온 돌이기 때문에 그렇다. 돌 화폐를 싣고 오다가 배가 뒤집어지기도 하고 많은 어려움을 당한다. 그래서 가치가 있다는 것이다. 오늘까지도 돌 화폐가 쓰이는데 친족끼리 가문사이에 화해의 대가로 치러지는 것이 이 돌 화폐의 용도이다. 우리에게는 아무런 가치가 없지만 얍에 있는 사람들은 돌에 대해 큰 가치를 부여하고 있는 것이다.[39]

얍은 남태평양 미크로네시아 연방국가(코스레, 얍, 폰페이, 축)에 속하는 조그마한 나라이다. 남태평양 괌에서 남서쪽으로 비행기로 약 2시간 30분

---

38) 이재완, 『선교와 교육』, 61.
39) 이재완, 『선교인류학』, 54.

정도 소요되는 위치에 있으며, 우리나라 거제도 크기에 약 6,000명이 살고 있으며 본섬 콜로니아에는 약 5,000명, 올레아이 섬을 중심으로 약 3-4개 낙도에 약 1,000명 정도가 살고 있다. 얍 환초에는 큰 돌로 만든 돌돈(stone money)이 도처에서 발견된다. 현지에서는 '라이'(Rai)라고 부르며, 이것은 실제로 화폐로 사용되었다고 한다. 지금 공식 화폐는 미국 달러를 쓰지만 땅을 사고 팔 때나 이웃과 보상 문제를 해결할 때에는 여전히 돌돈을 사용한다고 한다. 돌돈은 직경 70cm, 가장자리 두께 3km 정도의 작은 것에서부터 직경 4m, 두께 30cm에 이르는 큰 것에 이르기까지 여러 종류가 있다. 돌돈 중에는 중심부와 가장자리가 같은 것도 있으나 가볍게 하기 위해 가장 자리를 얇게 만든 것도 있으며, 통나무에 끼워서 운반하기 좋도록 구멍을 뚫어 놓았다. 제2차 세계대전 시 일본의 통치를 받던 1929년경에는 약 13,000여 개의 돌돈이 있었다고 한다.[40]

그런데 이 돌은 얍 환초에서는 찾을 수 없다. 이 돌은 400-500km 떨어진 팔라우 제도 한 가운데 있는 '바위 제도'에 가서 구해 온다. 얍 주민들은 카누를 타고 그 먼 곳까지 간다. 과연 그 먼 거리의 섬까지 가서 돌돈을 만들어 싣고 오는 것이 가능한 것일까? 1992년 6월, 이곳 주민 6명은 선조들이 바위 제도에서 돌돈을 만들어 왔다는 것을 입증하기 위하여 길이 10?의 카누에 돛을 달고 얍 환초를 출발해 3일 만에 바위 제도에 도착했다. 그리고 한 달 만에 현대식 도구를 사용하여 돌돈 3개를 만들어 카누에 싣고 돌아온 바 있다.[41]

다음으로 인간의 개성은 무엇으로 평가를 하는가? 사람의 성격이 '좋다, 나쁘다'를 무엇으로 평가하는가? 좋은 사람의 개성의 특성은 무엇인가? 신실함, 정직한, 신사적 등등.

『화해의 아이』(Peace Child)라는 책에서는 사람을 속인 사람이 가장 큰 존경을 받는다. 그래서 성경의 인물 중에는 유다가 가장 큰 존경을 받는다. 왜냐하면 그 사회에서는 적에게 친구인 것처럼 속여서 친해지게 된 다음에

---

40) 이기용, "남태평양 얍(Yap)에서 경험한 문화 충격" (아세아연합신학대학교 신학대학원 세미나 자료, 2007). 1-2.
41) Ibid.

그 사람을 죽이면 사람들 사이에 영웅이 되기 때문이다.

경쟁관계인가 협력관계인가를 결정해야 한다. 개인적인 사회인가 그룹 중심의 사회인가? 공동으로 아니면 개인으로 문제를 해결하는 것이 나은가? 전통적으로는 협력하는 공동체 중심적인 사회였던 현재 많은 아시아의 국가들이 대도시가 되면서 공동체 의식이 약화되어 버렸다.

3) 우선순위(높은 가치)의 결정

좋아하는 치약브랜드가 있는가? 그런데 공짜로 다른 것을 주면 쓰겠는가? 좋아하는 차종이 있는가? 그런데 다른 차를 공짜를 주면 타겠는가? 당연하다. 우리가 어떤 것에 대해 평가해서 좋아하는 것이 있지만 공짜면 사용하는 경우가 있다.

그렇지만 그렇지 못한 절대적인 것들이 있다. 5조원을 주면 불교신자가 되겠는가? 다른 여자를 주면 부인을 바꾸겠는가? 어떤 것을 평가하면서 치약이나 차는 바꿀 수 있다. 그러나 부인이나 종교 같은 것은 다른 문제이다. 종교와 같은 것들은 치약 바꾸는 것처럼 바꾸지 못한다. 우리는 우선순위를 정해서 영역별로 구분해 놓는다.

깊이 생각하지 말고 답변해 보자. 빨리 흐르는 물에 남자, 여자, 어머니가 가는데 배가 뒤집어지고 셋 다 물에 빠졌다. 남자는 수영을 못하지만 튜브가 있어 자신과 한 명을 구할 수 있다. 자! 어머니와 여자 중에 누구를 구하겠는가? 일본 사람들은 대부분 자기가 죽겠다고 말했다. 둘 다 못 구하면 체면이 구겨지므로 차라리 같이 죽겠다고 말했다. 반면 어머니를 선택한 사람은 대부분 똑같이 말하는데 엄마는 다시 얻을 수 없지만 부인은 다시 얻을 수 있다고 했다. 주로 아시아나 아프리카 사람들이 이렇게 말한다. 세계관은 이런 가치를 우리가 생각지도 않고 자동적으로 하도록 만든다.[42]

아프리카 르완다의 그리스도인들은 좀 더 높은 가치가 예수님에게 있는 것이 아니라 가족에 있다. 그래서 그들은 쉽게 자신의 부족에게 대항하여

---

42) 이재완, 『선교인류학』, 55.

사는 것보다 다른 교인들을 죽이는 것을 택한다. 많은 사람들이 같은 교인들을 서로 죽일 수 있는지 그 이유를 알아내려고 노력했다. 연구 결과 아프리카에서는 부족주의가 아주 강한데 교회 안에서 그런 문제들을 다루지 않고 미루어 놓았다. 그래서 사실 교회 안에서 사회적인 문제들을 성경적인 방법으로 푸는 일이 꼭 필요하다. 그렇게 하지 않았기 때문에 주일에 교회에서 예배드리고 십일조를 내지만, 정작 문제가 생기니까 교회보다 부족을 선택하는 것이다.

4) 해석

세계관의 기능은 여러 사건들과 이야기들을 해석하는 것이다. 요셉의 이야기 속에 아프리카 사람들은 아시아나 미국 사람들과 다르게 해석한다. 아프리카 사람들은 요셉을 자기 가족의 복리를 위해 헌신한 사람으로 본다. 반면 다른 사람들은 또 다르게 생각한다.

5) 기능의 통합

세계관은 문화를 분해시키는 것이 아니라 합쳐지게 만든다. 다른 문화의 요소들이 하나로 융합될 수 있도록 하는 것이 세계관이다.

6) 수용

세계관은 보고 경험하는 새로운 사건들을 받아들이게 한다. 새로운 것들이 소개되면 문화는 그것들을 거부하지만 새로운 것에 계속 노출되면 적응하는 단계로 들어간다.
교인들 가운데 기도로 병이 낫지 않는다고 생각하지만 교회 안에서 기도로 병이 낫는 모습을 보게 되면 어떻게 받아들이는가? 어떤 사람은 우연이라고 하는 반면, 어떤 사람은 마음을 바꾸는 계기가 되어서 하나님의 여전한 역사로 받아들일 수도 있다. 새로운 경험을 통해 성경적인 관점으로 받

아들이는 것이다.[43]

　노아(Noah)의 세계관과 예수님의 제자들의 가치관은 매우 달랐을 것이다. 성경이 가르치는 원칙이 나의 세계관에 영향을 미치기를 바란다는 것이 맞다. 성경의 원칙은 기독교인들에게 영향을 미쳤기 때문이다. 한국교인의 세계관과 미국교인들의 세계관이 다른 것은 문화뿐만이 아니라는 것이다. 성경의 가치관이 히브리적인 가치관이 아닌가? 그렇다. 그래서 그들이 비록 문화의 영향 아래 살고 있었지만 하나님의 영향이 가치관에 변화를 주어서 하나님의 방법대로 살아갈 수 있도록 해야 한다. 그래서 유일무이한 기독교적인 세계관이나 문화는 있을 수 없다. 성경에 대한 원칙에 저해되지는 않지만 한국교인들과 미국교인들의 세계관은 다를 수 있다. 한국에서는 쌀과 김치가 빵보다 더 가치가 있다. 그처럼 같은 기독교인들이면서도 음식문제에 대해서는 분명한 가치를 가지고 있다. 문화적인 배경 때문에 같은 신앙을 가지면서도 다른 세계관이 생길 수도 있다는 것이다.

　예배의 정서에 있어서 아시아 사람들은 조용히 예배드리려고 하는데, 그 반대로 아프리카 사람들은 다른 형태(훨씬 역동적인)로 예배를 드린다. 그들의 찬양은 매우 열정적이며 온 몸으로 드린다. 케냐에서 온 신학생들, 카메룬과 봉고에서 온 청년들 등등은 그들의 고유한 악기를 통해 열정적으로 찬양하며 예배를 드리는 것을 볼 수 있다. 같은 장소에서 예배를 드린다면 누가 더 잘못하는 것인가?

　전 세계적으로 젊은 세대들에게는 공감대의 문화가 형성되고 있다. 점점 비슷한 문화를 경험하고 있다. 그럼에도 불구하고 세계화의 과정 속에서도 자신들의 문화는 더욱 구체화된다. 인터넷이나 영화는 많은 부분에 있어서 같은 것이 공유됨에도 불구하고 더 많은 나라들은 민족주의적 성향이 더욱 깊어진다는 것이다.

　어떤 사람을 바꾸려면 그 사람의 가치관, 세계관을 바꾸어야 한다. 행동을 바꾸기 전에 가치관을 바꾸어야 한다. 선한 사마리아인의 이야기를 예로 들어보면, 가장 증오의 대상인 사마리아인이 와서 그를 도왔다. 누가 참된

---

43) Ibid., 56.

이웃이냐? 성경은 그저 사마리아인이라고 말하지 않고 '선한 일을 행한 사마리아인'이라고 말했다. 유대인과 사마리아인들 사이를 이야기하는 것은 서로간의 역사적인, 영적인 장벽 때문에 쉽게 융화되기란 어려운 문제였다. 이런 관점의 문제를 실제로 우리에게 적용해 보자. 이를테면 일본인들과의 문제, 중국인들과의 문제 등등. 문제는 우리의 가치관이 바뀌기를 바라는 것이다.

노예제도에 관해서 언급해 보면, 당시 로마의 노예제도에 대한 이야기가 광범위했음에도 불구하고 예수께서는 그다지 언급하지 않으셨다. 예수님이나 바울 모두 다 우리에게 새로운 가치관을 주려는 시도를 하셨다. 빌레몬서에는 노예인 오네시모를 형제처럼 대하라고 했다. 바울은 세계관이 바뀔 수 있도록 세계관적인 관점에서 말하고 있다. 노예를 소유하고 있는 사람들의 가치관이 바뀌도록 말하고 있다. 너희가 원수를 미워하라고 들었지만 사랑하라고 말했다. 부족들 간의 분쟁이 많은 르완다 사람들의 논점은 어떻게 다른 부족을 미워하지 않을 것인가이다.

인도에서는 남편이 먼저 죽어 아내가 과부가 되면 남편을 뒤이어 그 과부를 불에 태워 죽이는 사티제도가 있었다. 뿐만 아니라 힌두교 신전에서는 종교의 이름으로 어린 소녀들에게 매춘행위를 행한다. 일종의 문화 충격들이다. 그러나 선교를 위해서는 그 나라의 문화와 친해져야 하고(intimacy), 나아가 전파(propagating)하려면 선교사는 더 오래 인내하고 그들을 있는 모습 그대로 비평 없이 먼저 수용하고(receiving) 그 지역의 문화에 적응하지(adaption) 않으면 안 된다. 어떤 의미에서 카멜레온처럼 변신의 귀재(?)가 되어야 하지 않을까?

*The Understanding of Christian
Mission and Cultures*

제8장

문화와 복음

사도행전의 이방인들에게 심각한 문제가 일어났다. 유대인 개종자들은 유대인의 실천인 할례나 돼지고기 섭취의 금지와 같은 그런 터부를 용납하지 않으면 안 되었는가? 사람들이 타문화에서 기독인이 될 때 우리는 수많은 결정들에 직면한다. 그들은 여전히 여러 아내를 둘 수 있는가? 그들은 그들의 조상들에게 음식을 드려야만 하는가? 그들은 옛 종교 습관에 대하여 어떻게 해야 하는가? 우리는 선교사로서 이 사람들처럼 살아야 하는가? 우리는 선한 양심을 가지고 그들의 노래나 춤에 참여할 수 있는가?

이들 대부분의 문제들은 복음과 인간 문화 간의 관계를 취급해야만 하는 것이다. 복음은 아무 문화에도 예속되지 않는다. 그것을 전달하는 데 있어 인간 사고의 유형과 언어와 상관없이 전달할 방법은 없다.

1. 문화의 개념

문화란 "인간이 생각하고 느끼고 행동하는 바를 조직하고 체계화하는 일단의 사람에 의하여 공유된 사상, 감정, 가치 그리고 행동에 연관된 유형과 산물의 통합된 다소의 체계"라 할 수 있다. 문화인류학자들에 의하면 문화란 집단적 인간에 의하여 이룩된 삶의 방식이고 인성이란 개인 내에 존재하는 삶의 유형이라 하였다.

타일러(E. Tylor)는 문화를 "문화 또는 문명이란 지식, 신앙, 도덕, 법률, 실습, 기타 사회성원으로서의 인간에 의하여 획득된 모든 능력이나 습성의 복합적 전체이다"라고 정의하였다. 문화는 타일러가 말하는 것과 같이 개인 내에 존재하는 지식, 신앙, 예술, 도덕 등 모든 것을 포함하고 이것이 사회성원으로서의 인간에 의해 유지되고 보존되는 것이며 이런 것의 복합적 전체라 하였다.

한편 린튼(Ralph Linton)은 정의하기를 "문화란 학습된 행위의 복합체이며 한 특정사회의 성원에 의하여 공유되고 전승되는 행위의 전체이다"라고 하였다. 린튼은 타일러보다 행위를 강조하고 복합적 전체성을 강조하지만 이들 두 사람의 문화 정의에 공통된 것과 같이 문화는 사회 구성원으로서의 인간의 행위이고 행위의 모든 것을 포함하는 총체적 행위(總體的 行爲)이며 그것이 그 사회에 전승되고 학습되는 행위인 것이다.

1) 인식적 차원

공유된 지식을 취급지식은 하나의 문화의 개념적 내용을 제공한다. 지식은 인간에게 무엇이 존재하고 어떤 것은 존재하지 않는다는 것을 인간에게 말한다. 문화적 지식은 실재를 분류하는 데 사용하는 카테고리 이상이다. 문자가 없는 사회는 다른 방법으로 많은 지식을 소유하고 있고 그것을 축적함이 사실이다. 구전의 사회와 글을 가진 사회의 차이와 그들이 지식을 축적하고 전달하는 방법들은 선교사들에게 대단히 중요하다.[1]

사람들이 기독교인이 되는 데 혹은 신앙으로 성장하는 데 있어 반드시 읽

---

1) Paul. G. Hiebert, *Anthropological Insights for Missionaries* (Grand Rapids, Baker Books, 1985), 31.

는 것을 배워야만 하는 것은 아니다. 힌두교 마을의 사람들은 설교를 듣는 것에 대해서는 쉽게 피곤하여지고 떠나버리지만 드라마를 보는 데는 밤이 깊도록 끝까지 남는다. 세계의 다른 지역들에서 기독교인들은 복음을 전달할 때 음악, 춤, 잠언 등 다양한 방법들을 효과적으로 사용하고 있다.

2) 감정적 차원

감정은 인간관계에서나 서로 간의 교제나 에티켓의 영역들에서 중요한 부분으로 역할을 한다. 우리는 사랑과 미움, 질책 그리고 수백 가지의 태도들을 우리의 안면의 표현들로, 소리의 고저로 그리고 제스처로 전달한다. 문화는 사람이 가지는 감정-그들의 태도로서 미의 기준, 음식의 맛 그리고 옷의 선호, 자신들을 즐김과 슬픔을 경험하는 방법-을 처리하여야만 한다. 요약하면 문화란 인간 삶의 감정적인 방면을 그 즉시 어떻게 취급하는가에 따라 크게 다르다.[2]

3) 평가적인 차원

각각의 문화는 인간관계가 도덕적인지 아니면 비도덕적인지를 판단하는 가치를 가진다. 가치판단은 세 가지 형태로 나누어질 수 있다. 첫째, 각각의 문화는 그것들이 참이냐 혹은 거짓이냐를 결정할 인식적 신념을 평가한다. 둘째, 문화적 체계는 인간 삶의 감정적인 표현을 역시 판단한다. 셋째, 각 문화는 가치를 판단하고 옳고 그름을 결정한다. 각각의 문화를 의롭다고 판단하고 다른 것들은 비도덕적이라 한다.[3]

이를테면 전통적인 인도 사회에서는 여자가 그의 남편 앞에서 먹는 것은 죄이다. 중국에서는 남편이나 아내의 조상을 날마다 숭배하지 않으면 죄가 된다.

---

2) Ibid., 33.
3) Ibid.

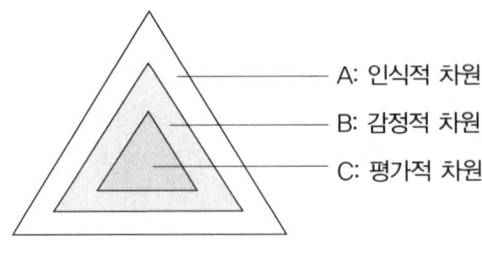

〈도표 7-2〉 문화의 차원들[4]

4) 세 가지 차원의 복음

선교사들은 사역에 있어 문화의 세 차원을 기억하여야 한다. 이유는 복음은 이들 전부, 즉 지식과 진리, 그리고 감정, 가치와 충성의 대상물을 포함하여 취급한다. 지식과 감정은 우리로 하여금 경배와 복종에로, 즉 예수를 우리의 삶의 주로서 순종하고 따르도록 인도하는 것이 되어야만 한다. 감정은 대부분의 사람들이 결정을 함에 대단히 중요한 역할을 한다. 그것이 사실이라면 우리는 복음의 지식을 감정으로 제시하여야만 한다. 이처럼 문화적인 세 가지 차원은 회심에 있어서 기본적으로 중요하다.[5] 우리의 궁극적인 목적은 제자화이다. 우리는 복음을 사람들에게 알리기만 하기 위하여 선포함이 아니고 혹은 그들의 감정만 좋게 하기 위하여 선포함도 아니다. 우리는 그들을 불러 예수 그리스도를 따르는 자가 되게 하고자 한다.

2. 문화의 표현

문화의 표현은 행동과 산물이다. 첫째, 인간들은 그들의 문화에 의하여 대단한 범위에서 행동하는 방법을 배우게 된다. 모든 행동이 문화적으로 형성되는 것은 아니다. 형식적인 상황 가운데 행동은 세밀히 규정된다. 둘째,

---

4) Ibid, 31.
5) Ibid., 34.

산물들을 보면 문화는 물질적 대상물-집, 바구니, 카누, 마스크, 수레, 자동차, 컴퓨터 등등-을 포함한다. 인간은 자연 가운데 살고 그것에 맞추어 나아가야만 하고 혹은 자신의 목적을 위해 그것을 만들고 사용한다.

3. 상징체계

인간의 행동과 산물은 독립된 것이 아니다. 그것은 사람들 사이에 존재하는 감정과 가치에 밀접하다. 어떤 행동이나 문화적인 산물과 함께하는 특별한 의미, 감정, 가치의 연합을 우리는 상징이라 부른다. 아래 도표는 이것을 잘 보여준다. 어떤 의미로 문화는 상징의 많은 짝으로 만들어진다.

북미에서 예를 들면 혀를 어떤 사람에게 내어민다는 것은 조소와 거절을 의미한다. 티베트에서는 그것은 인사와 우의의 상징이 된다.[6]

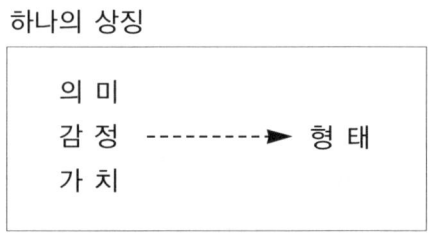

〈도표 8-2〉 상징체계의 이해[7]

1) 형태와 의미

대개의 문화적 상징들은 여하튼 그들의 역사적, 문화적 상황에서 이해되

---

6) Raymond Firth, *Symbols: Public and Private* (Ithaca, N. Y.: Cornell University Press, 1973), 313.
7) Paul. G. Hiebert, *Anthropological Insights for Missionaries*, 37.

어야만 한다. 한번 창조한 상징들은 문화적 체계의 부분들이 된다. 상징들이 문화의 부분이 되기 위하여 그것들을 인간 단체에 의하여 공유되어야만 한다. 상징들은 의미를 형태로 바꿈으로 전달을 가능케 한다. 어떤 문화에서 경배자들의 형상들을 형태로써 그들의 신들의 형태들을 기억하기 위하여 사용한다. 다른 문화에서 경배자들은 그 둘을 동일시한다.

2) 유형과 체계

모든 행동이 다 유형화되는 것은 아니다. 문화적인 기질과 복합은 주어진 사회의 성원들을 위하여 의미를 가지는 유형들이다. 유형화된 것과 비유형화된 것을 구분함은 항상 쉬운 일이 아니다. 이유는 문화란 계속적으로 새 기질이 더하여질 때 변하고 있다. 현대 사회가 놀랄 만큼 다양한 종속문화들로 된 것이지만 그것들은 전달과 운송이라는 연결의 거미줄에 의하여, 상업과 일반 통치기구와 사회관계의 얽힘에 의하여 함께 취하여지는 보다 큰 조직체들이다.

3) 세계관

사람들은 실재에 대하여 다른 인식을 하기 때문에 세계를 다르게 인식한다. 예를 들면 대개의 서구인들은 그들에게 외현적인 것을 무생물의 물질로 된 참 세계라고 여긴다. 남부 그리고 동남아시아 사람들은 여하튼 외형적인 세계는 실재가 아닌 환상이라고 믿는다.

한 문화의 신념과 행동 뒤에 놓인 실재에 대한 기본적인 인식을 함께 뭉쳐 때때로 세계관이라 부른다. 예를 들면 서방에서는 시간을 직선적이고 균일하다고 가정한다. 다른 문화에서는 시간을 순환적인 것으로 보고 있다. 다른 문화는 도덕의 다른 기준을 가진다는 사실은 많은 통문화적 오해를 불러일으킨다. 북미에 있어서 기독교인들 가운데 주요한 죄는 성적인 행동에서 많이 강조된다. 남부 아시아에 온 선교사들은 흔히 그 지역에서 중요한 죄는 자신의 성질을 자제하지 못함이라는 것을 알지 못한다.

어떻게 우리는 인간의 기존 윤리적인 신념을 취급해야 하며 어떻게 죄에 대한 성경적 개념을 소개해야 하는가? 사실로 죄에 대한 성경적인 견해는 무엇이며, 우리 문화의 가치를 다른 문화에 강요함이 어느 정도 위험한가? 더욱이 우리가 사람들의 개념에 따라 살지 않을 때 무슨 현상이 일어나는가?

예를 들면 많은 사회에서 아이를 못 가지는 것을 악한 자들에게 내리는 하나님의 징벌로 본다. 그래서 남자는 그의 첫 아내가 아기를 갖지 못하면 제2의 아내를 취하여야만 한다. 이러한 사회에서 선교사 부부가 만약 아이가 없다면 어떻게 처신하여야 할까? 제2의 아내를 취하는 것은 죄에 관한 그들의 신조를 범하는 일이지만 아이가 없다는 것은 그들 가운데서 전도함에 있어서 신임을 추락시키는 원인이 된다.

인식적, 감정적 그리고 평가적인 차원을 함께 결속함으로써 세계에 관하여 의미를 부여하고 그들에게 편안함을 주고, 그들이 옳다고 하는 바를 재확인시키며, 나아가 세계를 보는 방법을 사람들에게 제공할 수 있다.

4) 세계관의 기능

세계관의 기능은 한 문화에 깔린 가정들을 함께 묶음으로 사람들에게 세계를 보는 다소의 통일적인 방법을 제공한다. 첫째, 이들 체계의 신념을 위해 합리적 정당성을 제공하면서 설명체계를 성립시키는 우리의 세계관은 인식적 기초를 우리에게 제공한다. 둘째, 세계관은 감정적인 안정을 제공한다. 강력한 감정은 죽음에 대한 위협이며 무의미에 관한 공포이다. 사람이 만약 목적의식을 가진 죽음을 믿는다면 순교자로서 죽음 자체에 직면할 수 있다. 셋째, 세계관은 문화적 개념을 공고히 한다. 넷째, 세계관은 문화를 통합하며 문화변화를 감시한다. 세계관은 우리 문화에 맞는 것을 선택하고 그렇지 못한 것들을 거절하도록 우리를 돕는다. 남미의 부락민들은 균을 죽이기 위해서가 아니고 악령을 쫓아내기 위해 물을 끓이기 시작했다. 그런고로 세계관은 옛 방법들을 보존함과 오랜 시일을 지나온 문화 가운데서 안정을 제공하려고 한다. 그러나 세계관은 변한다. 그것들의 어느 것도 완전히 통합을 이루지 않으며 거기에는 항상 내적 모순이 있기 때문이다.

4. 그리스도와 문화

하나님과 문화와의 관계에 있어서 하나님이 문화를 창조하는 인간을 지으셨기에, 그에게 문화가 전혀 무관한 것일 수 없고, 무책임할 수도 없다. 하나님을 문화에 초월하신 분으로 말할 수 없는 것은 인간과의 관계에 있어서 인간의 문화를 매개체로 삼는 사실을 볼 때, 문화는 하나님과 인간과의 관계의 매개체가 된다. 그렇다고 해서 초월자이신 그분을 인간 문화에 속박시키는 것도 불가할 것이다.

그리스도와 문화와의 관계에 대해서는 특히 교회와 문화의 관계를 크게 세 가지로 분류하고 있는데, 첫째는 교회와 신자는 세상에서 무조건 분리해야 된다는 사상이며(separational), 둘째는 교회가 세상과의 담을 무조건 제거하고 하나가 되어야 한다는 태도요(identificational model), 셋째는 문화 속에 많은 악이 있지만 적극적 자세로 문화를 개혁해야 한다는 사상(transformational model)이다.[8] 리차드 니버(H. Richard Niebuhr)는 다음과 같이 견해를 말하고 있다.

1) 문화에 대립하는 그리스도

이것은 하나님은 문화를 반대한다는 것으로 그리스도의 전적인 권위를 단호히 긍정하는 것과 문화에 대한 충성의 요구를 단호히 거부하는 것이다.[9]

타문화를 거부하는 것은 "세상이나 세상에 있는 것을 사랑하지 말라…"(요일 2:15-17)는 성경 말씀에 입각하고 있는데 여기서는 세상과 문화를 동일시하고 있다. 그리고 복음 또는 문화의 양자택일이 강조되고 있다. 이것

---
8) 장중열, 『교회성장과 선교학』(서울: 성광문화사, 1988), 152-153.
9) H. Richard Niebuhr, 『그리스도와 문화』, 김재준 역 (서울: 대한기독교서회, 1988), 52.

은 그리스도와 세상 가운데서 양자택일을 말하고 있다. 그러나 신약의 세상이라는 "kosmos"라는 말은 악의 세력에 감염된 특수한 문화의 어떤 면을 언급함이지, 결코 전체 문화를 말함은 아닌 것이다. 즉 하나님보다 문화적인 삶의 원리에 고착되는 것을 세상을 사랑함이라 할 수 있고, 그것을 버려야 할 것이다. 그렇지만 하나님을 위하여 문화를 사용하고 그에게 더 가까이 나아간다면 문화를 송두리째 버릴 필요는 없는 것이다. 오히려 문화의 종목을 그의 영광을 위하여 사용해야 할 것이다.[10]

2) 문화의 그리스도

이 주장은 그리스도를 통하여 문화를 해석하는 데 있어 문화 안에 있는 가장 중요한 요소들은 그리스도와 가장 일치되는 것이라고 설명한다. 또한 다른 한편으로는 문화를 통하여 그리스도를 이해하는 데 있어 그리스도의 교훈과 행동, 그리고 그리스도를 관한 교리 등에서 문명 안에 있는 최선의 것과 일치된다고 보이는 것들을 선택하여 그것을 그리스도와 조화시키기도 한다.[11]

여기서 그리스도는 "인간 문화의 최고의 개화"이며 "휴머니티의 교육가"가 된다. 즉 하나님이 인간을 자기 형상대로 창조한 것이 아니라 인간들이 자기들의 형상대로 신을 만들었다고 주장한다. 이렇게 되면 하나님을 초월적인 데서 상대적인 곳으로 떨어뜨리는 것이 된다. 하나님에 대해서 자신의 방법, 세계관에 의하여 결정하게 되는 것이다. 이것은 일부분 옳을지 모르나 온전하지는 못한 것이다.

3) 문화 위에 있는 그리스도

신은 세계를 창조한 후에 인간 문화 밖에 초월해 있으면서 인간 문화 속

---

10) 채은수, "선교와 문화"(Missions and Culture), 목사 계속교육 강의집 제4권, 『선교와 전도』 (서울: 유니온학술자료원,1990), 54.
11) H. Richard Niebuhr, 『그리스도와 문화』, 김재준 역, 89.

에 일어나는 일에 관여하지 않는다는 견해이다. 이러한 견해는 성서에 기록된 인간에 관심을 가지시고 그리스도를 통해서 인간을 구원하며 그 문화까지 새롭게 하시겠다고 하시는 하나님과는 너무 거리가 멀며, 인간에 대한 하나님의 사랑을 강조한 성서의 증언과도 거리가 멀다.

4) 문화와 역설관계에 있는 그리스도

니버는 신과 문화 사이의 관계에 대해 "신은 문화를 초월한 존재"로 보며 또한 "그러나 신은 문화를 신과 인간과의 상호 관계의 매개체로 사용하고 있는 분"으로 보고 있다. 이 견해는 그리스도나 문화가 다 같이 순종되어야 할 권위이며, 믿는 자는 두 가지의 원리를 함께 존중해야 함으로 긴장 가운데 처한다는 것이다.[12]

5) 문화의 변혁자이신 그리스도

이 견해는 문화란 타락한 인간의 산물이므로 분명히 죄성을 나타내며, 그리스도로 인해 인간이 속량받을 때 문화 역시 하나님의 영광을 나타냄으로써 그분의 뜻을 실현시키게 된다는 것이다. 하나님은 문화를 통하여 역사하신다. 문화는 통로(vehicle)로서 인간에 의해서만 사용되는 것이 아니라 하나님, 그리고 사탄에 의해서도 사용될 수 있는 것이다. 따라서 문화의 형태를 가지고 기독교적인 것과 비기독교적인 것으로 구분할 수 있다. 다시 말하면 거룩한 형태가 따로 없는 것이다. 그것을 기독교의 목적을 위해 사용하면 되는 것이다.[13]

---

12) Ibid.
13) Ibid.

5. 미전도 종족들[14]

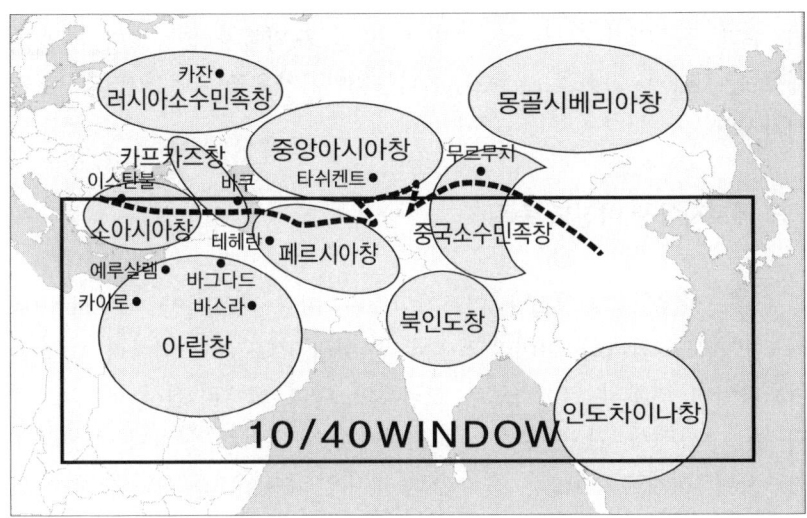

1) 중앙아시아창 미전도 종족

우즈베키스탄, 카자흐스탄, 투르크메니스탄, 키르기스스탄, 아바진, 아바르인, 노가이, 쿠믹, 코미, 라크, 레즈긴, 타바사란, 둔간, 가가우즈, 황하 몽골, 브라후이, 다르긴, 우디, 바쉬키르, 카라칼팍, 모르드비니안, 몰다비안, 마리, 우드무트, 리투아니아, 에스토니아, 고려인, 파이샤, 중앙아시아계 유대인 등

2) 소아시아창 미전도 종족

터키, 아바자, 압하즈, 아디게(서카시안), 알라윗, 알바니아, 알레비카(쿠

---

14) http://blog.naver.com/lux21, *World Mission*. 이재완, 『타문화권 선교방법론 연구-상황화』, 102-104.

르드쉬), 아랍-레반틴, 아랍-튀니지안, 네오아마릭, 디밀리쿠르드쉬, 도마리, 집시-유르크, 가가우즈-투르크, 헤르키, 헤르트빈, 소아시아계 유대인, 쿠믹, 쿠르만지-북부쿠르드, 민그렐리안, 포막불가리아, 로마니-발칸, 세르브, 시카키, 타하치, 우르드, 아나톨리안가가우즈, 투르크(터키), 동부 서카시안 등

3) 페르시아창 미전도 종족

쿠르드, 이란, 타지키스탄, 아프가니스탄, 이란-페르시안, 페르시안-다리, 아이마크-잠디쉬, 아이마크-티무리, 아랍-걸프, 아스티아니, 아날루, 바흐타아리, 발루치, 바쉬카르디, 브라후이, 다리, 도마리 집시, 에쉬테하르디, 팔스, 갈레쉬, 가지, 길라키, 고자르카니, 구자라트, 구라니-바젤라니, 하르자니, 하자리, 헤르키, 훌라울라, 유대인-쥬데오페르시안, 즈하라완, 가바테이, 가잘리, 카리가니, 켈후리, 칼라즈, 크호니, 크호자, 코라사니-쿠르크, 쿠라사니, 코레쉬로스탐, 코로쉬, 쿠르만지-북부 쿠르드, 라레스타니, 라스레르기, 가브리, 고르바티 집시, 만잔데라니, 무슬만타트, 바프시, 발카롬 집시, 서부파탄, 셈나니, 시카카쿠르드, 아스티아니, 아프간계 페르시아닝, 아프샤리, 우르두, 유태계 타트, 유대계 페르시아닝, 이란계 아랍, 죠트 집시, 카쉬카이, 코라사니쿠르드, 쿤사리, 타키스타니, 탈라쉬, 테이무르, 편잡, 페르시아닝, 페르시안반투, 하자라베르베르, 헤르키쿠르드, 구주르라스타니, 난갈라미, 다르와지, 바쉬가리, 신디, 아이마크하자라, 아프가니타직, 와이겔리, 타이마니, 파샤이(남서부), 피르즈코히파쉬툰, 아프간잠디쉬, 아이마크하르, 힌두, 아쉬쿠니, 바니아, 바쉬갈, 브라만, 찬가르, 그랑갈, 인두스코히스타니, 캄바리 하리, 흐오, 마라흘, 모갈, 문지, 무살, 오므리, 팔라바니, 파라치, 파르야, 파샤이, 파르야, 파샤이, 프라순, 산글치, 사우, 쉬나, 슈그니, 쉬마쉬트, 티라흐, 트레가미, 와르두지, 요타푸리카다르칼라, 바쉬키르, 라크, 아랍계 타직, 카링가니, 쿤사리, 마라게이, 마쉬아디, 구라니 등

4) 인도차이나창 미전도종족

베트남, 라오스, 캄보디아, 타이, 니야유, 니용, 루, 말레이, 미얀마, 벵갈, 크메르, 사에크, 샨 브루, 소 야오, 쿠이 쿤, 크무 탈라잉, 파타니말레이, 니용, 펀잡, 푸노이, 푸타이, 호키엔, 흑타이, 라오, 참 꽁뚱, 떼오초우, 만다린, 하카, 호키엔, 야오, 따오이, 라메트라오푸안, 라오 로르, 루 무에이타이, 백타이, 볼로벤, 브라오, 브루 사에크, 실라오이, 이르 따오이, 적타이, 중국계 샨, 카탕, 카투, 칸투, 눙, 파코푸노이, 토-꺼라오, 꼬꽁, 끄뚜, 끄호, 따이, 라하, 라찌, 라후, 로로, 루 르맘, 마망, 므농, 바나, 보이, 브후, 반끼우, 빠텐, 뿌뻬오, 브라오, 산지우, 산짜이, 서당, 스팅신문, 실라, 에데, 예찌엥, 오두, 응아이, 자글라이, 자라이, 자이, 쭈루 쯔로, 참 캉, 크무크메르, 타이, 푸라, 하니, 흐레, 흐몽, 바나, 골든팔라웅, 구자라트, 네팔인 노라, 눙라시, 루마이리앙랑, 마헤이, 말레이, 몬 문친, 므루, 민다트, 미얀마계, 샨벵갈, 실버팔라웅, 양비예, 인타, 차웅타카도, 캄티샨, 콘타이, 타만, 타웅요, 힌디, 아하, 알루, 아렘 보놈, 바라, 바노, 브루-서부, 카오란, 쵸로, 세뉴-메이-룩-사츠, 쿠아, 유라시안, 기야, 하랑도근, 하니, 하로이, 하이랜드야오, 흐몽다오, 흐몽느자(불루메오), 흐레, 자라이, 제흐, 카투아, 카용, 코호, 라그후, 라티, 팍탄, 마 메오, 파코스, 레드메오, 렝가오, 르아데, 로글라, 세당, 실라, 산두, 스팅, 타오이, 레드타이, 화이트다이, 블랙타이, 미엔, 숑, 타밀, 탐푸안, 라시 라오푸안, 라오쭌, 아리카네스마기, 아사미즈, 바텍, 박디, 받야, 바우리, 베하라, 벵갈, 뷘말리, 비하리 등

5) 중국소수민족창 미전도종족

우이구르, 티벳, 내몽골, 그로마, 꽃메오, 나시, 냥, 은골록, 다우르, 라다키, 라시, 롬, 집시 루, 리, 마헤이, 만차오란, 만주, 말루멘파, 몰라오, 몽-남서부후이슈이, 몽-루오포헤, 몽-서부마샨, 몽-중부마샨, 몽-총간지안, 부리그, 북부메오, 빠이, 뽀오미엔, 뿌누, 뿌랑, 뿌이, 뻬요, 산쑤, 살라르, 샨, 서부라와, 서부만주, 술룽, 슈이, 써, 아디, 아투엔처, 암도, 야오, 어웬

크, 옹뻬, 위미엔, 원난성의샨, 융-춘, 이-꾸이조우, 이-중부, 쟈룽, 중국계 눙(한족 눙), 중국계 몽골, 중국계 샨, 중국계 타직, 중부 티벳인, 지누, 지아마쿠, 쩨쿠, 쭈앙, 초니, 치앙, 치엔치앙, 칭, 카도, 카자흐, 칼미크-오이라트, 칼카몽골, 캄, 겔라오, 코푸, 춘타이눙, 텐, 토 투, 투지아, 퉁, 퉁샹, 파낭, 파옹간, 팔라우, 푸미, 하니, 한족(하이난), 한족(하카), 한족(후난), 황색 위구르, 후이, 흑타이, 아체, 아흐마오, 아창, 이디, 아듀, 아참, 아하, 암도-흐브로브가, 그로마, 라다키, 멘파, 부리그, 술룽, 아디, 아투엔처, 은골록, 쟈룽, 쩨쿠, 초니, 치엥 캄, 파낭, 잔족(만다린), 한족(우), 한족(광동인), 앵글로-오스트레일리안, 아오바오, 아오카 아우, 악시, 아이, 아즈헤, 산지앙, 바이홍, 바이마, 바오누오, 비아오멘, 비아오지아오멘, 보카, 보우예이, 츠라머, 따이잔, 거만, 디엔바오, 디까오, 에니푸, 얼꽁, 얼쑤, 가몽, 가이지, 거쑤, 그로마, 흐몽부아, 흐몽드렉스융찹, 루미엔창핑, 루미엔후난, 지아롱챠바오, 지아롱쓰투, 지아써우, 북캄파, 서캄파, 라키아, 라루, 리 리미, 링 후아, 루오루오포, 미야오바이스, 미야오-남서후이슈이, 미야오루오보허, 니야오루판릭, 타이누아, 티벳-쥬취, 톨거트, 투 위구르-위티엔, 시양청, 양후앙, 융춘, 여우누오쟈바, 먼빠, 루어빠, 둥샹, 싸라, 하샤크, 바오안, 투시버, 챵 수이, 리 먀오, 투쟈, 거로, 서 쟝기야오, 부이, 마오난, 징 둥 무라오, 가오산, 낙파 등

6. 다양한 문화와 복음전달

선교사의 자녀들이 애완동물로 고양이를 데리고 선교지로 갔었다. 그런데 그곳의 부족 사람들은 선교사를 멀리했다. 왜냐하면 그 부족에서는 무당만이 고양이를 키우고 무당이 밤에 육신을 떠나 고양이에게로 들어가서 마을을 배회한다고 믿고 있었기 때문이다. 선교사 부인이 샴푸를 가지고 머리를 감을 때는 거품 때문에 머리에 다른 영혼이라도 있는 것으로 오해했다. 선교지의 문화에 대한 이해가 없는 사역은 선교지 사람들과의 관계 소원을 야기하고, 그들로 복음을 이해하기보다는 오히려 오해하게 하는 부정적인

결과를 가져올 수 있는 것이다.

　인간은 물고기가 물속에서 살듯이 문화 가운데서 생존하고 있다. 그들의 삶의 방식과 세계를 보는 눈이 문화를 통해서 습득되고 있다. 삶의 방식이 제각기 다르고 풍습과 예절, 가치관이 나라와 부족마다 다르다. 문화는 인간이 사회관계 속에서 학습되어지고 상호 공유하는 행동, 사상, 생산물의 통합된 체계라고 정의할 수 있다(폴 히버트). 문화는 집단적 사고, 느낌, 신념의 방식이며 삶을 위한 청사진을 제공한다.

　문화에 따라 사람들이 먹고 입고 말하고 행동하는 방식이 다르고 가치관과 신념, 가치관에 있어서 차이가 난다. 이러한 문화의 차이를 이해하는 것이 타문화권에서 복음을 전파하는 데 얼마나 중요한지 살펴보고자 한다. 선교사는 선교지의 문화를 이해하는 정도만큼 효과적으로 의사소통이 가능하고 복음을 효과적으로 전달할 수 있다는 것을 명심해야 한다.

1) 성경에서 본 문화접근

(1) 예수님의 모범

　예수님은 천사의 형상으로 오셔서 천상적인 언어로 그의 뜻을 전하지 않으시고, 친히 인간의 문화 속으로 오셔서 그 가운데서 성장하시고 이 땅의 언어로 거룩한 사역을 감당하셨다. 그는 흠이 없으시고 하나님의 말씀을 완전하게 전하셨는데, 그는 말씀을 듣는 자들의 문화 속으로 내려오셔서 그들의 문화와 호흡을 같이하시면서 그들이 이해할 수 있는 언어를 사용하시어 하나님의 말씀을 전하셨다. 만일 천상적인 하늘의 언어로 말씀을 선포하셨다면 이 땅의 누구도 이해하지 못하셨을 것이다. 이스라엘의 사람들의 삶의 근간을 이루는 종교와 문화를 개의치 않으시고 새로운 율법과 생소한 메시지를 제시하셨다고 하면 그들은 혼돈과 무지를 피할 수 없었을 것이다. 예수님은 이스라엘의 전통혼례식을 위해 포도주를 공급하심으로 그들의 전통문화 중 하나인 혼례식을 축복하셨고 유월절을 정기적으로 지키셨고 정부에 세금을 내시기까지 하셨다. 즉 그들의 사회 문화를 부정하기보다는 그들의 문화와 함께 호흡하시면서 사셨다.

예수님은 천상에 계셨던 하나님의 아들이지만 이스라엘 사람들을 사랑의 마음으로 접근하고 그들을 구원하시고자 이스라엘의 문화와 언어 속으로 들어 오셨고 그들의 문화를 습득하시고 그 문화의 틀을 그들의 인식의 기초로 삼고 말씀을 전달하셨다. 예수님은 이스라엘 사람들 자신의 사고와 이해의 준거틀을 제공하는 그들의 문화 속에서 그들의 언어로 하나님의 말씀을 선포하셨다. 예수님은 듣는 자의 이해의 수준으로 내려가셔서 그들이 이해하는 일상적인 생활과 비유를 가지고 진리를 설명하셨다. 청중의 문화와 이해의 수준에 까지 자신을 낮추시고 그들의 문화와 언어를 이용하셔서 거룩한 말씀을 가르친 것이다.

나아가서 다른 신분의 사람이나 다른 상황을 접하실 때에는 그에 따른 복음의 연관성(relevance)을 적용하셨다. 이스라엘 사회에서는 지적으로 뛰어난 지식인이었지만 영적으로 무지한 니고데모(요 3장)에게는 다시 태어남의 원리로 도전하셨다. 사람들이 익히 알고 있는 육적인 탄생의 자연원리를 이해의 매개로 삼아 영적 태어남의 진리를 가르치셨다. 그리고 수가성의 여인(요 4장)에게는 신체적 갈증을 해소하는 물리적 물에 대한 관심을 불러일으키신 다음 영적 갈증을 해결하는 영적인 생수를 제시하셨다. 유대의 종교와 문화에 뿌리박힌 삶을 영위해 온 젊은 부자 청년에게 예수님은 유대종교의 율법의 준수에 대한 질문으로 시작하신 후에 영생의 길을 설명하셨다. 왜냐하면 그 청년은 율법을 지킴으로 영생에 이를 것으로 믿었고 또한 율법을 잘 지켜왔다고 자부하였기에 예수님은 그의 율법에 대한 바른 이해의 필요성을 시발점으로 하여 그를 도전하신 후에 그에게 영생에 이르는 길을 제시하셨다. 유대인들의 일상적 삶과 문화, 종교를 가지고서 말씀을 시작하시고 이를 통하여서 영적인 진리와 영생의 길을 가르치셨다. 그들의 이해의 틀의 수준에서 영원한 진리의 말씀을 이해할 수 있도록 그들의 문화 속에서, 그들의 이해 수준에서 그리고 그들의 언어로 말씀하셨다.

(2) 바울의 본보기

바울의 선교사역을 살펴보아도 주어진 문화에 따라 그의 접근도 융통성 있게 변화하고 있음을 알 수 있다. 비시디아 안디옥에서 유대인에게 복음을 전파할 때는 그들이 잘 알고 있는 구약의 역사를 시점으로 하여 예수의 오심을 설명하고 복음을 전하였다. 그들이 신봉하는 구약성경을 인용하여 복음을 설명했다(행 13:13-41). 반면에 아덴의 헬라 사람들에게는 그들의 종교성이 많음을 긍정적으로 보고 그들의 전통가운데서 발견할 수 있는 '알지 못하는 신에게' 라고 새겨진 단을 부각시킴으로 하나님을 소개하기 위한 디딤돌을 먼저 놓은 후에 창조자이신 참 하나님과 예수의 부활을 그들에게 소개한다. 아덴 도시에 우상이 가득한 것에 거룩한 분노를 발하였던 것이 사실이지만 그들의 종교성을 이해한 바울은 그들 문화 속에 담긴 하나님의 일반계시를 찾아 이를 말씀 선포 자와 듣는 자 사이의 공통분모로 삼아 복음의 메시지를 전달하였다.

  또한 복음전파 대상자들이 알고 있는 현인의 말을 인용하여 바울은 우상숭배의 어리석음을 지적하기도 한다. '우리가 그의 소생이라' 는 선교지의 현인의 말(3세기 전 스토아학파 저자 아라투스〈Aratus〉의 말)을 바울 선교사는 인용하고 있는데 그의 선교지 문화에 대한 이해도가 매우 높았던 모양이다. 그리고 그의 인용한 말은 선교지 사람들이 쉽게 납득하고 인정할 수 밖에 없었으니 바울의 말씀 전달은 설득력이 많았을 뿐만 아니라 그들은 그들의 마음의 언어로 전달되는 메시지를 이해할 수 있어 절실한 깨달음에 이를 수 있었을 것이다.

  계속하여, 헬라인들에게 잘 알려져 있는 그레데(Crete) 출신의 현인 에피메니데스(Epim enides, 주전 600년경)의 말을 인용하여 바울은 '하나님이 우리 각 사람에게서 멀리 떠나 계시지 아니하시다' 는 사실을 역설하고자 한다. 하나님은 지고하시고 거룩하셔서 인간과 너무도 멀리 떨어져 계셔야 하지만 사랑의 하나님은 우리에게 다가오시고 우리와 함께하시고자 하는 임마누엘의 하나님이라는 것을 애타게 전하고자 한다. 이를 증명하기 위해서 그들이 잘 알고 있는 선지자 에피메니데스의 말을 언급한다, "우리가 그를 힘입어 살며 기동하며 있느니라"(행 17:28a). 바울이 디도서 1:12에서도 같은 선지자의 말을 인용하여 그의 전하고자 하는 뜻을 전하는 것을 보면 바울이 현지문화의 요소를 잘 이해하고 이를 효과적으로 복음전파에 사용하였음을 알 수 있다. 바울은 유대인들에게는 유대인과 같이 되었고(고전

9:20), 율법 없는 이방인에게는 이방인과 같이 되었다고 고백한다(21절). 이같이 그가 "여러 모양이 된 것은 아무쪼록 몇몇 사람들을 구원코자" 하는 의도에 연유한다고 했다(22절). 바울은 대상자들의 인식의 근거가 되는 여러 다른 문화를 향하여 접근하였을 뿐 아니라 그 문화를 이해하고 공유하는 자리까지 내려와서 그 문화의 요소를 사용하여 복음의 메시지를 전달했다. 바울 사도는 그들의 마음과 감정에 호소하는 공유된 말이나 전승을 통해서 진리의 말씀을 전했다. 복음전달의 상황에 적확(的確)하고 진리로 연결되는 공통분모를 사역지의 문화 속에서 발견하고 적용하였다.

2) 선교지 문화 속의 창조자에 대한 개념과 복음전도

선교지 문화에 대한 이해가 복음전달에 얼마나 중요한지 구체적인 사례들을 살펴보자. 먼저 구약성경 창세기에는 '엘 엘리온'(El Elyon)란 말이 쓰인다(창 14:18-20). 즉 멜기세덱이 '엘 엘리온'의 제사장이었다고 기록되어 있다. '엘 엘리 온'은 '지극히 높으신 하나님'이라고 한글성경에 번역되어 있다. 멜기세덱은 창조자 하나님을 '엘 엘리온'(지극히 높으신 하나님)이라 불렀다(19-20절). 그런데 '엘'과 '엘리온'은 이스라엘의 '여호와'에 해당하는 가나안 사람들의 말이었다. '엘리온' 또는 '엘 엘리온'이란 말들이 이방인들의 기록에서 발견되고 있다는 것이다. 이는 아브라함이 살기 시작한 당시 이미 창조자나 하나님을 지칭하는 말들이 이방인들에게 있었고 이 용어를 구약의 믿음의 조상들이 받아들였다는 것을 말해 준다. 여기서 중요한 것은 이방인들이 이미 하나님에 대한 용어와 개념을 가지고 있었다는 것이다.

남미의 잉카문명의 왕으로 통치하였던 파챠쿠티(Pachacuti, 주후 1438-1471)에 의하면 그의 부친 하툰 투팍(Hatu Tupac)에게 하나님이 꿈에 나타나셔서 그가 참으로 만유의 창조자라고 가르쳐 주셨다고 한다. 이 전능한 창조자는 '비라코챠'(Viracocha)라는 이름으로 그들에게 알려졌다. 이방신 인티(Inti)를 숭배해 왔던 파챠쿠티는 자신의 전통 속에서 참 하나님이 스스로를 계시했던 사실을 발견했다. 그런데 지배계급에게만 창조자에 대한 신앙이 전수되었다가 이후에는 시들어 버렸다. 스페인 가톨릭교도들은 잉카의 우상숭배를 제거하는 과정에서 잉카에 잔존해 있던 유일신 신앙까지 파괴하고 말았다. 이들의 문화를 무시하거나 그것에 무지하여 창조주 하나님을 효과적으로 소개할 수 있는 기회를 저버렸다.

인도 캘커타 북쪽에 '산탈'이라는 사람들이 살고 있었는데 이들은 창조자를 '타 쿨 지우'(Thakur Jiu, '참된 하나님')라고 불렀다고 한다. 이들은 첫 남녀의 창조와 타락에 대한 민간전승과 홍수심판에 대한 이야기를 전해 들었다. 과거 조상들은 '타 쿨 지우'만을 순종했으나 시간이 지남에 따라 다른 이방신을 발견하고는 참된 하나님을 날로 잊어갔고 결국 그의 이름만 남게 되었다. '타 쿨 지우'를 태양신으로 오해하는 사람들도 생겨났지만 그들의 선조들은 '타 쿨 지우'는 육안으로 볼 수 없고 그는 모든 것을 아시며 모든 것을 창조하셨고 모든 것을 보존하시고 모든 것의 필요를 채우신다고 후세들에게 가르쳤다.

만일 선교사가 와서 그들에게 알려진 이러한 하나님의 개념을 무시하고 그들이 믿고 있는 참된 하나님을 마귀라고 일축해 버린다면 그들에게 큰 혼동을 줄 것이고 복음을 전달할 좋은 기회를 놓치고 말았을 것이다.

민속종교의 90%가 적어도 하나님의 존재는 인정하고 있다고 한다. 어떤 경우에는 인류에 대한 하나님의 구속에 관심을 보이기도 한다고 한다. 선교사는 선교지 문화 속에 담긴 그들 나름대로의 창조자에 대한 개념을 발견하고 그들에게 성경의 하나님과 일치함을 보여줌으로써 그들이 성경을 통해 계시된 하나님을 발견하고 독생자 예수를 보내신 하나님을 알게 하는 데까지 이르게 해야 한다.

중앙아프리카공화국에 사는 음바카(Mbaka)라는 반투 부족에게는 창조자가 '코로'(Koro)라는 이름으로 알려졌다. 이 부족의 전승에 의하면 창조자 '코로'가 인류를 위해서 그의 아들을 세상에 이미 보내셔서 굉장한 일을 성취했다는 말을 그들 선조들로부터 전해 들었다고 한다. 하지만 이후에 그들 선조들이 '코로'의 아들에 관한 진리를 배척하고 말았다. 창조자가 인류를 위해 하신 일을 잊은 이후 다음 세대들은 '코로'의 아들에 관한 진리를 알고자 열망했다. 그런데 그 잊혀진 진리를 회복하기 위해서는 결국 사자

(使者)들이 찾아올 것이라는 믿음을 가지고 있었다. 선교사들이 하나님의 아들에 관한 복음을 전할 때 그들이 구원의 소식을 환영하였는데 이것은 그들 코로의 아들에 관한 전승(傳承) 때문이었다. 만일 선교사가 그들의 전승을 마귀적인 것이나 미신적인 것으로 배척하고 그가 알고 있는 예수만이 참된 예수라고 전한다고 하면 선교사는 동일한 하나님의 아들 사이의 경쟁을 유발하는 격이 되지 않겠는가?

중국의 역사를 거슬러 올라가보면 주나라가 도래하기 전에는 중국인들은 '샹티'(上帝, 하늘의 주)께 거리낌 없이 경의를 표했다. 세월이 흐른 후에는 오직 황제만이 일 년에 한 번 샹티를 경배하였다. 백성들이 샹티에 대한 신앙과 격리되자 영적 공백이 생겨났는데 이를 유교, 도교, 불교가 채우게 되었다. 조상숭배와 부처상숭배가 하늘의 주님에 대한 경배를 대신하게 되었다. 이후에 기독교의 증거자로 온 선교사들이 중국에 들어왔지만 중국인들이 원래 가졌던 유일신 사상을 일깨워주거나 기독교의 하나님을 그들의 선조들이 경배한 샹티와 일치시켜 주는 데는 실패하였다. 단지 선교사들이 소개하는 이국적 하나님은 중국인들이 과거부터 들어왔던 어떤 하나님과도 다르다는 점을 강조했을 뿐이었다. 로마 가톨릭교는 하나님을 '티엔 주'(天主)라는 한자로 표기하였다.

개신교 선교사들은 '샹티'(上帝)라는 말을 사용할지에 대한 의견에 일치점을 찾지 못했다. '샹티'라는 용어를 사용한 부류의 선교사들조차 그 말이 원래적으로 가진 의미를 되살리지는 못했다.

가톨릭 선교사들이 한국에서 중국에서처럼 '천주'(天主)라는 말을 동일하게 사용하는 동안, 1884년에 들어온 개신교 선교사들은 한국인들의 초자연세계관을 조사한 후에 성경의 여호와는 한국에서는 '하나님'이라는 단어로 통한다는 사실을 발견하였다. 창조자에 해당하는 낯선 외국어 대신에 한국어 고유의 말을 사용한 것이 복음전도에 큰 효과가 있었을 것이다. 보통 한국인들이 막연하게 가지고 있는 하나님에 대한 개념이 성경을 통해서 확연하게 계시되었다. 초창기 선교사들이 한국 문화를 이해하려는 노력의 결과로 한국인이 가지는 창조자에 대한 개념과 성경에 계시된 하나님 사이의 연결점을 발견한 것이 한반도에서의 급속한 복음전파에 큰 기여를 하였을 것이다.

　반면에 한국에서 천주(天主)라는 한자어를 사용하는 것은 중국 문화가 한국 문화보다 우위에 있다는 인상을 줄 수 있었다. 가톨릭 선교사들은 가톨릭교가 개신교보다 성장이 더딘 것의 원인이 한국말로 되어 있고 한국 전승이 가지는 전능자에 대한 표현, 즉 '하나님'을 거절하고 '천주'(天主)라는 외래어를 선호하는 잘못을 저지른 것에 있다는 결론에 이르렀다. 그래서 그 후로 하나님이라는 말을 쓰기 시작하기로 결정했다고 한다. 한국 문화를 무시하고 중국의 한자어를 강요한 것이 한국인 신자들로 하나님과 더 멀어지게 하는 결과를 낳았던 것이다. 한국 문화에 담긴 '하나님'이라는 용어가 한국인에게는 더욱 친숙하고 참 하나님을 발견하는 데 더욱 효과적이었던 것이다.

3) 타문화권의 하나님의 이해와 복음전도

　미얀마의 카렌족의 찬양시를 보면 그들의 참 하나님, '이와'(Y'wa)에 대한 경외심이 그들 마음에 자리잡고 있음을 알 수 있다. 하나님의 영원성과 전능하심, 전지하심을 노래하였다.

　　"이와는 영원하시고 그의 생명은 길다. 영겁―그에게는 사망이 없다…"

　　"태초에 누가 세계를 창조했던가? '이와' 께서 태초에 세계를 창조하셨다. 이와께서 모든 것을 지정하셨다. 이와는 헤아릴 수 없으신 분이시다."

　　"이와는 전능하시다. 그러나 우리는 그를 믿지 않았다. 옛적에 이와는 사람을 지으셨다. 그는 모든 것을 완전히 아신다. 이와는 태초에 사람들을 지으셨다."

　　"이와는 원래 세상을 지으셨다. 그는 음식과 음료를 정하셨다. 그는 상세한 명령을 주셨다. 무카우리(Mu-kaw-lee)가 두 사람을 속였다. 그는 그들로 하여금 시험의 나무의 열매를 먹게 하였다. 그들은 불순종하였다. 이와를 믿지 않았다… 그들이 시험의 열매를 먹을 때 그들은 병에 걸리고 늙고 죽게 되었다…"

'이와'의 오심을 고대하는 희망의 노래도 있다.

"정한 때에 '이와'는 오시리라. …죽은 나무에 봉우리가 맺히고 꽃이 피리라… 썩어 쓰러져 가는 나무에 다시 꽃망울이 맺히고 꽃이 피리라. '이와'는 오시리라. 큰 타우티(Thau-thee, 성산〈聖山〉의 이름)를 가져 오시리라. 올라가 경배 드리자."

"카렌의 왕이 오시면 오직 한 왕만이 있을 것이다. 카렌의 왕이 오시면 부요한 자도 가난한 자도 없을 것이다."

미국의 침례교선교사 아도니람 저드슨은 인도를 가려다 실패하고 미얀마의 랑군에서 선교사역을 시작했으나 7년이란 세월이 지나서야 불교신자로부터 첫 결신자를 얻게 되었다. 카렌족들은 날마다 저드슨 집을 지나갔으나 저드슨은 그것을 몰랐다. 그들은 그들의 하나님의 이름 '이와'를 찬양하는 노래를 부르곤 했을 것이다. 만일 저드슨 선교사가 카렌족의 문화를 그들의 언어와 찬송시를 통해 이해했더라면 복음을 받을 준비가 되어 있는 그들로부터 대환영을 받았을 뿐만 아니라 많은 영혼이 구원을 받았을 것이다. 불교도들의 반응이 미미한 관계로 낙심한 저드슨은 많은 시간을 성경을 미얀마어로 번역하는 데 소비하였다. 카렌족의 사람들은 하나님이 죄로부터 구원을 위해 보내신 예수를 구세주로 믿을 마음의 준비가 되어 있었으나 저드슨은 그들의 언어를 몰랐고 그들의 찬양시에 담긴 창조자에 대한 신앙을 간과하였다. 카렌족의 전통과 문화를 배우고 복음을 소개했더라면 그는 수많은 영혼이 주께로 돌아오는 기쁨을 맛보았을 것이나 그 기회를 놓치고 만 것이다.

4) 선교지의 문화요소를 이용한 복음전도

　낯선 문화의 땅에서 어떻게 예수 그리스도를 죄인들의 구속자로서 효과적으로, 그리고 절실하게 깨닫도록 설명할 수 있을까? 배신이 미덕처럼 되어 있는 '이리얀 자야'(Irian Jaya)의 '사위'(Sawi) 부족들에게 선교사 돈 리차드슨은 예수를 통한 구원을 그들에게 설명할 길을 찾고자 고심하였다. 그들의 문화와 언어의 이해에 전념하였던 그에게 기회가 왔다. 부족간의 평화조약을 맺기 위해서 화해의 아이를 서로 교환한 것이다. 부족장의 어린아이를 서로 교환하여 양육하는 동안 부족간의 전쟁은 없었던 것이다. 이 관습을 이해함으로써 선교사는 그 관습을 통해 예수가 평화를 가져다주는 하나님의 아들이라는 것을 어두움과 사망에 속에 사는 사위족들에게 소개할 수 있었다.

　보르네오 다크족의 장로는 건강한 닭 두 마리를 골라 한 마리는 잡아 피를 물가에 뿌리고 다른 한 마리는 조각배 한 끝에 산 채로 매어 놓는다. 배의 다른 끝에는 등불을 매어 두는데, 이쯤에 주민들 모두가 배의 두 끝 사이에 보이지 않는 무언가를 갖다 놓는다. 그것이 무엇인지 물어보면 그들은 한결같이 '나의 죄'라고 말한다. 만일 그 조각배가 되돌아오거나 뒤집히지 않고 강을 따라 멀리 사라지면 그것이 주민들이 일 년 동안 평안한 삶을 살 수 있다는 것을 의미한다. 여기서 예수가 그들의 죄를 지고 가신 속죄양이 되시고 동시에 영원히 그들의 죄가 사라짐을 설명할 수 있는 기회를 포착할 수 있는 것이다. 이러한 그들의 문화를 이해하는 것보다 예수의 희생제물의 의미를 더 절실하게 잘 설명할 기회가 있겠는가?

　한자어를 배우던 선교사는 義(의)라는 한자어를 배우게 되었는데 이를 더 연구해 보니 羊(양) 아래에 我(자아)가 있는 글자였다. 양 아래에 내가 있을 때에 의롭게 된다고 해석할 수 있었다. 그런데 의롭게 되기 위해서 '어떤 양 아래에 있어야 하겠는가?'라는 선교사의 질문에 중국인들은 답을 알 수 없었다. 선교사는 '세상 죄를 지고 가는 하나님의 어린양'(요 1:29)을 소개하는 기회를 잡을 수 있었다.

　'船'(선)이란 한자어는 배를 의미하는 '舟'(주) 안에 8명의 사람이 타고 있다는 의미를 담고 있음을 알 수 있다. 노아의 방주를 연상하게 한다. '來'(래)라는 글자는 십자가 나무에 한 사람이 달려 있는 모양을 하고 있고 작은 형태의 人(인)이 좌우로 둘 있는데 이는 인류를 의미할 수 있다. 따라서 이 한자어는 인류가 십자가에 달리신 예수께로 다가온다는 뜻을 담고 있는 것으로 해석할 수 있다. 선교사가 선교지 언어인 한자어를 습득하여 표의문자(表意文字)인 한자어를 풀어서 복음을 설명할 수 있었다. 문화의 산물인 선교지의 문자를 습득하지 못했다면 복음을 전할 수 있는 좋은 기회를 놓였을 것이다.

인디언들에게 '사'(四)는 특별한 의미가 있다. 전승에 의하면 큰 신(the Great Spirit)이 세상을 창조하실 때, 질서를 유지하기 위해서 신성한 '사'를 지정하셨다고 한다. 때문에 그들은 모든 것들이 혼동 가운데 무너지는 것을 막기 위해 질서를 유지하기 위한 네 가지 원칙이 있다고 믿고 있다. 인디언 장로들은 어린이들을 가르칠 때에 그 내용을 네 토막으로 나누어 가르치는 습성이 있다. 그 결과 인디언 어린이들도 네 단락으로 구분된 학습에 익숙해졌다. 선교사들이 사영리(四靈理) 전도법을 사용할 때 인디언들이 경청한 것을 발견할 수 있었다. 말씀을 전할 때에도 네 가지 요점을 기초로 전할 때 효과적이었다고 한다. '네 가지 원리가 있는데 이를 따르지 않으면 삶에 혼돈이 오고 순종하면 삶에 안정과 질서가 찾아온다' 고 설명하여 사영리의 복음 메시지를 전달할 때 그들은 복음에 더욱 잘 반응할 것임을 알 수 있다.

5) 선교지의 민간전승과 복음전도

선교지의 부족들에게 친숙한 신화나 전설, 전승, 민간설화 등등을 공부하면 그들의 문화와 사상을 이해하는 데 도움이 될 뿐만 아니라 복음을 전달하는 데 효과적이다. 특히 아프리카 사람들 사이에 활자문화는 대중적이지 못하고 전통적으로 구전문화에 익숙해 있다. 문맹률이 높은 것도 사실이지만 그들은 문화 자체가 구전문화에 익숙해 있어 이야기, 대화, 토론, 잡담을 통해서 배움의 기회를 가지는 것이 자연스럽다.

이디오피아의 보라나-오로모족(Borana-Oromo)에는 인간과 코끼리에 관한 전설이 있다. 그 신화에 의하면 하나님이 인간과 코끼리를 지으셔서 동산에 두셨는데 강에는 깨끗한 식수가 흐르고 있었다고 한다. 그러나 코끼리가 강을 흙탕물로 흐리게 만들었다. 인간은 이 코끼리를 죽였는데 하나님은 노하셔서 인간을 낙원 밖으로 내보내셨다고 한다. 이후로 보라나족속은 가뭄에 찌든 사막에서 유목민으로 끊임없이 물을 찾아다니며 산다고 한다. 이 전설은 아프리카의 사막의 현실과 물을 생명으로 여기는 삶을 반영해 주고 있다. 이들에게 필요한 소식은 예수가 진정한 생수를 주시는 분이라는 것이다(요 4:14).

탄자니아의 수쿠마족(Sukuma)은 슁웽웨(Shingwengwe)라는 괴물에 관한 이야기를 가지고 있다. 전설에 의하면 이 괴물이 임신한 한 여인을 제외한 모든 사람과 가축을 삼켜버렸다고 한다. 이 여인은 마살라 쿨랑과(Masala Kulangwa)라는 남아(男兒)를 낳았다. 그는 영특한 성인이 되었고 괴물을 찾아 나섰다. 그 괴물을 죽이고 등을 잘라 열어보니 그 속에서 모든 사람들이 밖으로 나왔다. 사람들은 그를 추장의 자리에 앉혔다. 마살라 쿨랑과는 온 세상의 우두머리가 되었다. 예수는 파괴와 죽음을 가져다주는 괴물 같은 사탄을 정복하셨고 사탄에 매인 사람들을 구속하셨다. 그리고 전설에서처럼 그는 왕 중의 왕이시다. 이야기의 '쿨랑과' 청년은 구세주의 모습을 수쿠마족들에게 소개해 주고 있다. 이 시점에서 참된 구세주는 바로 예수 그리스도임을 그들에게 소개해야 하는 것이다. 그들의 전승을 예화로 삼아 예수가 구세주가 되시고 만왕의 왕으로 높임을 받아야 한다는 말씀을 선포할 때 그들의 마음 판에 예수를 강하게 심어줄 수 있는 계기가 될 수 있다.

선교 현장에 전해 내려오는 실화도 복음을 효과적이고 설득력 있게 전달하는 수단이 된다. 수쿠마족 마을에 '바하티'라는 어린아이가 열이 나자 그의 어머니는 약을 구하려 이웃집을 방문하였다. 그런데 갑자기 그 아이가 잠들어 있던 집에 불길이 솟아올랐다. 불길이 아이에게 다가가기 전에 아이를 구하기 위해서 그녀는 아이가 자고 있는 집을 향해 온 힘을 다해 달려갔다. 그 아이를 밖으로 데리고 나오는 동안 그녀는 팔과 다리에 심한 화상을 입었고 온몸이 그을렸다. 바하티가 성장할 때 그녀의 친구들은 화상으로 험상궂게 변한 그녀의 어머니의 모습을 보고 놀리기 시작하였다. 그녀마저 어머니를 무시하였다. 어느 날 바하티는 어머니의 몰골이 사납고 흉터가 있는 이유를 물었다. 어머니는 '바로 너 때문이란다'라고 대답하였다. 그 때부터 바하티는 어머니의 사랑을 알게 되었고 항상 그 사랑에 감사하고 세상에서 자기 어머니가 최고로 좋으신 분이라고 자랑스러워하였다. 이러한 이야기를 통해서 세상의 어머니의 사랑보다 큰 하나님의 사랑을 소개할 수 있을 것이다(사 49:15-16). 그리고 우리를 죄의 불에서 구하시려고 십자가상에서 험상궂게 상흔을 지니시고 고통 가운데 돌아가신 예수의 사랑을 현지인들의 이야기를 매개로 전할 수 있을 것이다.

선교지의 부족들이 그들의 삶과 문화를 반영하는 민요, 민간전승, 신화, 전설 등등을 알게 되면 그들의 정신세계에 친숙하게 될 뿐만 아니라, 가능한 데까지 그들의 사고방식에 참여하고 동화되어 그들이 공감하는 이야기를 가지고 복음을 전할 수 있다. 그들의 관심을 충분히 끌 수 있고 그들의 이해 수준에 다가가는 겸손과 사랑의 태도로 구원의 소식을 그들과 나눌 수 있는 것이다. 천상적인 하나님의 복된 소식을 그들이 친숙하고 이해할 있는 매개를 통해서 그들의 지적, 정적, 의지적 반응을 끌어내는 것이다. 불가사의한 천사의 말로 복음을 전하는 것이 아니라 예수님이 하셨듯이 한 사회에 보편적이고 통용되는 비유와 이야기를 통해서 심오한 천상적 진리를 전달하는 것이다.

선교사가 자란 나라나 문화 가운데서 통용되는 사고방식에 기초한 이야기나 이론을 통한 복음전달은 선교지 사람들에게는 낯설고 이국적인 인상을 심어주어 성육신적 예수의 삶과 사역과는 배치된다. 따라서 이러한 방식은 신식민주의적 접근에 빠질 위험이 있다.

그러나 주의해야 할 것은 복음의 메시지가 사역 대상의 문화 때문에 곡해되고 희석되어서는 절대 안 된다는 것이다. 순수하고 거룩한 복음을 해당 문화에서 가장 효과적으로 전달할 수 있는 방법만을 강구해야 할 것이다. 예수의 사역 방식을 본받아, 겸손과 사랑의 정신으로 그들의 문화와 언어를 매개로 하여 예수 그리스도를 통한 구원의 소식을 전하고 예수 제자로 양육하는 것이 선교사의 사명이다. 바울은 유대인을 구원하기 위해서 유대인 문화에 속한 사람이 되어 유대인 문화의 옷을 입고 생명의 말씀을 선포하였다. 이방인들 가운데서 진리를 선포하기 위해서는 이방인과 같이 되어 그들의 삶과 문화 속에서 살면서 그 가운데 포함된 복음의 접촉점을 발견하고 그것을 통하여 복음을 설명하였다.

우선적으로 선교지의 문화를 습득하기 위해서 해당 나라나 족속의 전통, 역사, 종교, 신화, 문학, 속담 등등을 배워야 한다. 무엇보다 복음전달의 접촉점을 찾기 위해서 필요한 과정이라고 할 수 있다. 왜 문화 이해가 복음전도에 필수적인가를 밝히고자 하는 의도에서 구체적인 사례를 중심으로 설명하였다.

선교지 사람들의 사고와 가치관을 이해하고자 현지인들이 쓴 글들을 읽어보기도 하고 그들의 이야기를 경청해야 한다. 서적이나 잡지, 일간지 등에서도 그들의 삶과 문화가 반영되는 내용을 주시하고 모을 필요도 있다. 하나님의 말씀을 전할 때 그들의 역사와 사회에서 일어났거나 일어나고 있는 이야기를 예화로 들면 현지인들이 말씀에 주의집중하고 메시지에 빠져들어가게 될 것이다. 그들의 정신문화를 반영하는 속담까지 인용할 정도라면 말씀전달 효과는 더 커진다.

물론 성령의 인도와 감동은 복음전달에 필수적이다. 성육신적인 예수의 방법을 따를 때, 즉 선교사가 낮은 자리에 처할 줄 아는 자세로 선교지 문화에 동화되어 가는 노력 가운데 하나님은 그의 말씀으로 역사하실 것이다.

이슬람은 그들의 경전이 인간적인 생각과 의도가 전혀 개입할 여지도 없이 하늘에서 인간들에게로 직접 전달되었다고 말한다. 그것이 사실이라면 심오한 천상의 진리를 깨닫기에는 생각과 이해가 제한되어 있는 인간이 하늘의 메시지를 어떻게 이해할 수 있겠는가? 예수는 이스라엘의 문화권에서 성장하셔서 그들이 인지할 수 있는 그들의 사고와 문화를 통해서 뜻하신 말씀을 선포하셨다. 예수가 천사의 형상으로 출현하셔서 천사의 말을 가지고 가르치셨다고 하면 사람들은 경이에 차고 놀랐겠지만 하나님의 말씀은 이 땅의 사람과는 거리가 먼 이해할 수 없는 하늘에 속한 것일 뿐이었을 것이다.

6) 이슬람 문화권에서의 복음전도

회교국에서의 복음전도 사역을 위해서는 그들의 문화를 바로 이해하는 것이 급선무이다. 그렇게 하지 않으면 선교사의 노력은 무의미하고 부정적인 이미지만 심어줄 수 있다. 제대로 복음을 타문화권에서 전달하기 위해 복음사역자는 오랜 세월 동안 사회 깊숙이 뿌리박혀 그들의 생활양식의 바탕이 되는 문화를 반드시 고려하고 이해해야 한다.

한 서양 여성이 모로코에서 짧은 옷을 입고 다니는 여자들을 보고 자신도 짧은 옷을 입고 거리를 다녔다고 한다. 그러나 곧 현지인들로부터 짧은 옷차림을 한 여자들은 접대부들이라는 말을 듣고 당황했다. 여성들이 베일을 두르는 이슬람 사회에서 그리스도인 여성이 반바지를 입은 채로 거리를 활보하였다. 그러나 그 사회에서는 그것이 수치스런 일이고 용납되지 않는 것이었다. 왜냐하면 그런 옷차림은 그들에게 벌거벗은 모습으로 비쳐지기 때문이다.

이들 사회에서는 외적인 치장이 예절과 신앙의 표현 방식으로 이해되는 것이다. 우리에게는 개인적으로 검소하고 편한 차림세가 무슬림들에게는 신분이 낮고 상스러운 것으로 여겨지는 것이다.

이슬람 초기 정복시기에 식민지의 여성은 격식 있는 복장이 허락되지 않았고 베일을 두를 수 없었던 반면에 상류층의 여성들은 베일을 두를 수 있는 특권이 있었다. 베일을 두르는 것이 이슬람의 중요한 관습으로 정착되었다. 그들에게 있어서 베일은 여자의 품위와 영광을 상징하며 정숙하고 순결한 여성의 모습을 대변한다.

그런 상황에서 만일 여성 선교사가 이를 개의치 않고 자기 문화와 자기 생활습관을 고집하여 자유분방한 옷차림으로 거리를 다닌다고 하면 그녀가 전하고자 하는 기독교의 가르침은 부도덕한 여성이나 창녀들이나 따르는 것이라고 크게 오해받지 않겠는가? 그들의 도덕과 품위를 반영하는 의상문화를 직시하고 의상을 통해서도 기독교의 거룩성과 도덕성이 오해 없이 표현되도록 하여야 할 것이다.

모로코의 그리스도인은 머리카락에도 세심한 관심을 기울인다. 긴 머리를 그냥 풀어두어 이리저리 흩날리게 하지 않는다. 제멋대로 된 머리는 제멋대로 된 여자를 의미하기 때문이다. 현지인들이 베일을 두르거나 머리를 가리고 다니는 반면에 한 여성 선교사가 긴 머리를 내려뜨리고 시내 거리를 다녔다고 한다. 그러자 사람들이 그 선교사의 몸을 건드리거나 만지곤 했다고 한다. 정숙하지 못한 접대부로 오인했던 것이다.

이슬람의 관례에 따라 베일을 두르는 것은 무슬림들에게 여성 사역자가 신앙을 가진 사람이라는 인식을 심어줄 수 있는 길이 된다. 어느 그리스도인은 무슬림으로부터 매우 경건한 여성이라는 평가를 받았다. 그녀는 헌신적인 신앙생활로 무슬림들에게 좋은 인상을 주었는데 그 이유 중 하나는 그녀의 옷 입는 방식이었다. 이슬람의 관습처럼 신체가 드러나는 옷은 절대 입지 않고 격식 있는 옷차림을 하였던 것이다. 이를 통해서 그녀는 현지인들의 존경을 받았고 전도의 문이 열렸다.

카이로의 한 여성은 서양 여성들이 자유분방하게 옷을 입는다고 못마땅하게 여긴다. 그들은 자유를 남용하고 품위의 한계를 넘었으며 부끄러워할 줄도 모른다고 비난한다. 오직 자신의 문화 속에 사는 여성의 생활방식이 격식 있고 품위 있으며 고결하다고 생각한 것이다. '사람의 가치가 그가 걸친 옷으로 평가된다'라는 아랍의 격언은 복음전도에 있어서 대수롭지 않게 생각할 수 있는 옷차림이 이슬람 문화에서 얼마나 중요한지 반증해 준다. 허드슨 테일러 선교사는 선교사가 사역하는 나라의 문화와 의상에 가능한 한 동화할 필요성이 있음을 역설하였다. 그는 선교사들의 낯선 옷차림과 태도가 중국인들에게 복음을 전하는 데 방해가 되었다는 것을 지적했다. 그는 죄를 짓지 않는 한 모든 면에서 중국인처럼 되어서 그들을 구원하자고 말하였다.

이슬람 문화의 두드러진 다른 특징을 들자면, 그것은 그들이 가족 중심이고 손님에게 극진한 호의를 베푼다는 것이다. 이슬람 문화에서 가족은 가장 강한 결속력을 가진 구조이다. 그들의 가족은 가족의 일원의 행동에 대한 책임을 지고 가족 구성원에게 물질적으로 지원하고 그들을 보호해 준다. 그리고 자녀들은 어른을 존경하고 순종해야 한다. 개인은 가족 공동체를 위해 자신의 권리를 포기해야 한다. 전통을 존중하고 어른을 존경하면서 개인의 의지를 가족 공동체의 의지와 조화시키는 사회화 과정을 거친다. 가족의 명예가 중요하고 개인의 행동에 있어서 다른 사람들의 인정을 받는 행동이 타당하다고 여긴다. 권위에 대한 불순종이나 공동체의 기대에 어긋난 생각과 행동은 비난과 제재를 받게 되는 것이다.

따라서 이슬람 문화 가운데서 결신자를 얻기 위해서는 새로운 가족 공동체를 제공해야 한다. 기독교 공동체가 그들 가족 공동체보다 더욱 결속력 있고 서로 돕고 사랑하는 모임이라는 것을 보여줄 수 있어야 한다. 가족 이상의 친밀한 만남이 있는 사랑의 교제가 기독교 공동체에 있게 하는 것이 전도의 방법이다. 신학이나 이슬람 사역에 대한 훈련도 중요하지만 무슬림들의 가까운 친구가 되고 그들을 사랑하는 그리스도의 마음이 전도의 비결이 된다. 이슬람의 가족 중심 사회에서는 가정 같은 소그룹 사역이 복음전도에 효과적일 것이다.

손님에 대한 후대가 이슬람의 기본적인 규범 중 하나이다. 손님은 그들의 전통에 의하면 삼일동안 주인집에서 머물 수 있다. 가족들이 먹을 것이 바닥이 나더라도 손님에게는 융숭한 대접을 제공한다. 아랍 사람들은 손님을 대접하기 위해서 음식의 양을 필요한 양의 두 배나 준비한다. 풍성한 식탁을 통해서 손님을 향한 존경과 사랑을 표시하는 것이다.

그들의 종교와 문화 때문에, 가족 안에서 한 개인으로서 깊은 사랑과 관심을 받지 못하고 자신이 가족에서 중요하지 않은 존재라고 느끼면서 자란 그들에게 후대하는 것은 그들이 인정받고 사랑받는 소중한 존재라는 인식을 심어줄 수 있는 기회이다. 손님에 대한 후대는 하나님의 사랑으로 그들의 마음을 감동시킬 수 있는 기회가 되는 것이다. 선교지는 공동체 중심의 문화를 가지고 있는 경우가 태반이고 그런 사회에서는 서로 돕고 사는 것이 삶의 방식이 되어 있다. 도움을 주고받고 사는 것에 익숙한 그들이 도움과 교제를 요청해 올 때 바쁘다는 핑계로 거절하면 그들은 무시당하고 버림받았다는 느낌을 가지게 될 것이고 전도의 문도 동시에 닫히게 된다. 그들에게 선교사 개인의 사생활의 권리를 주장하기에 앞서 관대(寬待)하고 후대(厚待)할 수 있는 여유가 있어야 한다. 성경에서도 "성도들의 쓸 것을 공급하며 손 대접하기를 힘쓰라"(롬 12:13; 히 13:1-2)고 하였다. 목사의 자격

중 하나가 나그네를 대접하는 친절과 아량이다(딤전 2:2).

7) 가시성에 익숙한 문화와 복음전도

메시지를 전달할 때 현지인들의 사고방식을 고려해야 한다. 아시아 사람들은 사물을 인식할 때 논리적이거나 분석적 사고보다는 직관적으로 판단한다. 그들은 추상적인 사고를 하기보다는 구체적인 이미지 곧 형상(形狀)를 통해서 생각한다. 그리고 복음은 어떤 명제나 사상의 나열이 아니라 구원의 이야기나 사건이다.

그것은 추상적이고 이론적인 명제가 아니라 구체적인 행동이 담긴 실재하는 사건이다. 예수가 진리를 전하실 때에도 구체적인 이야기나 비유를 들어서 가르친 것을 알 수 있다. 예수는 주로 비유로 가르치셨고 가르침에는 구체성이 있었다. 시각적으로 어떤 장면을 연상할 수 있고 구체적인 사건이 전개되는 이야기를 가지고 진리를 가르치셨다. 예수는 이스라엘 사람들의 사회와 문화로부터 찾을 수 있는 이야기를 통하여 진리를 가르치셨는데, 잃어버린 양을 찾는 목자(눅 15장), 불의한 청지기의 처신(눅 16장), 값진 진주를 찾아다니는 상인의 모습(마 13장), 거지 나사로의 가련한 생활 모습(눅 16장), 세리의 가슴을 치며 애통하는 간절한 기도(눅 18장), 신랑을 기다리는 처녀(마 13장) 등등 생생한 장면이 담겨 있는 이야기로 심오한 진리의 말씀을 가르치셨다. 그리고 복음서 자체가 예수가 곳곳을 다니시면서 다양한 부류의 사람들과 만나면서 벌어지는 사건과 그 생생한 사건을 근거로 하는 가르침을 담고 있다.

서구의 기독교에서는 신조나 교리, 조직신학을 중심으로 기독교의 진리를 전하려는 경향이 있고 이러한 경향은 선교지에서도 반복되고 있다. 어떤 명제의 추상적인 정확성이 진리를 대신할 수 없다. 논리가 아니라 복음의 사건이, 사상이 아니라 예수의 인격이 구체적으로 전달되어야 한다. 복음전도에 있어서도 개념 중심이 아니라 사건과 이야기의 구체성을 가지고 복음의 메시지를 전할 수 있어야 한다. 한 폭의 그림을 보여주듯이, 생생하게 펼쳐지는 드라마를 연출하듯이 복음의 사건을 전개할 수 있으면 효과적일 것이다. 복음을 잘 설명할 수 있고 주어진 문화의 사람들에게 친숙한 구체적인 예화를 사용하여 말씀을 전달하면 좋은 반응을 기대할 수 있을 것이다.

8) 부드러운 상호 인간관계를 지향하는 문화와 복음전도

필리핀은 상호 부드럽고 조화로운 원만한 인간관계를 가지는 것을 추구하는 문화를 가지고 있다. 상대방 앞에서 상대방의 비위를 상하게 하고 인격적 관계에 금이 가는 것을 막기 위해서 상대방의 제안이나 요청에 대하여 어떤 부정하는 말을 하거나 거절을 하지 못한다. 내심으로는 기분이 나쁘고 상대방에 대하여 적대적인 감정을 가지고 있어도 상대방 앞에서는 싫은 표정 대신에 밝은 표정을 하기도 한다.

한번은 선교사가 가가호호 방문하면서 복음을 전하고 다가오는 주일에 교회에 참석해 달라는 부탁을 했는데 그들을 초대할 때마다 모두가 참석하겠다는 약속을 했다. 이 선교사는 그들의 호의적인 반응에 그의 사역이 성공적이라 생각했다. 그러나 정작 주일이 되자 나오기로 약속한 사람들 대부분이 나오지 않았다. 과연 그들은 약속을 저버리는 믿을 수 없는 백성들인가? 사실은 상대방의 제의에 거절하지 못하고 인격적 상호 관계를 유지하는 것을 중시하는 문화 때문에 생긴 현상이었다. 개인 전도를 할 때에도 그들에게 예수님을 영접할 것인지 물어보면 본인의 진정한 의사와는 상관하지 않고 긍정적으로 반응한다. 전도자의 감정을 상하게 하는 것은 그들의 문화가 허락하지 않기 때문이다.

바람직한 복음전도는 서로 신뢰할 수 있는 두터운 인격적 관계의 형성을 기초로 하여 예수의 인격을 전하는 것이다. 필리핀 문화가 가지는 강한 인격적 관계의 중요성을 고려할 때 강의, 설교, 대중집회, 대중매체를 통한 복음전도는 일상의 삶 가운데서 일어나는 그리스도인의 인격적인 의사전달 없이는 좋은 신앙적 반응을 얻기 어렵다. 예수가 개인 대 개인의 접촉을 통해서 소외된 자들, 도움을 갈구하는 자들, 가난한 자들, 버려진 자들을, 바리새인들, 영생을 구하는 자들과 인격적인 대화를 나누셨던 것처럼 관계 중심의 전도가 필요한 것이다. 공동체의 인격적 인간관계를 중시하는 선교지에서는 이름을 알 수 없는 대중 속에서 의미 있는 인격적 만남을 형성하여 복음의 접촉점으로 삼는 일이 복음전도에 효과적이다. 정연한 논리적 메시지의 전달보다는 거룩한 사랑과 능력을 보여주는 그리스도의 인격을 표출하는 것이 도전적이고 인상적일 것이다. 기독교의 능력은 설득력 있는 말에 있지 아니하고 거룩한 실재하는 사랑과 능력에 있기 때문이다. 선교지 문화가 인격 대 인격의 만남과 교류를 지향하기에 더욱 관계 중심의 전도가 필요하다고 말할 수 있다.

지금까지 선교지의 문화 이해가 복음전도에 왜 필수적이고 중요한지 구체적인 사례를 중심으로 설명했다. 선교지의 문화를 습득하는 것은 복음전달의 접촉점을 찾기 위해서 필요한 과정이라 할 수 있다. 우리는 예수 그리스도의 모범을 따라 겸손과 사랑의 태도로 우리의 생활방식과 사고방식이 복음을 기다리는 현지인들의 문화적 수준에 접근하도록 노력해야 한다. 우선 그들의 문화를 배우고, 그들의 사고와 가치체계의 틀을 기초로 하여 그들이 충분히 인식할 수 있는 의사전달을 함으로써 복음을 적절하고 효과적으로 전달해야 할 것이다. 복음을 모르는 백성들이 성경의 메시지를 그들의 문화 혹은 그들의 사고, 가치, 세계관을 가지고 이해할 수 있는 길을 복음사역자는 열어주어야 하는 사명이 있다.

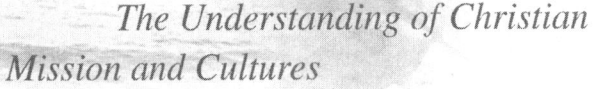

The Understanding of Christian Mission and Cultures

제9장

문화와 상황화

문화 속의 상황화(Contextualization)란 성경에 나오는 것을 그들이 잘 이해할 수 있는 문화를 사용하여 설명하는 것이다. 다시 말하면 성경의 영원한 진리를 우리가 목표로 하고 있는 그룹의 문화적인 정황 속에서 전하는 것이다. 어느 나라든지 상황화하지 않고 똑같은 방식으로 말씀을 전할 수는 없는 것이다(Presenting the eternal truths of Scripture within the cultural context of the target ground). 상황화를 하지 않는다면, 즉 어느 나라든지 똑같은 방식으로 복음을 전한다면 그것은 매우 어리석은 선교 방법이다. 상황화라는 것은 성경의 사실을 그들의 문화 속에서 잘 이해할 수 있는 방법으로 전하는 것이다.[1]

성경에서는 다양한 접근법을 볼 수 있다. 전달자의 목표는 복음을 받는 공동체에 그 영향력을 최대화시키는 것이다. 기본 원칙은 대상자가 삶에 적응하게 된 곳에서 시작하는 것이다. 대낮에 물을 길러 오는 여인은 니고데모와는 아주 다르게 복음을 증거받았다. 부자 청년은 눈 먼 바디매오와는

---

1) 이재완, 『선교인류학』, 58.

아주 다르게 복음을 제시받았다. 예수님은 각 사람마다 저마다의 독특한 수준으로 만나셨다. 그분은 항상 수신인 그룹의 필요를 먼저 염두에 두셨다. 그리스도는 초기 증거에서 느꼈던 필요들과 관련된 전략을 붙드셨다. 수신자는 자신의 세계관에 금세 스며든 메시지에 완전히 사로잡혔다.[2]

문화수용이라는 방식은 전통적으로 천주교의 상황화 방식이었다. 루즈베탁은 문화수용 혹은 적응화를 "특정 문화에 대해서 태도, 외형, 방식에 있어서 존중과 세심함과 숙련됨, 그리고 신학적으로 바람직하게 수용(적응)하고자 하는 노력"이라고 정의했다.[3] 우리는 복음을 수용하는 것이 아니라 복음을 제시하는 것이다. 각기 다른 문화에 속한 사람들이 쉽게 듣고 잘 이해할 수 있도록 제시하는 것이다.

세계를 다녀 보면 사람들이 창의적이라는 것을 보게 된다. 이를테면 한국의 음식은 맵다. 일본의 음식은 밍밍하다. 물론 맛있는 것도 많으나 대체로 평가하자면 그렇다. 캄보디아는 아주 단조로우며 맛이 부드럽다. 태국은 입에 불이 날 정도로 강한 향을 사용한다. 중국 음식, 러시아 음식에도 독특한 향이 사용되어 먹기가 거북하다. 식사의 영역을 보면 사람들이 개발한 방법들이 매우 다양하다는 것을 알 수 있다. 하나님께서 사람의 마음속에 같은 질문에 대해서 각기 다양한 대답을 하게 하신 것은 정말 놀랍다.

중국 창극은 듣기 고통스러운 음악을 사용한다. 그것을 중국 사람들이 좋아한다. 중국인에게 복음을 전할 때 중국인이 좋아하는 음악을 사용하여 전하는 방법은 어떠한가? 동남아시아는 염불 외는 것처럼 중얼거리는 것을 즐긴다. 동남아시아의 선교 현장에서 예수 그리스도의 복음을 제시할 때 그런 가락을 적절하게 사용하는 것은 어떨까? 굳이 서구 유럽과 외국의 찬송을 그대로 사용할 필요가 있을까?

바로 이런 문화적 상황들은 이런 문화 속에서 행하고 실행하는 것을 어떻게 할 것인가를 일러준다. 복음을 전하기 위해서 드라마를 사용할 수 있다. 과거의 역사를 드라마와 무용으로 표현하는 국가에서 이런 방법을 사용할 수 있다. 교회에서 춤을 춘다는 것은 어떨까? 미국 문화에서 춤은 문화의

---
2) Phil Parshall, 『무슬림 전도의 새로운 방향』, 채슬기 역(서울: 중동선교회, 2003), 40-41.
3) Louis Luzbetak, *The Church and Cultures*, 60.

수단으로 표출된다. 사람의 일생과 연관된 예식(ritual)을 사용하는 것은 어떤가? 아이가 태어날 때 하는 예식들은 어떤가?

문화의 개념 정의가 어떠하든지 간에 문화를 논의할 때 우리는 문화의 다양성과 가변성, 문화 간의 차이와 갈등을 이야기하지 않을 수 없다. 이러한 문화의 속성 때문에 복음과 문화는 완결되기 힘든 "도상의 신학적 문제"이다. 아울러 상황화(현장화)는 신학적 지평에서 사라질 수 없고 계속해서 논의되어야 하는 선교신학적 주제임을 인정하지 않을 수 없다. 여기서는 상황화라는 용어 사용의 기원을 살펴보고, 상황화와 동의어는 아니지만 비슷한 의미로 쓰이는 상황화 이전 단계의 용어와 그 내용을 실제 역사 경험과 함께 살펴봄으로 상황화의 의미와 과제를 좀 더 명확하게 찾아보자.[4]

1. 상황화란 무엇인가?

복음과 문화에 대한 주제는 아직도 완결되고 통일된 해결이 없지만 대략 다음과 같은 공동의 견해에 도달했다고 본다. 문화는 복음화와 지역교회의 신앙생활에 필수불가결한 요소로 간주된다. 하나님의 말씀은 문화를 통하여 사람들에게 전해진다. 하나님의 말씀에 대한 사람들의 반응도 문화를 통하여 나타난다. 선포와 예배와 제자훈련과 기독교 공동체 형성, 이 모두는 지역 토착 문화와 떼어서는 생각할 수 없다. 이제는 콜럼버스식 선교, 십자군과 무력 선교, 식민지적 선교는 이 땅의 선교 현장에 설 자리가 없다.

상황화는 아직도 복음화가 안 된 지역에 교회를 설립하는 가장 적절한 길로 인정된다. 복음이 전해졌으나 지역신학, 자문화신학이 계발되지 않은 교회에 시급한 과제로 현지 교회를 도전한다. 복음은 문화로부터 명확하게 구별되며 동시에 문화에 대한 헌신을 요청한다. 동시에 우리가 선교 현장에서 주안점을 두어야 할 것은 "복음과 문화에 대한 관계를 어떻게 규명하는가"가 아니요, 문화의 감옥에 갇히지 않은 "복음이 어떻게 문화를 해방하고 변

---
4) 이재완, 『상황화 신학』, 41.

혁하며 새롭게 하는가"이다. 상황화는 세 가지의 중요한 영역, 즉 선교사의 생활방식, 그의 메시지, 그리고 그의 사역 방법에 큰 영향을 미친다.[5]

2. 기독교의 기능적 대처

기독교의 선교사들은 이전에 있던 것을 안 된다고 거절한다. 왜냐하면 예식 속에 이전의 종교적인 것들이 들어 있다고 생각하기 때문이다. 그러나 안 된다고 거절하기 전에 선교적으로 대체적인 기독교 예식을 만들 필요가 있는 것이다. 성경적인 원칙에 위배되지 않는 기독교적인 의식을 만들 수 있겠는가? 가장 큰 문제는 무조건적으로 아니라고 거부하는 데 있는 것이다. 한국의 젊은이들이 성인식을 하는데 기독교적인 성인식을 계발할 필요가 있지 않은가? 옛날 것만 고집하지 말고 기독교적인 것으로 만들 필요가 있지 않겠는가?

살아가는 삶과 연관된 기독교적 기능적 대체에 대해 많은 연구가 필요한 현실이다. 그리고 선교지에서는 가령, 무슬림세계에서 일부다처제의 문제를 어떻게 다룰 것인가이다. 성경적인 세계관에 의하면 이상적인 결혼제도는 일부일처제이다. 그러나 이미 일부다처제가 시행되고 있는 곳에서 어떻게 복음을 전하는 것인가에 관한 것이다.[6] 이런 부분을 기독교적으로 어떻게 대처할 것인가 하는 질문에 답해야 한다.

다시 말하면, 문화적으로 적절하게 상황화되지 못한 교회는 그 사회에서 사람들의 존경과 사랑을 받지 못하고 이국적인 단체로 남다가 소멸되고 만다. 라마불교가 성행하는 몽골에서 기독교는 아직 서구적이며 이국적인 종교로 인식되고 있다. 복음의 진리가 변하지 않으면서 보다 지혜로운 상황화의 시도가 필요하다. 당나라 때 중국에 들어와 고위 관리층에 널리 퍼졌던 기독교의 일파였던 경교(네스토리우스 파)가 그 후 민중 속에 뿌리 내리지 못하고 소멸된 여러 가지 원인들 중 하나가 학자들은 상황화에 실패했기 때

---

5) Jim Chew, 『타문화권 선교』, 네비게이토선교회 역(서울: 네비게이토 출판사, 1994), 32.
6) Louis Luzbetak, *The Church and Cultures*, 60.

문인 것으로 본다. 우리의 관제는 성령의 지도하심 가운데 성경적이면서 토착적인 건강한 교회를 세워나가는 것이다.[7]

제2차 세계대전 당시에 기독교회의 규정은 일부다처제의 남자가 세례 받으면 첫 번째 부인 외에는 다 이혼해야 한다. 그러나 2-3년 후에는 모두 함께 가정에 거하는 것을 허락했고 3년 정도 교회요람에 명시되어 있었다. 그러나 요즘은 그 중에 한 부인만을 택하도록 되어 있다. 나머지 부인들과 아이들은 어떻게 되는가? 그런 사람들은 대부분은 창녀가 되거나 자녀들은 교회를 방해하고 하나님에 대해 분노한다. 이슬람 사람들에게 어떻게 이해하고 전도할 것인가? 그들은 성경의 많은 사람들이 많은 부인들을 가지고 있는 것에 대해 이야기한다. 또 이혼하지 못하게 규정하는 것에 대해 이야기한다. 성경은 이상에 대해 가르치고, 1세대에서는 어쩔 수 없지만 2세대들에게는 일부다처제를 하지 못하도록 가르쳐야 할 것이다. 문화 속에서의 제안들이 있다. 그냥 살게 놓아둔다 할지라도 이런 곳에 가게 될 때 어떻게 할지를 고민하고 준비해야 한다. 유대인들의 경우에는 첫 세대에는 봐 주는 게 있지만 두 번째 세대에는 완전히 유대인처럼 행동해야 한다. 그래서 총회에서는 이런 문제가 속해 있는 지회에서 지도자들과 함께 의논해서 결정하도록 하고 있다.

새로운 집을 들어갈 때 예식을 하는가? 입주예배의 문제이다. 캄보디아에서는 닭을 잡아서 기둥 4곳에 피를 뿌린다. 기독교적 기능적 대체는 어떻게 하는 것이 좋은가? 교인들이 돌면서 찬양한다. 그리고 집을 하나님께 봉헌하면서 지역사회에서 하나님의 영광을 위해 쓰이도록 한다. 집 기둥 4군데에 가서 기도하고 악령으로부터 보호받도록 한다.

일본은 차를 사면 절에 가서 봉헌하고 봉헌증을 받는다. 한국도 승용차를 사면 하나님께 봉헌하도록 하는 것이 나쁜가? 기도하는 것은 나쁜가? 우리는 종종 우리로 하여금 일상에서 매우 멀리 떨어져 있게 만들고 세속적인 방식으로 산다. 하나님께서 우리의 삶에 개입하셔서 우리와 함께 기뻐하시는 것을 느끼도록 살아야 하지 않는가?

한국에서 봄에 씨 뿌릴 때나 추수할 때 무슨 예식을 하는가? 그런 영역에

---

[7] 이종우, 『선교 · 문화 커뮤니케이션』(서울: CLC, 2005), 199.

서도 기독교적 기능적 대체 예식을 가질 필요가 있다. 캄보디아 교회의 일부는 씨를 뿌리기 전에 하나님께 봉헌했는데 그것을 통해 큰 복이 그 마을에 임했다. 벼멸구가 벼를 먹고 있었는데 한 교인이 밭에 가서 기도를 드렸다. 그는 "말라기에서 말하기를 십일조를 내면 벌레가 곡식을 먹지 않을 것이라고 했는데"라고 기도드렸다. 정말 신기하게 그 논만 파랗고 다른 곳은 모두 벌레 먹었다. 이웃들이 무슨 약을 썼냐고 묻는다. 그때 단지 하나님께 기도드렸다고 했다. 주변의 많은 사람들이 예수를 믿게 되었다. 그러므로 선교사는 삶의 문제들에 대하여 창의적으로 기독교적 대체물(예식들, ritual)을 어떻게 만들 것인가를 연구해 볼 가치가 있다.

3. 상황화의 필요성

딘 길리랜드(Dean S. Gilliland) 박사는 상황화의 필요성에 관하여 여섯 가지를 언급하였다. 즉 첫째, 신학의 제국주의화를 막는 방법이다. 둘째, 성령 안에서 신학적인 훈련을 제공한다. 셋째, 교회로 하여금 선교의식을 강화하도록 돕는다. 넷째, 선교지에서의 교회의 성장과 증식을 촉진시킨다. 다섯째, 인간이 소유하고 있는 다차원적인 필요들에 대하여 잘 대처하게 해준다. 여섯째, 성육신적인 증거의 길을 열어준다.[8]

4. 상황화의 종류

1) 옛날 방식의 타당성을 무조건 부정하는 방식[9]

첫째, 기존의 전통적인 문화에 대한 무조건적인 거부와 복음의 일방적인

---

8) Dean S. Gilliland, *The World Among Us* (Dallas: World Publishing, 1989), 13.
9) Louis Luzbetak, *The Church and Cultures*, 61.

수용을 강요하게 된다. 이렇게 되면 자칫 거대한 문화적인 공백(진공) 상태 (Great a cultural vacuum)가 초래될 수 있다. 초기 선교사들은 복음이 아니라 3C[10]를 가지고 들어왔다. 둘째, 혼합주의(Practice go underground-syncretism)가 발생한다. 못하게 하고 주지도 않으면 사람들이 사는 데 낙도 없고 의미도 없다고 생각하게 된다. 할 수 없다고 하면 표면적으로는 없어지는데 자기들끼리 선교사 몰래 옛 구습을 추구하게 된다. 예를 들면 결혼예식, 장례식 등이 있다. 셋째, 교회 지도자들이 감시하는 경찰관같이 된다(church leaders become policeman). 전에 하던 것을 못하게 하면 지하로 들어가서 기독교 이교주의(christo-paganism)가 된다. 전통 문화를 무조건 비기독교적인 것으로 간주하는 소위 문화 식민주의(문화 제국주의;cultural imperialism)가 확산될 수 있다. 천주교는 과거의 것들을 버리지 않고 이교적 요소를 많이 가지고 있다. 필리핀에서 천주교에 방문한 적이 있는데, 정원에 촛불이 있고 사람들이 닭목을 비틀어서 피를 촛불 위에 떨어뜨리는 것을 보았다. 그들은 천주교 성인들과 관계된 종교적 상징물들(religious symbols), 일종의 부적들을 가지고 있었다. 선교사들이 자신들의 용어만을 쓰게 해서 그들의 문화를 버리게 한다. 선교사들은 이런 방식을 따르게 해서는 안 될 것이다.[11]

2) 과거의 것을 무조건 수용하는 입장[12]

첫째, 문화를 존중한다는 의미에서 기독교 문화와 상충되는 것도 무조건 수용한다. 그래서 이것을 무비판적인 상황화라 부른다. 둘째, 죄에 대한 개념이 약화되는 문제를 가지고 있다. 이를테면 마태오 리치(Matteo Ricci: 중국에 갔던 예수회 소속 선교사, 신부), 로베르또 데 노빌리(Roberto De Nobili, 1577-1656)[13] 등이 있다. 그리고 모든 문화 속에 악이 있다는 것을

---

10) 기독교, 문명, 상업이 그것이다. Paul G. Hiebert, *Anthropological Reflections on Missiological Issues*, 77.
11) 이재완, 『타문화권 선교방법론 연구』, 324.
12) Ibid., 62.
13) 이재완, 『상황화 신학』, 43-44.

잊어버린다(forgets that there is evil in culture). 셋째, 복음의 절대성과 진리성이 모호해질 수 있다.[14] 이런 자세는 반드시 혼합주의(Syncretism)가 발생할 수 있으며, 나아가 모든 혼합주의가 교회 안으로 들어올 가능성이 있다.[15]

3) 비평적 상황화[16]

첫째, 옛 방식을 이해하기 위하여 먼저 문화를 수집하고 연구한다. 둘째, 문화의 상황 속에서의 다양한 삶의 형태를 고려하여 그에 적절한 신학적인 답변을 제시하여야 하며, 이를 위하여 성경공부를 해야 한다. 즉 선교지 현지인들로 하여금 그들 자신의 과거의 관습들을 그들이 새로 배운 성경적 이해에 비추어 비판적으로 평가하고 그것들을 사용할지 여부를 결정하게 한다. 그리고 과거의 방식을 받아들이되 비평적(critical)으로 받아들여서 상황화하는 것이다. 상황화의 과정에서 반드시 고려해야 할 기준들은 첫째, 성경을 하나님의 역사에 대한 신성한 기록으로 인정하는 것과, 둘째, 성경의 해석과 적용시 성령의 인도와 상황에 성육신화하는 것을 원칙으로 삼으며, 각기 다른 문화와 역사적 상황의 공동체들과 서로 신학적인 입장을 교류하며 검토해야 한다는 것이다.

사람들은 매우 다양한 방법으로 살아간다. 캄보디아나 일본은 음식이 단순하다. 그런데 한국이나 태국의 음식은 맛이 강하다. 음식문화 하나만 보아도 얼마나 다양한 상황이 있는지 알 수 있다. 하나님께서 사람들의 마음 속에 같은 질문에 대해 다양한 해답을 내놓은 것은 놀라운 것이다.

각 나라의 음악들의 종류를 생각해 보라. 중국인들의 음악은 어떤 사람들에게는 시끄럽지만 중국인들에게는 좋다. 그들에게 복음을 전할 때 그런 음악을 사용하면 어떨까? 상황화는 그런 문화 속에서 실행하는 것을 어떻게

---

14) 이재완, 『타문화권 선교방법론 연구』, 126.
15) Ibid.
16) Ibid. 62-63. ; Paul. G. Hiebert, *Anthropological Insights for Missionaries*, 171-192.; Stephen B. Bevans, *Models of Contextual Theology* (Maryknoll, New York, 1944).

할 것인지를 가르쳐 준다.[17] 이러한 비평적 상황화의 방법은 무엇인가?

먼저 사람들에게 성경이 그들의 지침서임을 가르치라(Accepting the word as own guide). 성경의 권위를 받아들이지 않는 한 잘못된 길로 가는 사람들을 돌이킬 수 없다. 성경의 권위를 굳게 믿지 않는다면 신앙은 2-3세대들이 그렇다. 하나님의 말씀에 근거해서 삶의 지침을 끌어낼 수 있어야 한다. 우리의 삶에 구체적인 지침이 되어야 한다.

삶의 현장에서 성경을 삶의 지침서로 받아들이도록 하는 것이 중요하다. 성경의 권위를 받아들이도록 하지 않으면 성경의 가르침을 받아들이도록 할 수 없다. 성경의 권위를 받아들이지 않는 한 젊은 세대를 되돌아오게 할 수 있는 길이 없다. 세대가 더해 갈수록 성경의 권위를 믿지 않는다는 것이다. 세속주의와 포스트모더니즘은 절대적인 권위가 없다고 믿기 때문에 성경이 권위가 있는 책이라고 분명하게 가르쳐야 한다.

최근 미국의 여론 조사에 따르면 66%가 "절대적인 진리는 없다"고 믿으며, 자신을 복음주의적인 그리스도인이라고 말하는 사람들의 53%가 절대적인 진리가 없다고 믿는 것으로 나타났다. 그리고 18세부터 25세의 젊은이들 중에서 72%가 절대적인 존재를 믿지 않는다.[18] 젊은 세대는 절대적인 진리를 거부한다. 한국 젊은 세대도 점점 더 절대적인 진리와 절대적 권위를 거부할 것이다. 그러므로 지도자는 하나님의 말씀에 근거해서 삶의 지침을 끌어낼 수 있어야 한다.

다음으로 어떤 비평도 없이 문화적인 요소를 관찰하라(Look uncriticly at the cultural element). 무비판적으로 문화를 보는 이유는 문화에 작용하는 깊은 배경을 찾아내기 위해서 그렇다.

또한 하나님 말씀을 문화적 상황에 적용하라(Apply the Word to the cultural element). 선교사(목회자)가 지도할 때 문화적 상황에서 성경의 적용점을 찾아내는 것이다.

끝으로 성령의 지도하에 지도자가 아닌 백성들이 결정하게 하라(Under

---

17) Paul. G. Hiebert, *Anthropological Insights for Missionaries*, 186-190.
18) Thomas C. Oden, *Two World: Notes on the Death of Modernity in America and Russia* (Downers Grove, Ⅱ.: InterVarsity Press, 1922), 32.

the guidance of Holy Spirit let people decide). 무엇인가를 해야 된다고 이야기하게 되면 우리는 경찰과 같이 된다.[19] 이것이 비평적 상황화이다. 성경의 진리적 원칙들을 문화적으로 표현하는 것이다.

이 비평적 상황화에 관한 과정을 폴 히버트는 다음과 같은 도표로 설명하였다.

민간종교에 있는 종교적 신념들과 행위들	적절한 반응들				
	1단계	2단계	3단계	4단계	결과
	현상학적 분석	존재론적 숙고	비판적 평가	선교학적 변혁	비평적 상황화
	부적절한 반응들				
	옛 신념들과 신앙 행위들에 대한 부정과 정죄				혼합주의
	옛 신념들과 신앙 행위들에 대한 무비판적 수용				

〈도표 9-1〉 비평적 상황화 [20]

캄보디아에서 오랜 신앙을 한 분들이 교회의 목회자들이고 지도자들이었다. 그들은 성경이 하나님의 말씀인 것은 의심이 없다(첫 단계). 그런데 기독교인으로써 장례식을 어떻게 진행해야 할 것인가를 고민했다. 네 그룹으로 나누고 장례식에서 일어나는 모든 상황을 하나도 빠짐없이 기록하도록 했다. 죽는 순간부터 장례와 연관된 모든 순서와 그 후의 일까지 모두 기록하고 의미까지 기록했다. 좋다, 나쁘다를 판단하지 말고 실제적으로 일어나는 상황을 모두 기록하게 했다.

캄보디아 선교사가 장례식이 있으면 승려들에게 독경을 외게 하고, 기독교의 장례식에는 승려의 독경이 필요가 없다. 그러면 기독교적으로 어떻게 하면 될까? 찬송, 대표기도, 성경읽기, 설교, 추모사 등등. 그러나 기독교적

---

19) 이재완, 『타문화권 선교방법론 연구』, 325-330.
20) Paul G. Hiebert, R. Daniel Shaw and Tite Tienou, *Understanding FOLK RELIGION* (Grand Rapids, Baker Books, 1999), 22.

으로 할 수가 없다. 이 부분은 전혀 종교적인 의미가 없으니 그냥 해도 된다. 그래서 며칠 후 캄보디아식 장례식이 만들어지게 되었다. 그 후 결혼식에 대해서도 흥미 진지하게 연구했다. 2-3일 계속 먹고 이야기하고 1, 2, 3부 이런 식으로 진행된다. 캄보디아에서 결혼식 때 하는 모든 일을 다 적었다.

  흥미로운 일이 하나 있는데 신랑이 의자에 앉아 있고 큰 항아리에 물을 담아가지고 온 신부가 신랑의 발을 씻어준다. 남편에 대한 존경의 상징이다. 만약에 신랑이 무릎을 꿇고 신부를 씻어주면 어떻게 될까? 작은 마을에서 그렇게 했을 때 온 동네가 떠들썩했다. 하지만 의외로 사람들이 괜찮다고 반응했단다.

  결혼예식을 보면, 각자 자신의 부모들과 이어져 있던 끈을 승려가 끊어서 신랑 신부 서로 이어준다. 그 다음에 부모를 떠나 하나가 되라고 선언한다. 그러한 문화 속에서 목사 역시 이렇게 예식을 진행한다. 그 의미를 잘 모르는 사람들에게 성서적 의미를 통해 문화를 표현하는 것이다. 만일 그 목사가 이를 이교적이고 미신적으로 표현하고 서구적으로 진행하면 어떨까? 우리와 그들을 연결시키는 문화적인 가교를 파괴시키는 것이다. 그렇게 하지 않음으로써 많은 사람들이 기독교는 우리의 문화를 파괴하는 것으로 생각하는 줄 알았는데 그것이 아님을 알게되는 것이다.

  비평적 상황화라는 것은 문화 속에 있는 악하지 않은 요소들을 찾아내서 기독교적 기능적 대체를 만들어 주는 것이다. 기독교 안에서 비평적 상황화는 어떤 의미가 있는가? 하나님의 말씀을 의지하고, 현재 시행되고 있는 것들의 자료를 모으고, 선교사들이 전해 준 문화 말고 하나님의 말씀으로 적용을 한 후에 성령의 인도 하에 백성들이 선택하도록 하는 것이다.[21]

  청년들과의 관계에서 음악을 어떻게 할 것인가? 또한 성과 폭력 등에 대해서 어떻게 할 것인가? 이런 상황에서 비평적 상황화는 무엇이 옳고 무엇이 그른지를 판단하게 하는 좋은 계기가 될 수 있다.

  LA에서 한 청년목사가 이러한 방법을 사용했다. 당시 청년들은 창녀, 마약쟁이들에 관한 음악을 계속해서 듣고 있었다. 믿는 부모들은 그런 음악을

---

21) 이재완, 『선교인류학』, 63.

못 듣게 하지만 계속해서 들었다. 그 목사는 청년들이 어떤 종류의 음악을 들어야 할지에 대해 비평적 상황화라는 것을 통해서 접근했다. 교회에서 그런 음악들을 하나하나 들려주었다. 그 내용은 성과 마약에 대한 내용들이었다. 그러다가 서서히 하나님의 말씀을 그 가사 내용과 연계하여 들려주었다. 그런 과정 속에서 청년들이 스스로 분별하기 시작했다. 그들은 자신들이 즐겨 듣던 테이프와 CD를 스스로 망가뜨렸다. 그리고 다음 주일 교회에 나와서 자신들이 부셔버린 테이프와 CD들을 제단 위에 올려놓았다. 더 이상 부모님과 목사님이 경찰관이 될 필요가 없었다. 왜냐하면 성경말씀에 기초하여 스스로 깨닫고 더 이상 그런 음악을 듣지 않기로 결정했기 때문이다. 우리는 법을 강조하고 종종 경찰관이 된다. 하지만 이런 문화적인 상황에서는 경찰관이 될 필요가 없다. 오직 우리는 이것이 성경적인 삶의 방식과 연결되도록 지속적으로 도우면 된다.

청년들이 이건 해도 돼요, 안 돼요 물어올 때 나는 산헤드린 당원처럼 대답할 수 없다. 참으로 그 해답을 보기를 원하면 성경공부를 통해서 원칙을 보여주어야 한다. 그들은 그저 yes, no만 말하라고만 말하지 않았다. 많은 경우 사람들은 그저 yes, no로 대답하라고 말한다. 그러면 책임도 져야 한다. 그러니 성경으로 진지하게 대처해야 한다. 때때로 독재자가 되고 감시자가 되는 것이 더 쉬울 때가 있다.[22]

주일 오후에 농구를 하거나 TV를 보는 문제는 어떤가(최근 만난 장로교-보수파-목사의 만남 이야기)? 모든 세대마다 새로운 비평적 상황화가 필요하다. 우리가 규칙만 주면 대부분 젊은이들은 규칙에 대해서 반역한다. 그러나 그들이 성서적 의미를 깨달으면 달라질 것이다.

일본의 그리스도인들은 장신구를 하지 않는다. 그러나 결혼할 때에는 장신구(진주목걸이 등)를 한다(가문의 전통).

인도 신부의 결혼 관습에 관한 이야기이다. 선교사로서 권위를 가진 사람이다. 결혼식 신부 복장에 대해서 이마에 있는 결혼 장식과 눈 사이에 빨간색(결혼을 하지 않은 사람은 갈색이나 검정색)을 매일 하고 있다. 전에는 빨갛게 칠했는데 이제는 기독교의 상징을 붙일 수 있다. 어떤 나쁜 의미는 없

---

22) Ibid.

다. 턱에 점을 찍고 손에도 점을 찍어서 아름답게 보이려고 한다. 붉은색 사리는 머리에 쓴다. 어떤 선교사는 흰색으로 해야 한다고 주장한 적도 있다. 하지만 인도에서 흰색은 과부나 버림받은 여자의 상징이다. 결혼식에 흰색으로 하는 것은 문화적으로 어울리지 않는다.

눈에 까만색으로 칠하는 것은 사람을 저주할 때 사용하는 것이다(evil eye). 믿지 않고 하면 어떤가? 청중이 볼 때 내가 믿는 것과 같이 믿는구나 생각하면 어떻게 하나? 악의 눈을 가지고 나에게 저주하는 사람으로부터 보호받고 싶다는 상징이다. 종교적 의미가 있는데 성경적인 의미와 상충된다고 생각한다. 선교지에서 교회에서 눈에 까만색으로 칠하는 것을 하지 않는다면 어떻게 기독교적 기능적 대체를 할 수 있을까? 설교를 하면서 성경적으로 해석할 수 있다. 신부의 마음속에 거하시는 성령께서 누가 신부에게 저주를 하든지 지켜주실 것이다.[23]

> "내가 네 곁으로 지나며 보니 네 때가 사랑스러운 때라 내 옷으로 너를 덮어 벌거벗은 것을 가리우고 네게 맹세하고 언약하여 너로 내게 속하게 하였었느니라 나 주 여호와의 말이니라 내가 물로 너를 씻겨서 네 피를 없이 하며 네게 기름을 바르고 수놓은 옷을 입히고 물돼지 가죽신을 신기고 가는 베로 띠우고 명주로 덧입히고 패물을 채우고 팔고리를 손목에 끼우고 사슬을 목에 드리우고 코고리를 코에 달고 귀고리를 귀에 달고 화려한 면류관을 머리에 씌웠나니 이와 같이 네가 금, 은으로 장식하고 가는 베와 명주와 수놓은 것을 입으며 또 고운 밀가루와 꿀과 기름을 먹음으로 극히 곱고 형통하여 왕후의 지위에 나아갔느니라"(겔 16:8-13).

신실하지 못한 이스라엘 백성들을 하나님께로 돌이키려고 하는 것이다. 코걸이, 목걸이, 금, 은으로 장식한다. 이것은 우화로, 한 여인에게 장식하는 모습을 묘사한 것이다. 왜 우리는 장신구를 사용하지 않는가?

화이트 부인은 감리교인(Methodist)이었고, 초기 지도자들의 많은 사람

---

23) Ibid.

들은 감리교인이었다. 1800년 초에 침례교회 선교사 젠슨(Jenson)이 미얀마에 갔다가 미국에 돌아왔을 때 작은 돈으로 미얀마에서 봉사했다. 그녀는 비싼 보석들을 하고 앉아 있는 교회 교인들을 보니 마음이 좋지 않았다. 그래서 호소하기를 '반지 하나로 25명의 고아를 1년 동안 먹일 수 있고 진주 목걸이로 학교를 세워서 많은 사람들에게 도움을 줄 수 있습니다' 라고 했다. 그러자 이 일로 검소하게 사는 운동이 벌어졌다. 그리고 많은 기독교 교단에서 복장을 단순화하고 장식품을 줄인 후 그 돈을 선교에 사용하자고 했다. 이 부인의 글에도 장신구와 복장에 대해서 말하기를 값비싼 옷과 집보다 선교사업을 위해 쓰자는 내용이 있다. 여자들에게는 반지, 귀걸이를 못하게 하면서 남자들은 비싼 차를 몰고 다닌다. 화이트의 이야기는 여자들뿐 아니라 남자들도 주의해야 한다는 것이다. 비싼 도구들을 사는 것들, 이를테면 디지털 카메라, 휴대폰, 오디오, 자동차 등등. 여기에 깊은 기독교적인 철학을 의미화해야 한다는 것이다. 즉 검소한 삶을 통해 더욱 하나님의 사업에 돈을 사용하자는 것이었다.

한국은 지금 이미 그룹 지향적인 사회에서 개인지향적인 사람들로 변하고 있다. 일본은 원래 개인 중심이 되어 그룹 중심인 어른 사회에서 잘 적응할 수 있도록 졸업하기 전에 한 달 동안 훈련을 받는다. 마지막 날 마라톤을 한다. 그런데 그룹이 함께 뛰어야 하고 3m 이상 떨어지면 안 된다. 사회가 너무 개인주의적이라 이런 오리엔테이션을 받는 것이다. 오늘날 많은 젊은 이들이 개인적이고 경쟁적이고 임무 중심의 서구화된 사회의 성격으로 변해가고 있다.

비교종교 그룹에서 와서 세례(침례)를 받는 사람들이 2년이 지났을 때 교회에 남아 있는가? 왜 많이 남아 있지 않는가? 인류학을 공부하는 것은 복음을 더 효과적으로 전달하기 위해서 필요한 것이다. 복음을 전파하기 위해서 성경을 잘 알아야 한다. 그리고 효과적으로 사람들과 의사소통하기 위해서 사람들을 잘 알아야 한다. 거리를 지나가는 학생들을 보면서 어떻게 하면 더 효과적으로 복음을 전할 수 있을까를 생각해야 한다. 성경을 잘 아는 것과 잘 전달하는 것은 다르다.

5. 상황화 이론의 발달 과정[24]

이 이론은 찰스 크래프트[25]에 의해 주창되어 온 것으로 상황화(Contextualization)라는 용어는 1970년대 말 토착화(Indigenization)를 대신하는 용어로 등장하여 다음에 제시된 7단계에 걸쳐 정의되고 사용되어 왔다.

1) 제1단계: 문화간 대면(1792~)

윌리엄 캐리(William Carey)가 인도에 간 1792년경부터 구미(Euroamerican) 선교사들이 선교의 기본 개념으로 사용한 용어 "문화간 대면"(cultural encounter)이란, 기본적으로 비서구 문화나 종교를 악 내지 열등한 것으로 보고 이를 서양기독교 문화로 대치하려는 초기 선교사들의 시도를 표현하는 말이었다.

개신교나 가톨릭 선교사들은 공히 이러한 기본자세에서 출발하여 비서구 사회 속의 사탄의 존재와 활동을 패퇴시키기 위해서는 이교도(pagan)들을 기독교로 개종시켜야 하며 개종을 위해서는 서양화가 선행되어야 한다고 생각했다. 그래서 그들의 구호는 "기독교화는 문명화부터"였다(이 점은 한국에 들어온 초기 서양 선교사들이 갖고 있던 생각이나 접근방식과 매우 유사하다). 따라서 학교, 병원, 교회 등의 설립은 비서구인들이 서구인들처럼 합리적으로 사고하고 그 과정에서 진정한 크리스천이 되도록 하기 위한 수단이요 방법이었다. 서양은 2,000년의 기독교 경험이 있으므로 비서구인들을 어린애처럼 취급, 항상 서구인들의 지도와 감독과 훈련을 받아야 문명화와 기독교화가 가능하다고 믿었다.

---

24) 이재완, 『타문화권에서의 선교방법론 연구』, 128-131.
25) Charles Kraft는 나이지리아 선교사 출신으로서 약 35년간 풀러신학교 타문화 연구대학원 인류학 및 문화간 커뮤니케이션 교수, 10년간 미시간 주립대 및 UCLA의 아프리카 언어 및 언어학 교수, 상황화 분야 선구적 학자이다.

2) 제2단계: 형식적 토착화(1856-1900)

19세기 중반에 오면서 비록 정식으로 인류학 훈련을 받지는 않았으나 여러 서양 선교사들 간에 그들의 이러한 과도한 자민족우월주의의 군림에 대한 자성이 싹트기 시작한다. 그 중심 사상은 현지인들로 하여금 그들 자신의 교회를 책임지도록 인도해야 한다는 것이었는데, 실제로는 피상적인 형식적 수준을 넘지 못했다.

1856-1893년간 중국에서 사역하던 존 네비우스(John Nevius) 선교사는 3자 원리(자치, 자립, 자전)를 적극적으로 적용했고, 1890년 이후 한국에 온 서양 선교사들로 하여금 이 원리를 적용하도록 돕는 역할을 한다. 허드슨 테일러(Hudson Taylor)도 이미 1879년 "바울의 선교사역 방법"을 써서 중국선교 시 초기 사도들의 방법을 도입하는 계기를 마련했고, 그 후 알렌(Roland Allen, 『선교방법: 바울식인가 우리식인가』〈1912〉), 시드니 클락(Sidney Clark, 『토착교회』〈1928〉) 등에 의해 초대교회 사도들의 접근방식이 강조되기도 한다.[26]

그럼에도 불구하고 이 단계에서는 선교사들이 현지인들의 역할을 제고하려고 노력을 하면서도 실제로는 서양의 기존 제도, 교리, 예식, 교육방법 등 서양 문화적 요소를 그대로 수용하여 현지인들로 하여금 서양식 운영을 하도록 하는 데 그친 경우가 대부분이었다. 따라서 교회의 토착화는 매우 예외적이거나 기껏해야 피상적이고 형식적인 수준에 불과했다(한국교회도 상당기간 이런 단계를 거쳤다고 봐야 하며, 현재에도 복음 자체라고 볼 수 없는 서양 문화적 요소의 잔재가 남아 있음을 부인할 수 없다).

3) 제3단계: 문화인류학의 영향(1920~)

1920년대 이래 문화인류학의 발달은 선교계에 영향을 미치기 시작하여 선교훈련기관의 훈련과정에 파송 선교사들을 위한 문화인류학 과목이 포함

---

26) 19세기 중반 Henry Venn, Rufus Anderson 등이 3자 원리를 주장하였다.

되기 시작한다. 1950년대와 60년대에 오면 격월로 간행되던 「실천 문화인류학」(Practical Anthropology)이 복음주의적 선교사와 선교학자들에게 커다란 영향을 미치기 시작하고 1970년대에 와서는 신설된 미국선교학협회에 의해 「선교학」(Missiology)이라는 간행물로 통합된다.

이 시기에 가장 큰 영향을 미친 사람은 유진 나이다(Eugene Nida)이다. 그의 저서 『관습과 문화』(1954), 『메시지와 선교』(1960)는 오늘날까지도 선교사와 선교학자의 필독서로 알려져 있다. 물론 유능한 현지 선교사들은 그 이전에도 현지인들의 문화를 존중하는 법을 배워 실천해 온 것이 사실이나, 일반적인 추세였던 자민족중심주의 경향에 본격적으로 대응하기 시작한 것은 이러한 문화인류학에 기초한 신학적 틀이 마련된 이후였다 할 수 있다. 성경적 계시를 문화인류학적으로 통찰하기 시작했을 때 비로소 우리는 창조주께서 인간이 만든 문화세계 속에서만 인간들과 상대(interact)해 오셨음을 배우게 된다. 신, 구약을 통틀어 보아도 하나님은 그와 일하는 사람들의 문화에 따라 그의 접근방식을 조정해 오셨음을 알 수 있다. 고린도전서 9:19-22의 바울의 고백도 효과적 복음의 증인이 되기 위해서는 다양한 문화에 적절히 적응할 수 있어야 됨과 청중과 동일시(Identification)해야 함[27]을 가르쳐 주고 있다(다섯 가지 상황화). 하나님과 인간과 문화 간의 관계에 대한 문화인류학적 통찰의 발달은 다양한 문화가 병존하는 이 세상에서 어떻게 효과적인 증인이 될 수 있는가에 관한 보다 깊은 이해를 갖게 하는 데 크게 기여했다.

4) 제4단계: 형식적 토착화를 넘어서

1958년 윌리암 스멜리(William Smelly)의 논문 "토착화 교회의 문화적 함의"는 토착화와 상황화에 대한 사고에 결정적인 돌파구를 마련해 준다. 그 전까지는 우리가 우리의 인프라(교회, 학교, 의료시설, 개발 프로젝트 등)를 현지인들에게 넘겨주어 스스로 치리하고 운영하며 전도할 수 있게 해

---

27) 김승호, 『선교와 상황화』(서울: 도서출판 토라, 2007), 161.

주기만 하면 토착화가 이루어진다는 것이 전문가들의 일반적 생각이었다. 스멜리의 질문은 교회가 현지인들에 의해서 서양식 패턴으로 운영되는 것만으로 진정한 토착화라고 할 수 있는가였다. 외부로부터 수입된 패턴이나 조직은 그 자체가 선교사들에게 아무리 의미가 있고 아무리 오래 적용되어 왔다 하더라도, 그리고 아무리 현지인들에 의해 운영된다고 할지라도, 그것 자체로는 토착화라고 볼 수 없다고 단언한다.

1970년대는 상황화 이론과 실제의 역사에 중요한 전기가 마련된 시기로 간주된다. 당시의 추세를 반영해 풀러신학교의 알랜 티펫트(Allan Tippet)는 그의 저서 『오늘날 선교의 토착화 원칙』에서 교회 성장의 양적, 질적, 유기적 측면을 다루면서 교회가 진정으로 토착화를 했는가를 가름할 때 자립(selfhood)의 "질"을 살펴봐야 한다고 주장한다. 그는 다이내믹한 토착화의 질을 찾는 데 있어 여섯 가지 기준, 즉 자화상, 자기능력, 자결, 자립, 자전 및 자기헌신을 제의한다. 거기에는 주님을 외래인이 아닌 토착적 주님으로 수용하고, 그들의 문화적 요구를 충족시켜 주는 섬김이 있고, 그들이 이해하고 공감하는 패턴의 예배가 있고, 몸된 교회에 그들 스스로가 참여하고 기능하며, 토착적 구조를 갖춘 교회가 있어야 한다는 것이다.

1978년 이 글의 저자 크래프트는 한 논문에서 기독교란 결국 외부에서 들어가는 것이므로 완전한 토착화라는 것은 실제로는 불가능하며 대신 "다이내믹한 토착성"(Dynamic indigeneity)이란 용어를 제안했다. 그 이듬해 다른 복음주의자들에 의해 "상황화"라는 용어가 쓰이기 시작했고, 새 용어에 대한 여러 논란이 있어 왔으나 저자는 일단 "수용하는 문화 속에 어떤 새로운 것이 생성되는 과정인데, 그것은 외부로부터의 입력의 결과이긴 하지만 외부 문화와의 유사성은 거의 없는 것"이라 정리하고 있다.

5) 제5단계: 상황화로의 이행(1972~)

70년대 후반에 들어오면서 과거지향적, 정적 개념인 토착화란 용어 대신 보다 다이내믹하고 미래지향적 개념인 상황화란 용어가 선호되기 시작한다. 그러나 이 용어가 주로 WCC의 에큐메니칼 측에서 논의되고 더구나 제

3세계에서 자유주의 신학의 영향을 받은 해방신학이나 흑인신학 등과 연계되어 제기되는 상황이었기에 복음주의 진영에서는 성경적 기독교에 대한 하나의 위협으로 간주해 상당한 우려와 반론이 제기된다. 이런 초기 복음주의적 보수진영의 부정적 반응에도 불구하고 70년대 말 복음주의 진영도 복음의 권위를 희석시키지 않는 한, 상황화 용어와 내용에 대한 논의를 인정하는 방향으로 이행하기 시작한다.

6) 제6단계: 복음주의자들의 상황화 개념 수용(1977~)

복음주의 진영에서는 수십 년간 "토착화"에 집착해 왔으나 오늘날은 "상황화"를 수용하는 입장이 지배적이다. 최초의 징후는 풀러신학교의 세계선교대학원이 1977년 딘 길리랜드(Dean Gilliland)를 상황화 신학 부교수로 임명했을 때이다. 그 이래 버스웰, 콘, 크래프트, 윌로우뱅크 보고서(1978), 스토트(J. Stott), 테이버(C. Taber) 등에 의해 상황화에 관한 일련의 주요 논문들이 발표된다. 그 중 1979년 발표된 논문 "상황화: 토착화 및/또는 변혁" 속에서 찰스 테이버(C. Taber)는 토착화가 올바른 방향으로의 한 단계 진전임에는 틀림없으나 20세기 콘텍스트에 비추어 볼 때 충분히 진전한 것으로 볼 수 없으며 상황화는 토착화를 더욱 전진시키고 교정시켜 주는 것으로 보았다.

찰스 크래프트는 "상황화란 예수님께서 그가 만나신 모든 사람들에게 그들 각자의 콘텍스트에 맞도록 복음을 제시하셨던 그 민감하고도 신중한 모범을 매우 심각하게 받아들이는 것이다"라 한다. 특히 성경번역의 예를 들면서, 제대로 된 번역은 번역한 것같이 들려서는 안 되며 현지 언어의 원문처럼 들려야 하는 것같이, 교회는 수입한 교회가 아니라 현지인 자신의 문화의 산물처럼 보여야 한다고 했다. 그것은 현지인 기독교의 설교, 신학, 개종, 문화적 변화, 리더십 원리 등에 있어서도 마찬가지로 다이내믹 동등화(dynamic equivalence)로 나타나야 한다고 주장한다. 올바른 신학은 단순히 기존의 신학을 상황에 맞게 적응시키거나 상황화시키는 데 그쳐서는 안 되며, 현지인의 내적 신앙에 충실한 동시에 그들의 사고방식(mentality)과 조화되는 방식으로 새로 창조되어야 한다는 것이다.

7) 제7단계: 상황화 연구(1980~)

상황화 연구는 1980년대에 들어 상당히 활성화된다. 특히 1984년 폴 히버트는 그의 논문 "비판적 상황화"(Critical contextualization) 속에서 크리스천은 모든 기독교의 실천에 있어 성경적 타당성뿐 아니라 문화적 적합성을 공히 비판적으로 평가해야 할 필요성을 부각시켰다. 그는 무엇이던지 토착적인 것이라면 자동적으로 그것을 기독교와 결부시키는 것은 매우 위험하고 비성경적인 태도라 지적한다. 1989년 헤셀그레이브는 "상황화"라는 책에서 보다 보수적 기독교 사상가를 대변해 상황화에 대한 매우 비판적 주장을 전개했다.

같은 해 풀러신학교 타문화 연구학교의 딘 길리랜드(Dean Gilliland) 교수는 상황화에 관련된 광범위한 논지를 집대성한 책을 출간하면서 "성경에 기초하고 성령의 인도하심을 받는 상황화는 오늘날 복음주의적 선교의 필수 요소이다. 상황화는 성육신적이며 육신이 된 말씀이 우리 안에 거하시는 것이다…상황화 신학은 복음을 듣는 자가 이해하고 받아들일 수 있는 방법으로 복음을 전달하는 길을 열어 준다"고 주장한다. 1992년에는 베반스(S. B. Bevans)가 그때까지의 상황화 연구를 총망라하는 연구, 분석 끝에 상황화 접근방식을 모델화하여 번역 모델, 문화인류학적 모델, 프락시스 모델, 종합 모델, 초월 모델 등으로 분류하였다.

6. 문화와 상황화

복음의 상황화는 선교사의 입장에서 선교 현지의 "듣는 사람들의 문화"에 맞추어서 복음을 적응시키는 것이다. 이런 의미에서 선교는 복음을 현지 문화에 맞추어서 의미를 갖게 하고 해석되게 하는 상황화(현장화)이다. 그러면 왜 선교는 복음의 현장화를 필요로 하는가? 복음은 초문화적이며 어떤 토착 문화와도 구별되는 독특한 것이며, 그래서 전달된 토착 문화의 틀 안에서 해석될 때 의미를 가지기 때문이다. 만약 전달자가 해석한 복음을 토착 문화의 맥락 안에서 재해석하지 않는다면, 그 복음은 전달자의 문화에서 해석된 그대로의 모습을 가질 것이다. 그렇게 되면 듣는 사람들에 따라 복음이 달리 이해되거나 잘못 이해될 수 있다. 또한 만약 복음이 토착 문화에서도 동일한 보편적인 의미를 가지려고 한다면, 그 문화에 올바른 방식으로 적응되어야 하며, 토착 문화 안에서 의미 부여가 이루어져야 한다. 그런 의미에서 현장화된 복음이란 복음이 전달되어서 새로이 적응한 문화적 상황에서 해석되고 의미를 가진 복음이다.

복음의 현장화는 외래문화가 토착 문화에 현장화하는 과정과 비슷하다. 문화의 현장화는 흡수, 파괴, 공존, 변형 등의 형태를 취하는데, 복음의 현장화도 선교 역사에서 보면 동일한 형태를 취한 것으로 드러난다. 특히 기독교 선교 역사에서는 극단적인 두 유형이 두드러졌는데, 토착 문화를 파괴하는 것과 완전수용이 그것이다. 전자는 선교 현지의 토착 문화를 전적으로 무시하고 거부하고 파괴한 다음에 새로운 기독교 문화를 심는 형태였다. 선교사가 기독교의 복음을 다른 문화에 전달하면서 기존하는 전통 문화의 모든 요소들을 철저히 파괴하고 말살하는 것이다. 그렇게 하는 이유는 기독교를 확립하기 전에 토착 문화의 모든 이교적인 요소들을 청소해 버림으로써 백지와 같은 새로운 선교의 장을 마련하는 것이 기본적인 준비 작업이라고 생각했기 때문이다. 이러한 극단적인 태도는 서양 문화의 우월성과 현지 문화의 열등성을 강조하는 식민주의와 "식민 문화"를 창출했다. 이러한 상황에서는 현지인들은 외면적으로 또는 공식적인 것에서는 압력에 의해 서양식을 받아들이지만 내면적으로 또는 사적인 것에서는 여전히 변화되지 않은 본래의 토속 문화 속에서 생활하게 된다. 이는 결국 서양 문화와 복음을 동일시하는 혼란을 가져왔으며, 외견상으로는 서양 문화와 토착 문화가 공존하는 것처럼 나타나지만 실제로는 "혼합 문화"를 낳는 결과를 빚었다.

또 다른 하나의 태도는 선교 현지의 토착 문화를 존중해야 한다는 이유에서 토착 문화를 무조건 수용하고 보존하는 것이다. 이것은 선교사가 복음을 다른 문화에 심을 때, 기존하는 전통 문화의 모든 요소들이 비록 이교적인 것일지라도 일단 수용하고, 그들의 토착 문화에 기독교적인 정신과 복음적인 의미를 덧붙이자는 것이다. 이처럼 토착 문화를 무조건 수용하고 다양한 종교들을 인정한다면, 온갖 종류의 혼합주의를 용납하는 셈이 된다. 일단 혼합주의에 문을 열게 되면 기독교는 더 이상 기독교가 아니라 변질된 기독교가 될 것이다.

왜곡된 현장화의 양극단을 극복할 수 있는 방법은 자기 비판적인 "탈현장화"(decont exualization)를 하는 것이다. 탈현장화란 복음에 덧입혀진 문화적 요소를 벗기는 과정이다. 이는 두 가지 측면에서 일어날 수 있다. 하나는 복음을 전하는 사람이 현장화 과정에서 자신이 가진 복음에 첨가된 문화적 요소들을 제거하고 본래의 복음으로 복구시키는 것이다. 다른 하나는 복음을 받은 사람이 자신이 받은 복음에 덧씌워진 문화적 요소들-여기에는 전달한 사람의 문화와 받은 사람의 토착 문화 양자 모두이다-을 벗겨내고 복음의 순수성을 되찾는 것이다. 이러한 탈현장화는 우선 현장화 과정에서 불가피하게 문화적인 것들이 복음에 덧붙여졌다는 전제에서 출발한다. 따라서 선교적인 관점에서 볼 때, 탈현장화는 선교사가 자신이 전할 복음을 정화하는 작업을 먼저 수행한다는 것이다. 다른 측면으로는 선교사로부터 복음을 받아들이는 교회가 그 복음에 덧입혀진 선교사의 문화와 토착 문화적인 것들을 벗겨내고 순수한 복음의 모습을 되찾는 것이며, 이는 현장화된 복음을 정화하는 것이라고 할 수 있다.

선교 2세기를 맞이한 한국교회는 "받는 선교에서 보내는 선교"로 탈바꿈하고 있다. 오늘의 한국교회는 더 이상 피선교지로서 문화적 수용의 차원에 머물러 있지 않다. 이러한 역사적 시점에서 한국교회의 새로운 선교적 사명은 복음의 현장화의 전 과정을 완결짓는 것이라 할 수 있다. 그것은 복음을 현장화하는 선교에서 자기 비판적이고 반성적인 탈현장화의 선교 과정을 거치고, 마지막으로 순수한 모습을 되찾은 복음을 다시 현장화하는 선교이다. 이 마무리 과정이 바로 재현장화(recontexualization)이다. 복음의 재현장화도 두 가지로 구분할 수 있다. 하나는 탈현장화된 복음을 제자리에 다시 현장화하는 과정, 곧 토착 문화에 재현장화하는 과정이 있으며, 다른 하나는 탈현장화해서 순수한 모습으로 회복된 복음을 타문화에 전달해서 현장화하는 것이다. 전자가 순수한 재현장화라면, 후자는 다른 문화에 복음을 전하는 선교로서 재현장화하는 것이다. 그러므로 후자는 선교의 마무리인 재현장화이면서도 선교의 시작인 현장화인 셈이다. 이런 의미에서 복음의 재현장화는 선교의 순환 고리에서 마무리 과정이자 시작 과정이라 할 수 있다.

7. 상황화를 위한 준거틀

타문화권에서 복음을 전하려 할 때에는 문화와 언어에 관련된 장벽이 있다. 그렇기 때문에 효과적인 복음전달을 위해 복음의 요소와 그것을 받아들이는 사람 사이에는 어떤 형태로든지 상황화되어야 할 부분이 반드시 존재한다. 만일 획일적인 잣대를 가지고 문화를 해석하고 복음을 전하려 한다면 선교의 첫걸음부터 잘못될 수 있다. 상황화의 과정에서 예수 그리스도에 대한 확실성과 복음의 절대성이 결코 축소되어서도 안 되며 다른 문화적인 요소나 다른 종교에 의해서 희석되어서도 안 된다. 상황화를 할 때 진리와 오류 사이에 놓여 있는 올바른 현실적 판단과 평가 없이 그대로 넘어갈 수는 없다.[28]

상황은 언제나 변화할 수 있는 것이기 때문에 그 상황 속에서 복음을 전하고 정당한 신학적 표현을 위해 반드시 고려해야 할 요소가 있다. 그것은 성경뿐만 아니라 전통과 문화, 역사와 시대적 사고형태가 포함되어야 한다. 자신들의 문화 안에서 겪게 된 역사적인 사건, 사람들이 시대에 따라 쌓아온 지적인 경향, 문화적인 변화, 때로는 정치적인 변화 역시 내적 요인들과 함께 작용하여 그 상황 속에서 행동신학을 할 수 있는 동기나 가능성을 제공해 줄 뿐만 아니라 필요성을 갖게 하는 것이다.[29] 특히 제3세계에서는 1970년대에 들어서면서 서구의 관념론적인 신학이 그들의 문화에 잘 맞지 않는 부분이 있음을 인식하였다. 따라서 서구의 신학을 그대로 답습하기보

---

28) 정흥호, "문화와 상황화", 『선교를 위한 문화인류학』(서울:이레서원, 2001), 281.
29) Stephen Bevans, *Models of Contextual Theology*, 5.; 정흥호, 『선교를 위한 문화인류학』.

다는 그 나라의 상황과 문화에 맞는 신학을 전개해 나가야 한다는 필요성을 선교학자들을 중심으로 강하게 제기되었다. 서구의 전통적인 신학적인 개념이 아시아나 아프리카 및 남미에서는 그들의 문화 형식과 개념적 형태와 맞지 않는 부분을 점차로 발견하게 되었던 것이다.

이러한 상황의 변화가 상황화 신학을 태동하게 만드는 준거틀을 제공했던 것이며 많은 제3세계에서 일어나고 있는 인권적으로 억압받는 자들, 계층 및 계급의 차별로 인해 빚어진 소외된 자들, 가난한 자들을 위한 사회적 변혁에도 선교적 차원에서 관심을 갖게 되었다. 서구의 개인주의적 구원관과 윤리관이 이런 상황에 처한 사람들을 소홀하게 만든 결과를 낳게 되었다는 비판도 함께 이루어졌다. 무엇보다도 사회과학의 발달과 함께 신학이 관념론적인 논란으로 끝날 것이 아니라 그 시대와 문화에 적합한 기준을 제공해 주어야 했던 것이다. 어느 하나의 문화권 안에서 나타나는 사회적인 현상들과 문화, 사람들의 행동양식을 반영하고 그들의 세계관에 맞는 복음전달이 있어야 한다. 복음은 결코 사람들의 삶과 분리되어 있는 것이 아니다. 한 공동체의 문화적 기반 위에서 이해될 수 있는 방법론을 찾아 효과적인 복음전달에 적용해야 한다. 문화적인 변화에 대처할 상황화의 필요성을 한 마디로 표현한다면 기독교의 성육신적 본질을 회복하기 위한 시도라고 말할 수 있다.[30]

일방적으로 주는 자와 받는 자의 관계를 탈피하여 전달자가 수용자의 상황에 들어가서 그들의 상황과 문화에 맞는 메시지를 전달하고 그들이 이해할 수 있는 전달방법을 찾아야 하는 것이다. 하나님 자신이 먼저 이 세상을 사랑하셨고(요 3:16) 지금도 살아 계셔서 우주만물을 다스리시며 지속적인 관계를 맺고 있다. 말씀이 육신이 되어 이 땅에 오시므로 인간의 상황에서 이해될 수 있도록 오신 예수 그리스도(요 1:14) 자신이 바로 상황화의 근본적인 모델이 되는 것이다. 전달자가 수용자의 입장에서 전하고자 하는 메시지를 그들이 이해할 수 있는 방법으로 전해 주어야 하는 것이다. 상황화의 실패는 곧 효과적인 전달에 실패했다는 것을 말한다.[31]

---

30) Ibid.
31) Ibid.

상황이라는 용어 자체에는 단지 역사적이거나 문화적인 면만을 일컫는 것이 아니라 한 사회 안에서 일어날 수 있는 모든 가능성을 내포한 실존적인 용어라고 말해야 할 것이다. 다시 말하면 상황 속에는 모든 신학적 내용과 전제가 함께 포함되어 있는 것이다. 조직신학적 차원에서도 신학의 임무는 하나님과 인간의 관계성을 설명하고 해석하기 위한 '자명한 체계'(axiomatic system)를 제시해 주는 것이다. 즉 신학 그 자체는 계시된 진리와 동등한 것으로 취급되는 것이 아니라 인간들의 모든 삶에 연관된 문제들을 풀어가기 위한 인간의 개념적인 정리라고 볼 수 있다. 이에 가장 기본적인 전제는 모든 인간들이 하나님 앞에서 죄를 지은 죄인들이라는 것에서부터 시작하는 것이다. 그렇기 때문에 하나님께서는 이 죄인들이 그냥 멸망하도록 내버려 둔 것이 아니라 성육신하신 하나님의 아들 예수 그리스도를 이 땅에 보내어 믿음으로 말미암아 구원을 받을 수 있게 길을 열어주셨다는 것이 가장 기본적인 신학의 전제가 되는 것이다(요 1:14; 3:16).[32]

한편, 모든 신학적 체계들은 시간, 장소, 언어, 종교적 경험이나 문화에 의해 제한될 수밖에 없다. 어떤 하나의 신학적 체계가 모든 문화, 모든 시대, 모든 상황에서 제기되는 모든 문제들을 동시에 답변해 줄 수는 없다. 따라서 어느 특별한 지역에서 인간의 상황이나 문화와 관련되어 다양한 양상을 띠게 되는 것이다. 먼저 성경 본문의 의미를 결정하고 그에 대한 원리를 만들어내야 한다. 그러면서 그것들을 조직화할 뿐만 아니라 그 문화 안에 사는 그리스도인들의 경험과 전통을 해석하기 위해 필요로 하는 여러 가지 방법들을 찾아내는 작업이 있어야 한다.

여기서 방법과 모델을 구분지어야 할 이유가 있다. 방법이란 조절할 수 있는 정의된 진행방식이라고 말할 수 있다. 그런데 만일 새로운 방법들을 발견하기 위해 서두르게 된다면 방법 자체에만 의존하게 되어 그에 대한 방향성을 제시해 주는 중요한 요인들을 간과해 버리게 된다. 그렇기 때문에 이를 위해서 모델이나 패러다임 혹은 전제나 이론을 필요로 하게 된다. 반면에 모델이란 관찰된 자료의 구성에 통합적인 설명을 줄 수 있도록 구성된 요소들을 체계화시켜서 어느 한 지역에 적용함으로써 알려진 체계라고 할

---

32) Ibid.

수 있다. 이런 관계성을 인식하게 된다면 그 모델에 자신들을 전념하기 위해 방법을 이용하게 된다.[33] 바른 상황화의 모델을 발견하고 복음의 메시지에 대한 해석을 보호하기 위해서도 방법론을 지속적으로 점검해야 한다. 이는 완벽한 상황화의 모델은 불가하므로 그런 불완전성을 극복해 나가려는 의지와 비판의 작업이 병행되어야 한다는 것을 의미한다.

정당한 상황화의 모델은 특수한 문화 속에 있는 참여자들과 외부인들 간에 진정한 대화가 있을 때 발전적인 모델이 나올 수 있다. 문화적 동질성이나 사회적 변화, 대중적 종교성 같은 요소들은 상황화 모델을 발전시켜 가는 데 있어서 아주 중요하다. 이런 이유 때문에 하나의 문화권에서 복음의 효과적인 전달체계에 강조를 두는 토착화라든가 신앙과 문화의 상호 연관성을 통해 기독교 메시지와 문화의 창조적이고 역동적인 관계를 말하려는 '자문화 학습'(Inculturation)이란 용어보다는 '상황화'(Contextualization)라는 용어를 선호하게 되었다고 설명할 수 있다.

8. 상황화의 과제들

상황화 분야에서 아직 할 일은 태산 같다. 상황화를 개념화하고 이행하려면 예컨대 교회 정치, 리더십 훈련, 예식, 커뮤니케이션 등 여러 분야에서 적절한 문화적 모델을 찾는 일 같은 것이 과제로 남아 있다. 특히 계속 서양식 구조를 견지하고 있는 현지인 교회들은 지도자가 현지인으로 교체됐더라도 아직도 서양 선교사들로부터 배운 접근방식에서 탈피하지 못하고 있다. 결국 상황화의 이론과 실제가 함께 발전되어 나가야 할 것이다. 끝으로 몇 가지 상황화의 남은 과제를 제시하고 있다.

첫째, 상황화에 대해 학문적으로 알게 된 것을 어떻게 현지 선교사와 교회 지도자들과 선교단체 행정 담당자들에게 전달하고 납득시키느냐는 것이다. 교회 지도자나 현지 선교사나 선교단체 담당자들은 상황화에 대하여 잘

---

33) 정흥호, 『상황화 신학』(서울: 한국로고스연구원, 1996), 39.

모르거나 알더라도 기존 패러다임에 얽매어 수용을 못하거나 때로는 거부하거나 때로는 우선순위의 문제 또는 여러 가지 얽혀 있는 이해관계 때문에 수용을 꺼리는 경우가 많이 있는 것이 사실이기 때문이다.

둘째, 선교사 훈련과정을 통해 상황화에 대하여 배워서 이론적으로는 잘 이해하고 있음에도 불구하고 선교 현지에 나가면 이를 실천에 옮기기 못하는 경우다. 선교 현지에서 재래의 서양식 선교 상황 속에 일단 들어가면 이를 벗어나거나 개선하지 못하는 경우가 많다.

셋째, 세대차의 문제이다. 제1세대에서 상황화가 불완전하게 이루어지는 경우 그 다음 세대가 그것을 바꾸기 힘든 경우다. 더구나 제2, 제3세대의 경우 문화적응이 제1세대보다 훨씬 용이한 경향이 있기에 세대차로 인한 상황화 진행의 정도의 차이가 나타나기 쉽다.

넷째, 상황화에 있어서 영적 능력(spiritual power) 문제를 적절히 다루었는가에 대한 의문이 남아 있다. 영적 능력이 허다히 나타나고 있는 세계의 현실에 비하여 과연 치유, 구원, 기도, 헌신, 비전, 꿈, 영적 영토성, 천사, 악령 등에 관하여 적합한 성경적, 문화적 표현을 찾는 노력이 이루어지고 있는가의 문제이다. 영적 전쟁의 상황화 문제를 성경적 원리에 입각하여 진지하게 다루어야 할 것이다.

찰스 크래프트는 그의 다른 논문 "왜 상황화가 잘 이행되지 않고 있는가" 속에서 상기한 과제 밖에 아래와 같은 몇 가지 다른 과제를 제기하고 있다. 그 중 하나는 훈련의 결핍 문제다. 즉 선교사나 교회 지도자나 선교단체 지도자들이 문화인류학이나 선교의 문화적 측면에 대한 훈련을 전혀 받지 않거나, 충분히 받지 못하거나, 받더라도 제대로 이해하지 못하는 경우가 많다는 것이다. 예컨대 성령의 능력이야말로 우리가 필요로 하는 전부이며, 선교사가 타문화권에서 복음을 제시하는 데 서투른 이유는 성령의 인도함을 받지 않기 때문이라고 주장하는 사람들이 있다. 그들은 만일 선교사가 커뮤니케이션을 더 잘할 수 있도록 훈련된다면 성령께서 그를 통해 보다 효과적으로 역사하실 수 있을 것이라는 것을 받아들이지 않는다는 것이다.

그 외에도 전통적 교회의 평판(reputation), 오래된 전통이나 관행 등이 걸림돌이 되는 경우, 혼합주의의 우려, 수난 끝에 개종한 현지인들의 끈질

긴 저항 등이 상황화를 어렵게 하는 요소로서 거론되고 있다.

　　기독교라는 나무는 한 사회에서 길러서 자라게 한 후 새로운 문화적 환경에 옮겨 심어서, 그 나무의 잎사귀와 가지와 열매가 그것을 전해 준 사회의 산물임을 뚜렷이 나타내서는 안 된다. 복음은 씨로 심어서 받는 사람들의 문화적 토양 내에서 싹을 틔우고, 그곳의 비와 영양분에 의해 길러져야 한다. 참된 복음의 씨에서 나오는 싹들은 땅 위쪽을 보면 그것을 전해 준 사회와 상당히 다른 것처럼 보일 수 있지만, 땅 밑 곧 세계관의 차원에서 보면 뿌리는 같으며 생명은 같은 근원에서 나온다.[34]

　　우리는 사위 부족이 배신을 미덕으로 존중한다는 것을 알고는 충격을 받았다. 그들에게는 가롯 유다가 복음의 영웅이었다. 하지만 사위 문화 내에는 평화 조약을 맺는 방법이 있었는데, 그것은 한 아버지가 적군의 아버지에게 자기 아이 중 하나를 주어 키우도록 맡기는 것이었다. 이 아이는 '화해의 아이' 라고 불리었다. 부족들 간의 전투가 중대한 위기에 접어들었을 때 우리는 그리스도를 하나님의 화해의 아이로 제시할 수 있었다. 사위족은 곧 하나님의 구속 이야기를, 가장 위대하신 아버지가 사이가 멀어진 사람들과 화목하기 위해 자신의 아들을 주시는 것으로 이해했다. 오늘날 사위 부족민 중 70%가 예수님을 믿는다.[35]

---

34) Ralph D. Winter and Steven C. Hawthorne, *Mission Perspective* (Pasadena, California: William Carey library, 1999).
35) Don Richardson, *PEACE CHILD* (Ventura, Ca., Gospel Light Publication, 1974).

제10장

상황화의 모델

    기독교회의 전통신학을 포함하여 모든 신학들은 상황적이라 할 수 있다. 왜냐하면 역사적으로 모든 신학의 반응들은 교회가 놓여 있는 현재의 역사적인 상황 속에서 끊임없이 제기되는 질문들을 포함한 도전들에 대한 연속에서 형성되었기 때문이다. 그래서 그런 신학들은 다분히 그 당시의 사회적인 양상이나 문화적인 요소들을 내포하고 있는 것이다.

    상황화 신학은 복음의 메시지와 성령, 기독교회의 전통 그리고 신학이 형성되는 그 문화, 아울러 그 문화 속에서 일어나는 사회의 변화들을 고려하는 행동 신학(doing theology)의 한 방법으로 정의된다. 신학에 상황적으로 접근하는 것은 전통적인 신학 개념에서 벗어남과 동시에 전통과 깊은 연속성을 가지고 있다. 상황적으로 신학을 이해한다는 것은 새로운 것과 전통적인 것을 함께 주장하는 것이다.[1] 본 장에서는 그 모델들을 살펴보도록 하겠다.

---

1) Stephen B. Bevans, *Models of Contexual Theology* (New York: Maryknoll, 1992), 1.

1. 베반스의 모델

상황화 신학의 모델의 구분은 각각의 신학자마다 그 구분이 다르다. 각각의 상황에 따라 그 상황화의 모델들은 달라질 수 있을 것인데 스티븐 베반스(Stephen B. Bevans)는 일반적으로 일어날 수 있는 상황을 중심으로 다섯 가지 즉 번역 모델, 인류학적 모델, 실천 모델, 종합 모델, 초월 모델을 제시하고 있다.[2]

1) 번역 모델

번역 모델(The Translation Model)은 가장 일반적으로 사용되는 모델이다. 이것은 상황 안에서 신학을 할 때 대부분이 생각하는 모델이다. 상황화 신학의 대부분의 모델은 번역 모델이다. 항상 특별한 문화에 개작되거나 적응되어진 항목이 있다. 이 특별한 모델을 만드는 것은 불변의 메시지로서 복음의 메시지를 주장하는 것이다. 번역은 복음의 신학화(Inculturation)에 가장 적합한 모델로 꼽는다.[3]

용어상 번역은 직역이 아닌 축어적인 번역을 말한다. 좋은 번역은 텍스트의 정신을 잡는 것이다. 번역은 관용적이거나 찰스 크래프트가 말한 것처럼, 기능적으로나 동적으로 같은 의미에 의해(역동적 대등관계) 그리고 유

---

2) 상황화 신학과 토착화 신학을 비교해 볼 때 상황화신학의 범위가 넓다고 할 수 있다. 그래서 그 방법이나 모델을 제시의 구분에 있어서 모호한데, Schreiter는 토착화신학 접근 방법으로서 세 가지, 즉 번역모델과 적응모델, 그리고 문화의 맥락을 출발점으로 하여 신학적 성찰을 시작하는 맥락모델 등이다. 맥락모델은 토착화신학에서만 가능한 모델인 데 반해 상황화 신학에서 방법 또는 모델로 삼고 있는 번역모델과 적응모델은 토착화신학에서 문화적 관점을 중점으로 하는 것 외에는 내용이 비슷하다.
Ukpong은 토착화 모델과 사회·경제적 모델의 두 가지 형태를 정당화시켰는데 토착화 사상은 변형 혹은 문화화(inculturation) 모델로, 그리고 사회-경제적 패턴은 발달(정치신학)되거나 혁명적(자유신학, 흑인신학, 여성신학 등)으로 될 수 있다. David J. Bosch. *Transforming Mission* (New York: Orbis Books, 1991), 420-421. 그런데 Bosch는 이러한 Ukpong의 범주화를 수정하여 첫 번째 유형 속의 문화화 모델과 두 번째 유형의 혁명적 모델만이 상황신학으로서 적절하다고 보았다.
3) Stephen B. Bevans, *Models of Contexual Theology*, 30-31.

진 나이다(Eugene Nida) 의 언어학적 접근방법에 의해 이루어질 수도 있다.[4] 번역 모델은 다른 용어들로 "번역"되어져야만 하는 "무엇이" 있다는 것을 주장한다. 항상 내부를 채우게 되어야만 하는 외부로부터의 무엇이 있다.[5]

이 모델의 전제조건을 살펴보면, 기독교인의 필수적인 메시지는 초문화적이라는 것이 중요한 것이다. 이것은 "복음의 핵심"이라고 말해지는데, 여기에는 중심과 껍질이 있다. 복음의 중심은 마음대로 하고 필수적이지 않은 문화의 껍질로 쌓여 있다. 번역 모델은 필수적이고, 초문화적인 메시지가 문화적으로 표현된 의미 있는 형태로부터 분리될 수 있다는 것이다. 중요한 것은 기독교의 메시지를 이해하는 것, 그리고 문제 안에 있는 문화에 창조적으로 접속하게 되는 것이다. 베반스는 번역 모델을 다음과 같이 그리고 있다.

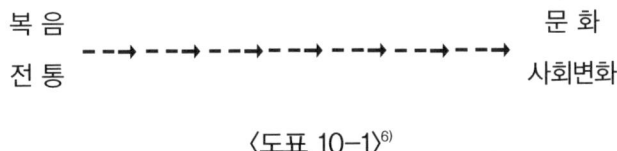

〈도표 10-1〉[6]

방법론적으로, 이런 과정 안에서 출발점은 항상 초문화적, 필수적인 교리를 언급하는 것이 중요하다. 번역 모델의 또 다른 가정은 상황화 과정에서 문화의 보조적이고 종속적인 역할을 가리키는 것이다. 마지막 가정은 모든 문화는 동일한 구조를 갖고 있다는 것을 진술한다.[7]

이 모델에 초점을 두는 것은 성서에 기록되고 전통에서 전해진 기독교의 메시지를 중요하게 다룬다. 그 강조점은 문화의 정체성보다 더 중요하게 기독교의 정체성에 둔다. 이 모델은 기독교는 세상에 대해 무엇인가 할 말이

---

4) 정흥호, 『복음과 상황화』(서울: CLC, 2004), 115.
5) Stephen B. Bevans, *Models of Contexual Theology*, 31-33.
6) Ibid., 35.
7) Ibid., 33-35.

있다는 것을 말해 준다. 그리고 진실은 어둡고 험난한 세상에 빛과 평화를 가져다줄 수 있다는 메시지를 전한다. 설교자나 교사가 기독교에 대해 남성과 여성이 듣고 읽게 가르치고 설교할 때, 기독교가 증언한 삶의 메시지가 명백하게 이해된다. 또 하나 중요한 것은 문화와 사회변화의 이중 경향을 인식하는 것이다.[8]

번역 모델은 선교에 있어서 성서, 그리고 기독교의 기본 틀을 형성하는 데 적합한 모델로 볼 수 있다. 또한 선교의 과정에서 선교 현지의 전통 문화와의 마찰 속에서 복음의 본질과 내용이 변질될 수 있는 위험성으로부터 보호해 줄 수 있다. 그러나 반면 절대적인 입장을 가진 번역 모델의 적용은 복음화 과정에서 전통 문화나 다른 종교와의 갈등이나 충돌을 일으킬 수 있고 기독교 전통만을 중요시함으로써 타문화에 대한 존중과 배려가 부족함으로 이것이 선교에 있어서 장애가 될 수 있다.

2) 인류학적 모델

번역 모델의 정반대 모델은 인류학적 모델(The Anthropological Model)이다. 번역 모델의 주요 관심이 문화, 사회변화 그리고 중요한 역사를 취하려는 시도로부터 기독교 정체성의 보호라면, 인류학적 모델의 주요 관심은 개인, 기독교 믿음에 의해 문화의 정체성을 보존하는 것이다. 이 모델에서 중요한 관점은 기독교는 인간 개인과 남성 혹은 여성의 실현에 대한 것이다.[9]

"인류학적"이라는 용어는 첫째, 인류와 나아가 인간 개인의 가치와 선함에 중심을 둔다. 둘째, 사회과학적 견해를 사용한다는 의미에서 인류학적이다. 상황화 신학에 이 접근의 중요한 강조점은 문화에 대한 것이다. "토착화"라는 용어는 전적인 상황의 과정을 위한 일반적 용어로서 많이 사용되는데, 이 모델에 의해 우리가 의미하는 것을 서술하기 위한 대안의 방법으로 사용되었다.[10]

---

8) Ibid., 35-37.
9) Ibid., 47.
10) Ibid., 48.

이 모델의 전제조건은, 하나님의 계시를 발견하는 것은 인간의 문화 안에서이다. 초문화적 메시지를 분리시키려는 것이 아니다. 이 모델의 출발점은 인간의 문화이며, 정말로 문화적으로 민감한 신학이 명료하게 될 수 있는 재료로서 내종교적인 대화로부터 수립되었던 지혜를 사용한다.[11] 이 모델의 다이어그램은 다음과 같다.

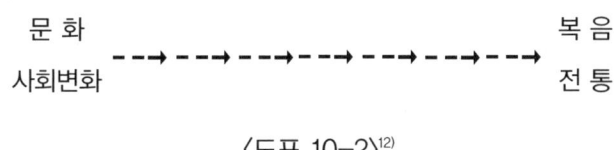

〈도표 10-2〉[12]

이 모델의 힘은 인간의 실재를 최대한 진지하게 다루며, 신선한 빛 안에서 기독교를 보려고 인정하는 남성과 여성들의 유익을 갖는다. 기독교인이 된다는 것은 인류학적 모델이 주장한, 완전한 인간이 되는 것이다. 인류학적 모델은 인간이 있는 장소에서 출발한다. 인간의 실질적인 문제들과 흥미들을 다루지만, 이 모델의 중요한 위험은 문화의 낭만주의로 쉽게 희생되는 것이다. 인류학적 모델의 견해는 신학자들이 믿음이 활동적으로 살아 있는 장소에서, 인간의 삶의 중앙에서 시작해야 한다는 것이다.[13]

이 모델은 인간의 문화에 대한 존중과 더불어 그 안에서 이루어 낼 수 있는 종교적 창조성까지도 배제하지 않는다. 때문에 복음의 상황화의 과정에서 일어날 수 있는 갈등들은 감소시킬 수 있으며 효과적이라 할 수 있다. 초기 한국의 선교화의 과정에서는 번역 형태의 상황화가 많이 이루어졌는데 시간이 지나면서 서구 선교사들은 한국의 전통 문화에 대한 이해와 또한 그로부터 생겨난 새로운 기독교적 문화에 대해서 인정하게 되었으며 이후에도 한국 신학자 사이에서도 토착화 신학에 대한 연구가 많이 이루어졌다. 새벽기도회, 성미, 손을 모으고 기도하는 것 등의 기독교 문화는 선교사들

---

11) Ibid., 49-51.
12) Ibid., 52.
13) Ibid., 52-54.

에 의해 전해진 것이 아니라 한국의 전통 문화 또는 전통 종교와의 만남 속에서 새롭게 생겨난 것이다. 그러나 인류학적 모델은 인간의 문화에 대한 지나친 확신으로 휴머니즘에 빠질 오류가 있고, 문화의 입장에서 복음을 해석하기 때문에 복음의 본질이 상실될 수 있다. 이에 각 문화에 대한 이해와 기독교 문화와의 만남 이전에 각 문화에 대한 비판적인 평가도 함께 이루어짐으로써 복음의 순수성을 유지하려는 노력이 중요할 것이다.

3) 실천적 모델

번역 모델이 특별한 문화와 오래되고 확대된 전통에 대한 문화가 가지고 있는 주제의 연속성 때문에 기독교의 정체성을 초점으로 한다면, 인류학적 모델이 기독교인들의 문화 정체성과 믿음을 명확히 표명하는 그들의 독특한 방법에 초점을 둔다면, 실천적 모델(The Praxis Model)은 문화가 사회의 변화에 의해 이해된다는 것으로서 문화 안에서 기독교인의 정체성에 초점을 둔다. 실천적 모델은 가장 높은 수준의 지식에 의해 형성된 신학함의 한 방법이다. 그것은 또한 의미를 분간하고 사회변화의 과정에 공헌하는 것에 대한 것이다.[14]

용어상 프락시스(praxis)는 자주, 실천 혹은 행동의 단어들에 선별적으로 사용되었다. 그것은 일반적으로 방법이 사고의 모델, 그리고 특별하게 방법 혹은 신학의 모델을 나타내는 용어이다. 우리가 상황화 신학의 실천적 모델을 말할 때, 그것의 중심적인 통찰력은 그 신학이 단순하게 기독교인의 믿음의 상대적인 표현들을 제공함에 의해서가 아니라 기독교인의 행동에 대한 위임에 의해 이루어진 것이다. 우리가 실천적 모델을 부르는 것은 자주 "해방 모델"로 언급된다. 그 이유는 유럽에 있는 정치적인 신학자들(J. Moltmann, J. B. Metz)과 특별히 해방 신학자들, 특히 라틴 아메리카에서 가장 가득한 의미에서 이 특별한 모델을 발전시켜 왔다.[15]

실천적 모델의 전제조건에서 지식의 높은 수준은 지적이고 책임 있는 행

---

14) Ibid., 63-64.
15) Ibid., 64-66.

위인 통찰력이 중요하다. 이 모델에서의 신학은 "믿음은 지적인 행동을 찾는 것"의 과정이다. 그리고 믿음의 이해를 개발하는 데 문화의 중요함을 전제한다. 그들은 인간의 가치들과 행위의 방법들로서 문화를 보는 것을 능가한다. 이 모델의 전제조건은 하나님의 계시의 관념이다. 번역 모델이 계시가 초문화적이고 변화하지 않는 메시지에 있다는 것을 전제조건으로 이해하고 인류학적 모델이 신의 현존에 개인적이고 공동의 만남의 용어로 계시를 이해한다면, 실천적 모델은 역사 안에서 하나님의 현존으로서 계시를 이해한다. 하나님의 현존과 하나님 곁에서 일하기 위한 초청은 모든 남성과 여성에게 동등하게 가능하다.[16] 이 모델의 다이어그램은 다음과 같다.

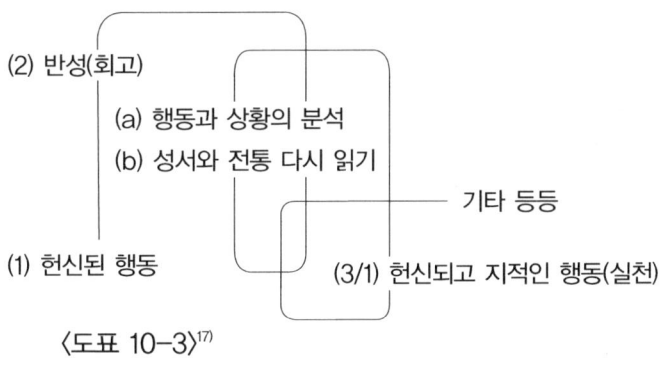

〈도표 10-3〉[17]

이 모델은 첫째, 헌신적 행동이 첫 단계이다. 신학을 하기 위해서 믿음이 필요하며, "사랑 안에서 진실 행하기"가 중요하다. 그리고 "신학"이 발전된 것으로 동등하게 한 사람의 행동과 문화, 사회 상황의 분석에 기초되어진다. 둘째, 성서와 기독교 전통을 다시 읽기이다. 셋째, 믿음의 연결은 지적인 행위(praxis) 자체 내에 있다. 실천적 모델의 강조점은 계시의 이해가 매우 신선하고 흥미롭다는 것과 신학적 전통에 깊이 뿌리를 갖고 있다는 것이다. 이 모델은 믿음의 문화적 표현들에 넓은 공간을 준다.[18]

---

16) Ibid., 66-69.
17) Ibid., 69.
18) Ibid., 70-71.

실천적 모델은 인간의 상황을 중요하게 여긴다는 측면에서는 인류학적 모델과 유사한 맥락으로 살펴볼 수 있는데 인류학적 모델의 실천적 적용의 면에서는 다소 모호하고 관념적인 부분이 있는 반면 실천적 모델은 성서의 차원들과 문화의 차원들을 동시에 고려함으로써 더 포괄적이면서도 현실로의 적용 가능한 다양한 방향으로의 상황화적 접근이 가능하다고 할 수 있다.

한국의 경우, 에큐메니칼 신학에서 보는 '상황화'의 정의에 따른 상황화 신학이라면 역시 민중 신학이라 할 수 있다. 한국의 1970년대와 80년대의 정치, 문화, 경제 및 사회적으로 급변했던 상황이 민중 신학을 태동하게 만들었고, 해방신학과 유사점이 많다고 볼 때 이 모델로 분류되어야 할 것이다.[19]

그러나 비판적인 관점에서 그들은 왜 해방의 의미를 정치적, 사회적, 경제적인 구조에서만 풀려 하고 영적인 죄의 관점에 우선권을 두지 않는가 하는 것이다. 이들은 예수께서 개인의 죄를 해방시키러 오신 것이 아니라 '구조적인 죄악' 즉 사회적인 죄의 권세로부터 해방시키러 왔다고 하여 전통적인 신앙의 관점에서 보는 죄의 개념과 근본적으로 다르다. 그러나 예수께서는 구조적이고 사회적인 죄의 개선 이전에 먼저 개인적인 죄를 지적하셨음을 기억해야 할 것이다.[20]

번역 모델에서는 계시가 초문화적이며 변하지 않는 메시지가 있다고 주장하며, 인류학적 모델에서는 하나님의 현존과 더불어 개인과 공동체의 만남이라는 차원에서 계시를 이해하며, 실천적 모델에서는 일상생활의 사건에서, 사회 경제적인 구조 속에서, 억압의 상황 안에서, 구체적인 역사적 사건을 통해서 보이는 것으로 계시를 이해하였다.[21]

4) 종합적 모델

종합적 모델(The Synthetic Model)은 위의 세 가지 모델들에 비해 균형

---

19) 정흥호, 『복음과 상황화』, 129.
20) Ibid., 138-139.
21) Ibid., 148.

을 잡아보려는 시도이며, 다른 문화와 사고방식을 나름대로 흡수해 보려는 입장이다. 즉 아래 도표에서 연속선 상 중앙에서 나타나는데, 문화 / 사회 변화와 복음 메시지 / 전통에 대한 강조 사이의 중앙에 위치한다. 이 모델은 다양한 성서들의 구성의 전과정이 성경적인 칭의에 의존한다. 한 마디로 이 모델은 "양쪽 / 모두"(both/and)를 취하려는 것이다.[22]

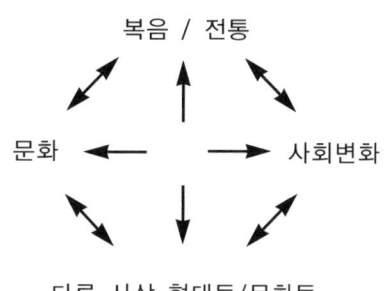

〈도표 10-4〉[23]

용어상 종합적이라는 단어는 신학적 방법의 특별한 모델의 묘사로서 몇 가지 다른 방법들 안에서 기능한다. 첫째, 상황화 신학하기의 이 종합적 모델의 방법은 항상 서술되었던 모델들의 종합으로 기운다. 둘째, 종합적 모델에는 다른 문화들의 자원들과 다른 신학적인 방법과 자신의 믿음의 연결 양쪽 모두에 대한 표현들에 접근한다. 이런 방법으로 결합은 한 사람 스스로 문화적 견해와 다른 사람의 견해들 사이를 발전시킨다.[24]

종합적 모델의 근본적 전제조건은 인류 문화의 반대성향이거나 남성과 여성이 살아가는 상황이다. 이 모델에서 중요한 것은 독특성과 상보성 모두를 강조하는 것이다. 이 모델의 요소로서 문화는 유동적인 것으로 간주된

---

22) Stephen B. Bevans, *Models of Contexual Theology*, 81-82.
23) Ibid., 86.
24) Ibid., 82-83.

다. 또한, 실천적 모델은 문화들이 진실한 인간의 성장이라는 대화 안에서 이루어질 때 말할 수 있다. 하나님의 계시는 성서의 특별한 문화들 안에서 역사적으로 제한되는 어떤 것이 되는 것으로 이해된다.[25] 종합적 모델의 진행 순서는 매우 복잡하다. 지방 신학들을 구성하는 데 종합적 모델은 기호(언어)의 모델로 묘사되어 왔다고 하는 로버트 슈레이터(Robert Schreiter)는 다이어그램 안에 설명한 복잡성들을 다루기 위한 하나의 방법을 가리키는 그의 방법의 "지도"를 나타낸다.

만일 번역 모델과 인류학적 모델이 복음/전통으로부터 문화/사회변화에까지 직선들로 진행되어 설명될 수 있다면, 혹은 그 반대로 실천적 모델과 종합적 모델이 하나의 나선 모양으로, 그리고 사각의 네 변을 서로 영향을 준다고 고려해 본다면, 종합적 모델에서 슈레이터의 표현은 서로 함께하는 끊임없는 상호 작용과 대화 안에서 두 개의 평행 기둥으로서 그려질 수 있을 것이다. 종합적 모델의 강점은 기본적인 개방과 대화의 방법론적인 태도이다. 종합적 모델은 정말로 진실한 교제와 대화 안에서 연습을 신학화하는 데 많은 노력을 한다. 그래서 한 사람이 스스로, 그리고 한 사람의 문화의 정체성의 그 과정 안에서 나타날 수 있다. 아마도 어떤 다른 모델보다 더 실천적 모델은 기독교인과 믿음의 진실한 보편성을 증언한다. 그러나 종합적 모델은 항상 다른 문화와 전통에 "모두 팔아버리는" 위험에 있다. 그리고 항상 어떤 의심을 가지고 충당되어야 할 필요가 있다. 개방은 좋은 것이다. 그리고 버려져서는 안 될 것이다. 그러나 신학자들은 항상 권력과 지배적인 문화의 미묘한 속임을 알아야만 한다.[26] 이상적인 것은 늘 생각하기는 좋으나 모든 사람이 공유하기에는 어려움이 있다. 때문에 다음과 같은 질문들이 필요하다. 각 문화가 개방성을 가지고 만났을 때 얼마만큼 정직하게, 그리고 실제적으로 서로의 문화에 접근할 수 있는가? 최종적인 결론을 내려야만 하는 상황이 주어진다면 어느 정도의 목표를 이룰 수 있는가? 하나의 목표를 이루기 위해 각자의 문화를 얼마만큼 포기할 수 있는가? 또는 그 서로 간의 대화가 어느 정도까지 가능한가? 그리고 타종교와의 만남이라는 상황

---

25) Ibid., 83-86.
26) Ibid., 86-88.

에 이르렀을 때 궁극적 실재는 어떤 자리에 두어야 하는가?

이 모델이 잘 이루어지기만 한다면 상황화 신학을 하는 데 있어서 가장 창조적인 모델이 될 수 있을 것이 분명하다. 이 모델의 예로서 태국의 물소신학(Waterbuffalo Theology)을 언급했다. 태국의 상황에 있어서는 농부들이 경험할 수 있는 물소, 고추, 바나나, 닭싸움, 쌀밥과 같이 일상생활에서 경험할 수 있는 현실에 의해 신학이 결정된다고 생각했다.[27] 즉 상황화 신학은 복음 속에 담겨 있는 의미를 구분하여 그들의 땅에 뿌리를 내리도록 관리하고 물을 주고 기르도록 "재뿌리화(rerooting)"의 개념으로부터 시작해야 한다는 것이다.[28]

5) 초월적 모델

초월적 모델(The Transcendental Model)은 상황화된 신학을 주장하는 임무가 어떤 종류의 본문의 특별한 부분에 관련된 것만이 아니라, 자기를 초월하는 '자기 초월적 주제'[29]에 효과적이고, 감성적이고, 인식력 있는 활동들에 참여하는 것에 있다. 중요한 것은 그것으로부터 어떤 특별한 신학이 형성되었다기보다는 창출해 낼 수 있는 신학자들이 먼저 신뢰성과 확실한 회심체험을 한 주체로 활동해야 한다는 것이 전제되어 있는 것이다.[30]

초월적 모델은 사람들이 자신의 믿음을 표현할 때, 초월적이며 초문화적인 진전에 자기 자신을 맡겨버린다면 그 사람은 하나의 역사적이며 문화적인 주체로서 진실된 자신의 정체성을 가진 믿음의 표현에 이르게 될 것이라고 본다. 자신의 진정한 신학을 행하며 믿음을 표현할 때 "지성적으로, 신중하게, 합리적으로, 책임 있게" 하라는 것이 지침이다.[31]

초월적 모델의 기본적인 전제조건은 네 가지인데 첫째, 기본적인 가정은

---

27) 정흥호, 『복음과 상황화』, 150.
28) Stephen B. Bevans, *Models of Contexual Theology*, 89.
29) 주체성과 역사적인 의식을 가지고 자기가 발견한 것들을 진정한 지성주의(intellectualism)를 통하여 다시 해석하기 위한 시도로 사용한 용어이다. 정흥호, 『복음과 상황화』, 158.
30) Stephen B. Bevans, *Models of Contexual Theology*, 97.
31) Ibid., 97-98.

상황화 신학을 하기 위해서 사람들이 복음의 메시지의 본질 혹은 전통에만 초점을 두거나, 아니면 문화나 언어 속에 담겨 있는 문화적인 표현들을 주제화하거나 분석하려고 먼저 시도하지 말아야 한다. 그 출발점은 개인 스스로 종교적인 경험과 삶의 경험에 관계된 것으로부터 초월적이어야 한다는 것이다. 둘째, 개인적인 경험이라도 실제로 한 문화와 한 나라와 한 세대의 구성원들이 그들의 근본적인 상황을 접해 보았던 다른 이들의 경험을 통해 함께 나눌 수 있어야 한다는 것이다. 셋째, 하나님의 계시에 관한 것으로, 하나님의 계시는 "다른 저편 밖"(out there)에 있는 것이 아니며 또한 성경의 말씀, 전통적인 교리들, 복잡한 그물망 속에 숨겨진 것도 아니라는 것이다. 하나님이 효과적으로 자신을 계시할 수 있는 유일한 장소는 사람들이 성경을 읽을 때에나 선포할 때 그 말씀에 열려지는 곳이며, 일상생활의 사건과 문화적인 전통이 같이 열려질 때 그 사람들의 효과적 경험 속에 있게 된다고 믿는다. 넷째, 인간의 마음이 모든 문화들과 역사 안에서 아주 동일한 방법들로 작용한다는 신념을 가지고 있다.[32]

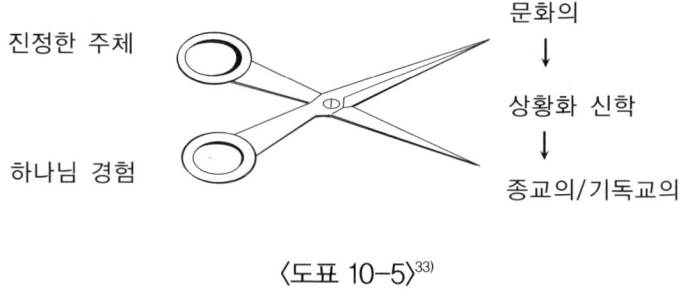

〈도표 10-5〉[33]

로너건(Bernard Lonergan)은 해석의 과정을 설명하기 위해 가위의 이미지를 사용한다. 가위의 위쪽 날은 주체, 특별한 역사와 문화 구성원으로

---

32) Ibid., 98-100.
33) Ibid., 101.

서 개인을 뜻한다. 아랫날은 주체의 조명되고 깊어진 기독교 상징체계의 콘텍스트 안에서 하나님의 경험이다. 초월적 모델에 의하면, 주체는 이 두 가지 상상의 날들이 서로 가까워질 때 신학화가 이루어진다. 신학자는 개념화하기 위한 시도로 "연설"을 한다. 하나님의 경험은 특별한 시간과 공간의 혹은 문화의 환경 안에서 경험된 것으로서 이런 행동이 신학이다. 그리고 상황화된 주체의 행동이 필요하기 때문에 결과는 상황화된 신학이다.

초월적 모델은 신학함의 새로운 방법을 가리킨다. 특별한 항목으로서의 신학보다는 행동과 과정으로서 신학에 대한 강조로 그것은 문화로 관통하는 범위 안에 존재하는 올바른 답을 찾아내는 것에 대함이 아니라 한 사람의 종교적이고 문화의 정체성의 표현의 확실성에 대한 조심스러우나 열정적인 조사에 대한 것이다. 이 모델은 신학화하는 사람의 상황적인 결정을 분명히 알 수 있으며, 또한 인간 지식의 보편적 구조와 의식은 상호적인 대화와 작용에 공통의 근거를 제공한다.[34] 하지만 인간의 경험의 한계성에 대해 간과하며 인간의 경험이 하나님의 경험과 일치할 수 있다는 지나치게 낙관적인 전망을 한다. 복음의 본질에 대한 깨달음이 있는 한 사람의 주체적 경험을 하나님의 계시라고 단정지을 수는 없다. 하지만 베반스(Bevans)가 제안하고 있는 이전의 모델보다는 하나님에 대한 인간의 입장을 새롭게 바라보고 상황화하는 모델이라 할 수 있다. 또한 한 사람의 주체적 경험이 하나님 안에서 상황화되었을 때에는 그 신학함의 차원을 이미 초월한 전적인 상황화가 이루어질 수 있다.

다섯 가지 모델 가운데 가장 보수적인 모델인 '번역 모델'은 확실히 문화와 문화의 변화를 고려하지만, 성서와 전통의 필수적인 항목을 고려해야 하는 사실에 더 많은 강조를 둔다. 이 모델들 가운데 가장 비평적 입장인 인류학적 모델은, 문화의 정체성과 성서나 전통보다 더 신학을 위한 관련성에 강조를 둔다. 실천적 모델은 중요도에 혹은 믿음의 연결에서 사회변화의 필요성에 있어 제로(0)이다. 초월적 모델은 분명하게 되는 항목이 아니라 분명하게 하는 주체에 초점을 둔다.[35]

---

34) Ibid., 101-102.
35) Ibid., 26-28.

상황화를 말할 때 한국교회는, 복음의 의미를 문자적 전달을 넘어서 한국인의 삶 속에 살아 움직이는 언어로 말해야 하며(번역 모델), 이미 생소해진 과거의 문화를 겉으로 표현하는 차원을 넘어 본래 문화가 가지고 있는 내용을 신학적으로 재해석해야 하며(인류학 모델), 한반도를 향한 하나님의 뜻이 무엇인가를 읽고 인간의 닫힌 자세를 버리고 보다 열린 마음으로 다른 이들과 대화할 자세를 가져야 하며(종합 모델), 아울러 주입된 신학을 반복하는 자세를 버리고 주체적인 시각을 가지고 복음을 이해하려는 자세를 가져야 한다(초월 모델). 동시에 한국교회 안에도 여러 다른 상황이 복합적으로 얽혀 있다는 사실과 따라서 복음의 실천에 대한 다양한 응답이 요구되고 있다는 현실을 받아들이는 에큐메니칼적인 자세도 가져야 할 것이다.[36]

이 실천적 모델에서 신학적 기초를 제공하는 개념이 '프락시스'(Praxis)이다. '실천' 혹은 '행동'으로 번역되며 특히 교육 철학의 분야에서 파울로 프레이레(Paolo Freire)가 강조하였다.[37]

베반스도 그의 책에서 비슷하게 언급하고 있지만 그가 제시한 다섯 가지 모델은 정형화된 것이 아니라 계속해서 변할 수 있는 가능성이 있는 것이고 다만 각각의 상황가운데서 일어날 수 있는 상황화의 차원들을 모색해 본 것이라 할 수 있다. 그래서 상황화에 있어서는 그 어떠한 한 모델만이 이상적이라 할 수 없다. 상황화의 모델이 다양한 것처럼 적용에 있어서도 상황화될 각각의 문화에 맞게 모델이 적용되어져야 한다는 것이다. 또한 한 문화에 하나의 모델들이 적용한 후 다시 다른 상황화의 모델들을 적용해야 하는 경우도 생길 수 있기에 우리는 상황화할 때 어떤 방법으로 상황화가 이루어질 수 있는지 고려해 본 것뿐이다. 앞으로도 계속적으로 이상적이면서도 바람직한, 그리고 현실에 적용 가능한 모델들이 연구되고 나아가 지속적으로 제시되어야 할 것이다.

이 모델에서는 그리스도인들의 행동을 중요시하며, 이런 행동은 사악한 이 세상과 잘못된 구조에 대항하기 위해서는 필수적인 것이라고 말한다.[38]

---

36) 김동선, "선교와 복음의 상황화," 『신학이해』, 1997년 9월호, 277-278. 재인용.
37) 정흥호, 『복음과 상황화』, 130.
38) Stephen B. Bevans, *Models of Contexual Theology*, 66.

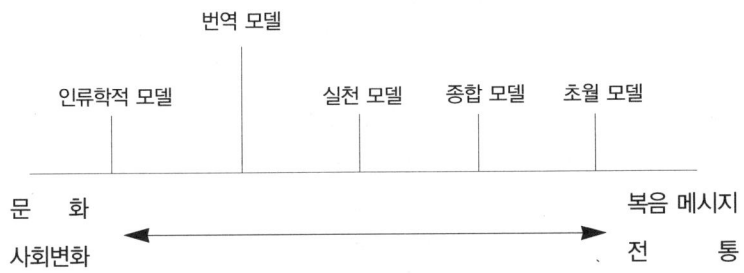

〈도표 10-6〉 상황화 신학의 모델 지도[39]

2. 히버트의 모델

타문화권 선교는 선교사가 문화적인 진공 상태에 들어가는 것이 아니라 이미 역사적으로 형성된 독특한 사회와 문화의 구성원들 그 사이로 들어간다는 것을 전제로 하는 것이다. 그런데 초기 선교에서는 현존하는 선교지의 문화에 대하여 문제들이 제기되었을 때 고려하기보다는 단호히 잘라버렸다. 선교사역에 있어서 이런 다양한 상황화의 문제들에 관하여 탁월한 선교신학자 폴 히버트는 초기 선교사들이 복음화의 과정에서 일어났던 선교의 상황을 세 과정으로 나누어 설명하고 있다. 특별히 히버트는 서구의 문화와 함께 복음을 가지고 들어간 선교사들이 본 선교지의 전통 문화와 만나면서의 대응방식에 깊은 관심을 가지고 설명하고 있다.

1) 비상황화

대략 1850년부터 1950년에 걸쳐 인도에 있다가 그 후 아프리카에서 사역했던 대부분의 개신교 선교사들은 그들이 섬겼던 사람들의 관습과 신앙을 "이교적"인 것으로 여겨 거부하였다. 존 포비(John Pobee)는 현재까지의

---

39) Ibid., 26-28.

모든 교회들은 대체로 ta-bula-rasa(백지이론[40])을 수행하였다. 비기독교 문화 안에는 가치 있는 것이 없으므로 기독교를 확립할 수 있기 전에 먼저 비기독교적인 전통 문화의 모든 측면들을 말살시켜야 한다는 신조를 나름대로 지키려고 했다는 것이다.[41] 그 결과로 피선교지 사람들에게 복음이 낯선 것으로 보였고 그들이 그리스도인이 되기 위해서는 기독교뿐만 아니라 서양의 문화양식들도 받아들여야만 했다.[42]

폴 히버트는 이러한 전통 문화에 대한 선교사들의 거부가 발생했는지에 대해 의문을 갖고 그에 대한 이유를 세 가지로 설명하고 있다. 그 한 가지 원인은 서구 문화가 우월하다는 신념을 지닌 식민주의가 출현하게 되었다는 것이다. 무굴제국과 비자야나르제국(the Mogul and Vijayanager empires)이 쇠퇴기에 접어들어 몰락하고 있을 때 인도에서는 동인도 무역회사(the East India Company)가 그 세력을 확장하고 있었다. 채무를 이행치 않는 수법으로 동인도 무역회사는 경제적으로 뿐만 아니라 정치적으로도 인도의 대부분을 장악하게 되었다.[43]

식민주의는 서양인들에게 그들의 문화적 우월성을 증명해 주었다. 그러므로 이러한 문명의 혜택을 온 세계에 퍼뜨리는 것이 서양의 사명이라고 생각하였다. 그래서 그들의 옛 의료체계, 옛 통치를 바꾸어 나갔다. 그리스도인들은 복음의 우월성을 더욱 강조하기 위해 이교 사상들을 근절시켜야 했고 많은 선교사들은 서양 문명과 복음을 동일시하였다. 서양 문명이 온 세계에 퍼지고 사람들이 그리스도인이 됨과 동시에 "현대화"가 된다고 생각하였기에 옛 문화에 대한 고찰이 없었다.[44]

이러한 부분은 초기 한국의 복음화 과정과 유사하다. 미국을 중심으로 한 서양 문화의 개방과 기독교의 전파는 동시에 이루어졌기 때문에 서양인들

---

40) 아무것도 쓰여 있지 않은 흰 종이라는 뜻. John Locke의 견해에 따라 일체의 경험 이전의 인간의 정신 상태를 나타내는 말이다. Paul G. Hiebert, *Anthropological Reflections on Missiological Issues*, 76-77.
41) Ibid.
42) 정흥호, 「복음과 상황화」, 166.
43) Paul G. Hiebert, *Anthropological Reflections on Missiological Issues*, 78.
44) Paul G. Hiebert, *Critic contextulzation*, "비판적 상황화," 「목회와 신학」(서울: 두란노서원, 1990), 251.

의 종교를 받아들이는 것이 곧 개방화와도 마찬가지처럼 취급된 것이다. 또한 초기 아펜젤러와 언더우드의 선교사역은 병원사역과 교육사역을 중심으로 이루어졌고 병원과 교육의 부재의 상황 가운데 있었던 우리 민족이 복음을 받아들이게 된 이유는 단지 순수한 복음의 전파뿐만이 아닌 그들의 가지고 들어온 발전적인 문화 때문이었던 것은 자명한 사실이다.

하지만 사실상 처음에는 순수한 복음적 열정만을 가지고 가기보다는 기독교와 문명과 상업[45]이 손을 잡고 같이 가게 되었던 것을 부인할 수는 없는 것이다.[46]

폴 히버트는 비서구적인 문화를 배척하게 된 두 번째 이유를 문화적 진화학설의 대두로 보고 있다. 식민 탐험의 시대에 의하여 생겨난 문화적 다원주의 인식에 대한 정치적 해결책이 식민주의였다면, 지적인 해결책에 있어서는 진화론의 영향이 큰 것이었다. 서구인은 비서구 문화를 "원시적"(premitive), "정령숭배적"(animistic) 그리고 "미개한" 것으로 여겨 무시했고, 인류학자들은 1915년까지도 "문화들"이 아닌 유일한 "문화"의 개념과 "문명"(civilization)만을 이야기하였다. 기독교인은 생물학적 진화는 반대하고 논쟁을 했지만 문화적 진화는 받아들였다.[47]

폴 히버트는 다른 문화를 배척하도록 만든 세 번째의 요인을 과학의 승리로 보고 있다. 19세기 말까지 서양의 기술은 세계를 정복했으며 과학은 자연을 정복하는 데 거대한 진전을 이루었다. 과학적 지식은 객관적이고(과학자들의 주관에 오염되지 않은) 축적적이며 궁극적인 의미에서 참된 것으로 파악되었다. 반면 다른 문화는 주관적이고 단편적이며 거짓된 것으로 생각했다. 이러한 서양 문화에 대한 낙관주의는 인식론에까지 영향을 미쳤다. 이와 동일한 인식론의 기초가 대부분의 선교사들을 포함한 많은 보수적인 기독교인들 사이에 널리 퍼졌다. 여기에서는 오직 신학이 과학을 대신하고 계시가 체험을 대신하였다. 신중하게 정선된 신학은 전적으로 객관적이며

---

[45] Paul G. Hiebert는 이 세 가지를 "3C"라고 불렀다. 즉 기독교(Christianty), 문명(Civilization), 상업(Commerce)이 그것이다. 여기서 기독교 대신에 식민지(Colony)를 넣기도 한다. Paul G. Hiebert, *Anthropological Reflections on Missiological Issues*, 77.
[46] Ibid.
[47] Ibid., 77-78.

절대적으로 참된 것이 될 수 있었다. 여기에 비추어 보면 다른 종교들은 아주 주관적이고 전혀 잘못된 것으로 보였다. 선교사의 과제는 변화되지 않은 새로운 문화들 속에 그들의 신학을 보급하는 것이었다.

이러한 비상황화의 지적인 결과는 식민주의가 서양 문명의 우월성을 과시했고 진화론은 이러한 사실을 역사와 과학을 통하여 정당화시켜 주었고 기독교는 이 모든 이론들이 성립될 수 있는 토대를 만들어 주었다는 것이다. 히버트는 이러한 사실이 비상황화에 대한 당연한 결과를 초래했다고 보고 있다.

즉 이들의 본질적이고 단일문화적, 단일종교적 입장은 선교사는 좋고 다른 문화는 나쁘며 기독교는 참이고 다른 종교는 거짓이라는 이들의 인식으로 인하여 기독교는 다른 문화권에서는 서양 문화와 동일한 외래종교로 인식되었다. 또 하나의 차원으로 옛날 신조와 관습이 완전히 소멸되지 않은 숨겨진 문화를 형성하게 되었다.[48]

이처럼 초기 선교사들이 처한 선교의 방식은 자문화중심적이면서 또한 복음 자체를 자신들의 입장과 동일화시키며 선교를 행했다. 즉 자신들이 이해하고 믿고 있는 복음이 타문화를 반대하고 있다는 오해를 하는 것이다. 토마스(Tomas) 박사는 흔히 개척자인 선교사들은 "문화에 대항하는 예수"의 입장을 취했다고 이해하고 있다. 또한 여전히 "문화에 대항하는 예수"를 가르치는 것이 여전히 남아 있다고 지적하고 있다.[49]

2) 무(비판적) 상황화

19세기 말, 그 양상이 바뀌기 시작했다. 즉 다른 문화들을 그들 자신의 세계관을 통해 이해하고 평가해야 한다는 인식과 과학의 우월성 그 자체에 의

---

48) Ibid., 77-78. 그들은 교회에서 공개적인 결혼을 치르고 나면 사람들은 집으로 돌아가 개인적으로 결혼을 축하했다. 옷 속에 부적을 감추고 다녔으며, 기독교 의사들 앞에서 자기들이 마을의 무당에게도 찾아가고 있다는 사실을 인정하지 않았다. 인도에서는 카스트제도의 차별이 공적으로는 부인되었으나 그리스도인들도 사적으로는 자기들의 자녀들을 카스트 제도에 따라 결혼시키고 있다.

49) Norman E. Thomas, "Radical Contextualization," in *Contemporary Issues of Missiology* (감리교선교학연구소 초청강연자료집, 2000), 21-22.

문을 제기하는 일종의 혁명을 통해 열매 맺었다. 1900년대에 이르러 식민주의와 그 지적 기초들을 파괴한 세 가지가 있는데 첫째, 서양에서 나타난 반식민주의적인 목소리였다. 복음 메시지의 상황화에 관한 논의가 선교지의 문화 형태 속에서 시작되었으며 많은 선교회들이 서양적 형태를 강요하는가 하면 일부에서는 신생교회들의 자치를 장려하고 그 나라의 음악을 사용하고 교회조직에 있어서 고유한 형식을 채택하도록 했다.[50] 둘째, 식민지 노력의 성공 그 자체였다. 즉 서양 선교사들의 문명화 작업에 의해 교육적 수준이 높아진 그들은 스스로 자생력을 가지게 되어 자율성이 증대되었다.[51] 셋째, 간접통치"의 도입이었다. 영국의 행정가들이 중앙집권의 정부를 세우고 그 아래서 현지 부족 정치 조직들이 그 부족들의 문제를 스스로 처리해 나가도록 하는 것이다.[52]

이상 폴 히버트의 논의를 통해 우리가 알 수 있듯이 이러한 움직임은 한 순간의 지각에서 일어난 작업이 아닌 전통 문화에 대한 배척과 자문화중심적인 선교 상황에서 시간의 흐름에 따라 자연스럽게 생겨난 결과임을 알 수 있다. 각 문화적 상황 가운데 선교를 감당하기 위해서는 마땅히 그들 토착민들의 문화와 대면하기 위해서는 어쩔 수 없이 그들과 대화해야 하고 그들을 선교하기 위해서는 그들의 문화 가운데 들어가야 하는 것이다. 또한 선교사의 한정된 인원으로서는 그 민족을 다 선교화시킨다는 것은 무리이다. 이에 그 토착민들을 교육시키고 그들을 통해 선교의 확장을 시도하게 되는 것이다. 이러한 과정 가운데 위와 같은 결과들은 당연히 초래되는 것이다.

초기 한국의 선교 상황과 또 비교해서 생각해 볼 때도 역시 일방적인 선교방식이었던 서구 선교사들도 시간이 지남에 따라 한국의 문화적 특징을 존중하게 되었고 그들이 교육시킨 한국인 선교사, 목사를 세웠다.

폴 히버트는 식민주의적 사고를 전환시킨 또 하나는 바로 인류학적 이론의 발전이다. 많은 대학에서 진화론의 통시적 모델은 현상학[53]과 공시적 분

---

50) Paul G. Hiebert, *Anthropological Reflections on Missiological Issues*, 54.
51) Ibid., 77.
52) Ibid., 82.
53) Ibid., 81-82. Rambert는 본체의 본질을 연구하는 본체학과 구별하여 본체의 현상을 연구하는 학문을 현상학이라 했다.

석을 강조하는 영국의 구조기능주의[54]로 대치되었다. 중심적 질문은 더 이상 기원에 대해서 관심 갖는 것이 아니라 사회의 구조와 통합과 그것의 다양한 부분의 기능에 관심을 갖게 되었다. 각 사회는 서구 사회의 비교가 아닌 그 자신의 견지에서 이해되어야 했다. 북미에서의 기술언어학(descriptive linguistics)의 출현도 변화를 야기했다. 대부분의 부족 문화는 글이 없어서 언어를 배우고 사상을 글로 표현하기 위해서 새로운 도구가 발견되어야 했다. 언어학은 인류학자에게 부족의 역사를 재건하고 나이든 정보제공자로부터 문화의 이미지를 재포착하기 위해서 도구를 제공했다.

각 문화는 자율적인 패러다임으로서 그 자체의 세계관을 가진 것으로 보였다. 결국 사상의 모든 세 가지 학파(기능주의, 언어학, 신인류학)는 그 이론의 논리적 결과였던 문화적 상대주의를 인정하지 않을 수 없었다. 분명히, 만약 우리가 모든 문화를 신중히 바라보고 그들의 차이점을 강조한다면 그들 중의 누구도 다른 문화를 판단하지 못할 것이다.[55]

단지 서구 문화의 우월성에 대한 신념만이 아니라 과학 자체의 확실성과 절대성도 공격을 받았다. 20세기 중반까지 그 공격은 과학 자체의 분석에 그들의 이론을 적용하기 시작했던 사회과학자에 의해 시작되었다. 또한 심리학자, 사회학자, 인류학자, 과학 역사학자들의 과학에 대한 분석이 있었다. 그러나 폴 히버트는 이러한 모든 것들의 대답을 "도구주의"[56]로 보고 있다.[57]

---

54) Ibid., 77-78. 구조기능주의에서 조직은 체계이고 보다 큰 사회 체계에 대하여 하나의 기능을 다하면서 동시에 그 체제로서의 필요에 대해 기능을 다하는 하위체계로 구성된다고 본다.
55) Ibid., 106.
56) John Dewey(1859-1952)의 사상과 관련이 있다. 이는 심리학이나 철학에 있어서 정신이란 그 자신의 독특한 어떤 것이 아니라 오히려 유기체의 도구나 연장이라고 주장하는 기능주의자들이 제의한 실용주의의 특별한 한 형태이다. 생존하는 모든 유기체는 그들의 환경에 적응을 해야만 한다. 그렇지 않으면 멸망한다. 정신의 기능이란 바로 연장과 똑같은 것이어서 손, 다리, 뛸 수 있는 능력, 적을 방어할 수 있는 기능과 흡사하다. 사상이란 세상을 살아나가는 수단이 되는 것인데 성공적이면 올바른 것이며 성공적이 아니면 그른 것이 된다. 정신을 어떤 독특한 위치로부터 세상을 내다보는 하나의 구경꾼으로서, 혹은 어떤 특별한 창조의 세계나 정신의 세계 안에 그 기원을 두고 있는 영혼과 같은 실체로서 생각하는 전통적인 견해는 시대에 뒤떨어진 것이라고 도구주의는 주장한다. 기독교대백과사전(서울: 기독교문사, 1984), 276.
57) Paul G. Hiebert, *Anthropological Reflections on Missiological Issues*, 83-84.

이상과 같이 서구 선교사들에게 초기 선교와는 다른 패러다임의 전환이 온 것은 각각의 상황에 어떠한 의미를 나타내는가? 폴 히버트는 무조건적 상황화가 내포하는 의미에 대해서 일곱 가지로 긍정적 측면, 그리고 부정적인 측면에서 언급하고 있다.

우선 긍정적 측면에서 보면 비상황화 시대를 특징지었던 서구라는 옷을 입은 복음의 이질감을 극복하게 했다. 그러나 무비판적 상황화를 받아들이는 것은 문제가 있다고 폴 히버트는 지적한다. 즉 분명히 절대성과 진리 자체에 대한 부정은 복음의 진리성과 그리스도의 유일성에 대한 핵심적인 기독교인의 주장을 거스르게 된다는 것이다. 이러한 폴 히버트의 관점은 현대사회에서 계속하여 일어나고 있는 종교 다원주의 인식론 속에서 일어날 수 있는 문제점과 유사하다고 볼 수 있다. 상대방의 문화를 인정하는 측면에 있어서는 화해의 측면에서 긍정적이지만 종교의 문제에 있어서는 보류해서는 안 될 진리가 있는데 대화의 과정에서 자칫 혼합주의로 흐를 수 있기 때문이다.

또한 폴 히버트는 더글러스의 이론을 통해 형식과 이론의 구별이 가져오는 오류를 지적하고 있다. 즉 부족사회와 농경사회에서는 형식과 의미가 긴밀히 연결되어 있는데 그러한 문화의 일반적 성격을 보지 못하게 된다는 것이다. 또 다른 문제는 상황화가 복음을 개인적으로 믿어 현실에서 유리된 신념의 집합으로 축소하여 기독교의 제자도, 그리스도의 몸된 교회, 땅에서의 하나님 나라에 관계되어야 한다는 것을 잊을 위험에 처해 있다는 것이다. 폴 히버트의 또 하나의 무비판적 상황화에 대한 중요한 지적은 바로 상황화에 대한 토론이 몰역사적인데 있다. 한 개인의 차원을 넘어서 모든 기독교인은 암시적으로나 명시적으로 기독교 진리의 공시, 통시적 패러다임으로서의 신학을 발전시켜야 한다는 것이다. 기독교인이 된다는 것은 새로운 역사의 한 부분이 되는 것이므로 그 역사는 반드시 가르쳐져야 한다.

또 하나의 차원에 있어서 무비판적 상황화는 다른 문화 안에서 교회 사이의 일치를 위한 근거를 제공하지 못한다는 것이다. 기독교는 거대한 독립적인 교회들로 구성되어 있으므로 어느 교회도 자기 신학이 규범적이라고 주장하게 되면 자민족중심주의에 빠지게 된다. 이러한 폴 히버트의 비상황화의 우려는 이전, 그리고 이후에 논의될 부분보다 심각한 문제라고 볼 수 있다. 한국 개신교 안에도 공식화된 교파가 있고 또한 각 교파마다 공식화된 교리가 있음에도 불구하고 각 교회의 지도자들 즉 목회자들의 목회에 있어서는 각 목회자의 신학적 또는 신앙 상태에 따라 그 교회가 영향을 받게 되는 것이다. 더구나 상황화에 대한 정확한 성서적 또는 교리적 지침이 없는 상태에서의 상황화는 교회간의 연합에 전혀 도움이 되지 않는다.

무비판적 상황화는 죄에 대한 약화된 입장도 갖게 한다. 폴 히버트는 인간의 사회적 기구와 문화를 본질적으로 선한 것으로 인정하는 경향이 있는데 사회적 체제와 문화는 죄로 특징지어진 인간의 창조물이다. 그러므로 개인적인 죄뿐만 아니라 집합적인 죄에 대해서도 분명한 입장을 가질 필요가 있다. 특별히 폴 히버트는 무비판적 수용에 있어서 전통관습들에 대한 접근을 지적하고 있다.

전통적 관습에 대한 둘째 접근방법은 그것을 무비판적으로 수용하는 것이다. 이 경우는 옛 관습들을 기본적으로 선한 것으로 보고 사람들이 그리스도인이 되어 그러한 관습을 그대로 유지해도 별 상관없다고 생각하는 것이다. 이 방식을 옹호하는 사람들은 일반적으로 다른 사람과 문화에 대한 깊은 존경심을 갖고 있고 다른 사람이 자신들의 문화적 유산에 부여하는 높은 가치를 존중한다. 그러나 이들은 죄에는 개인적인 죄뿐만 아니라 집단적이며 문화적인 죄도 있다는 사실을 간과하고 있다. 복음은 개인뿐 아니라 사회와 문화도 변화할 것을 요구하기 때문이다.[58] 이러한 폴 히버트의 입장은 무비판적 상황화의 과정에서 일어날 수 있는 오류 중 하나인데 죄에 대한 성서의 정확한 입장이 없는 채로 상대 문화에 대한 무비판적인 수용은 오히려 성서적 측면에서의 죄성을 발견치 못하게 되는 것이다.

끝으로, 폴 히버트는 타협 없이 복음의 상황화를 요구하는 것은 혼합주의로 문을 열어놓는 것이라고 지적하고 있다. 그는 복음은 상황화되어야 하되 예언적으로 남아 있어야 하며 무엇이 악한지 판단할 수 있어야 한다고 말했다.[59] 무비판적 상황화는 온갖 종류의 혼합주의로 가는 첩경의 역할을 한

---

58) Ibid., 50.
59) Ibid., 84-86.

다.[60] 만약 그리스도인이 복음에 적대적인 신념과 관습을 그대로 유지한다면 결국 새로 도입된 신앙과 혼합되어 다양한 신이교주의(neopaganism)를 만들게 된다.[61]

한 선교사가 복음을 가지고 선교지에 들어가 그들 문화 안에서 복음화가 이루어질 때, 그 안에 복음을 가지고 들어가는 선교사의 문화와 복음, 그리고 복음화하고자 하는 지역의 문화 이렇게 세 가지가 연합되어 형성된다. 그러나 무비판적 상황화를 통해 복음화될 때에는 정확한 기준이 없는 상태로 문화들이 수용되고 혼합될 경우 오히려 복음을 가지고 들어간 선교사와 선교지역의 정체성이 흔들리며 또한 복음의 순수성에 문제가 생길 수 있다.

3) 비판적 상황화

이상과 같은 무비판적 상황화 시대에서 이제 다른 문화들과 대화와 분석을 통하여 인류학은 그 자체의 이론적 자기민족중심주의에서부터 어느 정도 벗어나기 시작했다. 20세기 전반부에는 문화적 진화(cultural evolution) 이론들이 주도하였다. 그러나 문화에 대한 전환된 사고들 즉 "문화"는 세상의 각기 다른 곳에서 다양한 발전의 단계에 있는 단일한 인간의 창조물로 보였다. 사회라는 것은 단순한 것에서 복잡한 조직으로, 비이성적인 데에서 이성적인 사고로, 주술적인 것에서 종교로 그리고 최종적으로는 과학적인 것으로 진화해 간다고 생각하였다.[62]

그는 비판적 상황화의 과정에서, 즉 옛 신념들과 관습들을 거부하거나 수용하기에 앞서 잘 점검해 보아야 한다고 주장하고 있다. 이는 우선 자신의 문화적 상황에서 전통적인 신념과 관습이 차지하는 의미와 위치가 무엇인

---

60) 혼합주의(syncretism)는 그 어원이 암시하는 바와 같이 두 종교 체계가 혼합되어 둘 다는 아닐지라도 적어도 어느 한 체계가 그 기본구조와 정체성을 잃어버리는 것을 말한다. 이 용어는 기원이 시작되는 시기, 즉 지중해 연안의 종교적인 혼란으로 서로 경합하는 예식들을 서로 주고받음으로써 끊임없이 새로운 양식을 재형성하던 시기를 연구할 때 나온 것이다. 정흥호, 『복음과 상황화』, 168.
61) Paul G. Hiebert, *Anthropological Reflections on Missiological Issues*, 199.
62) Ibid., 22.

가를 생각해 보고 성경의 기준에 비추어 평가하는 것이다. 특별히 폴 히버트는 비판적 상황화의 과정에 있어서 성서를 중요시한다.

이러한 일을 이루기 위해서 개인이나 교회는 삶의 모든 영역을 성경적으로 다루어야 할 필요를 인정해야 하며 또한 현지 교회 지도자와 선교사는 문제되고 있는 전통적 관습을 신자들이 일단 편견 없이 수집한 뒤 문제의식을 갖고 이를 잘 분석하는 지도력을 발휘해야 한다. 또한 신자들이 능동적으로 성경을 연구하고 해석하는 일에 참여하도록 하여 진리를 스스로 분별하는 능력을 키워가도록 하는 것이다.

이후에는 신자들이 스스로 새롭게 깨달은 성경적 진리에 비추어 과거의 관습을 비판적으로 평가하고 그 관습을 어떻게 할 것인가를 결정하도록 하는 것이다. 여기서 중요한 것은 사람들이 스스로 결정하도록 하는 것이다. 즉 최종결정은 신자들이 직접 하도록 내버려두어야 한다. 사람들이 자신의 문화를 평가하는 데 참여함으로 그들이 가진 능력을 발휘할 수 있다.

모든 그리스도인들은 두 가지의 전통, 즉 문화적 전통과 기독교 전통 속에서 살아간다. 사람들이 자신의 문화에 토착적 형태로 기독교적 신앙을 전달하기 위하여 새로운 상징과 의식을 만들어가기도 한다. 그러므로 목사나 선교사들로 하여금 성경적 교훈에 비추어 자신들의 옛 관습을 분석하도록 한 후에는 그들 스스로 선택한 관습을 기독교적 의미를 표현하는 새로운 의식으로 바꾸어가도록 도와주지 않으면 안 된다. 그러한 의식은 분명히 성경적 교훈을 표현하려는 의도를 갖고 있기 때문에 기독교적인 의식이 될 것이다. 또한 이는 사람들이 자신들의 문화 속에서 익숙한 형태를 사용하였기 때문에 토착적이라고 할 수 있다. 이들 가운데 있는 상징과 의식의 의미를 훼손하는 것이 아니라 자기 성찰을 통하여 끊임없이 새롭게 살아나도록 하는 것이 중요한 것이다.[63]

비판적 상황화는 단일문화적 관점으로부터 작용하지 않는다. 또 상호 비교할 수 없는 다원주의 문화의 틀 위에 전제되어 있는 것도 아니다. 비판적 상황화는 한 문화 속에 있는 사람들이 다른 문화 속에서 나온 의식의 관습

---

63) Ibid., 199-204.

들이나 메시지를 되도록 왜곡하지 않은 채 이해할 수 있도록 전 문화적인(metaculturul), 그리고 전 신학적인(metatheological) 구조를 찾아내려고 한다. 비판적 상황화는 인간의 모든 지식을 주관과 객관의 요소로 접근해 가는 것으로 파악하는 비판적 실재론자들의 인식론에 근거하고 있다. 비판적 상황화에서는 역사와 문화적 상황을 모두 진지하게 다룬다. 또 비판적 상황화에서는 형식과 의미의 관계를 균등화로부터 그들 사이의 단순한 임의적인 결합에 이르는 모든 과정에 걸쳐 있는 말이나 의식과 같은 상징들을 통하여 파악한다.

끝으로 비판적 상황화는 상황화를 교회가 끊임없이 스스로 참여해야 하고 이 땅 위에서 그리스도의 주권과 하나님의 왕국이 어떤 것인지를 좀 더 잘 이해할 수 있도록 인도해 주는 과정으로 파악한다.[64] 비판적 토착화는 복음과 문화 사이에서 균형을 갖춘 토착화이다. 그것은 다양한 문화 속에서 복음을 말하는 것이다. 그러므로 그리스도의 성육신은 비판적 상황화의 가장 적합한 모델이다.[65]

폴 히버트의 비판적 상황화의 세 단계는 어떠한 형태로든 새로운 상황에 직면했을 때 당연히 생겨나는 과정이다. 다만 그 과정이 짧고 김에 따라서 작고 큰 문화적 충돌이 일어난다는 것이다. 한 문화와 한 문화가 만났을 때 이러한 상황화의 과정을 거친다는 구조를 파악한 후에 또다시 새로운 상황을 만난다면 초기 서구 선교사들이 범했던 실수들을 따라가지 않을 것이다. 그러나 이러한 상황화의 단계들을 폴 히버트가 인류의 역사와 함께 인식론에 기초하여 전개했듯이 복음을 가지고 가는 주체의 현실과 복음을 받아들이는 현실도 간과할 수 없는 문제이며 그들의 인식적 체계에 대한 구체적인 분석이 선행되어야 할 것이다.

비판적 상황화의 단계에 이르렀다고 해서 두 번째 단계인 무비판적 상황화의 단계에서 일어날 수 있는 혼합주의 문제가 완전히 해결될 수는 없을 것이다. 혼합주의 역시 어떤 관점에서 보느냐에 따라서 달라질 수 있을 것이다. 문화와 문화가 만났다는 사실 자체가 이미 혼합의 상황이다. 다만 그

---

64) Paul G. Hiebert, *Critic contextulzation*, 260.
65) 홍기영, "상황화의 세 단계"『신학사상』, 1997년. 겨울호, 289.

혼합의 상황에서 폴 히버트가 지적하듯이 복음의 순수성, 본질성을 잃어버리지 않으면서도 그들의 문화를 존중해 주면서 또한 그 안에서 창조적인 성서적 사건들이 일어날 수 있느냐는 것이다. 수용과 개방의 차원을 넘어선 창조와 재창조의 과정이 끊임없이 일어나야 한다는 것이다. 폴 히버트가 강조하듯이 전 문화적이며 전 신학적인 구조로 상황화가 진행되어야 한다. 세계의 복음화는 그리스도의 충성된 종들이 모호하게 일반화하는 것을 피하고 그것이 의미하는 바를 분명하게 말한다면 세계의 복음화는 좀 더 잘 될 것이다.[66]

3. 성육신적 모델

상황화에 있어서 성육신의 의미, 즉 하나님의 말씀이 우리 가운데 상황화된다는 것은 바로 예수 그리스도가 하나님과 인간과의 화해자로 오신다는 것이다. 하늘에 머무르지 않고 이 땅에 내려오셔서 인간과의 대화를 시작하시는 것이다. 코스타스(Costas)도 그리스도인에게 있어서 상황화는 하나님이며 인간인 예수 그리스도의 중재 없이는 하나님이든 인간이든 이해할 수 없다는 의미에서 상황화는 신학적 필수적인 조건이라고 강조한다. 예수의 역사 속에서 우리는 하나님의 충만함과 인간의 충만함을 발견할 수 있다는 것이다.[67]

요한 웨슬리의 선교사역 방법론도 다분히 성육신적인 사역이었다. 그는 영국사회의 종교적, 사회적 현실을 외면하지 않고 구체적으로 대안을 가지고 응답하는 선교법론을 펼쳤다.[68]

하나님이 인간의 몸을 입고 인간의 문화 속으로 들어오신 성육신 사건 안에 계시된 하나님의 사랑은 현재라는 시간과 장소, 즉 현재의 구체적인 상

---

66) Donald A. McGavran, *The Clash between Christianity and Culture* (Canon Press: Washingtin Building, 1974), 50.;『기독교와 문화의 충돌』, 이재완 역(서울: CLC, 2007).
67) O. E. Costas,『성문 밖의 그리스도』, 김승환 역(서울: 한국신학연구소, 1997), 40.
68) 이재완, "'교회 안의 교회 운동'에 나타난 요한 웨슬리의 선교사상 연구,"『박사학위 논문』(서울: 아세아연합신학대학교 대학원, 2004), 268.

황 안에서도 계속된다. 이때 선교는 한 인간으로 오셔서 하나님의 선교에 응답한 예수의 삶에 주어진 상황 안에서 재현하는, 즉 새로운 공동체를 위한 하나님의 초대를 기꺼이 받아들이는 행위이다. 그러므로 상황은 그 본질상 성례전적인 특성을 가진다. 이러한 점에서 상황화는 복음의 진리를 감추거나 왜곡시키고 있다는 부정적인 시각에서보다는, 계시의 보다 풍성함을 찾아가는 모험이라는 긍정적인 측면에서 이해되어야 한다.[69]

하나님은 인간에 의해 이해되어지기를 원하신다. 그러나 하나님과 인간 사이에는 너무나 큰 골이 있다(사 55:9). 그 골을 좁히기 위해 하나님의 말씀은 육신이 되었다(요 1:14). 예수 그리스도의 성육신은 문화 속에 계시된 복음의 전형적인 모델이라 할 수 있다. 이것이 하나님께서 사용하신 커뮤니케이션의 방법이다.[70]

그렇다면 예수 그리스도로 오신 하나님이 이 땅 가운데 어떠한 형태로 상황화되었는지 그 특징과 과정을 살펴보고자 한다. 이제 상황화된 문서인 신약을 중심으로 성육신적 모델이신 예수가 상황화의 과정에서 보여주었던 모습들인 개방성과 사랑 그리고 변혁자로서의 상황화의 원리를 살펴보고자 한다.

1) 개방성으로서의 예수

그리스도의 상황화의 시작은 바로 개방성이다. 신성을 지닌 분이시지만 그는 사람과 떨어진 곳에서 은둔하셨던 분이 아니라 사람들과 함께했다. "볼지어다 내가 문 밖에 서서 두드리노니 누구든지 내 음성을 듣고 문을 열면 그에게로 들어가서 그와 함께 먹고 그는 나와 함께 먹으리라"(계 3:20).

예수의 개방성은 한 계층이나 연령, 장소에 한정된 것이 아니었다. 부자와 가난한 자, 남자와 여자에 상관없이 공평하게 복음을 전파하였다. 첫째, 약한 자에 대한 개방성을 보면, 제자 중에서 누가 크냐는 변론이 일어났을 때 예수님은 어린아이를 안으시고 "누구든지 내 이름으로 이 어린이를 영

---

69) 김동선, "선교와 복음의 상황화," 『신학이해』, 1997년, 279.
70) 홍기영, "상황화의 세 단계," 『신학사상』, 1997년. 겨울호, 265.

접하면 나를 영접하는 것이요 누구든지 나를 영접하면 나를 보내신 분을 영접하는 것이니라 너희 가운데 가장 작은 사람이 큰 사람이다"(눅 9:48)라고 하셨다. 또한 사람들이 예수께서 자신의 아이들을 만지시도록 예수께 데려오자 제자들이 못 오도록 막으려 할 때 오히려 예수께서 그 아이들을 불러 가까이 다가가 "어린아이들이 내게 오는 것을 용납하고 금하지 말라 하나님의 나라가 이런 자의 것이니라"(눅 18:16)고 하셨다.

둘째, 예수의 개방은 여성에게서도 나타나고 있다. 왜냐하면 그 당시 여성에 대한 비하가 큰 시대였고 여성은 숫자에 계산되지 않았다. 그러나 예수님은 여성들과도 만남을 이루었으며 특히 사마리아 여인과의 만남에서는 종교와 역사적 상황을 뛰어넘은 더 큰 개방을 볼 수 있다. 유대를 떠나 갈릴리로 가시던 예수께서 사마리아를 지나가실 때 한 여인을 만났는데 그 여인에게 물을 달라고 하시며 관계의 문을 여신다. 앗수르에 의한 사마리아 함락 이래(주전 722년, 왕하 17:6) 유대와 사마리아 두 지역 사이에는 오랜 세월 동안 뿌리 깊은 반목이 형성되어 있었던 관계로 유대인들은 통상 사마리아를 거치지 않고 우회했으나 예수는 의도적으로 사마리아 땅에 들러 그것도 부정한 과거를 지닌 한 여인에게 복음을 전하심으로써 육체의 혈통이나 신분을 초월한 구원의 은총을 밝히 드러내셨다(요 4:1-30).

셋째, 예수의 개방성은 사회적 지위나 권력에 제한되지 않는다. 예수님은 그의 제자들을 부르실 때에도 그들의 능력이나 명예, 권력, 부를 보지 않고 제자가 되기 원하는 이들을 자연스럽게 불러 모았다.

넷째, 그에게 와서 치유받기 원하는 마음만 있다면 그 다가오는 사람을 막지 않았다. 누가복음 19장의 삭개오의 이야기는 이러한 예수님의 열린 마음을 읽을 수 있다. 죄인으로 취급받던 세리장이며 난장이었던 삭개오가 부끄러움을 무릅쓰고 뽕나무에까지 올라가 예수를 보고자 했을 때 많은 사람들이 수군거렸지만 예수님은 그를 부르시고 그의 집에 머물겠다고까지 말씀하신다. 이후에 한 영혼에 대한 소중히 여기는 예수의 태도는 바로 누가복음 19:10의 "인자의 온 것은 잃어버린 자를 찾아 구원하려 함이니라"라는 말씀으로 극대화된다.

다섯째, 예수님은 죄인과 세리와도 함께한다. 그것을 못마땅하게 여긴 바리새인 서기관들이 그 제자들에게 따질 때 예수는 "건강한 자에게는 의원이 쓸데없고 병든 자에게라야 쓸데 있느니라 내가 의인을 부르러 온 것이 아니라 죄인을 부르러 왔노라"(막 3:17) 하시며 그리스도의 진정한 구원의 목적을 알리신다. 이는 일상적인 사람들의 이해의 차원을 넘어서는 것이다.[71]

여섯째, 예수에게서의 개방성은 시간과 장소도 초월하여 이뤄지고 있다. 안식일에는 거룩하게만 지내야 한다는 유대인들의 율법주의적 사고에서 벗어나 모든 상황 가운데서 순리대로 행하시는 것을 볼 수 있다. 안식일에 예수께서 밀밭 사이로 가실 때 그 제자들이 이삭을 자르는 것을 보고 바리새인이 예수께 안식일에 금지된 일을 행했다고 항변하자 예수께서는 구약을 인용하시며 "안식일은 사람을 위하여 있는 것이요 사람이 안식일을 위하여 있는 것이 아니니"(막 2:27)라고 하셨다. 안식일이 인간을 속박하는 날이 아니요 인간을 "위하여" 있는 날임을 선포하시는 것을 통해 그분의 시간적 개방성, 자유함을 볼 수 있다. 또한 그 이후에도 예수는 회당에 들어가셔서 자신을 송사하려고 하는 사람들이 엿보는 것을 알면서도 손마른 자를 고치신다. 예수의 개방성은 십자가에까지 연결된다. 바로 십자가에 두 죄수와 함께 못박히셨을 때 그 십자가상에서 자기의 죄를 뉘우치고 예수의 죽음이 합당치 않다고 말하며 구원의 손길을 내미는 한 죄수에게 "내가 진실로 네게 이르노니 오늘 네가 나와 함께 낙원에 있으리라"(눅 23:43)고 하신다. 예수님을 영접하는 한 죄수에게 죽음의 상황, 구원의 마지막 상황에서도 복음을 전파하시고 구원의 길을 여신다. 어떠한 시간과 장소에 얽매임이 없는 초월적인 복음의 선포가 이루어졌던 것이다.

2) 사랑으로서의 예수

예수 그리스도를 통해 투영된 하나님의 개방성은 단지 그것에 멈추지 않는다. 이제 개방되어진 현실들 속에 더 구체적으로 들어가 그것을 섬기고

---

71) 이재완, 『타문화권 선교방법론-상황화』, 147.

용서하며 또한 희생에까지 연결된다. 이러한 모든 삶의 본질은 사랑이다. 하나님은 사랑이시기 때문이다(요 14:8). 바로 그 사랑의 상황화된 분이 바로 예수 그리스도이기에 예수 그리스도의 삶 전체는 사랑의 실현 그 자체이다. 세상을 향한 그리스도의 용서와 사랑은 대가를 바라지 않는 일방적이며 구체적인 사랑이다. 특별히 그들의 필요를 아는 그들의 갈급함을 아는 사랑의 표현들이다.[72]

배고픈 자에게 복음은 무엇인가? 바로 배고픔이 해결되는 것이다. 병든 자에게 있어 복음은 무엇인가? 바로 병이 치유받는 것이다. 예수 그리스도의 사랑은 단순히 언어적인 표면적인 사랑의 행위를 넘어선 그들의 삶의 문제를 해결해 주는 응답적인 삶이다. 이제 예수가 실현했던 사랑의 행위들을 섬김의 측면에서 용서의 측면에서 그리고 희생의 측면에서 살펴보고자 한다.

첫째, 섬김이다. 예수 그리스도의 모습의 하나인 섬김은 그의 삶 속에서 구체적으로 나타났던 것이다. 그리스도의 섬김 속에서 진정한 하나님의 모습을 볼 수 있다. "인자가 온것은 섬김을 받으려 함이 아니라 도리어 섬기려 하고 …"(마 20:28). 또한 제자들의 발을 씻겨주셨던 그리스도는 섬김의 영으로 오신 하나님이다. "나는 너희 가운데 섬기는 자로 와 있다"(눅 22:27). 제자들의 발을 씻겨주시는 예수, 병든 자들의 몸에 직접 손을 대시며 그들의 몸을 고치셨던 예수 그리스도, 모든 영광을 자기가 아닌 하나님께 돌렸던 예수 그리스도, 우리는 그 모습에서 하나님의 본성인 섬김을 발견할 수 있다.

둘째, 예수 그리스도는 용서의 삶을 이루셨다. 그 당시에 병 걸린 사람들은 죄지은 사람들이라고 인식되었기 때문에 사람들이 피하였는데 예수 그리스도는 그 모든 생각을 엎으시고 그들 가운데 들어가서 그들의 몸과 마음을 치유하셨다. 사람들이 용서하지 못했던 육체적, 정신적 병을 치료하시고 용서하신 것이다. 또한 물질론적 부유에 빠져 있던 사람들, 음란에 빠져 있던 사람들, 많은 사회적 악에 빠져 있던 사람들을 용서하셨다. 다른 사람들은 용서하지 못했고 정죄하려고만 했던 자들을 이제 하나님 안에서 용서하시고 구원의 문을 여신다.

---

72) Ibid., 148.

끝으로 그리스도의 삶은 희생의 삶이었다. 그는 그를 필요로 하는 사람들과 함께했고 하나님이 시키시는 모든 일들에 대해서 순종했고 그 순종은 곧 그에게 있어서는 희생이었다. 그 사랑의 결정체는 바로 십자가에 못박히심이다. 인간의 악함으로 결국 십자가에 못박혀야 할 상황에서도 그 모든 인간의 정황에 거부하거나 맞서지 아니하고 순응하는 삶은 그러한 인간의 죄성을 한 몸에 끌어안는 행위라고 할 수 있다.[73]

바울은 종의 모티브를 가지고 그의 십자가를 발전시켰다(고전 1:25-27; 빌 2:8). 예수의 고난을 이사야서의 '고난받는 종'에 비추어 해석함으로써 십자가는 가난한 자와 고통당하는 자, 병든 자와 억눌린 자를 위한 것이 된다. 그러한 상황화는 바울이 예수 그리스도의 십자가를 화육(化肉)[74]과 연결시킴으로써 한 걸음 더 진전되었다. 바울에 의하면 예수는 종의 모습으로 화육하였고 가장 비천한 모습을 지닌 인간과 철저하게 동일화되었다. 십자가는 이러한 동일화의 궁극적 시금석이다. 왜냐하면 이것은 예수가 죽기까지 순종하였음(빌 2:8)을 나타내기 때문이다. 예수가 하나님에 의해 주로서 올리워졌음을 증언하는 바로 그 대목에서 바울이 이렇게 증언하고 있다는 사실은, 바울이 예수가 죽기까지 같이했던 그 똑같은 사람들과 부활한 그리스도를 동일화시키고 있음을 암시한다.

그러나 예수는 죽음에 머무르지 않고 무덤 가운데서 부활하신다. 부활을 통하여 예수는 죄와 죽음을 극복하였다. 그리스도의 통치는 군사적 힘에 근거하지 않고 희생적 사랑에 근거한다. 그것은 억압적이거나 예속적이지 않고 창조적이며 해방적이다. 그것은 전체주의적이지 않고 공생적이며 형체적이다. 그것은 사랑과 봉사에 근거한 새로운 세계 공동체의 형성을 촉진한다. 그리스도의 권위는 고난과 죽음을 통해서 획득한 것이다. 그것은 성령의 능력으로 그를 죽은 자들 가운데서 살린 하나님이 그에게 수여한 것이다.

"하나님이 그리스도 안에 있었다"는 바울의 표현은 하나님의 아들을 내어주고 그리하여 친히 인간이 가까이할 수 있는 존재가 되었다는 사실뿐 아니라 하나님이 이 세상을 위하여 아들의 수난과 고통에 참여하셨다는 사실

---

73) Ibid.
74) 화육(化肉)은 성육신에 대한 과거적 표현이다.

을 의미한다. 하나님은 십자가에서 권능과 영광으로 자신을 드러내기를 거부하고 그보다는 오히려 무력함과 연약함으로 자신을 계시하셨다.[75]

예수의 죽음과 고통은 하나님으로 향하는 길을 열어주며 하나님을 인간이 가까이할 수 있는 분으로 만든다. 그것을 또한 인류에게로 향하는 길을 열어주며 사람들로 하여금 하나님의 나라에 유용한 존재가 되게 한다.[76]

3) 변혁자로서의 예수

세상 모든 이들에 대한 개방성을 가진 예수가 사랑을 실천하고 하나님의 구원의 메시지를 전달한 후의 종착점은 무엇인가? 그리스도가 이루려 했던 하나님 나라의 의미는 무엇인가? 그것은 바로 인간의 힘으로가 아닌 하나님의 힘으로, 그분의 주권으로 다스려지는 나라이다. 그렇게 되려면 이 땅에 있는 죄성, 악함이 사라져야 한다. 하나님의 뜻에 맞지 않는 인간의 정황들이 변화되어야 하는 것이다. 예수 그리스도는 이스라엘 안에 있었던 구조적인, 제도적인 악에 대하여 개혁하기 위해 노력했다. 그가 고난당하고 죽은 것은 상황을 있는 그대로 보존시키기 위함이 아니라 새로운 생명의 질서를 가져오기 위함이었다. 그는 하나님의 나라를 선포하기만 했을 뿐 아니라 역사의 철저한 변혁을 목표로 하는 사랑과 자유, 정의와 평화의 새로운 질서인 그 나라를 재현하였으며, 그 나라에 참여하기 위한 조건으로 근본적인 삶의 전향을 요구하였다.[77]

예수는 끊임없이 사람들에게 복음을 전하면서도 그들의 과거의 삶에서 완전히 돌아서기를 요청했다. 죄는 용서하되 이제는 그 죄를 중복해서 범해서는 안 된다는 것을 늘 명시하였다. 그리스도의 변혁은 바로 실천과 연결된다. 실천한다는 것은 그리스도가 진리라는 것을 삶으로 옮기는 것이다. 하나님이 주신 뜻을 이루는 것이다. 그렇다면 그 하나님의 뜻을 이루어가는 과정은 바로 하나님 나라를 이루어가는 과정이고 변혁해 나가는 것이다. 그

---

75) O. E. Costas, 『성문 밖의 그리스도』, 37.
76) Ibid., 38.
77) Ibid., 46.

러나 예수가 이루려고 했던 하나님의 나라는 쉽게 한순간에 이루어지는 것이 아니다. 예수의 복음을 전해 받은 사람들이 함께 모여 공동체를 이루고 그 안에서 회개하며 공동체가 함께 하나님의 뜻을 위해 일하고 행할 때 가능해지는 것이다.

선교에 있어서 참된 상황화는 사람들과 하나님과의 관계뿐만 아니라 또한 사람들이 사회에서 갖고 있는 필요에도 불구하고 관심을 가진다. 참된 상황화는 인간이 하나님을 억누르는 것뿐만 아니라 또한 사람들이 다른 사람들을 억압하는 것에도 관심을 가진다. 참된 상황화는 사회적, 경제적, 정치적인 사회의 거시 구조 및 현대의 기술과 이데올로기 선전이 그 구조들에 끼치는 영향을 고려한다. 상황화는 영적인 정사와 권세에 관심을 가지며 자본주의와 사회주의 정체 제도의 제도화된 권력구조에 더 관심을 가진다. 그러므로 사람을 하나님과 화해시키는 복음전도를, 사람들을 서로 화해시키는 사회봉사 및 정의와 구분하지 않아야 한다. 상황화는 선지자와 전도자의 사역 둘 다를 포함한다.[78]

예수 그리스도는 끝내 변혁하고자 했기 때문에 죽음의 상황에 이르렀고 그리고 그의 죽음 자체가 변혁의 모체가 되었다. 그리고 그리스도의 변혁성은 단지 그가 이 땅 가운데 있었던 것으로 그치지 않는다. 예수의 부활 이후 그의 제자들에게는 성령의 능력이 부여된다. 그 능력을 통하여 이제는 그들이 세상 가운데 다시 그리스도의 능력을 갖고 나아가게 되는 것이다. 그들 제자들을 통하여 교회를 세우게 된다. 교회는 그리스도의 성령이 거하는 그리스도의 몸이다. 그리스도의 변혁적 능력은 교회의 삶과 증거 속에서 역사하는 성령의 활동에 의하여 매개된다.[79]

상황화는 선교적인 과제이다. 그리고 최고의 선교적 모델은 성육신이다. 우리의 선교는 예수 그리스도의 선교를 그 모델로 한다. "아버지께서 나를 보내신 것같이 나도 너희를 보내노라(요 20:21).[80]

---

[78] Bruce J. Nicholls, *Contextualization*, 『상황화: 복음과 문화의 신학』, 김성웅 역(서울: 생명의말씀사, 1987), 103.
[79] O. E. Costas, 『성문 밖의 그리스도』, 47.
[80] Bruce J. Nicholls, *Contextualization*, 『상황화: 복음과 문화의 신학』, 100.

이제 종합하면, 지금까지 베반스와 폴 히버트의 상황화의 방법들과 신약성서에서 성육신적 모델에 대해 살펴보았다. 베반스의 모델과 히버트의 상황화의 과정을 비교 분석해 보면 베반스의 번역 모델과 인류학적 모델은 히버트의 비상황화와 같은 맥락에서 이해할 수 있고, 베반스의 실천적 모델과 종합적 모델은 히버트의 무비판적 상황화, 또한 베반스의 초월적 모델은 히버트의 비판적 상황화와 같은 맥락에서 이해할 수 있을 것이다. 그러나 강조하는 부분의 차이일 뿐 히버트와 베반스가 이해한 상황화 신학은 모두 성경적 성육신의 방법을 근거로 이루어진다고 볼 수 있을 것이다. 이것을 도표로 그리면 아래와 같이 정리될 수 있을 것이다.

학 자	상황화 모델			공 통
베반스	번역 · 인류학적	실천적 · 종합적	초월적	성육신적 상황화
히버트	비상황화	무비판적 상황화	비판적상황화	

〈도표 10-7〉 상황화 모델별 비교

상황화의 작업은 하나님이 인간에게 다가가기 위한 사랑의 표현이며 실현이다.[81] 물론 이 상황화의 모델들은 그 나라와 그 지역 문화의 정치, 경제, 사회, 문화 그리고 역사적 상황 등 여러 가지 상황들에 적합하게 적용되어야 할 것이다. 또한 앞으로도 새로운 상황을 접하게 된다면 그에 적합한 상황화의 모델이 새롭게 제시될 수 있을 것이다. 다만 그 모든 모델이 이론을 기초로 선교 현장에 적용 가능한 가장 적절한(appropriate)[82] 방법들과 모델들이 되어야 할 것이다. 모든 신학은 실천적 신학이 되어야 한다. 선교사역자들이 섬기는 선교 현장에 대한 이해와 문화를 통해 발견된 사실들을 근거로 상황화 신학의 방법과 모델들을 적극적으로 선교 현장의 상황에 적용하여 예수 그리스도의 복음이 풍성한 열매를 맺게 되기를 기도한다.

---

81) 이재완, 『타문화권 선교방법론-상황화』, 150.
82) Ibid., 282.

4. 맥가브란의 모델

여기서 맥가브란(Donald A. McGavran)의 견해는 상황화를 위한 좋은 아이디어가 될 것이다. 그는 기독교를 네 가지의 형태로 구분하여 제시하고 있다. 즉 기독교 1(Christianity One)은 하나님, 인간, 죄, 성경, 구원, 영생 그리고 옳고 그름에 대한 신앙 지식(신념)을 포함하고 있다. 그리스도인들은 반드시 권위 있는 성서의 계시와 성서가 요구하고 신약 성경이 사도적 모델로서 나타내 보여주는 기구적 형태를 토대로 하여 이것들을 받아들인다. 이것을 신학적 기독교라 칭한다. 이것은 교단마다 조금씩 다르기는 하지만 본질은 같다.

기독교 1은 그리스도인들이 행하고 생각하는 모든 것을 포함한다. 그것은 계속적으로 모든 문화의 요소들을 고찰하고 하나님의 계시와 조화를 이루도록 노력한다. 이것은 새로이 일어나는 문화요소들과 고대에 이미 받아들여졌던 요소들의 많은 압력이 있음에도 불구하고 진리를 그대로 수호한다. 예를 들어 19세기에 기독교 1에 의해 도전받기 전에는 아동들의 노동과 인종 차별이 심했었다. 요즈음 미국의 장례 풍습은 기독교 1의 빛으로 조명해 볼 때, 너무 늦은 감이 있다.

기독교 2(Christianity Two)는 가치 제도를 내포하고 있다. 즉 그리스도인이 "다양한 환경 아래에서 반드시 해야 하는 것이다." 이것을 윤리적 기독교(Ethical Christianity)라고 부른다.

기독교 3(Christianity Three)은 교회의 풍습을 내포하고 있다. 즉 예배의 방법, 기도의 형태, 찬양의 기준, 건축 양식, 조직의 종류 등이다. 교회의 외형적인 형태나 교단(denominations)과의 직접적인 관계가 있는 모든 것은 이 기독교 3에 속한다.

기독교 4(Christianity Four)는 그리스도인의 지역 관습을 포함한다. 이것은 다른 세 가지보다 더 폭넓은 의미를 가진다.[83]

---

83) Donald A. McGavran, *The Clash between Christianity and Culture*, 47.; 『기독교와 문화의 충돌』, 이재완 역(서울: CLC, 2007).

기독교의 이 네 가지 형태는 다양한 수준의 문화에 적용된다. 기독교 1은 주로 원리적인 것인데, 이는 모든 문화적 상황에서 변하지 않고 남아 있다. 그것은 많은 문화 속에서 이의(異意) 없이 새로운 '영혼'이 되는 것이다. 이는 상대적으로 문화에 의하여 변화를 받지 않는다. 오히려 이것이 모든 문화를 변화시킨다.

기독교 2는(다른 상황에서 그리스도인들이 해야 하는 것) 문화에 의하여 상당히 변화를 가져온다. 예를 들어 그리스도인은 자기의 부모를 공경하라고 명령받고 있다. 그러나 어떻게 공경해야 하는가 하는 것은 다른 문화의 사람들에게는 조금씩 다르게 정의될 것이다. 어떤 사람에게는 부모가 생존해 있는 한 아무런 이의 없이 무조건 복종하는 것을 의미할 것이다. 또 어떤 사람에게는 가끔 부모님을 방문하고 문안 편지를 쓰는 것을 의미할 것이다. 다른 예를 들어보자. 선생님이 교실에 들어오실 때 학생들이 서 있는 모습을 생각해 보라. 어느 문화에서는 그러한 행동이 옳다. 그것은 존경을 뜻하기 때문이다. 그러나 다른 문화에서는 그러한 행위가 잘못된 경우도 있다. 그 문화에서는 그것이 존경이 아니라 비굴함을 나타내기 때문이다.[84]

기독교 3은(교회의 관습) 문화에 의해 의미 있게 바뀔 것이다. 성경을 읽을 수 있는 문화 속에서는 한 주일에 한 번뿐인 20분 설교를 하는 예배가 그들에게 좋은 관습일 것이다. 특히 그리스도인들이 주중에 성경을 읽을 많은 기회가 있다면 더욱 그러하다. 문맹의 문화 속에서는 마을 예배당에서 저녁 식사 후에 매일 같이 모여 예배드리는 것이 훨씬 효과적이며, 주일 설교는 여러 시간 동안 길게 행하는 것이 효과적일 수 있다. 이때 질문과 답변이 이루어질 수도 있다. 어느 문화에서는 예배 시에 입는 의복이 좋게 받아들여지지만 어떤 곳에서는 우스꽝스럽게 여겨지기도 한다.[85]

기독교 4는 지역 문화를 거의 완전하게 수용한다. 대부분의 선교학자들이 문화를 수용하는 기독교에 대해 말할 때, 그들은 기독교 4를 말하고 있는 것이다. 삶의 방식, 즉 돈을 벌고, 옷을 입고, 이미용을 하고, 음식을 먹고 하는 것 등에 있어서 그리스도인들은 그들 자신의 문화유산을 따라야 한

---

84) Ibid.
85) Ibid.

다.[86]

그러나 이것이 언제나 가능한 것은 아니다. 새로운 문화가 들어올 때(서구 문명이 19세기와 20세기 초기에 세계를 휩쓴 것처럼) 많은 사람들, 이는 비단 그리스도인들뿐만 아니라 많은 사람들이 '서구화' 하였다. 기독교 선교를 보아도 이때에는 그리스도인이 되는 사람은 자연스럽게 선교사를 그대로 닮아갔다. 마치 디모데가 바울을 흉내냈듯이 이는 그리스도인들이 자기의 문화를 퇴보시킨 것이다. 이러한 경우에 회심자로 하여금 자기의 신앙의 아버지를 닮지 말라고 하기도 어려운 일이다. 디모데는 의심할 바 없이 그의 삶의 방식이나 옷 입는 방식, 여행하는 방식에 있어서 바울을 그대로 닮았던 것이다. 그러나 대부분의 문화의 퇴보는 하나의 실책이다. 새로 개종한 그리스도인들은 계속적으로 자기 자신들을 볼 줄 알아야 한다. 그들은 그들의 친척과 친구들과 밀접한 관계를 계속 유지시킬 수 있다. 현대의 선교사들은 문화와 기독교 4와의 복잡한 관계 속에서 자기 나름대로의 방법을 생각해 냈다. 그리고 개종자들에게 그리스도인으로서 변화시켜야 할 부분이 있음에도 불구하고 그들의 문화를 대부분 유지시키라고 권면하고 있다.

기독교 4에 있어서의 조화와 수용은 항상 옳은 것은 아니다. 그러나 그것이 기독교 1에서가 아니라 기독교 4에서 발생하는 것이기 때문에 신앙을 파괴하지는 못한다. 따라서 주일에 미국의 많은 그리스도인들은 축구와 텔레비전을 즐긴다. 기독교 4는 이것과 관계가 있는 것이다. 슬프게도 독실한 그리스도인들도 이 시대에 불가피하게 이러한 것들을 그대로 받아들이고 있다. 내가 확신하기로는 더 많은 그리스도인들이 주님께 더 많은 순종을 하며, 이러한 모호한 가치 적용은 제거되고 변혁될 것이라 확신한다.

만일 위에서 토론한 네 종류의 기독교에 대한 토의가 잘 정립된다면, 기독교와 문화에 대한 혼돈은 많이 제거될 것이다. "기독교는 모든 새로운 문화를 수용해야 한다"라고 노골적으로 말하는 것은 무책임한 말이다. 그러한 진술이 기독교 2, 기독교 3과 대부분의 기독교 4에는 옳으나, 기독교 1에는 맞지 않다. 이 전체 주제에 있어서 대부분의 정밀성은 삶의 영역에 있

---

86) Ibid.

어서처럼 바른 사고(思考)를 하는 데 중요한 요소이다.[87]

만일 그리스도인들과 선교학자들이 전하려고 하는 의미에 좀 더 신중하다면 많은 불일치는 해결될 것이다. 뿐만 아니라 우리가 기독교와 문화에 대하여 말을 하면서, 상황과 문화에 대한 이해를 좀 더 융통성 있게 할 수 있을 것이고 선교를 통해 그만큼 그들에게 가까이 다가갈 수 있을 것이다.

5. 상황화의 한계

선교 현장에서 상황화는 반드시 필요하다. 바울과 교회 선구자들이 역사적으로 우리에게 보여주었듯이, 여러 가지 상황에서 효율적이고 문화적으로 민감한 커뮤니케이션은 가능하다. 성장 측면에서 볼 때 교회들은 서구의 신학적 형태와 예배형식을 적용하지 않은 채로 같은 문화권의 이웃들에게 전도할 수 있다. 즉 교회의 다양함은 성경적 진리와 연관시키면서 어떤 문화에서나 선하고 진실된 것을 고양시키는 성경적 상황화로부터 온다.

그러나 그것이 너무 멀리 나갔을 때 상황화는 해롭게 작용하고 만다. 따라서 21세기의 기독교인들은 선을 어디에 그어야 할지 알기 위해서 성경을 좀 더 조심스럽게 볼 필요가 있다. 또한 상황화가 만능은 아니다. 이런 방법에 대한 지나친 의존은, 죄악된 세상과 의와 심판을 깨닫게 하고 인간의 마음을 중생케 하는 성령의 역사를 의존하지 않게 만든다. 달라스신학교의 포코크는, 복음에 대해 저항적인 사람들을 전도하는 것과 관련하여 "100%의 상황화는 신앙을 보장하지 못하게 된다. 그것은 영적 역동성의 문제이다. 우리는 어떤 일에 대해 너무 칼빈주의적이기를 원치 않지만 어느 정도는 하나님의 손에 달려 있다"고 말했다.

때로는 상황화가 필요하지 않을 수 있다. 예를 들면 나이지리아와 이란 같은 데서는 자신들의 종교에 환멸을 느끼고 있는 많은 무슬림이 있는데, 이들을 전도하기 위해 복음을 상황화하는 것은 오히려 역생산적일 수 있다.

루터교 동양선교회(Lutheran Orient Mission Society) 제임스 피터슨이

---

87) Ibid., 47-48.

몇 년 전에 한 무슬림 여인으로부터 전화를 받았다. 그는 여인에게 "당신은 마호메트를 떠났습니까?"라고 물었다. 그러자 그녀는 "물론입니다, 형제님. 우리는 복음을 원하고 있습니다"라고 얘기했다. 그 여인은 예수 이름으로 30여 명의 다른 여인들과 모임을 갖고 있는 쿠르드족이었다.[88]

6. 상황화의 태도

『천주실의』의 저자 마태오 리치는 중국선교역사에 아주 중요한 인물인데 그는 중국인에게 복음을 증거하고자 중국옷을 입고, 중국말을 배워 사용했으며 머리도 변발을 하며 중국 사람처럼 하고 복음을 전했기 때문이다. 사용하는 용어도 중국의 유교식으로 고쳐 부르기도 했다. 그러나 이를 본 많은 선교사들은 복음을 변질시켰다고 그를 비난했으며, 심지어 로마 교황청에서조차도 불법으로 간주되었다. 그러나 그런 노력 덕분에 그는 중국 상류층을 위시하여 많은 사람들에게 전도할 수 있었고, 황실의 도움 아래 교회가 세워졌으며 20-30만 명의 신자를 얻었다.[89]

그가 이런 결과를 얻을 수 있었던 것은 중국의 상황과 가치관, 문화의 옷을 입고 복음을 전하였기 때문이다. 그는 자신을 완전히 부인하고 그들의 상황 속으로 녹아 들어가 그들의 삶에 효과적으로 전했다. 그것은 중국인의 삶의 상황에 대한 올바른 이해 때문에 가능했다. 이것이 바로 "상황화"로서 선교학에서 매우 중요한 주제 중의 하나이다.

바울이 바로 그런 사람이었다. 유대인에게는 유대인처럼, 율법 아래 있는 자에게는 율법 아래에 있는 자처럼 행동했고, 율법 없는 자에게는 율법 없는 자처럼, 약한 자에게는 약한 자처럼 되었다. 이는 바로 그들에게 복음을 증거코자 하는 것이 그 이유였다. 어떻게 해서라도 복음을 전하고자 하는 바울의 열정을 볼 수 있다. 그리고 스스로 그는 종이 되고자 했다. 종의 신

---

88) Stan Guthrie, *Missions in the Third Millennium: 21 key Trends for the 21st Century*, 2000, Chapter 12.
89) 이재완, 『상황화 신학』, 4.

분을 자원했던 이유도 바로 복음전도를 위함이었다.[90]

왜 그랬을까? 그것은 복음전도야말로 그리스도인의 지고의 목표이기 때문이다. 하나님께서 인류를 구원하기 위한 계획에, 복음을 전 세계로 확장하는 일에 참여하는 것이야말로 모든 교회와 그리스도인들의 절대적 사명이다. 이를 위해 우리는 부름을 받았다. 복음전도야말로 포기할 수 없는 절대적 원칙 같은 것이다. 우리는 이 절대적 명령 앞에 자신의 모든 것을 버리고 스스로 종이 되고자 했던 복음전도에 대한 열정을 배우고자 한다. 그렇다면 바울의 복음전도는 어떠했을까?

1) 복음전도는 당연하다고 생각했다.

"내가 복음을 전할지라도 자랑할 것이 없음은 내가 부득불 할 일임이라 만일 복음을 전하지 아니하면 내게 화가 있을 것임이로다"(고전 9:16). 본문에서 전도는 "부득불 할 일"이라 했다. 그런데 여기 "부득불"이란 말을 쉬운 성경에서는 "당연히"로 번역했다. 즉 전도는 당연히 해야 할 일이라는 것이다. 그렇다. 구원을 받은 성도가 전도하는 것은 너무도 당연한 일이다. 죄로 인하여 멸망할 수밖에 없는 인생이 하나님의 은혜로 구원을 받았다. 그 은혜로 구원받았으니, 이제 그 구원을 남에게도 전하는 일은 당연한 것이다. 학생이 공부해야 함이 당연하듯이, 자녀가 부모를 공경하는 것이 당연하듯이, 그리스도인이 복음을 전하는 것 역시 당연한 일이라는 것이다. 복음 전하는 것이 자랑일 수 없다. 복음전도가 과시도 될 수 없다. 그것은 당연한 일이다.

그런데 문제는 우리는 '당연'이란 말에 너무나 익숙해 있다는 것이다. 공기의 고마움을 당연하게 생각하여 그 필요성과 절대성을 느끼지 못하듯이 당연 속에 전도의 필요성과 절대성을 느끼지 못할 수 있다는 것이다. 당연하다고 말하면서도 그에 대한 절대성을 잊는다는 것이다. 이에 바울은 그

---

90) 이재완, 『타문화권 선교방법론 연구』, 157. Phil Parshall, 『무슬림 전도의 새로운 방향』, 45-48.

절대성을 이렇게 표현한다. "만일 복음을 전하지 않으면 내게 화가 있을 것임이로라." 복음은 절대적으로 전해야 한다. 이는 당연한 일이다. 그러므로 전하지 않으면 화가 있을 것이다.[91]

오래전 미국 사람들의 가슴을 울리고, 그리스도인들에게는 신앙의 도전을 주었던 어린 소년 '라이언 화이트'가 있었다. 라이언은 13살 때 혈우병을 앓아서 수술을 받았는데, 수혈을 잘못 받아서 에이즈에 걸렸다. 자신의 잘못도 아닌 어른들의 부주의로 소년의 인생의 죽음의 길에 놓이게 되었지만 그는 자신이 곧 죽을 것을 알면서도 누구도 원망하지 않고 변함없이 밝게 학교생활을 했다. 오히려 친구들에게 아주 친절했고, 염려하는 부모님을 위로하면서 기쁘게 지냈다. 이 사실이 신문 기자들에게 알려지면서 소년의 이야기가 신문에 매일 게재되었다. 텔레비전 등의 매체에서도 보도되어 많은 사람들에게 알려지기 시작했다.

라이언은 그렇게 5년 동안 살다가 결국 18세에 죽었다. 소년이 죽기 전에 그의 아버지와 마지막으로 나눈 대화 내용이 한 기독교 잡지에 실렸다.

"아들아, 미안하다. 이제는 네게 아무것도 해줄 것이 없구나. 이 아빠가 더 이상 어떤 선물도 줄 수 없음을 용서해다오." "아빠, 전 지금까지 많은 선물을 받았지만, 아무도 아빠처럼 귀한 선물을 준 사람은 없었어요. 아빠는 저에게 천국에 갈 수 있는 티켓, 바로 예수님을 소개해 주셨어요. 아빠 때문에 예수님을 믿고 영생을 선물로 얻었는걸요. 이보다 더 위대한 선물은 없어요."[92]

예수님보다 위대하고 영원한 선물은 없다. 가족과 가까운 사람들, 그리고 사랑하는 사람들에게 예수님을 전해야 한다. 때를 얻든지 못 얻든지 전해야 한다. 전도는 우리 모두에게 주신 지상명령이다. 거역할 수 없는 대명령이다. 사람을 구원하고 살리는 생명 운동이다. 당연히 해야 할 일이다. 전하지 않으면 나에게 화가 있다. 한 사람이 한 영혼씩 건져내야 한다.

---

91) Ibid., 158.
92) Ibid.

2) 스스로 종이 되었다.

　루터는 『그리스도인의 자유』라는 책에서 "그리스도인은 전적으로 자유로운 만물의 주이며 아무에게도 예속되어 있지 않다. 그리스도인은 전적으로 충실한 만물의 종이며 모든 사람에게 예속되어 있다"고 하였다. 이 말은 서로 모순되는 것 같지만 역설적 진리를 말하고 있다. 즉 그리스도인은 자유인이면서 동시에 종이라는 의미이다.

　그런데 이와 비슷한 말을 바울이 먼저 했다. "내가 모든 사람에게 자유하였으나 스스로 모든 사람에게 종이 된 것은 많은 사람을 얻고자 함이라"(고전 9:19). 자신은 자유인이며, 누구에게도 매여 있지 않다. 그러나 되도록 많은 사람을 얻기 위하여 스스로 종이 되었다는 것이다. 여기엔 바울의 의지가 있다. 스스로 그렇게 하였다는 것이다. 이것은 완전한 자기 포기를 말한다. 모든 사람이 구원을 얻게 된다면 자신의 모든 것이 없어져도 좋다는 뜨거운 사랑의 심정으로 말하는 것이다. 종과 같은 섬김의 자세로 해야 함을 말씀한다.[93]

　바울이 왜 스스로 모든 사람의 종이 되기를 원했을까? 그가 스스로 자원하여 종이 되기를 원했던 것은 무엇보다도 모든 사람을 그리스도께 인도하기 위함이었다. "우리가 예수님을 위하여 일하는 여러분의 종이 되었다는 사실을 전파합니다"(고후 4:5). 많은 사람을 얻고자 하기 위하여 스스로 종이 되었다. 더 많은 사람을 그리스도인으로 만들기를 바라는 간절함이 배어있다. 특히 그의 간절한 소망은 고린도전서 9:19-22에 "얻고자 함이라"란 말이 5번이나 반복된 것을 통해서 읽을 수 있다.[94]

　그는 완벽한 유대인이면서도 유대인처럼 행동했으며, 유대인을 구하기 위해 자기의 동역자인 디모데에게 유대인의 상징인 할례를 받게 하였다. 율법 아래 있지 아니하나 율법 아래 있는 자같이 한 것은 이방인을 구하기 위함이었고, 믿음이 강한 상태에 있지만 믿음이 약한 자처럼 한 것도 결국은 믿음이 약한 자를 얻고자 함이었다. 바울은 복음을 바로 이해하였던 자이다. 하

---

93) Ibid., 159.
94) Ibid.

나님의 계시를 받은 자로서 믿음이 강한 상태에 있었지만 연약한 자를 얻기 위해 그들의 입장에 서서 그들을 이해하였고 그들의 믿음에 상처를 주지 않기 위해서 자신의 자유를 스스로 제한했던 것이다. 이렇게 자신이 여러 모양(선교와 문화)이 된 것도 결국은 몇몇 사람을 얻고자 함이라 말한다.

임마누엘 칸트는 두 가지 가치를 말했다. 하나는 목적 가치요, 다른 하나는 수단 가치이다. 수단 가치가 생활용품처럼 목적을 위해 대체 가능한 방편으로서의 가치라면, 목적 가치는 그 자체가 목적으로서 대체 불가능한 절대적 가치이다. 인간의 생명은 분명히 목적 가치이다. 인간의 생명을 대신할 만한 가치가 없기 때문이다. 재물이나 명예와 권세보다도 더 소중한 것이 바로 인간이다. 이 세상에 있는 것은 모두 인간의 행복과 편의를 위한 하나의 도구요 수단일 뿐이다.

프랑스의 왕 루이 9세가 주방에서 일하는 소년에게 무언가 열심히 가르치고 있었다. 그 모습을 본 어떤 사람이 어째서 그런 소년을 가르치느냐고 묻자 그는 대답했다. "가장 비천한 사람이라도 내 영혼만큼 귀중하고 그리스도의 피로 사신 영혼을 갖고 있습니다." 예수는 인간의 생명이 천하보다 더 소중하다고 하신다. 즉 온 세상을 주고도 맞바꿀 수 없을 만큼 귀한 존재라는 것이다. 이 세상의 모든 물건은 가격을 매길 수 있지만, 사람은 가격을 매길 수 없다. 인간은 하나님의 형상을 닮은 거룩한 존재이다. 따라서 인간의 가치를 묻는다면 대답은 "인간은 존엄하다"이다. 이처럼 인간은 천하보다 귀한 존재이다. 전도는 이렇게 소중한 한 영혼을 구원하는 일이다. 이 지구상에 있는 재산은 시가로 얼마나 될까? 인간의 생명, 한 영혼의 가치는 이보다도 더 크다. 그래서 천하를 주고도 한 영혼과 바꿀 수 없다는 것이다. 천하보다도 더 귀한 생명을 얻고자 함이 바로 바울의 목적이었다. 어떠한 경우에라도 한 생명을 얻기 위하여 스스로 종이 되기를 원했던 그 바울의 마음을 본받기를 바란다.

3) 복음 전하는 일이라면 무슨 일이든 하고자 했다.

바울은 고백하기를 "나는 복음이 주는 복에 참여하기 위해, 복음을 전하는 일이라면 무슨 일이든 하고 있다"(고전 9:23)고 하였다. 그는 복음을 전하는 일이라면 생명도 아깝게 여기지 않았다. 그의 고백처럼 그는 복음을 전하기 위해 "옥에 갇히기도 하였고 매도 수없이 맞고 여러 번 죽을 뻔도 하였고, 사십에 하나 감한 매를 다섯 번 맞았고, 세 번 태장으로 맞고, 한 번 돌로 맞고 세 번 파선하는데 일주야를 깊음에서 지냈고, 강도와 동족의 위험이 있었고, 굶고 춥고 헐벗었다"(고후 11:23-28). 이 모든 것이 복음을 전하는 가운데 일어났다. 그는 복음을 전하는 일이라면 모든 것을 감내했다.

구세군 창설자 윌리암 부스(William Booth, 1829-1912)가 배로 여행하였을 때의 일이다. 어느 날 그가 날 탬버린을 치며 남들이 볼 때도 매우 우스꽝스런 모습으로 배의 갑판으로 걸어 나오고 있었다. 그때 저명한 영국 작가이자 시인인 키플링(Rudyard Kipling)이 그 모습을 보고 "아니! 당신 같은 사람이 어떻게 그렇게 천박한 악기로 소리를 내며 걸어오십니까?"라고 빈정거리자 그가 유명한 대답을 했다. "선생님! 만일 내가 물구나무를 서서 두 발로 탬버린을 두들겨서 한 생명이라도 구원할 수 있다면 나는 기꺼이 그렇게 할 것입니다."[95]

싱가포르의 셀 교회인 페이스 공동체 침례교회(Faith Community Baptist Church) 로렌스 콩(Lawrence Khong) 목사는 복음 마술을 배워 전도집회에서 마술로 전도를 시작했단다. 그런데 이런 그의 전도방법이 다른 기독교 지도자들에 의해 비판에 직면하자 그는 이렇게 대답했단다. "비판은 기꺼이 참고하겠습니다. 그러나 지금은 비판에 대답할 만큼 제게 한가한 시간적 여유가 없습니다. 지금 이 순간에도 저는 죽어가는 영혼들에게 가야 하기 때문입니다."[96] 우리는 그의 전도방법론에 대한 찬반을 떠나 한 생명이라도 구원하기 위해서라면 무엇이라도 할 수 있다는 그들의 열정과 노력에 그저 감동받을 뿐이다. 그들의 모습 속에서 복음을 위해서라면 무슨 일이든지 할 것이고, 또 해야만 한다는 당위성을 발견하게 된다.[97]

우리는 "복음을 위해서라면 그 어떤 것도 감내하고, 할 수 있다"라는 그

---

95) Ibid., 160.
96) 「국민일보」, 2004년 10월 29일자, 2004년 11월 24일자, 한국기독교정보학회지.
97) 이재완, Ibid. 160.

의 고백이 놀라울 뿐이다. 복음을 위한 열정과 노력에 감탄할 뿐이다. 복음 전도를 위해 스스로 모든 사람의 종이 되었던 바울의 삶의 모습이 바로 우리가 본받아야 할 모습이다. 우리는 바울이 복음에 가졌던 그 열정과 자세를 회복해야 한다. 복음전도를 위해서라면 스스로 종이 되고자 했던 바울의 열정이 필요하다. 복음을 위해서라면 무슨 일이라도 하겠다는 의지가 요청된다.

하나님의 말씀은 시편 11:3의 심오한 질문으로 우리 시대와 우리 교회의 딜레마를 예견한다. "터가 무너지면 의인이 무엇을 할꼬?" 현대는 계속해서 토대를 파괴하고 그 폐허에 새로운 토대를 세우려 애썼다. 오늘날 우리는 모든 토대가 거부당하는 현상을 목격한다. 모더니즘의 다양한 기획에는 어느 토대를 파괴하고 그것을 다른 종류의 토대로 바꾸는 행위가 들어 있다. 그러나 교회의 본질은 다음과 같다. "너희는 사도들과 선지자들의 터 위에 세우심을 입은 자라. 그리스도 예수께서 친히 모퉁이 돌이 되셨느니라"(엡 2:20). "각각 어떻게 그 위에 세우기를 조심하라"고 바울은 경고한다. "이 닦아 둔 것 외에 능히 다른 터를 닦아 둘 자가 없으니 이 터는 곧 예수 그리스도라"(고전 3:10-11).[98]

---

98) Gene Edward Veith, 『현대 사상과 문화의 이해』(서울: 예영커뮤니케이션, 1998), 282-283.

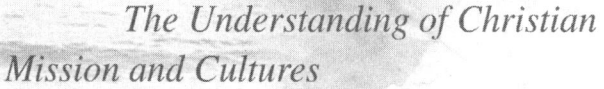

*The Understanding of Christian
Mission and Cultures*

제11장

문화와 상징

　의사소통이란 메시지를 주고받는 것이다. 레비스트로스는 원주민 사회들에서 의사소통의 개념을 교환의 구조와 연관시킨다. 레비스트로스는 원주민 사회들, 즉 친족의 기본구조들의 사회에서 식량의 교환과 여성의 교환을 사회집단들 간의 의사소통 체계와 연관시킨다. 의사소통의 구성 요소는 시그널(signal)과 인덱스(index)이다. 시그널이란 반응을 자동적으로 유발하는 메커니즘이다. 즉 목마름은 마실 것을 찾는 행위를 유발하는 시그널이다. 인덱스는 무엇인가를 나타내는 것으로 자연적 인덱스와 인위적 인덱스로 구성된다. 연기는 불의 자연적 인덱스이다. 인위적 인덱스는 기호와 상징으로 구성된다.

　인간의 행위는 세 가지 측면으로 구성된다. 첫째, 육체에 의한 생물적 행위(biological actio ns)로서 숨 쉬는 것, 심장이 뛰는 것, 몸의 신진대사 등이다. 둘째, 기술적 행위(technical actions)로서 구덩이를 파는 것, 달걀을 삶는 것 등이다. 셋째, 표현적 행위(expressive actions)로서 말하는 것, 고개를 끄덕이는 것, 결혼반지를 끼워주는 것 등이다

　의사소통은 표현적 행위로 이루어지며, 표현적 행위는 시그널, 기호, 상

징으로 이루어진다. 인간이 표현적 행위로서 직접적 혹은 간접적 의사소통을 하는 과정은 아래와 같이 도표화할 수 있다. 듣고 보는 것은 직접적 의사소통이고, 글을 읽는 것은 간접적 의사소통이다.

너는 말하고	나는 듣는다.
너는 고개를 끄덕이고	나는 그것을 본다
너는 편지를 써서 기호와 상징을 만든다.	너는 편지를 써서 기호와 상징을 읽는다.

〈도표 11-1〉 표현적 행위

그리고 인간의 의사소통은 음성이나 글에 의한 언어(verbal language)와 그렇지 않은 언어(non-verbal language)로도 나누어진다. 음성이나 글에 의한 언어는 문법규칙에 따라 전달될 수 있는 문장들을 창조할 수 있다. 일상 언어가 이에 해당한다. 그렇지 않은 언어는 전달에 이해나 설명이 필요하다. 꿈이나 시에 의한 사적 상징이 이에 해당한다.

기호(sign)는 같은 문화적 맥락에 속해 있는 인덱스이다. 즉 말이나 글은 기호이다. 알파벳이 글이라는 맥락에서 사용되면 기호이다. 알파벳과 글은 같은 문화적 맥락이기 때문이다. 그러나 알파벳이 수학이라는 맥락에서 사용되면 상징이다. 알파벳과 수학은 다른 문화적 맥락이기 때문이다. 기호의 연속을 결합관계(syntagmatic chain), 혹은 환유(metonymy)라고도 한다. 알파벳의 연속은 단어이다. 단어는 결합관계이고, 환유이다. 단어의 연속은 문장이다. 문장도 결합관계이고, 환유이다. 음표의 연속은 악보이다. 악보도 결합관계이고, 환유이다. 멜로디는 결합관계와 환유의 산물이다. 기호는 고립되어 존재하지 않는다. 즉 인접성(contiguity)은 기호의 성격이다. 기호는 관계성을 내재적으로 가지고 있다.

상징(symbol)은 다른 문화적 맥락에 속해 있는 인덱스이다. 상징에는 네 가지의 종류가 있다. 첫째, 도로표지판과 같이 공적 영역에서 정보를 전달하는 인덱스를 표준화된 상징(standardized symbol)이라 한다. 둘째, 꿈이나 시(詩)와 같이 사적이면서 일시적인 상징은 임시 상징(nonce symbol)이다. 셋째, "뱀은 악의 상징이다"라는 표현은 임의적인 상징(conventional but arbitrary symbol)이다. 넷째, 모델이나 지도나 초상화 등과 같은 상징을 아이콘(icon)이라 한다. 상징의 결합을 계열관계(paradigmatic association), 은유(metaphor)라고도 한다. 피아노를 칠 때 음표와 손가락의 움직임과 음파의 결합은 계열관계를 구성한다. 하모니는 계열관계의 산물이다. 상징은 유사성(similarity)에 대한 임의적인 주장이다. 즉 상징은 관계성을 내재적으로 가지고 있지 않다.[1]

어떤 상징들은 그것들이 상징화되는 사물이나 사건들과 분명한 관계를 가지고 있다. 예컨대 고구마나 토란 같은 뿌리는 성기를, 부싯돌을 마주칠 때 반짝이는 불빛은 번개를, 그리고 배의 키잡이상은 부족이나 국가의 통치자를 상징한다. 이러한 상징과 상징화되는 사물은 아주 자연스러운 관계를 갖고 있다.[2]

1. 정의

1) 일반적인 정의

문화는 인간의 본질을 탐구할 수 있는 유일한 매체라고 할 수 있다. 인간이 생성해 내는 모든 정신적, 물질적 현상의 총체적인 상징체가 바로 문화이기 때문이다. 이런 특성 때문에 문화를 "정신적 소프트웨어"라고 말한 학자도 있다.[3] 문화를 이해한다는 것은 단순히 지식을 습득하는 것과는 성질

---

[1] http://synnic.com.ne.kr
[2] F. E. Johnstone and H. Shelby, 『현대 문화인류학』, 권이구 역(서울: 탐구당, 1981), 170.
[3] 문화를 주어지는 환경 속에서 자유롭게 행동하도록 해주는 무의식적인 조건형성이라고 주장하며, 이것은 인간생활의 모든 분야에 존재하고, 이런 문화를 이해하려면 인간을 하나의 통합된 전체로서 볼 줄 아는 시각을 가져야 된다고 주장했다. Geert Hofstede, *Culture and Organization: Software of the Mind* (Netherlands, Hakjisa Publication, 1995), 24.

이 다르다. 문화를 이해하는 데에는 통찰력이 필요하다.

상징이란 어떤 문화를 공유하는 사람들에게만 통하는 특별한 의미를 지닌 말, 동작, 그림 또는 대상을 의미한다. 한 나라의 언어를 구성하는 낱말이나 은어가 대표적이고 그 밖에 의상, 헤어스타일, 코카콜라, 구기, 지위와 같은 것들도 이 범주에 속한다. 끊임없이 새로운 상징들이 등장하며 옛 상징은 사라지고 있다. 한 문화집단에서 생긴 상징들을 대개 다른 문화집단들로 확산되기도 한다.

2) 폴 히버트의 정의

첫째, 상징이란 우리 속에 있는 것들을 외적인 형식(form)으로 나타내는 것을 말한다. 그러므로 상징의 본질은 형식과 의미의 관계성(relationship between form and meaning)이라 할 수 있다.

둘째, 상징은 단 하나의 의미만을 전달하지 않고 여러 가지의 의미를 함께 전달할 수 있는 것이다(Symbol speaks many levels and multi level vocabulary).

셋째, 상징은 의미나 느낌 그리고 가치들을 창조해 낸다(Symbols creates meanings, feelings and values). 이를테면 언어, 제스쳐, 음악, 예술 등이 그것이다.[4]

넷째, 두 가지의 상징들 곧 광범위한 상징들(discursive symbols: ordinary language)과 협의의 상징들(non-discursive symbols: things which cannot be fully expla ned with words inordinary languages)이 있다. 예를 들면 종교적인 상징들이나 예술적인 상징들이 그것이다. 즉 거룩한 상징(sacred symbol)과 평범한 상징(ordinary symbol)이 있다. 거룩한 상징(sacred symbol)은 이 세상을 넘어선(beyond this world) 초월성(trans-cendence), 신비(mystery), 신성(sacred)을 나타내는 상징이다. 그러므로 교회는 예배와 말씀사역을 통하여 살아 있는 신성한 상징(living

---

4) Paul. G. Hiebert, *Anthropological Insights for Missionaries*, 37-42.

sacred symbol)을 창조해야 한다.[5]

3) 칼 융의 정의

인간은 자기 자신이 전달하고 싶은 뜻을 나타내기 위해 말이나 글을 사용한다. 인간의 언어는 상징으로 가득 찼지만 인간은 기호나 형상도 사용한다. 그것은 UN, UNESCO, UNICEF 등과 같은 약자나 머리글자일 수도 있고, 잘 아는 상표나 약의 명칭이나, 배지나, 휘장 같은 것일 수도 있다. 이런 것들이 자체의 뜻은 없으나 사람들이 공통적으로 쓰고, 뜻을 부여함으로써 알아 볼 수 있는 의미를 지니게 된다. 이것들은 상징이 아니고, 다만 기회로서 일정한 사물을 가리키고 있을 뿐이다.

이른바 '상징'이라는 용어도 우리가 일상생활에서 낯이 익은 명칭이나 그림을 일컫는 것이지만 그것은 관습적이고 분명한 의미 이외에 어떤 함축적인 의미를 가진다. 즉 우리에게 숨겨져서 우리가 알지 못하는 어떤 뜻을 암시하여 주는 것이다.[6]

어느 인도 사람이 영국을 방문하고 돌아와서 친지들에게 영국인들은 동물숭배를 한다고 말했다. 그는 영국의 옛 교회의 건물에서 독수리와 사자와 황소의 형상들을 보았던 것이다. 그리스도인들 중에도 모르는 삶이 많지만 그 인도인은 그것들이 전도자를 나타내는 상징으로 에스겔이 본 환상에서 유래하였다는 사실을 몰랐던 것이다. 더욱이 세상 사람들이 모두 잘 알고 있는 수레바퀴와 십자가 같은 것도 어떤 경우에는 상징적인 의미를 가진다. 그것들이 정확히 무엇을 상징하는가 하는 문제가 남아서 추측을 자아낼 따름이다.[7]

유럽과 파리를 다녀온 선교사로부터 조그마한 선물을 받았다. 열쇠고리였는데 거기에는 에펠탑과 개선문이 양면에 조각되어 있었다. '에펠탑' 그

---

5) 이재완, 『선교인류학』, 66.
6) Karl G. Jung, J. L. Handerson, M. L. von Frantz, A. Yaffe, 『인간과 상징』(서울: 열린책들, 1996), 24.
7) 이재완, 『선교인류학』, 67.

리고 '개선문' 하면 프랑스와 파리를 떠오르게 하기에 충분한 상징적인 의미가 담겨 있다.

이처럼 한 낱말이나 형상이 직접 나타내는 분명한 뜻 이외의 어떤 것을 암시하면 그것은 상징이다. 그것은 정확한 정의도 내려져 있지 않고 충분한 설명도 되어 있지 않은 광범위한 뜻에서 무의식의 측면을 가지고 있기 때문이다. 이것은 아무도 정의할 수 없고, 아무도 설명할 수 없는 것이다. 인간의 정신이 상징을 따라가면 이성으로는 파악할 수 없는 관념(idea)에 도달하게 된다. 우리가 수레바퀴의 형상을 생각하면 신적인 태양이라는 개념을 생각하게 되는데 이렇게 되면 이성은 손을 들어야 한다. 인간은 신적인 존재를 정의할 능력을 갖고 있지 못하기 때문이다. 우리가 지성적으로 한정되어 있으면서 어떤 것을 신적이라고 하는 것은 다만 교회의 신조 같은 것에 근거하여 어떤 이름을 부여한데 불과한 것이지 사실상의 근거는 전혀 없는 것이다.[8]

인간의 이해의 한계를 넘어선 일들이 허다하기 때문에 우리는 정의나 완전한 이해가 불가능한 개념을 나타내고자 할 때 언제나 상징적인 용어를 사용한다. 이것은 어떻게 모든 종교가 상징적인 언어나 상징적인 형상을 사용하느냐 하는 것에 대한 이유 중의 하나이다. 인간은 또한 꿈이라는 형태로 무의식적이지만 조심스럽게 많은 상징들을 만들어 낸다.

2. 상징체계와 문화이론

1) 상징의 해석 중 이중 번역의 문제

인류학자들은 상징 해석과 번역을 위하여 두 단계를 거친다. 첫째는 그 지역주민들이 말하고, 행하며, 생각하는 것이 무엇인가를 이해해서 그들의 활동, 사고 그리고 단어를 이해해야 한다. 둘째, 인류학자가 이해한 현지만의 사고와 행위 및 언어를 다른 인류학자나 학생 혹은 대중에게 설명하고

---
[8] Ibid.

이해시켜야 한다.[9]

2) 상징성의 논리성에 대한 이해

인류학자가 현지인들의 사고 속에서 발견한 몇 가지 고안물들을 분석하면서 그들 사고의 논리성을 살펴보겠다.

첫째, 맵핑(Mapping), 토테미즘(Totemism)의 논리이다. 여러 각 집단의 사람들은 각 집단 사이의 특징을 찾아서 그 특징별로 이름을 부여한다. 토테미즘에는 두 개의 집단, 즉 부족집단과 동물집단이 있고, 이 두 집단 간에 맵핑을 이룬다.

둘째, 대립이다. 대립이란 상징적 용어들을 서로 대비되는 한 쌍으로 분리시키는 논리적 고안물들을 말한다. 이런 방법으로 대비되는 상징의 두 집합 혹은 두 부류가 생기게 된다. 대립적인 논리체계는 종교체계에서 널리 사용될 뿐만 아니라 세계 도처에서 나타나고 있다.

다음의 도표는 한 쌍으로 대비되는 대립에 대한 것을 보여주고 있다.

집단 1	집단 2
왼 쪽	오른쪽
여 자	남 자
달	해
천 국	지 옥
광 명	암 흑

〈도표 11-2〉 대립에 대한 도표[10]

셋째, 중재이다. 중재란 상징적 의미를 창안하는 세 번째 방법이다. 이것은 어떤 개념을 두 개의 다른 개념 사이에 위치시키는 것이다. 고속도로의

---

9) F. E. Johnston and H. Selby, 『현대 문화인류학』, 권이구 역, 170-171.
10) Ibid., 176-177.

중앙분리대는 두 차선 사이를 중재한다고 말할 수 있는데, 이는 두 개의 차선이 분리대를 중심으로 좌우로 나눠지기 때문이다. 예수 그리스도는 "신과 사람"이라는 두 개의 대립 범주를 중재하고 있다.[11]

넷째, 은유이다. 은유는 "어떠한 것은 다른 어떠한 것이다"와 같은 표현이다. "낙타는 사막의 배이다"라는 표현은 은유이다. 이런 은유를 사용할 때에는 바다에서의 배는 마치 사막에 있어서 낙타와 같다는 식으로 현지인들이 이해할 수 있도록 표현한다. 우리가 현지조사를 할 때 현지인들이 사용하는 은유가 아무리 이상하게 들린다 하더라도 현지인들의 세계를 구성하고 해석하는 방법을 이해하려면 그들의 은유를 이해하지 않으면 안 된다.[12]

다섯째, 유추이다. 다른 민족의 세계를 연구할 때 유추는 분명하지 않기 때문에 이해하기 매우 힘들다. 유추는 믿음의 전체 체계에 관하여 보다 많은 것을 이해할 때까지는 이상하게 보이거나 해석하기가 거의 불가능하다.[13]

3. 상징체계와 역사[14]

1) 세례, 대홍수, 물의 상징

물은 잠재성의 보편적 총체를 상징한다. 물은 근원이자 원천으로서, 모든 존재 가능성의 저장소요 모든 형태에 선행하며 모든 창조를 받쳐준다. 모든 창조의 모델이 되는 이미지는 물결 한가운데 갑자기 "나타나는" 섬의 이미지이다. 반대로 침수는 형태 이전으로의 퇴행, 존재 이전의 미분화 상태로의 회귀를 상징한다. 물 위로의 부상은 우주 창조의 형성행위를 재현하는 반면, 침수는 형태의 해체를 의미한다. 바로 그런 이유에서 물의 상징은 죽

---

11) Ibid., 178-179.
12) Ibid., 186.
13) Ibid., 188.
14) Mircea Eliade, *Images et Symboles*, 『이미지와 상징』, 이재실 역(서울: 까치글방, 1998), 165.

음과 재생을 모두 내포하고 있다. 물과의 접촉은 항상 재생을 함축한다. 침수는 결정적 소멸을 의미하는 것이 아니고, 무형태와의 일시적 재통합을 의미한다. 이 재통합 이후에는 새로운 창조, 새로운 생명, 새로운 인간이 뒤따르게 된다. "홍수"는 "세례"에 비교되어, 사자에 대한 헌주는 신생아의 재계의식 또는 건강과 수태를 보장해 주는 춘계 목욕의식에 비교된다.

물은 형태를 통해서 표명될 수 없기 때문에, 창조를 선행하고 또 창조를 소멸시키는 것이 그 운명일 수밖에 없다. 모든 형태는 물과 분리되어 물을 초월하여 표현된다. 반대로 모든 "형태"는 물에서 분리되는 것과 동시에 잠재적인 존재이기를 멈추고 시간과 생명의 법칙 밑으로 들어간다. 즉 형태는 한계를 획득하고 우주 생성에 참여하고, 역사를 체험하고, 부패하며 결국에는 주기적인 침수에 의해서 재생되거나 "천지개벽"이라는 필연적 귀결로 이어지는 "대홍수"를 반복하지 않는 한 그 실체를 잃게 된다. 재계의식이나 물에 의한 의례적 정화는 창조가 있었던 무시간적 순간을 전격적으로 실체화하는 것을 목적으로 한다.

물에 의한 천지창조나 세계의 종말에 나타난 구조는 물의 상징성에 의해서만 전모가 드러난다. 이는 물의 상징만이 무수한 신성현현 각각의 계시를 모두 통합할 수 있는 유일한 "체계"이기 때문이다. 즉 상징적 총체는 여러 신성현현의 다양한 의미작용에 가치를 부여한다. 물의 상징의 중요한 윤곽을 더듬어보면서 기독교에 의해서 시작된 물에 대한 새로운 종교적 가치부여의 문제가 그것이다. 침수에 의해서 "옛 사람"은 죽고 재생된 새로운 존재가 태어난다. 물에 대한 기독교적 가치부여에서는 "역사"와 관련된, 이 경우 신성한 역사와 연관된 새로운 몇 가지 요소들이 개입된다. 물과 죽음으로의 하강을 의미했던 그리스도의 요단강으로의 하강이 한 모델이다. 이러한 하강 그리고 욥이 하강하여 이어지는 바다괴물과의 결투는 다른 여러 지역에서도 확인되는 통과의례적 시련을 구성한다.

이어서 대홍수의 대형으로서의 세례에 대한 가치부여가 뒤따른다. 대홍수는 수중 심처로의 하강을 나타낼 뿐만 아니라 세례를 표상하기도 한다. 그런데 세례의식에서 그리스도는 또한 아담과 대비된다. 테르톨리아누스는 "세례로써 인간은 신과의 유사성을 회복하게 된다"고 주장한다. 또한 세례를 위한 나체 역시 "부패와 죄의 낡은 옷"을 벗는 것을 의미한다. 또한 그것은 원초의 순결, 타락 이전의 아담의 상태로의 회귀를 의미하기도 한다. 노아와 대홍수는 수많은 전승에서 새로운 인류의 신화적 시조가 될 단 한 사람을 빼고 "전인류(사회)"에 종말을 고한 대재난을 그 대응물로 가지고 있다. 의례상의 나체는 완벽함과 충만함을 의미한다. "낙원"은 "옷"의 부재, 다시 말해서 "소모"의 부재를 함축하고 있다. 낙원에서의 노스탤지어는 비록 그 표현방식은 무한히 변화될지라도, 세계 공통적인 것이다. 모든 의례적 나체는 무시간적 모델, 낙원의 이미지를 내포한다.

심연의 괴물은 수많은 전승을 통해서 만날 수 있다. 영웅, 입문자는 심연 끝까지 내려가 바다괴물과 대적한다. 이것은 통과의례의 전형적인 시련이다. 수호하는 괴물에 대한 제의상의 승리는 곧 불사성의 획득을 의미한다. 모든 새로운 가치부여 작용은 항상 이미지의 구조 자체에 의해서 조건지어졌다는 점이다. 이미지는 스스로의 의미가 완성되기를 기다리고 있다고 말할 수 있을 정도이다.[15]

2) 원형적 이미지와 기독교적 상징

베르나르 신부의 지적처럼 기독교적 성례의 이미지와 상징이 신자로 하여금 내재적인 신화나 원형에 눈뜨게 하는 것이 아니라, 신성한 힘이 역사에 개입한다는 것을 깨닫게 하는 정도라고 해도 이 새로운 의미로 인해 원래 의미의 영속성 자체가 부인되어서는 안 된다. 태양, 달, 나무, 물, 바다 등 그리스도와 교회가 받아들인 이미지들은 이미 자연적 종교의 위대한 형상이었으므로, 이 이미지들이 나타내고 있는 감정적인 힘의 복음화를 받아들였다는 것을 의미한다.

베르나르의 책은 "내재적"인 상징과 신앙 사이에 존재하는 관계에 대한 중요한 해명을 제시하는데, 그것은 기독교 신앙이 역사적 계시에 의존하고 있다는 것이다. 역사적 계시는 시간 속에 나타난 신의 현현으로 이미지와

---

15) Ibid., 165-175.

상징의 효력을 보장해 줄 뿐이다. 역사는 "내재적" 상징의 구조를 근본적으로 변화시키는 데 성공하지 못했다는 의미이다. 역사는 끊임없이 새로운 의미를 덧붙여가지만, 이것이 상징의 구조를 파괴하지는 못한다.[16]

(1) 세계목의 상징

세계목의 상징을 기독교는 통합, 확장하여 사용해 왔다. 뤼바크 신부는 기독교의 십자가=세계목의 이미지는 "세계 보편의 옛 신화"를 계승하고 있다는 점을 인정한다. 그러나 뤼바크는 기독교가 도입한 혁신을 강조할 것을 촉구하면서 역사적 특수성의 중요성을 지나치게 과장하는 듯하다.

많은 교부신학서와 예전서에서는 십자가를 사다리, 기둥, 산에 비교하는데 이런 이미지들은 "세계의 중심"을 나타내는, 세계적으로 입증된 정식이다. 이것은 중심의 상징이 기독교 정신에 자연스럽게 흡수되었다는 증거이다. 십자가(=중심)를 통해서 하늘과의 소통이 이루어지고 동시에 온 우주가 구원되는데, 이 모든 개념은 세계목의 상징 속에서 공존했던 것들이지, 기독교의 특수한 것이라고 보기는 어렵다. 십자가에 의해서 계시된 '구원'은 총체적 재생의 상징인 세계목에 대한 전(前) 기독교적 가치를 무효화하지 않는다. 오히려 십자가는 모든 다른 가치와 의미를 완성시켜 준다.[17]

(2) 역사와 시간

교회 사제들의 말에 의하면, 신비적 삶은 낙원으로 회귀하는 데 있다고 하는데, 법열상태 중의 샤먼은 신과 다를 바 없는 최초 인간의 낙원적 존재를 회복하게 된다. 샤먼은 역사를 소멸시키고, 뒤로 돌아가서 원초의 낙원 상태를 회복시키는 것이다. 신비한 삶과 낙원회귀의 등가성은 역사 속에 신이 개입함으로써 만들어지는 유대-크리스트교의 고유 현상이 아니라, 태고로부터의 보편적이고 인간적인 소여(所與)라 할 것이다.

유대-크리스트교는 다시는 반복되지 않고 한 방향으로만 흐르는 역사적 시간 속에서 계시를 받는 반면, 원초의 인류는 신화의 형태로 계시를 보존

---

16) Ibid., 176-177.
17) Ibid., 178-185.

했다. 그럼에도 불구하고 원시인의 신비체험이나 기독교도의 신비한 삶은 모두 동일한 원형으로 해석된다. 바로 원초의 낙원 회복이 그것이다. 낙원으로의 신비한 복귀를 이루어주는 것은 항상 비롯된 때로의 역설적 회귀, 시간과 역사를 소거하는 "뒤로의 비약"이다.

기독교인들은 순환적 시간의 가역성을 거부하고 불가역적인 시간을 믿는다. 시간을 통해서 표명되는 신성현현은 되풀이될 수 없는 것이기 때문이다. 즉 시간이 "존재"하게 되는데, 이 말은 시간이 생성을 멈추고 영원으로 변모된다는 의미이다. 신이 시간을 통해서 현현되고, 초역사적인 의미와 구제론적 의지를 시간에 부여할 때 시간은 하나의 가치가 된다.

종교사의 관점에서 보면, 유대-크리스트교는 역사적 사건의 신성현현으로의 변용이라는 최상의 신성현현을 우리에게 제시한다. 이것은 시간의 신성 현현화 이상의 어떤 것이다. 외견상으로 신성이 역사 속에 완전히 숨겨져 버렸기에 나사렛 예수는 팔레스타인의 다른 모든 유대인들과 마찬가지이다. 그러나 예수의 존재를 구성하는 이 "역사적 사건"은 완전히 신의 현현이며 역사적 사건을 구원하려는 대담한 노력이 거기에 있다.

시간과 역사에 부여된 가치에도 불구하고 유대-크리스트교는 역사주의로 빠지는 것이 아니라 역사의 신학으로 귀착된다. 그러나 기독교가 역사를 구원하려고 노력하고 있다는 한 가지 사실은 여전히 남아 있다. 기독교는 역사를 폐기하기 위해서 역사 속에 개입한다는 점, 기독교도의 최대 희망은 모든 역사에 종지부를 찍게 될 그리스도의 재림이라는 점은 의심의 여지가 없는 이야기지만 또한 잊어서는 안 될 점이기도 하다. 어떤 관점에서 보면, 기독교도 각 개인에게는 이 종말과 종말에 이어질 영원, 되찾은 낙원은 지금 당장부터 가능하다. 기독교도는 그리스도와 동시대인이 되고자 한다. 이 말은 역사 속에서의 구체적 실존 그리고 그리스도의 포교, 고통, 부활의 동시대성을 함축하고 있다.[18]

---

18) Ibid., 186-188.

3) 상징과 문화

　상징의 역사는 매혹적이며 완전히 정당화될 수 있는 연구대상이다. 이 연구는 문화 철학에 대한 가장 훌륭한 서론이 될 수 있으니 말이다. 이미지, 원형, 상징은 다양하게 체험되고 가치가 부여된다. 이처럼 다양한 현실화를 거친 산물은 대부분 "문화 형태"를 구성한다.
　엘레우시스와 몰러카스 제도의 세람에서는 원시시대의 처녀 코레 페르세포네와 하이누월레의 신화적인 모험담을 발견할 수 있다. 구조적 측면에서 볼 때, 이 두 신화는 비슷하지만 그리스 문화와 세람 문화의 차이는 엄청나다. 이들 문화가 각각 독자적인 양식으로 구성되어 상호 교환될 수 없는 것이라 해도, 이들의 문화를 이미지와 상징의 차원에서 비교해 볼 수 있다. 바로 이러한 원형의 영속성과 보편성이 궁극적으로 문화를 "구원"해 주는 것이며, 양식의 역사나 형태론을 넘어서는 문화 철학을 가능하게 해주는 것이다. 모든 문화는 "역사 속으로의 실추"이다. 그와 동시에 모든 문화는 제한을 받는다. 그리스 문화의 아름다움, 기품, 완벽함에 속지 말기를 바란다. 그리스 문화 역시 역사적 현상으로서 보편적으로 받아들일 수 있는 것이 못되기 때문이다. 그리스 양식은 서양인들에게 고대문화의 역사적 표현을 통한, 아름답고 진실된 것이지만, 오세아니아인들에게는 가치가 없는 것이다.[19]
　역사에 의해서 조건지어진 구조나 양식을 통해서 표현되는 문화는 제한을 받는다. 그러나 문화에 선행하며, 문화에 의미를 부여하는 이미지는 영원히 살아 있고, 보편적으로 접근할 수 있다. '밀로의 비너스' 같은 그리스 걸작이 지니는 보편적인 인간의 정신적 가치와 심오한 메시지는 이 조상의 형식적 완벽함에서 나오는 것이 아니라 이 조상이 제시하는 여성의 이미지에서 나온다는 점을 유럽 사람이라면 납득하기가 힘들 것이다. 그러나 이러한 단순한 진실을 이해하지 못한다면, 유럽인이 아닌 사람과 유익한 대화를 나눌 희망은 없다.

---

19) Ibid., 189-190.

결국 문화를 "열어놓는" 것은 이미지와 상징의 존재인 셈이다. 어떤 문화이든 인간의 한계상황은 이 문화가 받쳐주고 있는 상징에 의해서 완전하게 드러난다. 만약 다양한 문화양식을 받쳐주는 독자적인 이 정신적 토대를 무시하면, 문화 철학은 인간조건에 대해서 아무런 유효성도 없는 연구가 된다.

이미지는 초역사적 세계를 향한 "입구"이다. 이미지로 인해서 여러 다른 "역사들"이 소통할 수 있다. 기독교에 의한 중세 유럽의 통일에 대해서는 흔히 언급되었으며, 민간의 종교적 전승의 상동관계를 생각한다면 그것은 사실이다. 지방의 의례들이 하나의 "공통분모"로 축소된 것은 기독교 성인전을 매개로 해서이다. 선사시대부터 토착신 혹은 지방신의 존재로 인해서 신성한 존재로 여겨지던 갈리아 샘은 성모 마리아에게 봉헌된 이후로 전 기독교인들에게 신성한 장소가 되었다. 유럽의 오랜 종교적 유산을 기독교화함으로써, 기독교는 이 유산을 정당화시켰을 뿐만 아니라 기독교 이전 사람들의 오랜 관습, 신앙, 가운데서 "구제"할 가치가 있는 것들을 모두 인류의 새로운 정신적 단계로 이행시켜 놓았다. 신석기 시대의 의례와 신앙이 민간 기독교 속에 오늘날까지도 살아남아 있다. 유럽 민간층의 기독교화는 특히 이미지에 힘입은 바가 크다. 이미지를 도처에서 발견할 수 있었으므로, 이들에게 재가치를 부여하고 재통합하여 새로운 이름을 부여하기만 하면 되었다.[20]

4) 방법론에 관한 고찰

"자연 현상 앞에서 인간 정신은 언제, 어디에서나 동일한 반응"을 보인다고 생각한 타일러와 프레이저의 "혼동주의적" 입장을 어떤 점에서 넘어설 수 있는 것인지를 이제 알 수 있다. 또한 그래브너-슈미트의 역사-문화학파 및 기타 역사주의학파들은 의문의 여지가 없는 발전을 보였다. 그렇지만 역사-문화적 관점에 고정되지 않고 상징, 신화, 의례가 그들의 역사뿐만 아니라 세계 속의 독자적 존재 양상으로서의 인간 조건을 우리에게 밝혀 줄

---

20) Ibid., 190-192.

수 있는지를 생각해 보는 것이 이 책을 비롯하여 최근 몇 권의 저서를 통해 노력한 점이다.

타일러와 프레이저가 "미신" 덩어리로 간주한 인류의 주술적-종교적 생활은 우주와 자기 자신에 대한 인간의 실존적 의식을 보여준다. 즉 그것에는 이미 하나의 형이상학이 내포되어 있었던 것이다. 물론 이 형이상학은 상징을 매개로 하기보다는 뒤얽힌 개념들을 매개로 표현되는 것이기는 했다. 또한 이 형이상학은 자연에 대한 동물과 동일한 기본적인 반응에 의해서 지배되는 본능적인 일련의 행동이 아니라 실재에 대한 포괄적이고 통일성 있는 개념이다. 따라서 각각의 "역사"는 제외해 놓고 오세아니아의 상징을 북아시아의 상징과 비교할 수 있는 근거는 이들 상징이 "유아적 심성"의 산물이어서가 아니라, 상징이 한계상황에 대한 인식을 표현해 주고 있기 때문이다.

사람들은 상징의 "기원"에 대해 설명하려고 노력했다. 이러한 가설을 검증하는 것은 우리의 소관이 아니지만, "기원"에 관한 문제는 그 자체로 볼 때 잘못 제기된 문제 같다. 상징은 자연으로서의 우주적 리듬의 반영이 될 수 없기 때문이다. 상징은 그것을 통해서 표상되는 우주적 생명의 양상 이상의 어떤 것을 항상 나타내고 있다. 때문에 우리는 우주 현상으로서 상징을 설명할 수 없다(예를 들면 태양의 상징과 신화는 태양이 가진 "밤", "악", "장례"에 관계되는 측면까지도 밝혀주는데, 이런 측면은 태양의 일반적 현상에서는 당장 빤히 드러나는 것이 아니다). 상징에 의해서 극히 풍부하면서도 단순하게 표현되는 대립의 일치는 우주 어디에서도 주어지지 않으며, 인간의 직접 체험이나 추론적 사고로는 도저히 접근할 수 없기 때문이다.

그렇지만 상징이 오로지 "정신적" 실재에만 관계한다고 믿지 않도록 주의해야 한다. 원시적 사고에서 볼 때 이러한 "정신"과 "물질"의 구분은 의미가 없다. 두 차원은 상호 보완적인 것이기 때문이다(집이 "세계의 중심"에 있다고 간주된다고 해도, 역시 집은 뚜렷한 요구에 응하면서 기후, 사회의 경제구조, 건축의 전통에 제약을 받는 하나의 이기〈利器〉이다). 이처럼 상징은 대상이나 행위에 새로운 가치를 덧붙이지만, 그렇다고 독자적인 직접적 가치를 침해하지는 않는다. 상징의 관점에서 볼 때 우주는 닫혀 있지

않고, 어떤 대상도 고유의 실재성에서 고립되어 있지 않다.[21]

4. 문화의 상징적인 표현들 [22]

NAACP(흑인지위향상협의회)에 소속된 흑인들은 흑인을 지칭하는 영어 표기의 첫 글자인 "N"(Negro)자를 크게 써서 피켓에 붙인 다음 뉴욕(New York)의 맨해튼 중심부의 거리를 행진하면서 흑인들의 지위향상과 회복을 위한 데모를 한 후에 곧이어 "N"자를 영원히 매장하는 '상징적인 장례식'을 거행하였다.

윈스턴 처칠 경은 손을 들어 승리의 V자로 대중들에게 답하기로 유명하다. 그러나 V자가 어떤 나라에서는 "당신의 아내가 서방질을 해서 뿔이 났구료"하는 신호와 거의 비슷하다. 그리고 영국 사람들은 배우들을 비난할 때 야유를 보낸다. 그러나 일본에서는 이런 행위가 사회적 복종의 의미이다.

침을 뱉는 것은 최대한의 모욕으로 통하는 곳이 많아서 폭행을 당할 수도 있다. 그러나 마사이족(남아프리카 케냐 등지에 사는 유목민족)이 당신 앞에서 침을 뱉었다고 흥분할 필요는 없을 것이다. 그들에게는 이것이 우정과 존경의 표현이다.

세네갈의 표현 중에는 상대방이 자신의 마음에 들거나, 호감이 있을 때 "당신에 대해 나의 마음이 차갑습니다"라고 표현한다. 반대로 상대방에게 불만을 표시할 때에는 "나의 마음이 뜨겁습니다"라고 표현한다.

긍정과 부정을 뜻하는 표현에도 여러 가지 방법이 있다. 위 아래로 또는 옆으로 고개를 흔드는 것이 그리스와 인디아에서는 반대로 쓰인다. 시실리에서는 고개를 약간 뒤로 젖히고 턱을 내미는 것이 부정의 의미이다. 인도에서는 좋다는 표현을 할 때에는 고개를 양 옆으로 흔들고, 싫다는 표현을 할 때에는 고개를 아래위로 끄덕이는 부족이 있다. 에티오피아 사람들은 고

---

21) Ibid., 192-195.
22) Donald Wilton, 『당신은 의사전달을 하고 계십니까?』, 유경열 역(서울: 평민사, 1991), 61-65.

개를 젖히고 눈썹을 올리는 것이 긍정의 뜻이다. 그리고 고개를 오른쪽 어깨로 홱 틀면 반대한다는 뜻이다.

중앙 아프리카의 어느 부족에서는 매우 반가운 사람이나 자신이 존경하는 사람을 만났을 때에는 그 상징적 행위로서 상대방의 얼굴에 침을 뱉는다.

여자들과 노인들에 대한 존경의 표시로 자리에서 일어나는 것이 우리들의 관습이다. 하지만 피지섬에서는 윗사람 앞에서는 앉아야 한다. 이는 고대 동양에서 왕 앞에서 엎드리는 것과 비슷한 것이다. 왕보다 더 높이 머리를 드는 사람은 죽음을 면치 못했다.

필리핀 북쪽 산악지방에 사는 깐까나이 부족에게는 코를 후비며 다른 이성을 쳐다보는 것은 "우리 함께 도망가서 살자"라는 의미로 전달이 된다. 그 밖에 한국 선교사가 들려준 에피소드는 다음과 같다.

첫째, 시골 마을에서 OK를 표시할 때 보통 사용되는 사인을 하지 말라. 이것은 돈을 의미하는 것이다. 이 사인 대신에 엄지손가락을 위로 올려 보라. 이것이 바로 필리핀 촌락에서의 오케이 사인이다. 그리고 필리핀 집을 방문할 때 작은 물건들을 보고 감탄하지 말라. 그들이 그것을 당신에게 주어야 한다고 부담을 느낄지도 모르기 때문이다.

둘째, 음식을 대접받을 때에는 배부르거나 설령 원치 않더라도 조금이라도 들어야 한다. 인간관계에서 필리핀 사람들에게는 음식의 나눔이 중요하고 공식 모임에는 절대로 샌들을 신으면 안 된다. 구두로 정장을 했다는 것은 모임을 중요하게 생각한다는 표시이기 때문이다.

셋째, 선물을 받았을 때에는 준 자의 허락이 없이는 대중 앞에서 열어보지 말라. 미국 문화와 다르다는 것을 기억해야 한다. 그리고 병자에게는 꽃 대신 음식을 가져가야 한다. 꽃은 죽은 자를 위한 것이다(마닐라는 예외).[23]

그리스에서 집시 여성들은 평생 바지를 입지 않는 특이한 전통을 가지고 있다. 그 이유는 화장실이 없어 공개된 장소의 들벽과 천막 주변에서 자유롭게 대소변을 보기 위한 것으로 이해되고 있다. 그리고 낮잠 문화가 있다. 그리스는 지중해성 기후로 낮잠(Siesta) 문화권이다. 그래서 오후 2시부터

---

23) 황태연, 『필리핀 문화와 선교』(서울: 도서출판 요나, 1996), 41-43.

5시 사이에는 절대로 가정 방문이나 전화를 삼가야 한다(이 시간대는 한국의 새벽 2시부터 5시까지에 해당되는 시간대이다).

또한 과부가 재혼을 거부할 경우 평생을 수절의 뜻으로 검정색 옷만을 평생 동안 입고 산다. 그리고 결혼예식은 반드시 밤에만 행한다. 낮에는 낮잠과 더위로 모임이 안 된다. 그리고 결혼 예식은 반드시 교회에서만 행한다. 정교회가 국교이므로 성직자의 주례공포가 법적으로 성혼의 효력을 발휘하기 때문이다.

그리스에서는 약속시간과 관련하여 재미있는 관습이 있는데, 모든 동창회, 송별회, 피로연, 망년회 등의 파티 모임은 예정된 시간보다 평균 2시간 정도 늦게 시작된다. 그러므로 저녁 7시에 약속된 모임은 9시 이후에나 모임이 진행되며, 식사의 주 메뉴는 12시에 나오고, 춤과 음악을 즐긴 후 3시 경에야 모임이 끝나는 "밤 문화의 나라"이다.

또 그리스인들은 화가 났을 때 손바닥을 펴서 상대방에게 내 보인다. 가장 극도로 화가 났을 때에 퍼붓는 최대의 모욕은 양손을 펴서 손바닥 면을 상대방에게 보이는 행위이다. 그래서 택시를 세울 때에 손바닥을 정면으로 들지 않도록 주의해야 하며, 다섯을 말할 때에는 손등을 펴 보여야 한다. 선교사나 목사가 예배를 마치고 축도할 때에는 손바닥이 회중을 향하지 않도록 각도를 비튼다. 즉 손바닥이 서로 마주 보도록 하고 양팔을 하늘을 향해 벌린다.[24]

가장 재미있는 존경의 표시 중의 하나는 프랜들리 제도의 것이다. 섬의 이름과도 흡사한데 원주민들은 상대방을 존경한다는 표시의 상징으로 옷을 벗는다.

엄지와 검지로 만든 원은 한국, 일본 등지에서는 돈의 의미로, 미국에서는 "OK"라는 의미로 이해된다. 반면에 멕시코나 브라질 등 남미에서는 음란한 의미를 갖고 있는 심한 욕이다. 또한 남부 프랑스에서는 "쓸모없다"는 의미를 전달해 준다.

한편 엄지손가락을 검지와 중지 사이에 끼워 넣는 것은 한국에서는 외설

---

24) 안영권, 『선교인류학』, 44-45.

적인 욕이다. 반면에 브라질에서는 "당신에게 행운을"(good luck)이란 뜻이다. 그래서 브라질의 토산품 가게에서는 이런 상징적인 의미를 담은 조각 작품을 많이 볼 수 있다.

어느 여행 전문가의 이야기이다. "남미 브라질 상파울로 토산점에 들렀을 때의 일이다. 토산품점 진열장 진열품들 중에는 나무 조각 제품이 많았다. 그런데 조각작품들 중에는 도저히 묵과할 수 없는 것들이 있었다. 엄지손가락을 검지와 중지 사이에 끼워 넣은 채 주먹을 쥔 극히 상스러운 모양을 한 것이었다. 그런 모양으로 한국인 관광객들에게 정면으로 겨누고 있으니 어찌 묵과할 수 있으랴. 하나 둘도 아닌 수십 개가 일렬로 관광객들을 겨냥, 물건을 사러 온 사람들에게 집단적으로 욕하고 있었다. 즉각 주인에게 "이게 뭐냐"고 항의했다. 그랬더니 주인은 빙그레 웃으면서 "브라질에서는 그게 욕이 아니고 '행운을 빈다'는 말입니다"라고 설명했다. 왜 하필이면 그런 모양으로 행운을 비느냐고 반문했더니 주인은 "그 모양에서 찬란한 태양이 산에서 솟아오르는 느낌을 받지 않느냐"고 반문했다.[25]

무슬림들에게 왼손은 부정한 손이며, 오른손은 정결한 손이다. 그러나 악수를 할 때에나 상대방에게 어떤 물건을 전달할 때에는 반드시 오른손을 사용한다.

상징의 개념은 어떤 구체적 사물이 다른 대상을 표시하거나, 다른 영역의 의미를 암시하거나 환기시켜 주는 것을 뜻한다. 원관념과 보조관념의 관계에서 보면, 원관념은 배제되고 보조관념이 독립되어 함축적 의미와 암시적 기능을 갖는다. 상징의 종류를 보면 첫째, 원형적 상징이다. 이것은 인간의 잠재의식 속에 담겨 있는 대상에 대한 원초적인 이미지로서의 상징이다. 예를 들면 '물'은 죽음과 이별, 그리고 충만한 사랑을 상징하고, '달'은 그리움과 소망의 대상 상징하고, '태양'은 희망, 생명, 탄생과 창조를 상징하며, '불'은 정열과 욕망의 파괴를 상징하며, '바다'는 죽음과 재생, 무궁과 영원을 상징하며, '봄'은 희망과 소생 그리고 생명을 상징한다.

둘째, 관습적 상징(제도적 상징)이다. 이것은 한 사회에서 오랫동안 쓰여

---

25) 「조선일보」, 1995년 12월 12일자, 19면.

관례적이고 공공성을 띠며, 타인과 공유할 수 있는 보편적인 상징이다. 예를 들면 십자가는 속죄양 의식을 상징하며, 비둘기는 평화를, 소나무는 절개를, 백합은 순결을 상징한다.

셋째, 개인적 상징(개성적, 창조적, 문학적 상징)이다. 이것은 개인에 의해 독창적으로 만들어져서 참신한 문학적 효과를 발휘하는 상징으로, 의미의 폭이 넓고 암시적이다.

이를 테면, 서정주의 〈국화 옆에서〉에서 '국화'는 시련을 겪은 뒤의 원숙미를 상징하고, 김종길의 〈성탄제〉에서 '산수유 열매'는 아버지의 사랑을 상징하며, 김수영의 〈풀〉에서 '풀'은 역사의 흐름 속에서 질긴 생명력을 지속해 온 민중들의 삶의 모습을 상징하며, 이육사의 〈청포도〉에서 '청포도'는 시인이 바라는 이상적 세계를 상징하며, 김춘수의 〈꽃〉에서 '꽃'은 의미 있는 존재를 상징하며, 유치환의 〈깃발〉에서 '깃발'은 영원을 사모하고 지향하는 인간의 본성을 상징하며, 김광섭의 〈성북동 비둘기〉에서 '비둘기'는 사랑과 평화(관습적 상징)를 상징하며, 물질문명의 발달로 인해 점차 소외되어 가는 인간의 모습(창조적 상징)을 상징한다.

다음은 우리 문화 100대 상징자료[26]이다.

분 야	세부분야	선 정	비 고
민족상징(2)	민족상징(2)	태극기, 무궁화	
강역 및 자연상징(19)	강역(6개)	독도, 백두대간, 백두산, 금강산, 동해, 대동여지도	
	경관(3개)	황토, 갯벌, 풍수	
	동식물(4개)	소나무, 진돗개, 호랑이, 한우	
	과학기술(6개)	천상 열차분야지도, 거북선, 측우기, 물시계와 해시계(자격루와 앙부일구), 수원화성, 정보통신(IT)	
역사상징(17개)	선사(2개)	고인돌, 빗살무늬토기	
	도읍(3개)	서울, 경주(서라벌), 평양(아사달)	

26) 문화관광부 Homepage. http://www.mct.go.kr

분 야	세부분야	선 정	비 고
사회 및 생활상징(34개)	인물(9개)	단군, 광개토대왕, 원효, 세종대왕, 퇴계(이황), 이순신, 정약용, 안중근, 유관순	
	사찰(1개)	석굴암	
	현대사(2개)	비무장지대(DMZ), 길거리 응원	
	경제(2개)	오일장(장날), 잠녀(해녀)	
	마을생활(6개)	강릉단오제, 영산줄다리기, 솟대와 장승, 두레, 정자나무, 돌하르방	
	의생활(3개)	한복, 색동, 다듬이질	
	식생활(11개)	김치, 떡, 전주비빔밥, 고추장, 된장과 청국장, 삼계탕, 옹기, 불고기, 소주와 막걸리, 냉면, 자장면	
신앙 및 사고상징(10개)	주생활(4개)	한옥, 온돌, 제주도돌담, 초가집	
	건강·체육(6개)	동의보감, 인삼, 태권도, 씨름, 활, 윷놀이	
	교육(2개)	서당, 한석봉과 어머니	
	불교(2개)	선(禪), 미륵	
	유교(3개)	효(孝) 선비, 종묘와 종묘대제	
	무속(4개)	굿, 서낭당, 도깨비, 금줄	
언어 및 예술상징(19개)	언어(1개)	한글(훈민정음)	
	기록(4개)	한지, 조선왕조실록, 팔만대장경, 직지심체요절	
	미술(7개)	고구려 고분벽화, 반가사유상, 백제의미소(서산마애삼존불), 고려청자, 백자, 분청사기, 막사발	
	연희(2개)	풍물굿(농악), 탈춤	
	음악(4개)	판소리, 아리랑, 거문고, 대금	
	문학(1개)	춘향전	

〈도표 11-3〉 우리 문화 100대 상징

이것은 우리 민족이 과거부터 현재에 이르기까지 공간적·시간적 동질감을 바탕으로 형성해 온 문화 중 대표성을 가진 100가지 상징을 말하는데, 태극기, 독도, 세종대왕, 김치, 효(孝)사상, 한글, 길거리 응원에 이르기까지 다양한 분야를 망라하고 있다.

　이 문화상징들은 분야별로 고른 선정을 위해 민족상징, 강역 및 자연상징, 역사상징, 사회 및 생활상징, 신앙 및 사고상징, 언어 및 예술상징의 6대 분야로 나뉘어 발굴되었다. 수차례의 전문가 자문과 내부 의견수렴을 거쳐 마련한 초안을 바탕으로, 인터넷 포털과 여론조사 전문기관(한국갤럽)에 의뢰하여 3,000여명의 설문조사를 거쳐 최종 확정되었다. 100대 상징의 선정은 우리 문화의 원형으로 상징성을 갖고, 문화 예술적 콘텐츠로서 활용이 가능하며, 유네스코 지정문화재 등 세계화에 기여도가 높다. 특히 남북에 공통적으로 중요한 상징이나 독도, 고구려 고분벽화 등 국제적 쟁점이 되는 것도 포함되어 있다.

제12장

문화의 관점

    수많은 성경학자들은 하나님의 "형상"을 따라 우리의 "모양대로"라는 말씀(창 1:26-27)이 무엇을 의미하는지에 관하여 끊임없이 연구해 왔다. 이 논의에서 중요한 것 중 하나는 인간의 창의성의 문제인데 이 창의성은 바로 하나님의 형상의 한 부분이라는 주장이다. 인간의 창의성은 전 세계적으로 너무나도 다양한 문화들과 언어들을 존재하게 만들었을 것이다. 인간은 매우 조직적이어서 어떤 하나의 행동을 위한 새로운 장을 만들기 전에는 기존의 방식을 거의 벗어나지 않는다. 인간들의 행위의 대부분은 습관적일 수도 있다. 우리는 창조와 구원을 통하여 사탄, 자아 그리고 "세상"에 저항할 수 있는 능력을 부여받았다. 그래서 바울은 로마서 12:2에서 "너희는 이 세대를 본받지 말고"라고 촉구하고 있는 것이다.

    여기서 핵심이 되는 질문은 하나님, 문화 그리고 인간 간의 관계는 무엇인가이다. 신학자들과 성경 주석가들은 하나님의 속성과 인간의 속성들에 대하여 정확히 묘사해 왔다. 그리고 완전하신 하나님과 죄인인 인간들에 관하여 언급했다. 이 모두 그들 자신의 학문적, 문화적인 관점에서 이루어져 왔다. 그러나 부분적으로는 신학에 대한 반발로 창조와 창조주에 대한 연구를 외면하기도 했다. 특히 자연과학의 주된 관심은 물질세계였다. 철학적인 관점에서 보는 인문학과 경험적 관점에서 보는 행동과학은 인간의 행동을 연구의 초점으로 삼았다. 다음의 도표에 나타난 이 두 분야에 대한 관점의 차이들을 눈여겨보아야 한다.

1. 하나님과 문화와 인간의 관점 차이

	신 학	인류학
권위	하나님	인간
진리	계시/신본주의	인식적인 발견/인본주의
인간의 한계	하나님께서 인간에게 한계를 정해 주심 초자연적인 것	문화/심리학이 인간의 한계를 정해 줌 자연적인 것
절대적/상대적	절대적인 것이 있음	모든 것은 상대적임 상황에 따라 달라짐 문화에 따라 달라질 수 있음 절대적인 것은 없음
악	악이 사람 안에 있음	사람은 선하나 제도가 악함

〈도표12-1〉 신학적 / 인류학적 관점의 대조[1]

신학(자유주의가 아닌 복음주의적인 신학)은 궁극적인 권위를 하나님에게서 찾고, 궁극적인 진리가 우선적으로 계시인 반면에, 인류학(행동과학)은 인간을 초월하는 어떤 권위도 인정하고 있지 않으며, 궁극적인 진리는 인간의 경험적인 발견에 있음을 알 수 있다. 여기서 "경험적"이라는 의미는 단순히 인간들의 주변에 있는 우주와 사물들을 관찰하고 실험하는 과정을 의미하며, 경험의 대상은 주로 우리가 보고, 듣고, 만지고, 관찰할 수 있는 범위 내의 것을 의미한다.

---
1) 이재완, 『선교인류학』, 70.

이 두 분야는 "제한적인 요소들은 무엇인가?"에 대해 질문하면서 관심을 가진다. 신학자들은 인간이란 모든 것을 포괄하시는 실재(reality)이신 하나님에 의해 제한되는 존재로 본다. 그러나 자연과학은 인간을 자연 속에 고립된 제한된 존재로 보며, 인류학은 문화적인 범주에 제한되는 존재로 본다.

끝으로, 악에 대해서 정통신학은 악이 항상 인간의 내면에 존재하는 것이며, 그래서 인간은 죄인이라고 본다. 그러나 인류학은 악이 구조 속에 존재하는 것으로 본다. 그래서 그 구조만 바꾸면 선한 존재가 된다는 관점이다.

2. 하나님, 인간, 문화 삼자간의 관계

"문화는 신념, 가치, 관습과, 그리고 이러한 신념, 가치 관습을 표현하며, 사회를 하나로 결속하고 거기에 정체성, 존엄성, 안전 그리고 연속성을 제공하는 제도로 구성된 통합 시스템이다."[2] 문화는 하나님의 말씀이 사람들의 영혼 속으로 들어가는 관문이다. 인간은 문화에 대하여 심대한 영향을 받는다. 하나님은 초문화적인 존재이다(Trans-cultural Being). 성경이 문화적인 산물은 아니지만 문화를 통하여 하나님의 메시지를 주신다. 다시 말하면 문화적인 채널을 사용하신다. 그러므로 선교사는 문화의 형식과 의미(Cultural Form and Meaning)를 구별해야 하며, 타문화의 문화적 단서들을 배우고 연습해야 한다.

문화의 방식은 광범위하다. 이를테면 회교국가에서는 가족 이외의 여자들과 교제하는 것이 허락되지 않는다. 또한 여자들은 옷을 정숙하게 입어야 하고, 가족 이외의 남자들과 눈이 마주치는 것을 피해야 한다. 육체 언어(body language)는 많은 문화권에서 매우 중요하다. 예를 들면 라틴 아메리카인들은 따뜻하고 우호적이어서 대화할 때 상대방과 가까이 선다. 반면에 영국인들은 내성적이어서 상대방과 거리를 두고 대화하려는 경향이 있다. 음식을 먹는 방식도 문화에 따라 다르다. 어떤 문화에서는 후루룩 소리

---

2) *Willowbank Report Of The Lausanne Committee for World Evangelization*, 1978.

를 내면서 먹고 마시고 트림을 하면서 남기지 않고 깨끗하게 먹음으로써 즐거움을 만끽하지만, 다른 문화에서는 조용하게 먹고 주인이 충분히 준비했다는 것을 증명하기 위하여 접시에 음식을 남겨두는 것이 예의바르게 여겨진다.[3] 특히 중국에서는 손님에게 아무리 무더운 여름철에도 절대로 찬물을 내어오지 않는다. 이는 손님을 냉대한다는 의미가 있기 때문이다. 인간은 문화에 의하여 심대한 영향을 받는다.

3. 문화와 성경과의 관계성

1) 성경은 무엇인가?

성경은 하나님의 말씀이다. 이 말의 의미를 충분히 이해할 필요가 있다. 성경은 인간의 언어로 인간의 역사 속에서 쓰인(주어진) 하나님의 말씀이다. 성경은 영원한 하나님의 말씀이며, 또한 인간의 언어로 인간의 역사 속에서 쓰였다는 이 두 가지 면을 모두 이해할 때 성경에 대해 양극단으로 치우치는 것을 피하고 성경의 메시지를 더 잘 이해할 수 있다. 하나님의 절대적인 진리가 인간의 경험적인 삶 속에서 인간의 언어로 전달되어졌다는 것이다. 이것이 기독교 진리의 성육신적인 본질(Incarnational nature of Christian Truth)을 말하는 것이다.

* **자유주의적인 태도**: 성경의 역사성과 이성적인 면만을 강조한 나머지 성경의 초자연적인 면을 배제한 태도이다.[4]
* **복음주의적인 태도**: 성경의 초자연적인 면을 강조한 나머지 역사성을 배제한 태도이다.[5]

---

3) Jo Anne Dennett, 『타문화에 뿌리 내리기』, 정운하 역(서울: 올리브나무, 2004), 65-67.
4) Paul G. Hiebert, *Anthropological Insights for Missionaries*, 14.
5) Ibid., 도표를 참고하라.

성경의 각 권은 특정한 장소와 시간에 어떤 사람에 의하여 쓰인 것이다. 이를 테면 바울서신의 경우 비교적 정확하게 주장할 수 있는 장소와 시간 그리고 그 당시의 역사적인 환경과 신학적인 의도를 정확히 알 수가 있는 것이다.

복음주의자들은 성경이 하나님의 영감으로 기록된 것이며 규범적이고 절대적인 권위를 지닌 하나님의 말씀인 것을 믿는다(딤전 3:16; 벧후 1:21). 계시는 특정한 사건을 통하여 그리스도 안에서 일어난 것이다. 성령께서는 구체적인 역사적 사건을 통하여 계시되어진 하나님의 말씀을 현대인들에게 살아 계신 하나님의 메시지가 되게 하시는 분이시다. 즉 하나님께서는 인간 구원의 진리를 인간의 삶 속에서 인간의 언어를 통하여 우리 인간들에게 전달하시는 분이시다. 이런 면에서도 하나님은 우리에게 찾아오셔서 자신을 계시하시는 성육신적인 분이시다. 그러므로 복음의 전달자는 성경의 진리의 절대성과 복음전달의 성육신적인 면을 동시에 충분히 이해하여야 한다.[6]

2) 성경의 다양성

성경은 "하나님의 말씀, 하나님의 책, 인류를 향한 방향, 빛, 자비와 지침서, 인도하심과 빛이 있는 하나님의 증거" 등 여러 가지로 불린다.[7] 성경이 문화의 산물은 아니지만 문화를 통하여 메시지를 주신다(문화적인 채널을 사용하신다).

크리스티 윌슨 경(Christy Wilson)은 성경의 능력을 피력하면서 "성경은 가장 위대한 지성인도 이해할 수 없는 신비를 담고 있기 때문에 진정으로 탐구할 자세가 된 사람이라면 낙망해서는 안 될 것이다. 어떤 시대 어느 곳에서도 겸손한 그리스도인들은 그리스도를 한 걸음 한 걸음 좇으면서 성령을 따라 깊은 하나님의 것들을 알아가는 지식 가운데 성장한다"[8]라고 했다.

---

6) 안영권, 『선교인류학』, 54.
7) Phil Parshall, 『무슬림 전도의 새로운 방향』, 166.
8) J. Christy Wilson, Sr., "The Bible and moslems," The moslem World⟨27⟩(1937), 248. Phil Parshall, 『무슬림 전도의 새로운 방향』, 170, 재인용.

그러면서 "그리스도인이 된 많은 사람들의 경우에, 그들이 그리스도와 회심에 대하여 처음 알게 된 것은 성경을 읽거나 들음에서 비롯된다. 성경배포는 이슬람 세계에서 오래된 방법이지만, 계속되어야 하며 어떤 방법으로든 늘려가야 한다"[9]라고 덧붙였다.

3) 성경과 문화와의 관계

문화적 상대성(Cutural Relativity)[10]은 어떤 특정한 문화가 절대적이지 않으며 오히려 상대적인 가치를 지니고 있다는 입장이다. 그리고 성경은 하나님께서 인간의 언어로 기록하셨다. 그러나 인간의 언어는 문화적인 한계를 가지고 있다. 그러나 성경적인 권위(Biblical Authority)는 어느 시대, 어느 곳에서나 절대적이며 동시에 각 문화에 예언자적 사역, 선지자적 사역의 권위를 가지고 있다. 성경의 권위는 언제나 절대적이다. 각 문화에 대하여 항상 예언자적인 사역과 선지자적인 사역을 한다.

4) 복음과 의사전달의 역설적인 관계

빌립보서 2:5-8처럼 그리스도의 성육신을 명확하고 간결하게 다룬 성경 구절도 없다. 얼마나 놀라운 말씀인가! 하나님으로서 우리 주님은 완전히 다른 분이 되셨다. "때가 되어"(갈 4:4) 사랑은 성육신을 재촉하셨다.[11]

> "우리가 이 보배를 질그릇에 가졌으니 이는 능력의 심히 큰 것이 하나님께 있고 우리에게 있지 아니함을 알게 하려 함이라"(고후 4:7).

---

9) Ibid., 169.
10) 문화의 가치를 중심으로 문화를 해석하는 코드가 바로 문화상대주의다. 문화상대주의는 문화를 연구하는 하나의 기본적 입장이다. 문화상대주의는 모든 문화는 그 문화의 규칙에 따라 삶을 영위하는 사람들의 욕구를 만족시키기에 충분하다는 입장에서 연구한다. 그러므로 여기에는 타문화에 대한 최대한의 존중과 이해가 수반되며 한편으로는 자신을 열고 타문화를 수용할 수 있는 개방된 의식이 필요하다. 문화상대주의는 인간 본성을 나타낼 수 있는 다양한 문화의 측면을 이해하고 그것을 인정하는 데서부터 출발한다.
11) Ibid., 130-132.

우리는 복음사역에 대한 성경적인 모델을 필요로 한다. 우리는 사도 바울을 통하여 성경적인 복음사역에 대한 성경적인 예를 볼 수 있다. 사도 바울은 고후 4장에서 우리에게 복음사역의 세 가지의 역설적인 그림을 보여주고 있다.

(1) 복음사역과 세상의 역설(고후 4:1, 4)

고린도후서 4장에서 바울의 논쟁의 흐름은 그 논쟁의 목적이 그가 살고 있는 세상과 그가 하고 있는 사역을 연결시키는 것임을 보여준다. 4장을 시작하는 말인 '이 직분'(1절)이 뒤에 나오는 '이 세상'(4절)과 대조되고 있음을 볼 수 있다. 즉 자신의 사역의 장은 현 세상임을 분명하게 언급하는 것이다. 이 두 용어-이 직분과 이 세상-를 서로 가깝게 사용한 것은 오히려 그 용어들을 분리시키는 불일치를 만들어낸다. 그의 사역에 대한 그의 이해는 집사 또는 종으로서의 역할을 하면서 겸손히 섬기는 모습이었음이 분명하다. 그는 환경에 대한 현실적인 이해를 가지고 있었음이 분명하다. 즉 그것은 인간 사회를, 선하고 유익하고 진실하게 보이는 모든 것을 악하고 파괴적으로 만드는 강한 힘이 존재하는 투기장으로 본 것이다. 사탄적인 힘은 어디에나 편만해 있으나 분명히 통제된다. 그러나 그리스도인의 사역은 가망이 전혀 없어 보이는 적대적인 환경 가운데서도 그들의 소명을 성취하도록 부름을 받았다. 열쇠는 우리가 자주 사용하는 단어인 "의사소통"에서 발견된다.

부연하면, 자기주장과 심지어 거만함이 곧 힘과 영향력으로 평가되는 세상과 종의 사역 사이의 간격을 어떻게 이을 수 있을 것인가, 어떻게 우리는 이러한 세상에서 종의 사역을 수행해야 하는가 하는 점이다. 이 같은 질문을 대면하는 것은 곧 우리는 약하고 세상은 강하다는 사실을 인식하고 성령의 능력을 덧입는 것이다(하나님의 전신갑주, 엡 6:10-20). 어떻게 기독교인의 사역이 이러한 불평등한 경쟁 속에서 세상 사람들이 복음을 듣도록 설득하며 복음에의 충성을 얻어낼 수 있을까? 그런 의미에서 선교(Mission)란 하나님과 인간 사이의 역동적인 관계라 할 수 있을 것이다.

(2) 복음전달의 역설

우리가 나누어야 하는 보화는 매우 가치가 있는 것이다. 그러나 그것은 평범한 그릇 속에 담겨서 전해진다. 평범한 그릇이란 은이나 금을 담아 옮기는 데 사용하는 병이나 항아리와 같은 그릇이나 혹은 희미하고 깜박거리는 불빛을 제공하는 램프 심지를 적셔주는 기름을 담기 위해 고안된 오지그릇과 같은 질그릇을 말한다. 이런 그릇들은 찰흙을 구워서 만든 것으로, 쉽게 구할 수 있으며, 쉽게 처분할 수 있을 것이다. 그리고 쉽게 깨어질 수도 있을 것이고 쉽게 다른 것으로 대체할 수도 있을 것이다. 우리들의 문화로 비교하면 일회용 컵과 같은 것이다. 성경과 설교사역과 성만찬과 침례(세례)의 의식(Ritual)을 통하여 인간을 향한 하나님의 뜻을 전달한다.

① 성육신(숨김과 계시)

신약의 믿음과 복음적 메시지의 중심에 신적 삶이 인간 속에 숨겨져 있다는 것은 바로 성육신의 영광이다. '하나님은 어떤 분이신가?' 라는 질문은 오래전부터 제기되어 왔다. 어떻게 제한된 인간이 무한한 하나님을 알고자, 그리고 그 초월자와 연락하고자 갈망할 수 있는가? 이 질문에 대한 답변이 거의 모든 페이지에 주어져 있다. 특히 사도 바울은 '보이는 것은 나타난 것으로 말미암아 된 것이 아니다' 라는 원리를 언급했다. 그는 계속하여 다음과 같이 선포하고 있다. "모든 만물을 창조하신 하나님의 영광은 인간이 되신 예수 안에서 보인다"(6절). 바울은 이 말씀으로 그 당시의 철학적이며 유행하는 관념들을 역전시키고 있다. 헬라인들은 사람이 신이 될 수 있다고 충분히 상상할 수 있었다. 그러나 그들은 하나님이 인간이 될 수 있다고는 생각조차 할 수 없었다. 그러나 녹(A. D. Nock)이 격언의 형식을 빌려 인상 깊게 표현한 문장 "하나님께서 나사렛 예수 안에 자신의 자서전을 쓰셨다" (In Jesus of Nazareth God wrote his autobiograph)에 잘 나타나 있듯이 바울의 믿음은 간단하게 말하자면 성육신적 믿음이었다.

이 역사적인 인물인 예수는 참된 한 인간의 삶을 보여주었다. 그는 인간 가운데 인간으로 태어났고 팔레스타인에서 살았다. 그는 이 땅의 흙을 밟았으며, 사랑했고, 고통받고, 죽었다. 우리는 거기서(즉 역사적 인물인 예수)

하나님의 얼굴을 보는 것이다. 구약에서는 하나님의 거룩함(numinous)이 나타남으로 신성과 인간이 분리된다(사 6장). 그러나 예수님의 삶에서는 새롭게 재해석된다. 즉 예루살렘에서 태어나시고, 십자가에 달려 돌아가시고, 부활하신 예수님의 삶 속에서는 신성과 인성이 결합된다. 믿음의 눈은 참된 인성에 가려져 있는 것을 꿰뚫어 볼 수 있게 한다. 나사렛 예수의 질그릇은 화해와 사랑의 보화로써 우리에게 말하고 있고 우리가 읽을 수 있도록 쓰여 있다(고후 5:18-21).[12]

② 성경의 가치

교회 직분자와 섬기는 자들이 선포하고 가르치도록 부르심을 받은 복음은 성경을 통해 한나라의 일상적인 언어로 우리에게 전달되었다. 성경은 많은 세기들을 거쳐 쓰였고, 인간의 다양한 문학적 복합체로서 인간 기록의 모든 것들을 품고 있다. 그럼에도 불구하고 분명한 다양성을 품고 있는 성경은 계시의 역설을 나눌 수 있도록 기록되어 있다. 약함과 깨어지기 쉬운 인간의 언어이나, 그럼에도 불구하고 언어라는 그릇을 통하여 하나님의 말씀의 보화가 주어졌다. 그리고 하나님의 말씀은 약속과 소망을 제공하여 주는데, 왜냐하면 성경의 주제는 '좋은 소식'이기 때문이다. 복잡한 세상을 살아가고 있는 우리들에게 복음은 우리를 자유롭게 하고 새롭게 하는 힘을 가져다준다. 이 일깨움 또는 발견은 단지 우리가 인간의 글을 읽거나 듣기 때문이라는 말로는 설명될 수 없고 오히려 성경의 단어들을 초월하여, 그리고 그 깊이에서 우리를 개인적으로 새롭게 하는 말씀이 되기 때문이라는 말로 설명된다. 루터의 말을 인용하면 성경은 그리스도가 누우신 구유이다.

③ 만찬 기념

에큐메니칼 성찬인 주님의 만찬은 바울서신의 원리를 잘 설명해 주고 있다. 은혜는 별로 특징적인 것이 없는 떡과 포도주를 통하여 우리에게 전달되었다. 왜냐하면 우리가 떡과 포도주를 취할 때 우리는 주님의 살과 피에

---

12) 안영권, 『선교인류학』, 51.

동참하게 되기 때문이다(고전 10:16). 우리는 말씀이 육신이 되었다는 것, 성경이 하나님의 말씀이라는 신비(mystery)를 결코 완전히 이해할 수 없듯이, 어떻게 이러한 전달, 교류, 연합이 이루어지는가도 완전하게 이해할 수 없다. 그러나 우리는 그것이 경험의 사건이라는 것을 안다. 우리뿐만 아니라 세기를 가로질러 많은 사람들이 이 경험을 나누었다. 엘리자베스(Christendom Queen Elizabeth)는 성만찬을 다음과 같이 노래했다.[13]

> 하나님이 말씀하시네.
> 하나님이 빵을 잡으시고 쪼개시네.
> 말씀이 하신 것은
> 나로 믿고, 취하라 하시네.

적어도 그녀는 성만찬의 본질이 무엇인가를 설명해 주고 있다. 그리스도의 명령에 대한 순종, 그리고 그녀의 말은 우리에게 그리스도의 진리와 사역의 역설을 또다시 보여주고 있다. 우리는 평범하고, 참되고, 삶을 변화시키는 하나님과 연결된다.

기독교는 이런 역설들-성육신과 구속의 역설, 계시와 전도의 역설, 새로 남과 양육의 역설-을 경험하게 될 것이다. 우리가 살고 있는 세계 속에 다른 세계는 없으며, 우리 모두는 인간이며 연약함을 알 수 있다. 그러나 우리는 연약한 질그릇임에도 불구하고 우리의 만족은 우리 자신 안에 있지 아니하고 영적 보화를 우리가 유지하고 나누도록 계획하신 하나님 안에 있는 것이다(Ralph Martin).[14]

5) 복음전파 시 기억할 점

레슬리 뉴비긴(Lesslie Newbigin)은 선교사가 선교 현장에서 복음을 전파할 때 다음의 세 가지를 반드시 기억할 것을 말했다. 첫째, 선교는 수용자

---

13) Ibid., 52.
14) Ibid.

문화의 언어로 이루어져야 한다. 둘째, 복음전파는 반드시 철저한 메타노이아, 즉 마음의 반전을 위한 자기 부정과 함께 개종을 요구하여야 한다. 셋째, 철저한 개종의 변화는 인간 커뮤니케이션의 결과가 아니라 오직 성령의 사역의 결과이다. 개종은 자연적인 일이 아니라, 초자연적인 능력으로 일종의 기적과 같은 것이다.[15]

6) 사도 요한이 로고스를 사용한 방법

사도 요한은 요한복음 1:1-5에서 그가 기록한 내용을 읽을 수신자들이 익숙한 종교 세계의 언어와 사고를 자유롭게 구사하고 있다. 그것은 영지주의(gnosticism)라고 불리는 세계관으로, 인도 사상과도 유사점이 있다. 바로 이러한 이유 때문에 제4복음서는 일찍이 영지주의 경향을 띠고 있다고 의심을 받기도 했으나, 후에는 전형적인 인도인의 세계관 속에 예수의 자리를 확고하게 굳혀 놓음으로써 힌두교도에 의해 크게 환영을 받았다. 그러나 '요한'은 그 속에서 근본적인 질문과 모순과 대면하기 위하여 그러한 방식으로 그들의 언어, 사고 형태까지 사용하고 있다. "로고스"(logos)는 더 이상 철학자나 신비주의자의 마음속에 존재하는 개념이 아니다. "로고스"는 베들레헴에서 갈보리 언덕까지 걸어가셨던 인간 예수이다. 힌두교도들은 처음에는 제4복음서를 그들의 언어로 썼으며 그들의 마음에 감동적으로 말씀하시는 것으로 환영한다. 그러나 그것이 참으로 무엇을 의미하는가를 이해하게 되었을 때 크게 당황하는 것을 발견했다.

그래서 논리적으로 우리는 요한이 똑같이 강조한 세 번째 요소에 주목하게 된다. 그것은 요한복음 6장에서 "아버지가 나를 이끌어 주지 않으면 아무도 내게 올 수 없다"라고 말하는 마음의 반전, 즉 급격한 개종은 올바른 커뮤니케이션의 방법에 의한 계산된 결과라고 말할 수 없다. 마음의 개종은 우리의 의사소통의 방법이 기적 가운데서 일어났다고 말할 수밖에 없는 신비스러운 어떤 것이다.[16]

---

15) Lesslie Newbigin, 『현대 서구 문화와 기독교』, 나동광 역(서울: 대한기독교서회, 1989), 12.
16) Ibid., 13.

요한복음 전체에서 말씀(ho logos: the Word)이라는 단어는 4회 발견된다. 그런데 4회 모두 다 요한복음 1장 서론에서만 사용되었다. 즉 1절에서 3회, 14절에서 1회 사용되었다. 요한은 '말씀'을 언급함으로 복음서를 시작하고 있다. 그리고 그 말씀이 바로 예수 그리스도이심을 17절에 가서야 명백하게 소개하고 있다.

4. 복음의 본질과 복음전달

1) 복음의 본질

바울에 의하면 율법은 복음의 예비단계였고, 복음이 온 후에는 파괴세력으로서 율법의 지배는 구속사적인, 그리고 종말론적인 그리스도의 구원사건에 의하여 제거되었다. 그리고 믿음과 선행의 공로를 구원의 길로 천여 년 동안 가르쳐 온 로마교회에 대항해 종교개혁이 일어났다. 전적 타락 때문에 인간은 아무도 율법을 지킬 수 없고, 죄만을 증가시켜 결국 절망에 이르게 하여 완전한 율법 준수자를 갈망하게 하는 직무만을 수행하게 할 뿐이다. 때문에 그리스도는 그의 십자가로 율법의 기능을 종결시켰으며, 하나님은 물리적 세력으로 제사제도를 폐하셨다. 그리스도의 공로 이외에는 아무 공로도 하나님 앞에 서지 못한다. 율법은 그리스도 이전까지요, 그 이후로는 믿음만이 구원의 길이다. 오직 한길밖에 없다.[17]

하나님의 구원의 길은 아브라함에게 약속하신 예수 그리스도를 믿는 길뿐이다. 하나님은 옛 언약의 백성들에게서 지키지 못한 규범으로서의 율법이 새 언약 백성들 곧 영을 따라 사는 신령한 자들에게서 이루어지게 하셨다. 이 일을 위하여 하나님은 새 언약백성들에게 성령을 허락하셨다. 구원은 오직 예수 그리스도를 믿는 믿음뿐인 것이다.[18]

빌립보서 2:5-11은 그리스도 찬가(Carmen Christi)라 부른다. 초대교회

---
17) 이재완, 『상황화 신학』, 38-39.
18) 이재완, 『타문화권에서의 선교방법론 연구-"상황화"』, 78-79.

에서는 예수 그리스도에 대한 신앙고백을 노래로 표현하곤 했다. 즉 복음의 핵심을 노래로 전달하고 있는 것이다.[19]

2) 복음의 전달

첫째, 이야기 형식(Story-telling)을 통하여 복음을 전달한다.[20] 미전도 종족 가운데 복음을 전해야 할 경우 아직 6,500여 미전도 종족들이 이 지구상에 살고 있는데 그들 중에는 언어는 있지만 자신의 문자가 없는 종족이 너무 많다. 그들의 문자를 만들어주고 난 후 문자가 보편적으로 통용되려면 약 50년이 걸린다. 그럴 경우는 어떻게 할 것인가! 그런 종족은 이야기 듣는 것을 좋아한다. 그래서 이야기 형식으로 복음을 전할 수 있는 것이다.

둘째, 찬양형식(hymnic form)을 통하여 복음을 전달한다(빌 2:5-11〈그리스도 찬가〉; 골 1:15-18; 딤전 3:16).

셋째, 캄보디아의 일부 지역에는 그 지역의 대부분의 사람들이 문맹이다. 이런 문맹자들이 있는 곳에서는 강의만으로는 되지 않는다. 말만하면 5%만 기억한다. 책도 없고, 책을 줘도 읽을 수 없기 때문에 모든 종류의 방법을 사용해야 한다. 이야기로 전하고, 드라마로도 하고, 비디오로도 전한다. 예수님에 대하여 글을 읽을 수 없는 사람들에게 의사소통할 수 없는 사람들에게 모든 방법으로 예수를 전하게 된다. 또한 운동(태권도, 축구, 배구 등)을 통해서도 가능하다.

넷째, 시카고에 있는 윌로우크릭 교회는 전도대상인 비기독교인들을 위하여 교회의 구도자를 중심으로 하여 모든 순서와 프로그램을, 믿지 않는 사람들을 고려해서 준비한다. 담임목사는 드라마 전문팀을 구성하고 설교 내용을 소개하는 연극 전담팀도 준비한다. 설교는 잊어버렸지만 드라마는 기억한다. 예술 매체를 통한 강력한 도전이다. 드라마의 내용과 분위기는 기억하기가 매우 쉽다. 아마 예수님께서 비유를 사용하신 이유도 이와 같은

---

19) 이재완, 『선교인류학』, 75.
20) Training Rural Trainers: 이 프로그램은 미국 남 침례교회에서 사용하는 영어자료의 명칭이다. 필자가 이 자료를 소유하고 있다.

이유에서가 아닐까 싶다.

다섯째, 인도네시아에서 한 설교와 일본에서 한 설교는 전혀 달랐다. 일본에서 효과적인 설교 전혀 반응이 좋았다. 그들은 이야기를 좋아했다. 같은 주제를 가진 이야기를 3-4개 하는 것이 훨씬 더 효과적이었다. 어느 선교사는 어떤 섬에 가서 이야기 설교를 할 때 이야기식 설교 후 다시 그곳을 찾았을 때 10살 소녀가 와서 "아직도 목사님의 설교를 기억합니다"라고 좋아했다. 이것이 의사소통이다.

의사소통을 위하여 많은 예술적 매체를 사용하면 보다 효과적으로 복음을 전할 수 있다. 새로운 일을 기획하는 목사, 선교사들을 지지해 주라. 비난하지 말라. 예술 매체를 사용할 때 형식을 비난하지 말라. 수업에 참여한 분들이 한 팀이 되어서 서로를 지지해 준다면 한국교회를 변화시킬 수 있다. 모든 예술 매체를 사탄에게 너무 오랫동안 맡겨 두었다. 다시 그리스도를 위해서 사용할 수 있도록 해야 한다. 목회자 혼자서 다 할 수 없다. 자원하는 평신도 그룹을 세워서 함께 협력해야 가능하다. 설교 제목을 2-3달 먼저 제시하여 마음의 준비를 할 수 있도록 하면 어떻겠는가? 교회 성장학적인 측변에서 모든 교인을 전문적으로 봉사하도록 키워가는 시스템이 정착되어야 된다. 목사가 평신도사역을 전문화할수록 목사가 설교하는 일을 위해서 먼저 준비할 필요가 있다. 나이 많은 분들은 대체로 새로운 것에 대한 저항이 크다.

5. 구속적 유비

돈 리차드슨(Don Richardson)이 저술한 『화해의 아이』[21]와 『영원을 사모하는 마음』[22]을 읽어 보면 선교학적인 안목을 열어주는 중요한 이야기를 하고 있는데, 그것은 곧 구속적 유비(redemptive analogy)라는 개념이다. 구속적 유비란 모든 문화는 '하나님의 구속의 진리'를 전달할 수 있는 나름대

---

21) Don Richardson, *PEACE CHILD* (Gospel Light Publications, Ventura, Ca., 1974).
22) Don Richardson, 『영원을 사모하는 마음』, 정중은 역(서울: 생명의말씀사, 1992).

로의 문화적 지식(통찰)을 가지고 있으므로 선교사는 한 문화 속에 있는 구속적 유비를 발견하고 이를 통해 성경의 구속의 진리를 전달할 때 매우 효과적인 복음전달(people movement)이 가능하다는 것이다.

첫째, 『화해의 아이』는 1962년 세계에서 가장 난폭한 문화를 가진 뉴기니의 식인종인 사위족을 중심으로 선교역사를 펼친 돈 리차드슨의 저서로, 그는 사위족에게 효과적 복음전파를 위해 그들의 문화를 연구함으로 구속적 유비들을 발견하고 그것을 복음에 적용함으로 성공적인 선교의 열매를 거두었다. '구속적 유비의 원리'란 영적 진리를 특정지역의 풍습에 적용하는 원리로, 하나님은 어느 고유한 문화 속에도 구속의 유비를 만들어 놓으심으로 그들을 복음화할 준비를 갖추어 놓으셨다. 이 책의 내용은 크론켈 강을 중심으로 흩어져 있는 원시상태 그대로의 사위 부족 중 카무르, 마우르, 해남 마을들의 복음화 과정이다.

둘째, 해남 사람들은 매우 호전적이며 능숙한 배반의 기술로 살인의 극치를 즐기는 집단으로, 죽여야 할 사람을 도리어 거짓 우정으로 지속하다가 결정적인 순간에 배반하여 상대방이 처절한 공포와 절망을 살인과 더불어 즐긴다. 이러한 사위족의 배반은 미덕과 노련한 기술로 여겨졌고, 존경을 받기까지 하였다.[23] 또한 이들은 인육을 먹는 것을, 사위족의 일원으로 사위족의 궁극적인 본질을 알기 위해서는 누구나가 통과해야 할 관문으로 여겼고, 인육을 먹는 날에는 눈이 열려 선과 악을 볼 수 있다고 생각했다.

이런 환경 속에 가족을 데리고 그들 가운데 정착해 그들에게 문명의 세계를 소개하고, 그들의 문화를 연구하여 복음을 전하는 선교사의 사역은 그야말로 긴장의 연속이었다. 언제 그들이 우정으로 살찌운 선교사와 가족을 엄습해 올지, 혹은 부족의 항쟁에 휘말려 언제 목숨을 잃을지 알지 못하면서도, 성경번역과 병자 치료, 그들의 언어와 풍습연구, 서로 다투는 종족들을 화해시키면서 사탄과 문화의 장벽을 넘어 그리스도의 복음을 계속적으로 전파하는 선교사의 담대함과 놀라운 능력, 그리고 사역의 열매는 어디서 오는 것인가?

---

23) 전호진, 『인간갈등의 시대와 미전도 종족선교』(서울: 도서출판 영문, 2000), 155.

셋째, 이 열매는 세계선교의 주역인 성령의 역사에서 온다. 하나님은 미리 예비된 헌신자를 캐나다의 프레리 성경학교에서 불러내어 네델란드령인 뉴기니에 파송하시고, 선교사가 파송된 현장에는 그 사역을 위해 많은 것들로 준비해 놓으셨다. 즉 현장에서 선교사를 도와 복음을 위해 일할 수 있는 카이요, 하토 같은 일꾼들을 준비해 놓으셨고, 복음을 받을 수많은 영혼들을 예비하셨다. 더 놀라운 사실은 폐쇄된 문화 속에도 복음을 효과적으로 설명할 수 있는 구속적 유비가 있다는 사실이다.

그 대표적인 것이 '화해(평화)의 아이'였다. 이것은 서로 대립된 부족간의 갈등과 복수를 종결시키기 위해서 부족간에 아이를 교환함으로 평화의 근거로 삼았다. 화해의 아이가 없이는 평화를 이룰 수 없기에 누군가가 부모의 정을 억누르고 자기 자녀를 희생시키지 않으면 안 되었다.

넷째, 카무르와 해남 마을의 '화해의 아이'를 위해 카이요가 자기의 하나뿐인 아들 비아카돈을 내어주는 장면은 과연 하나님이 죄인된 우리와 화해하기 위해 독생자 예수를 십자가에 내어주신 그 우주적 사건을 연상하기에 충분하다. 그는 비아카돈을 내어주고, 마하엔의 아이 마니를 대신 얻었다. 하나님은 아들 예수 그리스도를 내어주고, 대신 우리를 당신의 영원한 아들로 삼으셨다. 이 화해의 아이를 통해 복수와 폭력을 이상화하는 사위족의 풍습에서 독소가 제거되고 점차 변화되기 시작했다. 사위족은 선교사를 통해 여호와 하나님을, '미야오 코돈', 즉 최대의 영(The greatest Spirit)이라 불렀으니, 이는 온 하늘과 땅을 채우고 계신 분으로 설명되었다. 이처럼 문화가 첨예하게 대립하는(영적 대립) 그 한가운데 홀로 선 선교사는 많은 순간 두려움과 고통 가운데 빠지기 일쑤였다. 그렇다면 선교사의 사역의 성공의 비결은 무엇인가? 그것은 바로 임마누엘이었다. "시간이 흐를수록 나는 하나님께서 내게 주신 깊은 평안에 놀라지 않을 수 없었다. 나는 마치 평화의 캡슐 안에 완전히 밀폐되어 있는 것처럼 느꼈으며, 게다가 돌발적인 사태의 발전을 완화시킬 수 있었고, 하나님께서는 내 음성에 권위가 넘치도록 하셨다."[24]

---

24) Don Richardson, *PEACE CHILD*, 136.

"주 예수님, 우리가 여기 서서 물이 아니라 사위족들 가운데 잠긴 것은 바로 주님 때문입니다. 이것이 바로 하나님께서 창조 전부터 우리에게 기대해 오셨던 사역으로 들어가는 세례를 받는 것입니다. 우리를 신실하게 지키시고 주님의 영으로 능력 있게 하소서."[25]

이 기도에 대한 답과 확신을 얻은 필자는, "모든 것이 정상이 되었다. 우리의 관계는 새롭게 갱신되었다. 나는 내 안에서 새로운 평강의 샘물이 펑펑 솟아오르는 것을 느낄 수 있었다"고 고백했다.[26]

주님은 선교사에게 평안과 확신, 담대함과 결단을 주셨고, 문화의 열쇠를 여는 구속의 유비를 사용하도록 도우셨다. 지구촌에 흩어진 모든 선교사들은 이 구속의 유비들을 식별해 내고, 사용하는 법을 성령으로부터 배워야 할 것이다. 하나님께서는 한 문화에 속한 사람들이 구속적 진리(redemptive truth)를 발견할 수 있도록 그들의 문화를 미리 준비시켜 놓으셨다. 그러므로 복음전달자는 한 문화가 가지고 있는 구속적 유비(redemptive analogy)를 발견하여 그것을 통하여 구속적 진리를 전해야 한다. 예를 들면 다음과 같은 것들이다.

제사제도(레위기, 히브리서), 해방(출애굽기, 누가복음-이방인), 가족제도(family system), 율법제도(law system ; 구약, 마태복음, 로마서), 영생(eternal life), 영원(요한복음), 신화(myth) 등이다.

1) 신화의 예

타일랜드(Thailand) 북쪽 산악지대는 미얀마, 라오스(Laos)와 국경을 접하고 있는데, 이 지역에는 몽족, 미엔족, 라후족, 아카족 등 많은 소수민족들이 살고 있다. 골든트라이앵글로 알려진 이곳은 마약의 재배지로도 유명하지만 서늘한 기후와 다양한 소수민족들의 생활, 관습 등이 독특해서 관광지로도 인기가 있는 곳이다. 이들 소수민족 중 아카족은 스스로를 아카라 부르지만 타이 사람들은 그들을 '코', 라오스인들은 '카코'라고 부른다. 아

---

25) Ibid.
26) Ibid., 156.

카 사람들은 그러한 호칭들을 싫어한다. 아카족은 문자가 없기 때문에 그들의 신화, 전설 등을 노래로 불러 기억하고 있을 뿐만 아니라 그들 조상들의 족보를 전부 다 외우고 있다.

아카족의 신화에 의하면, 한때는 인간과 신들이 함께 살았었지만 서로 헤어지게 되면서 인간이 사는 마을과 신들이 사는 정글을 구분하기 위하여 마을 입구에 문을 세웠다고 한다. 또한 사람들은 마을을 나갔다가 돌아올 때에는 꼭 이 문을 거쳐서 들어온다. 이 마을도 해마다 새로운 '로콩'을 세우고 의례를 지내는데 남자들만이 참석한다.[27]

2) 번역의 예

데스 오트리지 선교사는 파푸아뉴기니의 비누마리엔(Binumarien) 언어로 요한복음 3장을 번역하다가 어려움에 봉착했다. 3:3에 "예수께서 대답하여 가라사대 진실로 진실로 네게 이르노니 사람이 거듭나지 아니하면 하나님 나라를 볼 수 없느니라"의 '거듭나다'란 말을 어떻게 번역하느냐가 문제였다. 데스(Dehs) 선교사는 이 말의 뜻을 언어 조력자에게 설명하고 비누마리엔 말로 적절한 표현을 찾을 수 있겠는지 물었다. 그 조력자는 한참 동안 곰곰이 생각하더니 그의 부족 가운데 전해 내려오는 오래된 풍습을 이야기해 주었다.

때로 어떤 사람이 길을 나서게 되면 어느 누구의 말도 들으려 하지 않는다. 그는 부모님이나 마을 어른들, 정부 관리들에게까지 반항하며, 남들이 오라고 하는 것과는 정반대의 행동을 한다. 그의 잘못된 행동이 지나칠 정도로 오래 계속된다 싶으면 마을 사람들이 모두 모여서 그 사람을 데려다가 한가운데 세워 놓는다. 그리고는 예닐곱 분 정도 되는 마을 어른들이 한 분씩 돌아가며 긴 시간 동안 충고를 한다.

"자넨 잘못하고 있네. 자네 생각이나 행동, 가치 모두가 잘못되어 있어. 지금부터 자넨 다시 어린아이가 되어서 바른 게 어떤 것인지 모두 새로 배

---

27) Asiana Airlines, Jan. 1995. 57-58. 안영권, 『선교인류학』, 재인용.

워야 하네." 그러면서 조력자는 이렇게 덧붙였다. "이 가련한 사람은 이와 같은 일을 거쳐야 한답니다. 이런 경우를 두고 우리는 '다시 갓난아이가 되어 새로이 배운다'고 말하죠."

데스 선교사는 언어 조력자의 도움을 받아 요한복음 3:3의 번역에 이 표현을 쓰기로 했다. "사람이 갓난아이와 같이 되어 하나님의 말씀으로부터 모든 것을 새로 배우지 아니하면 하나님 나라에 들어갈 수가 없느니라." 이리하여 신약성경 중 가장 까다로운 표현의 하나인 '거듭남'의 의미를 비누마리엔 언어로 번역하여 모든 사람들에게 쉽고 명확하게 전달될 수 있게 되었다.[28]

6. 비유

비유는 주로 영적인 것을 물질적인 것에 비교한다. 비유의 이야기는 자연이나 인간사회 어디서나 자연스럽게 발견될 수 있는 것이다. 헌터(A. H. Hunter)는 비유를 "하늘의 의미를 담은 지상의 이야기"라고 정의하였다. 그러므로 비유 속에는 사실과 환상, 보이는 것과 보이지 않는 것, 지상의 이야기와 천상의 것이 조화롭게 나타난다.[29]

7. 동남아시아 선교 상황

1975년 베트남은 공산주의 정권의 통치하에 공산주의로 통일되었다. 20년 동안 공산주의 정권의 압박에 의하여 교회와 병원이 하나씩 문을 닫았다. 그들은 교회 건물 안에서만 전도하는 것을 허용하였다. 또한 새로운 마을에 들어가 전도활동을 할 수 없다. 성경교수도 교회 건물 안에서만 가능하다. 이러한 상황에서 가정교회 지도자 임명과 지도자를 어떻게 훈련하고

---

28) 「그 말씀」(서울: 두란노서원, 1994. 11.), 290-291.
29) 안영권, 『선교인류학』, 55.

양육할 것인가?

  선교사들이 버스를 타고 다니면서 가이드처럼 성경을 가르쳤다. 그러나 몇 곳에서 경찰이 쫓아와서 다른 방법을 모색했다. 가정교회에서 예배드리는 사람들은 속삭이듯이 찬양했다. 힘차게 감동적으로 노래 부르고 있는데 갑자기 오토바이가 다가와서 노래를 그쳤다. 베트남에서 겪고 있는 두려움과 압박감을 알 수 있었다. 가정교회는 여러 행정 단계를 만들어 낸다. 비밀조직은 지하교회처럼 가정교회 지도자는 지구장이 누구인지 모르고 DVD로 강의를 작성하여 함께 나눈다. 웹사이트에서 자료를 공유한다. 정부가 차단하면 다른 곳으로 이동하기도 한다. 휴대폰을 이용하고 카드를 사용해서 추적 방지를 한다. 교육할 준비가 되면 스피커폰으로 목사님의 강의를 듣는다. 가정교회 운동을 통해서 수많은 교인들이 세례를 받고 교인이 되었다. 베트남 전역에 수십만 명의 그리스도인들이 있다. 중국 국경 지방에 있는 사람들도 그리스도인들이 많으며 정말 교인들이 분명했고 역시 수십만 명 이상일 것으로 추정하고 있다. 그리고 그 모임들을 통하여 어떻게 교회를 운영하는지를 여실히 볼 수 있다.

  캄보디아에서는 대부분 비자발급을 받을 수 없기 때문에 국경을 넘어오는 것은 위험한 일이었다. 메콩 강을 건너서 그룹으로 건너가는 위험한 일을 하고 있다. 몇 명이 배를 타고 건너가는데 국경 수비대를 만났다. 해변에 남아 있던 사람들이 기도하기 시작했다. 하나님께서 수비대의 눈을 가려주시기를 기도했다. 그러자 정말 눈이 멀어서 경비선이 이들을 보지 못한 것처럼 지나갔다. 베트남에서도 박해가 심각하다. 많은 가정교회 지도자들이 살해당했다. 종교적인 집회를 했다는 이유로 집에 불을 질렀다. 집을 다시 짓고 집회를 시작했다. 3번이나 집을 불태웠다. 여러 전도자들이 교회가 없는 다른 베트남 지역으로 갔다. 예배를 드린 지 몇 주 후에 수명이 사고를 당해 병원에 입원했다. 자전거를 타고 갈 때 정부 차가 와서 밀어 버린 것이다. 현재 베트남 가정교회가 겪는 핍박 중에 하나는, 수년 전에 모든 베트남 안에 있던 가정교회는 등록을 해야 하는 것이다. 여러 가정교회가 폐쇄되었다. 수십만 명의 가정교회 교인들이 매 주일마다 가정교회에서 예배를 드린다. 베트남의 가정교회는 한국교회로부터 배운 것이다. 그들은 기도를 많이 한다. 모든 가정교회가 저녁 늦은 시간에 기도한다. 베트남의 복음화를 위하여 기도한다. 이처럼 하나님께서 베트남에서 놀라운 방법으로 일하고 계신다. 우리도 베트남 가정교회 운동을 위해서, 가정교회에서 섬기는 지도자를 위해서, 베트남에서 더 위대한 일들이 일어나도록 기도하자.[30]

8. 기독교 문화

기독교 문화가 있을 수 있는가? 있다면 어떤 구조일까? 유일하고 단일한 구조일까? 우리는 하나의 기독교 문화를 가지고 있다고 생각할 수 있다. 문화는 종교적 신념보다 훨씬 더 범위가 넓다. 종교가 문화의 일부분일 수 있다.

브라질 사람들은 김치나 밥을 먹지 않는다. 한국 사람과 친족관계, 인간관계에 대한 이해가 다르다. 한국 사람들은 인사를 형식적이라고 생각하지만 브라질 사람들은 인사할 때 키스하고 껴안기를 한다. 단일하고 유일무이한 기독교 문화는 있을 수 없다. 한국에 있는 그리스도인과 브라질에 있는 그리스도인은 많은 공통점을 가지고 있지만 단일하지 않다.

이 땅에 서로 다른 그룹의 종류가 얼마나 될까? 예를 들면 남자와 여자(men and women), 가난한 자와 부자(poor and richer), 불교도와 유교도(buddhist and christian), 샤머니즘과 천주교인(shamanist and catholian) 등등, 하나님께서 이런 많은 그룹들에게 접근하기를 원하신다면 우리는 어떤 방법으로 접근해야 하는가? 같은 방법, 같은 설교로 접근해야 할까? 종종 그렇게 접근하지 않는가? 기독교 문화를 만들어야 한다. 문화로 접근하는 것이 필요하다. 하나님께서 사람들이 있는 바로 그곳에서 만나신다.[31]

---

30) 이재완, 『선교인류학』, 77-78.
31) Ibid.

9. 방법론과 신학의 구분

　방법론은 거룩하지 않다. 신학은 성경의 기록된 말씀이고 동일하다. 신학은 거룩하다. 방법론은 얼마든지 유용성을 가져서 말씀을 듣는 사람이 이해할 수 있도록 전해져야 한다. 각자에게 다른 독특한 방법으로 접근해야 한다. 부자 계층의 사람들에게 어떻게 접근하고 있는가? 엘리트와 부자 계층의 사람들, 그리고 가난한 사람에게 전도할 때 서로 다른 방법으로 접근해야 한다. 한국에 와 있는 외국인에게도 전도하는 방법이 달라야 한다. 여러 각기 다른 방법을 수용할 만큼 방법론의 유용성이 있어야 한다. 과연 여러분이 교회의 최고 리더가 될 때 한국교회에 변화를 가져올 수 있겠는가?
　이를테면 예술은 효과적인 의사소통을 위해서 사용될 수 있다. 예술이란 연설하고 노래하고 연주 춤추고 드라마 조각하고 그림 그리고 등등 예술의 여러 종류들이 있다. 교회는 예수를 믿지 않는 사람들과 의사소통하고 복음을 전하는 데 예술을 적극적으로 사용해야 할 것이다. 왜냐하면, 첫째, 내가 좋아하는 것(What I like = good)을 중심으로 추구하게 된다. 내가 좋아하는 것은 좋은 것이고 내가 싫어하는 것은 싫어하는 것이다. 우리의 문화뿐 아니라 우리가 선호하는 것에 의해서 판단한다. 둘째, 대부분의 형식은 중립적이다(Most Form are neutral). 교회는 어린이들을 위해서 예술적인 형태를 사용하면서 청소년이 되고 어린이 되면 전혀 사용하지 않는다. 어른들은 정보만 필요합니까? 강의처럼. 왜 그런지 모르겠지만 대부분 그렇게 한다. 세계적으로 강력한 영향력을 발휘하는 교회들은 예술적인 형태를 복음을 효과적으로 전하는 데 사용하고 있다. 춤추는 것이라 하면 우리는 생각하기를 남자와 여자가 선정적으로 춤추는 것으로만 주로 연상하게 된다. 하지만 거룩한 형태의 춤을 통해서 예배 시간에 강력한 효과를 나타낼 수도 있다. 가장 아름다운 춤 중에 하나가 한국 그리스도인 무용단이 손목에 천을 묶고 춤추는데 분위기가 거룩해서 하나님께 예배드리고 싶은 마음을 자아내는 것이었다.
　종종 우리는 강력한 매체들을 사탄에게 맡겨 놓거나 아니면 빼앗기고 있다고 해야 할 것이다. 사탄은 악한 의도로 이런 것들을 사용하도록 내버려

두고 하나님의 선한 목적을 위해서 사용하도록 하는 데 노력하지 않고 있다. 목회자들이나 선교사들이 이런 일을 시작하면 많은 비평에 시달린다. 어떤 형태의 미디어라도 비난한다면 어떤 근거로 판단합니까? 그 안에는 깊이 있는 의미들이 담겨 있다. 그런데도 대부분의 경우에는 그런 것들을 비평하는 데만 몰두하는 것을 볼 수 있다. 새로운 것을 시도하면 살펴보지도 않고 무조건 반대부터 하고 본다. 그러므로 목회자나 선교사는 아무것도 하지 않으면 안 되고 시도하고자 하는 것이, 그것이 가지고 있는 의미가 무엇인지를 반드시 이야기해야 한다. 필요하면 설득이라도 하는 노력이 있어야 한다. 하지만 그렇게 하지 않는다.[32]

일본교회의 내부를 들여다보니까 흥미로운 현상이 있었다. 나이 많은 성도들이 직원회를 장악한다. 목사가 창의적인 계획을 선뜻 내어 놓으면 안 된다는 것이다. 목사가 계속 주장하면 지친다. 그래서 그런 분들은 반드시 먼저 인정해 드리고 잘 관리하여 저항을 최소화하는 지혜가 필요하다. 크리스마스 3주전에 일본 목사의 가정에서 유하게 되었다. 크리스마스 분위기로 데커레이션이 되어 있었다. 집에 초대받아 갔을 때 요리와 선물을 준비했고, 아주 재미있게 시간을 보냈다. 거기서 나온 이야기 중에, 아주 단순한 일들은 후에 직원회에서 새로운 일을 시작하자고 할 때-쉽게 하자고 하는 것-교회에 어른들이 계시면 모셔다가 대접하고 섬기면 '목사가 날 좋아하는구나' 생각하고 목사를 도와주게 된다는 것이다. 전에는 '안돼!' 하던 분들이 대접을 하고나서 다 수용해 준다는 것이다. 나이든 분들이 원수라면 좋은 일을 하라. 항상 되는 것은 아니지만 효과가 있다는 것이다.[33]

문화가 죄를 합리화하지 않는다. 대부분의 문화적 형태는 중립적이다. 자동차는 하나님의 영광을 위해 사용될 수 있고 사탄의 영광을 위해서 사용될 수 있다. 음악은 다루기 어려운 문제 중의 하나이다. 많은 사람들이 음악 리듬에 많은 관심을 기울이지만 칼빈(J. Calvin) 가사가 더 중요하다 주장했다. 영혼을 고양시키는 가사를 듣도록 한다면 음악의 문제는 해결될 것이

---

32) 이재완, 『선교인류학』, 80.
33) Ibid., 81.

다. 그러므로 지도자는 가사를 중요시해야 한다. 부르는 노래의 가사가 성경의 원칙과 조화되는가?[34]

10. 문화는 기구와 같다

문화는 하나의 기구와 같다고 말할 수 있을 것이다. 기구는 하나님을 위해서, 그리고 사탄을 위해서도 사용될 수 있다. 자동차를 말할 때 이것은 그리스도인의 자동차라고 말하지 않는다. 그 자동차를 어떻게 쓰느냐가 문제이다. 피아노는 악한 것인가, 선한 것인가? 어디에 어떻게 사용하느냐에 따라서 달라질 수 있는 것이다. 한국교회에서 기타를 사용하는 문제는 어떤가? 악기를 어디서 어떻게 사용하느냐에 따라 다르다. 푸에르토리코의 라디오 방송국에서 어느 진행자가 색소폰이 악마의 악기라 했다. 일본에서 기타 악기는 예배시간에는 사용할 수 없으나 다른 날은 가능하다. 이런 문제는 어떻게 생각하는가?[35]

하나님은 그들이 가진 문화에서 접근하신다. 하나님의 은혜의 폭과 깊이는 깊어서 어떤 문화에 있는 사람에게라도 접근하실 수 있다. 그러나 결코 문화 때문에 죄를 합리화해서는 안 된다. 항상 하나님께서는 문화에 들어와서 하나님의 말씀에 적합한지 아닌지를 말하신다. 그러나 교회마다 똑같은 방법이 모두 통하지는 않는다. 저마다 교회들의 상황이 다를 수 있을 것이다. 모든 교회가 같아야 한다면 그것은 획일화이다. 각기 다른 문화의 계층에 만난 사람들을 만나서 의사소통을 할 수 없게 된다. 하나님은 문화 위에 초월해 계시지만 문화를 통해서 역사하신다. 복음을 듣기 위해 사람들을 불편하게 만들어서는 안 된다.

미국의 한 예를 들어보자. 대부분의 교인들은 어두운 색 양복과 넥타이를 매야 한다고 생각한다. 현재 미국의 25%만이 양복을 가지고 있다. 교회에

---

34) Ibid.
35) Ibid.

올 때 반드시 양복을 입어야 한다면 나머지 75%의 사람들은 어떻게 해야 하는가? 그럼 교회에 나와 복음을 듣기도 전에 그들은 양복을 사서 입어야 하는가? 이렇게 요구하는 것은 딱 한 가지 이유이다. 나에게 익숙한 것, 편한 것을 다른 사람들이 복음을 듣기 위해 해야 한다고 말하는 것이다. 캐주얼은 아주 싫어하는 행정자들이 있다. 미국교회는 목사가 청바지를 입고 설교하지 않는가!

교회 음악의 경우를 보자. 찬송가와 찬양집에 대해서도 언급해 보면 300년 이상 된 언어적 표현들이 종종 성도들의 영적인 정서를 잘 울리지 못할 수도 있을 것이다. 예배시간에 반드시 찬송가만 노래해야 한다고 주장하는 사람들이 있다. 하나님은 다른 방식으로 역사하실 수 없는가?

또한 주일 예배를 꼭 주일 오전 11시에 드려야 하는가? 12시에 드리면 안 되는가? 한국에 있는 사람들, 선교 현지에 있는 사람들을 생각하면서 이런 것들을 적용해야 한다. 사람들이 교회에 오는 장벽들을 제거하고 밖에 있는 사람들이 쉽게 들어와서 복음을 들을 수 있도록 만들어야 한다. 사람들이 교회에 와서 예수님에 대해 알기 원하는 것은 내가 익숙한 것들, 즉 음악, 시간 등의 것들 때문에 와서 복음을 듣지는 않는다. 어떤 것이 성경적인가? 전통적인 것을 넘어 성경적인 접근을 모색하는 선교사, 목회자가 되어야 한다. 각기 다른 사람들에게 각기 다른 방법으로 접근해야 한다.

이를 이루기 위해서는 교인들을 교육하는 일이 필요하다. 먼저 교육하고 그런 일들을 해야 한다. 부자들과 접촉하기 위해 골프를 쳐야 하지만 그것 때문에 교인들의 눈치를 보아야 한다면 교회 장로님들과 제직들을 먼저 설득하는 일이 필요하다. 그러나 기억해야 할 것은 예수님조차 창녀들, 세리들과 함께한다는 일로 비난받았다. 그런 이해를 구하는 일들을 게을리 해서는 안 되지만 여전히 누군가 우리를 비난할 것이다.

일례로 러시아의 노보시비르스크 교회를 방문했을 때 세속적인 사람들을 교회로 인도하기 위해 방법을 취했다. 그들은 온몸에 문신을 한 사람들, 창녀들, 부랑자들, 병자들, 부모의 도움을 받지 못해 어린이들을 위한 예배를 드리는 데 수년 동안 어려움을 겪은 불쌍한 아이들, 정상적인 삶을 경험하지 못하고 있는 어려운 사람들이었다.

우리는 포스트모던(post-modern)[36] 시대의 사상과 예술, 그리고 사회와 종교에 대하여 전반적으로 우려하지 않을 수 없는 시대에 살고 있다. 자유주의자들에 의하여 선교의 개념마저 인간화로 전락한 이후 선교지도 많은 혼란을 초래하고 있는 상황이다. 절대적인 진리가 없다고 소리치는 시대에 살고 있다. 성경은 하나님의 말씀이 아닌가? 그리스도는 절대적인 진리가 아닌가? 예수 그리스도 밖에도 구원이 있는가? 상대주의적 가치관은 상대주의적인 진리론을 수반하게 마련이다. 세기마다 다양한 세계관들이 출현했었다. 18세기의 계몽주의는 서구 문화를 지배하고 있던 성경적 통합체제에 도전했고, 19세기에는 낭만주의와 과학적 유물론이 등장했다. 20세기에는 마르크스주의와 파시즘 그리고 실증주의와 실존주의가 출현했었다. 이제 21세기는 이미 모던[37]이 지나고 포스트모던을 지나 벌써 후 포스트모던이 회자되고 있는 상황이다.

성경은 '이 시기를 아는 것'(롬 13:11)의 중요성에 대하여 이야기한다. 조지 바나(George Barna)는 다음과 같이 서술하였다. "대부분의 그리스도인들은 교회가 수세기에 걸쳐 직면한 투쟁 상황들 중 가장 심각한 상황가운데 있다는 것을 깨닫지 못하고 있다."[38]

---

36) 포스트모더니즘은 1960년에 일어난 문화운동으로 정치, 경제, 사회의 모든 영역과 관련되는 한 시대의 이념이다. 이 운동은 미국과 프랑스를 중심으로 학생운동, 여성운동, 흑인민권운동, 제3세계 운동 등의 사회운동과 전위예술(前衛藝術, 아방가르드) 및 해체(Deconstruction) 혹은 후기구조주의 사상으로 시작되었다. 포스트모더니즘을 알기 위해선 모더니즘의 이해가 필요하다. 서구에서 근대 혹은 모던(modern) 시대라 하면 18세기 계몽주의로부터 시작된 이성중심주의 시대를 일컫는다. 종교나 외적인 힘보다 인간의 이성에 대한 믿음을 강조했던 계몽사상은 합리적 사고를 중시했으나 지나친 객관성의 주장으로 20세기에 들면서 도전받기 시작했다. 니체, 하이데거의 실존주의를 거친 후 포스트모던 시대는 데리다, 푸코, 라캉, 리오타르에 이르러 시작된다. 특징은 이성 중심에서 감성 중심의 감성주의와 기존 근대적 사고나 질서, 제도, 성 의식 비판, 동성애 대두, 페미니즘 운동, 세대정신 해체, 공산국가 몰락과 사회주의 이념 약화─거대 담론(이데올로기) 약화를 가져온 해체주의 그리고 문화적 혼합주의와 종교 다원주의를 불러온 다원주의 등이다.
37) 모더니즘은 1920년대 일어난 근대적인 감각을 나타내는 예술상의 여러 경향으로서 광의로는 교회의 권위 또는 봉건성에 반항하여 과학이나 합리성을 중시하고 널리 근대화를 지향하는 것을 말하나, 협의로는 기계문명과 도회적 감각을 중시하여 현대풍을 추구하는 것을 의미한다.
38) George Barna, *The Frog in the Kettle: What Chtistians Need to Know About Life in the Year 2000* (Ventura, CA: Regal Books, 1990), 123.

그리스도인들은 삶의 현장에서 그리고 모든 선교사들은 선교 현장에서 포스트모던 세계로부터의 도전에 직면하여 효과적으로 사역하고 그 유혹을 피하려면 바로 시대정신을 이해해야 하는 것이다.

서구는 다음 두 근원으로 돌아가고자 했다. 르네상스 시대의 휴머니즘(humanism; 인문주의)은 그리스도인들을 재발견하고 다시 지지했다. 종교개혁은 성경을 재발견하고 다시 옹호했다. 고전주의와 성경중심주의의 모두가 정화된 형태로 살아났다. 신화, 고전주의, 기독교. 이 다른 종류의 세계관들은 항상 각기 다른 구조 안에서 수세기 동안 서구 세계를 규정지어 왔다. 현대 이전 세계의 모든 사람이 그리스도인인 것은 아니었다. 성경에 기초한 기독 신앙은 항상 그 문화와 긴장 관계를 이루었다. 신화와 인본주의적 합리주의는 계속해서 교회를 유혹했다.[39]

---

39) Gene Edward Veith., 『현대 사상과 문화의 이해』(서울: 예영커뮤니케이션, 1998), 35.

*The Understanding of Christian
Mission and Cultures*

제13장

문화의 구조 이해

우리가 지금까지 논의해 온 문화는 인간의 몸처럼 서로 밀접하게 연관되어 의존하고 있는 유기체와 같은 것이다. 문화는 각 측면들이 상호 의존하는 통합된 실재이다. 다시 말하면 의사가 몸을 진단할 때에는 몸의 모든 기관과 분리되어 독립적으로 존재하는 심장이나 간에 대하여 언급한다. 그러나 동시에 의사는 몸의 모든 기관과 연관을 가지고 있다는 사실에 대해서도 잘 알고 있는 것이다.

인간의 몸에서 볼 수 있는 것처럼, 이 문화의 통합적인 성격은 어느 한 문화의 다른 부분들에 대하여 언급하지 않으면서 단지 한 가지 부분에 대해서만 토론하는 것을 어렵게 한다. 이를 테면 정치와 종교 혹은 경제와 종교, 종교와 문화, 사회구조와 종교 등의 다른 모든 측면들 간의 상호 의존성이라는 광범위한 네트워크에 대하여 다루지 않고서, 문화의 종교적인 측면에 대하여 적절한 설명을 제공할 수가 없는 것이다. 따라서 복음을 증거해야 하는 사역자들에게 있어서 어떤 특정한 부분의 문화의 변화는 반드시 다른 분야에 대해서도 변화를 일으키며, 결국은 우리의 의도와는 상관없이 정치구조, 경제구조, 사회구조 나아가 세계관 등 전반적으로 영향을 미칠 것이다. 그러므로 선교사역의 효과적인 수행을 위해서는 문화에 대한 통합적인 이해가 필수적이라 할 수 있는 것이다.

A관습들	B관습들	C관습들	D관습들	E관습들
A세계관	B세계관	C세계관	D세계관	E세계관
사회적으로 합의된 방식들을 통하여 생리적이고 사회적인 필요들을 돌보는 것					
사회와 해당 사회의 문화와 지도자들을 지지하는 것				
사회를 보존하기 위하여 재생산하는 것 등과 유사한 기본 원리들				
생리적, 심리적, 사회문화적 그리고 영적인 필요들과 같은 공통의 기본 필요들과 문제들				

〈도표 13-1〉 인간의 공통성과 문화 개괄[1]

〈도표 13-1〉은 세 가지의 차원을 보여준다. 윗부분에 있는 관습들과 세계관에 관한 부분은 문화적 차원이다. 중간 차원은 문화의 기초를 이루는 것으로 좀 더 깊은 차원에 존재하는 인간의 필요와 문제들로부터 유래하는 인간의 삶에 대한 기본적인 원리들이라는 것을 제시해 준다. 사람들 사이에서 존재하는 가장 큰 다양성은 관습의 차이에서 유래한다. 다양성이라는 관점에서 볼 때에는 세계관이 문화관습보다는 덜하다. 공통성의 영역은 세계관보다 다양성의 정도가 더 낮다.[2]

도표의 셋째 줄에서는 모든 그룹들은 각 사회가 동의한 방법을 통해 생리적, 사회적 필요를 돌본다는 것을 말해 주고 있다. 이 부분에서는 여러 계명들-살인하지 말라, 도둑질하지 말라, 간음하지 말라, 거짓 증거하지 말라 등-이 각 사회에서 나름대로의 형식으로 세워져 있다. 이것들은 모든 사회에 존재하는 사회적인 규범들이다. 그래서 이 규범들이 없으면 사회적인 삶

---

1) Louis J. Luzbetak, The Church and Cultures, 321.
2) Ibid.

을 지속할 수가 없는 것이다.[3]

다음의 도표들은 이 동일한 과정을 좀 더 자세하게 설명해 준다. 먼저 〈도표 13-2〉는 이미 세상에 잘 알려진 세 가지 유형의 문화적 체계들을 설명하고 있다. 각 체계는 동일한 기본 문제들을 다루고 있다. 그리고 도표 〈13-3〉은 인간의 보편적인 필요들을 네 가지의 범주로 나누었다. 즉 생리적 필요, 심리적 필요, 사회 문화적 필요, 그리고 영적인 필요가 그것이다. 아울러 모든 사회가 제공해야 하는 기본적 필요들, 그리고 이러한 필요들을 제공하기 위해서 수행되어야만 하는 기능들의 대표적인 예에 대해 제시하고 있다.

A 문화	B 문화	C 문화
사냥을 통한 식량조달 동굴이나 소규모 주거처 (lean-tos)에서 생활	유목 또는 정착 농경생활 진흙으로 만든 둥근 오두막 거주	정착 농경생활 나무나 돌로 지은 장방형의 정교한 집
개인적 안정, 혈족관계를 통한 의미획득 그룹 지향적 초자연적 존재에 대한 의존	개인적 안정, 혈족 관계를 통한 의미획득 초자연적 존재에 대한 의존 그룹 지향적	안정보다는 자유를 통한 의미획득 개인주의적, 경쟁적 성취 지향적
대가족 비공식교육 혈족에 근거한 사회통제	일부다처제 확대가족 비공식, 공식적 교육 가족과 수장 통한 사회통제	핵가족 정교한 공식교육 체제 정치체계와 사회체계를 유지하기 위한 전문가들
초자연적 삶과 밀접하고 실질적인 정교한 신화	초자연적 삶과 밀접하고 활동적인 정교한 신화 조상 숭배	자연주의적 과학이라 불리는 기술 중심적 신념체계와 신화

〈도표 13-2〉 다양한 문화[4]

---

3) Ibid.
4) 안영권, 『선교인류학』, 195.

	생리적	심리적	사회문화적	영적
기능들	생리적 필요들의 획득과 유지-식량, 공기, 안식처, 성, 생산	심리적 필요들의 획득과 유지-삶의 의미, 개인적 안정, 자유의 척도	사회문화적인 필요들의 획득과 유지	영적인 필요들의 획득과 유지-신앙, 의례, 신화
필요들	식량, 공기, 안식처, 성, 생산	의미, 개인의 심리의 유지 등	문화의 교환을 위한 의사소통, 사회 체계 등의 유지	초자연적인 존재들과 사실들 등에 대한 이해와 관계

〈도표 13-3〉 보편적 필요들과 기능들

모든 사회에서 발견되는 요소들을 취급하는 다양한 방법들이 발달되어 왔는데, 가장 잘 알려진 학자로 조지 피터 머독(George Peter Murdock)이 있다. 그는 이러한 방법을 그의 저서 『문화의 공약수』(the common Denominator of culture)에서 언급했다. 이것이 완벽한 것은 아니지만 인간이 살아가는 데 필요한 73가지 정도의 범주들에 대해 언급되어 있다. 그 범주는 다음과 같다.

나이 세는 법, 운동경기, 몸의 치장, 달력, 청소 훈련, 단체 조직, 요리, 협동적인 노동, 우주론, 사법부의 권위, 춤, 장식미술, 점술, 노동의 분화, 해몽, 교육, 말세론, 윤리, 민속식물학, 예의범절, 신유, 가족, 잔치, 불을 일구는 것, 민간전승, 금기 식품, 장례식, 게임들, 제스처, 선물주기, 정부, 인사들, 머리스타일, 친절, 거주지, 건강학, 근친상간의 금기, 유산 상속의 법칙, 농담, 혈족 그룹, 친척 명명법, 언어, 법률, 행운의 미신, 주술, 결혼, 식사시간, 의학, 자연의 작용에 대한 순응, 애도, 음악, 신화, 숫자, 조산, 벌칙, 개인의 성명, 인구 정책, 출생 후 간호, 임신법, 재산권, 초자연적 존재와의 화해, 사춘기 습관, 종교 의식, 거주 규칙, 성적인 규제, 영혼의 개념, 지위의 차이, 수술, 도구 만들기, 상업, 방문, 배 짜기 그리고

기후조절(기우제).[5]

1. 사회적 하부 구조-인생 주기

1) 삶은 문화적이다.

문화 속에서 세계관은 인생이 무엇인지 그 의미를 잘 정의해 준다. 한국에서는 언제 생명이 시작된다고 보는가? 태어날 때인가? 임신할 때인가? 낙태에 대해서는 어떤 생각들이 지배적인가? 언제 중절수술을 할 수 있는가? 등 문화 속의 세계관은 이런 것들을 결정해 준다. 미국에도 같은 문제가 있다. 미국의 많은 그리스도인들은 임신할 때 인생이 시작된다고 생각하지만, 어떤 사람들은 15-16주까지는 낙태해도 된다고 생각한다. 왜냐하면 세포형태이기 때문에 그렇다고 한다. 그래서 생명의 정의에 대해 격렬한 논쟁이 있다. 이는 모든 문화 속의 세계관이 '생명이 무엇인가?'를 정의하고 있기 때문이다. 인생의 주기 특히 임신과 출산, 그리고 생후 1-2년이 되어야 비로소 사람이라고 여기는 다양한 문화가 있다.[6]

2) 지위와 역할

먼저 지위(Status: a person's position in society)가 없는 위치나 위치 없는 지위가 없다.[7] 우리는 대부분은 아버지, 남편, 목사, 친척, 학생, 친구 등등의 신분을 가지고 있다. 그러나 때때로 삶 가운데 우리의 지위가 충돌이 있을 때가 있다. 목사인 남편으로서 충돌이 있지 않는가? 이를 테면 교인들은 목사에게 시간을 요구하고 가족들도 역시 시간을 요구할 때 충돌을 느끼지 않는가? 그래서 때로는 다이어리를 가지고 다니면서 약속을 꼼꼼히

---

5) Louis J. Luzbetak, *The Church and Cultures*, 317.
6) 이재완, 『선교인류학』, 81.
7) Ibid., 89.

챙기고 지켜야 할 때가 있는 것이다. 우리의 인생에 있어서 가장 중요한 것은 하나님께서 선물로 주신 가족이다. 가족과의 시간을 소중히 지키고 다른 사람들과의 약속과 충돌될 때 가족을 소중을 여기라.

교회는 예수님의 몸이다. 그러나 교회 일 자체가 예수님은 아니다. 우리의 헌신에 대한 이야기를 한 번 나누어 보자. 예수님에 대한 헌신 다음에 가족이 있고 가족의 일이 있다. 그러므로 사역자들이 가정에서 아내와 자녀와 함께 많은 시간을 보내는 일에 대해 죄책감을 느끼지 말아야 한다. 사역자들은 교회의 사역이 매우 중요함에도 불구하고 자신들이 언제나 가족을 소홀히 하면 안 된다는 사실을 늘 염두에 두어야 한다. 우리의 첫 선교지는 사실 아내와 자녀들이다. 항상 우선순위와 중요성에 있어서 그만큼 생각하라는 것이다. 그리고 우리의 자녀들이 자신들보다도 더 교회의 일을 계속해서 중요하게 강조하면 신앙에 대해 어떻게 생각할까?

다음으로 역할(Role: behavior appropriate for a status)들을 보면 각기 다르다.[8]

첫째, 타고난 지위(Ascribed status)에 있어서는 성별이나 가족관계(어느 가정에서 태어나느냐)에 따라 지위가 결정된다. 이것은 내가 선택할 수 있는 것이 아니다. 즉 타고난 지위란 내가 태어났더니 이미 그렇게 결정되어 있었다.

둘째, 성취된 지위(achieved status)란 무언가를 행한 결과로 어떤 지위를 얻게 된 것을 의미한다. 예를 들면 열심히 야구를 잘해서 스타가 되었고 몸값이 치솟아 연봉을 많이 받는 경우가 그렇다. 남보다 뛰어나게, 그리고 탁월하게 기술을 연마하였더니 좋은 지위를 얻었다. 즉 좋은 기술을 습득했더니 한 사회에서 중요한 역할을 하게 되는 경우가 그런 것이다(good at doing thing at getting things).

셋째, 혼합적인 경우도 있다. 이를테면 좋은 신분을 타고난 사람이 또한 열심히 일해서 돈을 많이 버는 경우이다. 예수님께서 역할에 대한 기대감에 대해 부정적이셨는가? 우리에게 어떤 역할이 있을 때 그 사회가 기대하는

---

8) Ibid.

역할에 대해 예수님이 부정하셨는가? 예수님은 친히 성전세를 내셨다. 그러나 또한 예수님은 기존의 사회에서 주는 역할을 타파하시기도 하셨다(랍비로써 오히려 제자들을 발을 씻기셨다).

인도의 한 신학교에서 수업을 마친 후, 성만찬예식을 거행하려고 할 때 의자가 모자라 캠퍼스 반대편에 있는 의자를 가져다가 예식홀에서 둘러앉아서 겸손 예식을 하기로 했다. 그런데 의자를 가져가기로 했지만 6명 중 3명이 사라지고 3명만이 갔다가 왔다. 그리고 두 번째 가자고 할 때에는 나머지 두 명도 사라졌다. 그 이유는 인도에서는 특히 목회학 박사학위를 공부하는 학생들은 의자를 나르지 않는다는 것이었다. 역할에 관한 세계관의 문제였다.

캄보디아에서 어느 금요일 오후 사무실에서 청소를 하기 시작했다. 한 사람이 와서 당신은 빗자루 청소를 하면 안 된다고 했다. 괜찮다고 하면서 빗자루를 가지고 실랑이를 벌였다. 이유인즉슨 그들의 지위와 역할에 있어서는 리더는 빗자루를 가지고 청소를 하면 안 된다고 생각한다는 세계관의 문제였다.

지위와 역할에 대한 성경적인 관점은 무엇인가? 성경은 지도자가 될 사람들에게 어떤 자세(지도력)를 가르치고 있는가? 성경적인 관점보다 문화가 더 중요한가? 종의 지도력에 대해서는 아시아, 아프리카, 미국에서도 일상적으로 잘 받아들여지지 않는다. 어떤 위치에 있으면 무엇을 잘하려고 하지 않는다. 그러나 예수님은 종이 되라고 하셨다.[9]

내부자(insider)의 관점을 보면, 언어를 배우고 문화를 배우고 살아가면 내부자로 간주된다. 선교사 자녀들이 그 나라 사람처럼 말도 하고 문화도 잘 알고 있다. 그러나 이방인(외부자)으로 간주된다. 따라서 어떤 문화 속에서는 아무리 노력해도 이방인으로 취급하는 경우가 있다. 그런데 미국은 2-3년이 지나서 적응하면 미국인으로 간주되는 경향이 있다. 다문화권의 특징일 것이다. 한국, 일본은 20년이 지나도 그렇게 취급되지 않는다. 비슷한 모습인 한국인 3세가 일본에 살아도 그들은 아직도 일본인이 아닌 한국

---

9) Ibid., 90.

인으로 취급된다.

외부자(Outsider)적인 관점을 보면 등쳐먹기(to be explaieted), 즉 그들은 아무것도 모르니 등쳐먹자는 경우가 있을 수 있다. 또한 정보제공자(as a resource person)로서 어떤 정보나 좋은 것들을 가져올 것으로 기대한다. 그리고 중간단계(Go between)의 역할자로서 두 다른 세력의 중간(영어학원에 교사와 행정자 사이의 중간역할)역할을 기대한다. 아니면 적대적인 스파이(enemy spy)로 간주될 수도 있다.

3) 인생에서 일어나는 일들

가족의 형성 이유(Family Orientation)를 보면, 먼저 결혼을 통하여 형성되는 가족은 아이들을 안전하게 보호하기 위한(Security for children) 목적이 있다. 그리고 때로는 가족들의 자유로운 활동들 때문에 자녀를 유치원 등에 보낼 수 있다. 이것은 부모들이 사회적으로 다양한 활동을 더 많이 누릴 수 있는 사회적인 시스템이다. 이런 영역에서 어떤 것이 더 성서적인가? 사회가 그렇게 하니까 교인들도 그대로 순응하는 것인가? 아니면 문화적인 조류들이 성경적인 원칙 속에서 이루어지도록 노력을 하는가? 어떤 의미에서 많은 경우에 부모가 너무 바빠서 하나님의 뜻대로 자녀들을 양육하지 못하게 된다.[10]

(1) 임신과 출산

임신과 출산 의식(rites of childbirth)은 보통 서로 결합되어 하나로 나타난다. 이의 첫 번째 의례는 사회로부터, 그녀의 가족으로부터 그리고 때로는 그녀 자신의 성으로부터 분리시키는 것이다. 여자는 임신하면 부정하고 위험스러운 것으로 또는 바로 그 임신으로 인하여 생리적으로나 사회적으로 비정상적인 상태에 있는 것으로 간주되기 때문에 여자를 고립시키려 함이 밝혀져 왔다.

---

10) Ibid., 88-89.

인도 토다족(Toda)의 임신, 출산의 의례는 다음과 같다. 첫째, 임신한 여자는 촌락이나 성소 출입이 금지된다. 둘째, 다섯째 달에는 특수한 작은 오두막에 거하며 '우리가 떠난 촌락'(village we leave)이라는 의식이 행해지며, 그들의 가장 중요한 경제생활인 낙농으로부터 분리된다. 셋째, 피른(pirn)과 피리(piri)라는 두 신을 모시고, 두 곳에서 각각 한 손씩을 그을린다. 넷째, 임신부가 오두막을 떠나는 의식으로 신성한 우유를 마신다. 다섯째, 집으로 돌아가 일곱째 달까지 거주한다. 일곱째 달에 '활과 화살의 의식(ceremony of the bow and arrow)'을 통해 태어날 아기의 사회적 아버지를 결정한다(토다족은 일처다부제). 적절한 의례를 행한 후 집으로 돌아가서 아기를 낳는다.[11]

북아메리카의 오라이비(Oraibi)의 호피족(Hopi: 애리조나 거주)은 여자의 출산기를 신성한 시기로 생각한다. 출산 무렵에는 으레 그녀의 어머니가 도와주며, 그녀는 집에 머문다. 그러나 그녀의 어머니, 남편, 아이들, 또한 그 누구도 그녀가 출산하는 그 시기에는 그곳에 있지 않을 것이다. 아이를 낳자마자 필요하다면 그녀의 어머니가 태반의 추출을 도와주며 아이의 탯줄을 묶어 준다. 그녀는 20일 동안 음식 금기를 준수해야 하며, 만약 이것이 첫 번째 임신인 경우 그녀는 해가 지기 전에 집 밖으로 나올 수 없고, 둘째 이하의 아들인 경우에는 5일이 지난 후에야 집 밖에 나갈 수 있다.[12]

첫 번째 출산은 매우 중요한 사회적 의미가 있다. 이 의미는 각 민족마다 다양하게 표출된다. 필리핀의 본톡 이고로트족(Bontok Igorot)과 같이 임신을 해서 생식 능력이 있음을 보여줘야만 결혼이 가능한 곳도 있다. 아기가 태어날 때까지는 그 결혼이 정당하다고 인정하지 않는 곳에서는 임신과 출산에 관한 의례가 결혼식의 마지막 부분이 되기도 한다(토다족처럼). 그리고 여자의 전이기는 약혼식에서부터 첫 아이의 출산에까지 이르게 된다. 어머니가 되면 그녀의 도덕적 사회적 지위가 상승하게 된다.[13]

---

11) Arnold van Gennep, 『통과의례』, 전경수 역(서울: 을유문화사, 1985), 78-79.
12) Ibid., 80-81.
13) 많은 민족에 있어서 아버지에 대한 같은 현상이 나타난다. 그 예의 하나가 종자명제(從子名制, technonymy)이다. 그는 자신의 이름 대신 누구누구의 아버지라 불린다. 이름을 바꾸는 것은 세례, 입사, 결혼, 즉위의례의 하나이다. 따라서 종자명제도 통과의례로서 새로운 집단으로

아셈 지역의 루셰(Lushae) 부족의 앵젠테족(Ngente)의 의례를 보면, 그곳에서는 그 해에 태어난 아이들을 축복하기 위하여 해마다 가을에 3일간의 축제를 베푼다. 처음 이틀 동안은 모든 성인이 참가하여 먹고 마시고 논다. 3일째에 여자 또는 포이(Poi: 이웃 집단)[14]로 변장한 남자들이 그 해의 모든 산모들의 집을 차례로 방문한다. 이들은 방문객에게 마실 것과 선물을 주며, 남자들은 보답으로 춤을 춘다. 이 축제는 해마다 행해지는 사자(死者)를 위한 축제와 똑같다. 그리고 이것은 일부 가족에 의해서가 아니라 전 사회가 참여하여 의례적으로 다산을 축복해 주는 흥미로운 사례이다.[15]

(2) 출생 이전

첫째, 문화에 따라서는 환생(re incarnation)에 대한 믿음을 가진 이들이 많이 있다. 종종 전생이 있다고 믿는 사람들이 있다. 환생이 그 중에 하나이다. 이전에 다른 삶이 있었고 새로운 삶으로 태어났다고 믿는다. 한국에 환생을 믿는 사람들이 많이 있다. 개념이 정확하지 않음에도 많은 사람들이 믿는다.

둘째, 임신할 때(conaeption) 임신에 대한 이해도 다양하다. 임신에 대해서 어떤 문화에서는 세포와 세포가 만나는 일로 이해하고, 어떤 문화에서는 영적인 일이라고 믿는다. 그리고 어떤 문화에서는 생리적인 것과 영적인 것이 만나서 이루어지는 일이라고 생각한다. 두 부부가 관계를 함으로 임신할 수 있지만 성령의 능력으로 임신할 수 있다고 믿는다. 또 다른 문화에서는 남성은 기본 물질만 제공하고 성령의 능력이 생명력을 불어넣어서 임신한다고 믿는다. 많은 또 다른 문화들은 영이 어떤 불임이든지 임신을 결정한

분류됨을 나타내는 것으로 보아야 한다. 이 관계는 콩고의 벰바족에서 매우 뚜렷하다. 첫 아이를 낳을 때까지 아이의 이름을 부를 수가 없다. 그녀는 그의 명칭인 브나와(bnawa: 주인), 무엔장구(mwenzangu: 친구)로 부른다. 아이를 낳자마자 그는 누구누구의 아버지(시, si-; 즉 아버지라는 단어를 앞에 붙여서 부른다)라고 불리며, 그녀는 어머니(나, na-)를 앞에 붙여서 불리게 된다. Arnold van Gennep, 『통과의례』, 전경수 역(서울: 을유문화사, 1985), 85.
14) Ibid., 86. 포이(poi) 문화는 친(chin) 문화와 유사하므로 아마도 포이는 친 이주자의 후손인 듯하다.
15) Ibid.

다고 믿는다. 생리학적인 문제와 영적인 문제 둘 다인가, 아닌가?

성경을 보면 생리학적임과 동시에 하나님께서 자궁의 문을 열고 닫으셨음을 알 수 있다. 한나가 기도하였을 때 하나님께서 자궁의 문을 여셨다. 이처럼 임신에는 영적인 부분이 있다. 오늘날 아기를 갖고 싶지만 갖지 못하는 사람들이 고민하는 것을 본다. 아기를 갖도록 특별한 기도를 하는 것이 필요하지 않을까? 기름을 바르거나 안수하는 일은 어떤가?

역대하 16장의 아사 왕 이야기를 보자. 이스라엘 왕이 왕래를 하지 못하게 한다. 그래서 아람 왕을 의지해서 문제를 해결하려 한다. 선지자 하나니가 왕에게 와서 하나님의 메시지를 전한다. 그러자 아사가 선지자를 옥에 가둔다. 아사 왕 39년에 그의 발에 병이 들었다. 그때 아사 왕은 하나님께 구하지 않고 의사들에게 구했다. 우리가 사람들을 의사에게만 보내고 하나님께 구하지 않는 경우가 많다. 이는 의사를 반대하는 것이 아니다. 둘 중 하나가 아니라는 말이다. 의사에게 가야 하지만 동시에 하나님의 도움을 구해야 한다. 인공 수정하는 곳에 보내야 한다 할지라도 동시에 하나님을 의지해야 하는 것이다. 이는 생리적이기도 하지만 영적인 것이기도 하기 때문이다.[16]

(3) 탄생 축하—환영하는 예식

새로이 출생한 아이는 '신성할 뿐만 아니라 그가 현존하는 모든 것으로부터 축복받았기 때문에 태어날 수 있다'라고 믿어진다. 태어나면 바로(at birth) 축하하는 예식을 한다. 그리고 아이의 이름을 부여하는 예식(Naming ceremony)을 한다. 태어난 지 2-3주가 지났을 때 친구들을 불러놓고 작명하는 예식이다. 그러나 유아 사망률이 높은 곳에서는 1-2년이 지난 후에 예식을 한다.

인도의 편잡 지방에서는 산모와 아이에 대한 전이기(부정한 기간)가 카스트마다 다르다. 브라만에게는 10일이며, 크샤트리아에게는 12일, 바이샤에게는 15일 그리고 수드라에게는 30일이 주어진다. 어쨌든 집안의 규제는

---

16) 이재완, 『선교인류학』, 82.

40일간 지속되며 이 기간 동안에 산모와 아이에 대한 여러 의식들이 행해진다. 이런 의식-가장 중요한 것은 몸을 씻는 것-은 분명히 산모를 가족, 동성집단, 사회로 재통합시키고자 하는 것이다. 아이의 이름을 지어주고, 귀를 뚫고, 2살에서 4살 사이에 머리를 잘라줌으로써 아이는 가족에 통합되는 것이다.

중국의 민호(Minhow) 지방의 아동기 의식은 성과 관계없이 16세가 될 때까지 '모신'(母神)이라 불리는 신의 특별한 보호 속에서 자란다.[17] 사회적으로 여자가 남자보다 덜 존경받지만 의식은 남녀 모두에 똑같이 행한다. 출생 3일 후에 아이를 처음으로 씻겨준다. 모신에게 제물을 바치고 음식과 선물을 친척에게 보낸다. 몸을 씻긴 다음 붉은 무명실로 손목을 묶는 의식을 행한다. 무명실에 엽전, 작은 인형 또는 그림을 매단다. 중국인들은 이 의례가 아이들을 순종적으로 만든다고 설명한다.[18]

(4) 유아기의 의례

유아시절(Period of childhood)은 문화에 따라 달라진다. 유아기의 의례는 탯줄의 절단, 물을 뿌리고 아이를 씻기는 것, 남은 탯줄을 없애는 것, 이름을 지어주는 것, 처음으로 머리를 자르는 것, 처음으로 가족과 음식을 먹는 것, 처음으로 치아가 나는 것, 처음으로 걷는 것, 처음으로 나가는 것, 할례식, 처음으로 옷을 입히는 것 등이 있다.

먼저 학습의 시간을 보자. 한국의 십대들이 반항하는 까닭은 부모가 아무 것도 모르기 때문이다. 부모가 어린 시절부터 유치원 보내고, 학교에 보내고 등등 그러다보니 도무지 부모가 자신의 자녀를 모른다. 부모는 교육 제도에 대해 아무것도 모르고, 학교에서 선생님께 배우다 보니 부모의 권위가 사라졌다. 부모에게 배우는 경우 부모의 권위가 사라지지 않는다. 아무것도 모르는 상황에서 부모가 가르치지 않기 때문에 부모의 권위가 없어졌다. 아

---

17) 북경의 아동기 의식은 통과의례의 순서를 포함하며 입양의례와 비슷하다. 돌본다는 것은 관계를 가지게 되는 한 방법이다. 두 가족은 스스로를 같은 씨족(펜-치아, pen-chia)에 속하는 것으로 간주한다. Arnold van Gennep, 『통과의례』, 95.
18) Ibid.

이들의 성장기는 어머니가 중요한 시기이다.

다음으로 아이들은 억압받기도 하고 방임적으로 키워지기도 한다. 우리나라의 가정들은 억압적인가? 방임적인가? 일본의 가정들을 보면 흥미가 있다. 일본의 부모는 자녀에게 허용적이다. 무엇이든지 다하게 한다. 반면 우리나라 부모는 자녀가 슈퍼마켓에서 사탕을 사달라고 하면 처음에는 안 된다고 하다가 아이가 막 울면서 구르면 할 수 없이 사탕을 사준다. 악을 쓰고 버티면 결국은 사준다는 것을 가르쳐주는 꼴이 된다. 학교에 가면 아주 철권으로 사회의 요구에 대해 반드시 따라야 하는 것으로 요구한다.

무엇을 자르는 것-특히 처음으로 머리를 자르거나, 면도를 하거나, 처음으로 옷을 입히거나-을 포함하는 의례들은 보통 분리의례이다. 명명, 의례적 보호, 처음 생긴 치아, 세례 등은 통합의례로서 동아프리카의 야오족(Yao)에 따르면 이것은 '아이를 이 세상에 안내해 주는' 역할을 하며, 또 북부 보르네오의 바카랑(Bakarang)의 디약족(Dyak)은 이것을 배를 바다로 내보내듯 '아이를 이 세상에 내보낸다' 고 말한다.[19]

(5) 성인식[20]

반 겐넵(Arnold van Gennep)이 말하는 의식과 관련된 활동들을 의식의 질서와 내용을 따라 분석해 보면 세 가지의 중요한 국면-분리(seperation), 전이(marge), 통합(agregation)-으로 나눌 수 있는데 그 중 전이의례(transition rites)는 예를 들면 임신기, 약혼식, 입사식(initiation), 성인식(필자 추가) 등에서 중요한 역할을 하게 된다.[21] 즉 두 번째 연령 집단에서 세 번째 연령 집단으로 통과할 때 이 역할은 매우 중요할 것이다.

한국에서는 어떻게 성인이 되는가? 유교에서는 의미 있는 의식을 거행한다. 성인이 되는 나이는 만 18세이다. 그리고 19세가 되면 투표도 할 수 있고, 운전면허도 만 18세가 되면 취득할 수 있다. 이런 청소년들에게 교회에

---

19) H. Ling Roth, *The natives of Sarawak and British North Borneo* (London: Truelove, 1986), Ⅰ, 102. Arnold van Gennep, 『통과의례』, 93-94, 재인용.
20) 이재완, 『선교인류학』, 83.
21) Arnold van Gennep, 『통과의례』, 8.

서는 성인식을 하는가? 하면 어떤 방식으로 하는가?

첫째, 많은 문화에서 성인식을 거행한다. 성인식은 대부분의 사회에서 각 개인의 가장 중요한 교육적 경험을 이루는 보편적인 관습이다. 이것은 반 겐넵이 통과의례(rite of passage)라고 이름붙인 여러 의례 중의 하나이다. 이러한 통과의례는 임신, 출산, 약혼, 결혼, 장례식 그리고 심지어 여행과 관련된 의례까지 포함된다. 모든 이러한 의식들은 개인이 하나의 사회적 위치나 지위에서 또 다른 위치나 지위로 옮겨가는 것과 관계가 있다.[22]

둘째, 성적으로 성숙했다는 것을 선포하느냐 아니면 감추느냐 하는 것은 그 문화에 따라서 결정된다. 한 소녀가 첫 월경을 하게 되면, 어린아이에서 어른이 되었다는 것을 알리는 문화가 있는 반면에 숨기는 문화가 있다. 우리나라도 이제는 부모들이 숨기지 아니하고 특별한 축하의식을 행하는 가정들이 늘어나고 있다.

셋째, 예수께서 12살에 성전에 올라가신 것은 "바 미스바"(Ba Mizbach), 즉 유대인 남녀 모두에게 어린아이에서 어른이 되었다는 표증을 나타낸다.[23] 사실 결혼을 13-14살에 하는 것은 특이한 일이다. 유럽과 미국에서 미성년의 시기를 길게 연장시켜 놓았다. 이미 신체적으로 성숙해졌는데도 고등학교와 대학으로 묶어 놓았다. 부모에 의해서 선생님에게 맡겨졌다. 자녀가 부모에게 묻지 않고 자기가 좋아하는 사람과 결혼하는 이유는 부모가 아무것도 모르기 때문이다. 선생님은 전문가이고 부모는 아무것도 모르기 때문이다.

넷째, 일본의 젊은이들은 실험적으로 하도록 허용한다. 흥미로운 것은 고등학생과 대학생들이 미친 광란의 짓을 하는 것이 허용될 때가 있다. 젊었을 때 공산주의도 빠져보고 정치 선동도 해보고 기독교도 가보는데, 성인이 되면 전통적인 일본인으로 살도록 요구받는다는 것이다. 대학 때 머리 길게 기르고 마음대로 살다가 어른이 되면 전통적으로 돌아가는 것이다. 우리나라에서도 대학 때는 신앙생활을 잘하다가 졸업하면 예전으로 돌아가는 것을 흔히 볼 수 있다.

---

22) Phillip K. Bock, 『현대 문화인류학 입문』(서울: 국학자료원, 2001), 51.
23) 은준관, 『교육신학』(서울: 기독교서회, 1976), 85-91.

다섯째, 미국 십대의 혼전성관계 때문에 새로운 예식을 만들어 냈다. 12-13세가 되면 성적으로 문란해지기에 침례교에서는 언약식을 만들어냈다. 예식이 끝나면 젊은 소녀에게 반지를 끼워준다. 결혼할 때까지 순결을 지키겠다는 서약의 상징이다. 이 예식은 남녀를 따로 나누어서 거행한다.

이처럼 성인식이란 전통적으로 어느 사회든지 탄생, 성인, 결혼, 장례 등과 같은 통과의례는 매우 중요한 의미를 지니고 있다. 하지만 그 중에서도 성인식이 더욱 특별히 여겨졌다는 점에서 주목할 만하다. 성인이란 한 인격체로서는 '철들었음'을 자각하는 변화의 기점이고, 사회적으로는 사회 구성원의 새로운 영입을 뜻하기 때문에 중요한 시기라고 여겨진다. 대부분의 국가에서는 성인식에 공통적인 의미를 부여해 왔는데, 각 문화마다 형태는 다르지만 '가족의 차원에서 부족의 변화하는' 구조적 특성은 같았다.

성년예식은 고대 사회에서부터 있어 온 풍습이다. 성인식 문화는 종교의례 속에 흡수된 곳이 있고, 혼례식에 흡수된 예도 있다. 유대교, 기독교, 이슬람교 문화권에서는 종교적 의례로 성인식을 치른다. 유대교에서는 회당에서 두루마리 성경을 부자간에 주고받는 '바 미츠바'라는 성년 의식을 치른다. 천주교에서는 유아 영세를 행한 곳에서 '견진 성사'를 행하여 한 사람의 독립된 신자가 되었음을 축하한다.

성인식은 단절이며 동시에 결합이다. 이 과정은 유년시절을 마감하고 성년에 편입되는 과정으로 일생에 한 번 경험한다. 얼굴에 흰 진흙을 바르거나 머리를 깎고 성기의 표피를 자르는 행위는 '새로운 출생', '새로운 인간', '새로운 사회적 신분'을 상징한다. 성인식을 마친 남녀는 주요 사회구성원으로 책임과 의무가 따르는 생활을 한다. 새로운 세대의 리듬이 극화되고 연출되는 것이다. 외국에서는 성년식이라 하여 성년이 되어 행하는 의식이 있다.[24]

---

24) 이 성인식에 관한 좀 더 자세한 자료는 다음의 자료를 참고하라. 윤순희, 『중국문화입문』(서울: 동양문고, 2000), Michael Lee, 『세계의 축제 문화 기행』(서울: 평단문화사, 2003), 윤봉석, 『일본은 좋아도 일본인은 얄밉다』(서울: 우석출판사, 1998).

① 교회 성년식
아프리카 마시이족(Mashi)은 성년이 되었다는 것을 증명하기 위해서 다른 사람의 가축을 훔쳐온다. 선교사로 가서 이런 문제들에 부딪힐 때 기독교적으로 어떻게 대처할 수 있을까? 다른 집에 가서 가축을 훔쳐오는 것보다는 한 영혼을 그리스도께 인도하는 것을 성인의 징표로 제시하면 어떨까? 성인이 되었다는 것에 대하여 한국에서 일어나는 문화적인 현상들을 점검하고 기독교적 가치관에 비추어서 창의적으로 만들어 보라.[25]

② 교회 언약식[26]
어떻게 젊은이들에게 순결에 대한 강한 서약을 만들 수 있을까? 그리고 성인식을 통해 교회에서 직분을 맡게 하는 것은 어떤가? 성인이 되면 성인으로서의 의무와 권리를 담은 의미를 가진 성인증(휘장 혹은 메달을 수여)을 수여하고 나아가 책임적인 존재로서 사명을 감당하도록 격려하는 것이 필요하다.

첫째, 그동안 교회에서 보아왔기 때문에 청년이 되었어도 항상 어린 자녀들로 본다. 교인들의 인식을 바꾸기 위하여 성인이 되었다는 인식을 주기 위하여 어떤 예식이 필요하다.

둘째, 이제까지 양육받고 보호받았는데 이제는 성인으로서 직원회에 초청하여 참석토록 한다. 5월에 성인식을 하면 곧 성만찬예식을 통해 교회의 어른들(목사, 장로)이 발을 씻어준다. 이것은 성인식을 위한 성만찬예식이다. 축제와 자유를 준다. 교회 안에서 자유(능동적 자유와 수동적 자유)를 준다. 성년식을 통해서 교회에 관심이 없었던 청소년에게 신앙을 회복할 수 있는 기회를 제공한다.

셋째, 성인식을 위한 캠프(특별한 밤)의 밤 문화를 공유한다. 어느 주일을 정해서 핀 수여식과 안수기도, 그리고 성만찬예식과 파티도 하고 나아가 개인의 시간을 좋아하는 젊은이들에게 마음껏 자신들의 세계를 표현할 수 있는 자유를 부여한다.

---

25) 이재완, 「선교인류학」, 84.
26) Ibid., 84-85.

넷째, 사전에 엄마와 아빠가 준비한 편지를 낭독하고 선물을 하도록 한다. 자녀의 영혼을 책임지는 일이다. 이제 성인이 되었고, 그래서 학생회에서 청년회로 옮기는 것이므로 청년회에서 진행하는 것이 좋다. 주일학교와 주일예배 시간에 순서를 진행한다.
　다섯째, 교회의 장년부 성도들이 함께 삶에 대한 의미 있는 편지를 써주면 좋을 것이다. 교회 전체가 관심을 가지고 자녀들이 이제 성인이 된다는 것에 대해서 격려의 편지를 써서 준다. 그리고 소속감과 자유에 대하여 그 의미를 부여하는 것이 매우 중요하다.
　여섯째, 부모가 자녀의 발을 씻어주는 예식도 좋다. 그리고 개인적인 서약서를 수여한다. 성인의 날이 있는 주에 성인주일로 공표하도록 한다. 정장을 입고 진행한다. 선물은 부모님이나 어른이 준비한다. 의식적인 부분(권면)은 목사가 강령을 선포해 주고 성인의 책임감을 서약하도록 한다. 하나님께 순종하겠다는 의미로 교회에 온다. 세례(침례)는 죄에 대하여 투쟁하겠다는 결심의 예식이다. 십계명에 순종하겠다고 서약한다. 성만찬은 세례식(침례식)을 한 것을 상기시키는 예식이다. 발을 씻겨주는 것-'다 씻어달라'고 베드로가 요구할 예수께서 '이미 목욕하지 않았느냐?'라고 하신 것-을 기억하면서, 이런 예식을 통해서 하나님께 순종하며 '이런 일을 하지 않겠습니다'라는 고백 훈련을 하도록 한다. 성년이 된 젊은이들이 공중 앞에서 표현하게 할 수 있다. 하나님께서 유대인들에게 율법을 읽으라고 요구하셨다. 그리고 자세하게 세목을 언급하셨다.
　아울러 먹을 것을 준비하여 파티를 하는 것이 바람직하다. 예배는 영적으로 진지하게 드리지만, 파티는 기쁨이 넘치게 준비하여 진행한다. 예식 자체가 젊은 성년들을 위한 것이기 때문에 재미있고 유쾌해야 한다. 젊은이들과 함께 이 예식에 대해서 의논한다면 더 창의적인 의견이 나올 것이다.

③ 요셉 서약식
　예배를 통하여 성적으로 순결을 지켜야 하는 의미의 교육적 설교를 하고 참석한 사람들에게 흰 장갑을 끼게 한다. 하얀 꽃을 선물하고 배지를 주고 본인이 서약해서 부모에게 주는 증서를 준비한다. 결혼식 때 양가의 부모가 포도즙을 먹으면서 피로 언약을 비준하도록 한다. 그룹기도 시간과 파티를 준비한다.

④ 순결의식 [27]

첫째, 초등학생의 경우는 참여한 학생들의 생각이 어떻게 변할까? 5주 정도의 프로그램을(캠프, 남녀를 구별해서) 통해서 철저하게 교육을 시킨다. 그리고 마지막 날은 순결을 위한 예식과 함께 서약서를 쓰게 한다. 초등학교에서 중학교로 넘어가는 시기가 중요하다.

의식에는 부모가 참여할 수 있도록 열어 놓는 것이 좋다. 특히 마지막 날 부모가 함께 참여하여 기록한 서약서를 결혼 때까지 보관해 둔다. 그리고 상징물로서 남학생과 여학생에 맞는 기념물(은장도)을 준비해 주는 것이 좋다. 목사님의 권면과 상징을 위하여 부모가 주는 것이 좋겠다. 그런 후 부모님과 함께 모두가 파티에 참속하면 훌륭한 예식이 된다.

둘째, 청소년의 경우는 먼저 학교에 입학을 할 때, 오리엔테이션 때에 교회가 그 날을 정해서 행사를 하면 좋겠다. 그리고 '순결 서약서'를 '타임캡슐'에 담아서 보관한다. "요셉을 닮자!"라는 구호를 외친다. 그리고 드라마(학생들에게 강한 영향을 미침)를 보여주면 좋겠다. 그리고 전문가의 강의를 통해 부모가 자녀와 솔직하게 경험을 나누는 것이 필요하다.

교회에서도 하고, 가정에서도 '순결의 날'을 선포한다. 순결의식을 젊은 사람들에게만 하지 말고 어른들도 하면 좋다. 순결의식을 통하여 젊은이들에게 안전장치를 만드는 것이 필요하다. 젊은이들이 성적으로 무너지게 되면 상처가 너무 커서 회복하기가 어렵다. 교회가 이런 예식들을 통해서 예방하게 되면 교회가 더 강력한 교회가 될 수 있을 것이다. 종종 이미 성관계를 경험한 아이들에게도 이후부터는 하지 않겠다는 서약을 하도록 해야 한다. 과거는 묻지 말고, 서약서를 쓸 때 '오늘 이후로'라는 표현을 쓰면 좋겠다.[28]

---

27) Ibid., 86.
28) Ibid., 84.

(6) 약혼과 결혼식

반 겐넵이 통과의례라 불렀던 개인들의 '인생 고비(life cries)'에 수반되는 의식의 분석은 그의 독특한 공헌이다. 통합의례(rites of incorporation)는 결혼식에서 중요한 역할을 하게 된다.[29] 결혼은 한 사회적 범주로부터 다른 사회적 범주로 옮겨가는 아주 중요한 전이를 포함하고 있다. 왜냐하면 적어도 배우자 중의 한 사람에게 있어서 결혼은 가족, 씨족, 촌락 또는 부족의 변화를 의미하는 것이며 때로는 둘 다 새로운 곳에 거주를 정하기도 하기 때문이다. 거주의 변화는 분리의례를 포함하는 의식을 통해 표현되며, 항상 일차적으로 거주지의 변화를 의미하는 영역 통과(territorial passage)에 초점이 맞추어진다. 우리나라는 중매결혼이나 연애결혼이 반반이다. 요즘은 중매결혼이라도 거절하면 다른 여자를 소개받을 수도 있다. 즉 혼합식이다. 연애결혼은 서구적인데 이혼을 많이 하고 중매결혼이 이혼율이 더 적은 편이다. 내가 사랑해서 결혼하는 것과 내가 소개를 받아서 사랑하는 것과 차이가 무엇인가? 중요한 것은 우리가 관계 속에서 살아간다는 것이다. 누구와 결혼하는가? 자매, 사촌, 육촌, 최근에는 동성동본의 관계이더라도 8촌을 벗어나면 할 수 있다(법의 변경).

첫째, 약혼식을 보면, 양가의 사회적 결합에 영향을 받게 되는 각 집단들의 중요성이나 수 때문에 전이기가 상당한 중요성을 띠게 되는 것은 자연스러운 일이다. 이 전기는 보통 '약혼'이라 불리는 기간이다.[30] 많은 민족에 있어 약혼은 결혼식의 특수하고 자율적인 한 부분이며 분리와 전이의례를 포함하고, 자율적인 전이기로부터의 분리나 새로운 환경에의 예비적인 통합을 보장하기 위한 의례를 거쳐 끝난다. 그러고 나서 결혼식이 행해진다.

둘째, 결혼식은 주로 새로운 환경에 영구히 통합하는 의례로 구성되며, 우리가 기대한 만큼은 아니지만 둘만의 개별적인 결합의례를 포함하기도 한다. 결혼식은 보호와 다산의례를 포함한다. 결혼은 항상 경제적 측면(금

---

29) Arnold van Gennep, 『통과의례』, 7.
30) Arnold van Gennep은 의례(선물하기, 키스하기, 면사포쓰기, 화환, 허리띠, 악수, 반지, 구두, 과일, 술, 빵 등의 교환, 같이 잠자기 등)가 상징적인 가치를 지니고 있다는 학자들의 견해에는 반대한다. 오히려 의례는 물리적으로도 결합을 시킨다고 주장했다.

액을 정하고, 지불하고, 남자 혹은 여자에게 치른 지불을 돌려주고, 신부대를 치르고 봉사혼을 행하는 등)을 가지고 있으며, 그 중요성은 경우에 따라 변하지만 경제적 속성을 지닌 행위들이 결혼식과 적절히 혼합되어 있음을 기억해야 한다. 이를테면 바쉬키르족(Bashkir)은 배우자가 될 사람이 아직 어릴 때에 결혼을 결정하기도 하는데, 중매인(슬라브족의 스바티〈svaty〉에 해당하는 사람)이 경제적인 협상을 주재하며 법적으로 여자에 귀속되는 신부대, 즉 칼림(kalym)의 크기와 지불 날짜를 조정한다.[31] 신부대에 대한 합의는 잔치(communal meal)를 통해 공표되고, 이어 양자간에 서로 방문하며, 친척, 친구, 이웃이 준 선물을 교환한다. 상호 방문 시에는 성(性)에 따라 서로 다른 방에 모인다. 선물교환이 끝나면 남자는 여자를 자유롭게 방문할 수 있으며, 여자의 집이 다른 마을에 있는 경우 여자 집에서 살기도 한다. 이때의 유일한 제약은 신랑이 장모를 만나서는 안 되며 약혼녀의 얼굴을 보아서도 안 된다는 것이다. 따라서 밤에 여자의 집을 방문한다. 이 기간에 아이가 태어나면 장모가 양육을 한다. "간단하게 말하면 이들의 관계는 결혼한 사이의 관계와 같으며, 죽음 이외의 아무것도 이들을 갈라놓을 수 없다."[32]

또한 탕가니카(Tanganyika)의 차가족(Chaga)의 결혼식을 보면, 분명하게 여러 단계로 이루어져 있다. 먼저 한 젊은 남자(16세)가 한 여자를 택하여 그녀의 감정을 확인한다. 그녀가 호의적으로 반응하면, 젊은 남자의 아버지는 자기 집안의 어른을 찾아가서 양 한 마리와 술 네 동이를 바치고 약혼을 허락받는다. 그리고 나서 여자의 아버지를 찾아가 여자와 여자의 아버지에게 승낙을 요청한다. 젊은 남자는 여자에게 진주나 팔찌를 선물한다.

---

[31] 만약 우랄-알타이족의 칼림(kalym; 터기, qalin)에 대해 자세히 연구가 이루어지고 동물의 구매 가격과 비교되어진다면, 또한 소녀의 아버지가 쓰는 결혼 비용이나 선물에 대해서 연역을 할 수 있고, 칼림이 누구에게 얼마나 귀속되는지를 안다면, '신부대'나 '지참금'이란 용어가 부정확하다는 것은 분명해진다. 이것이 인디언의 포틀래취나 아프리카 추장의 큰 축제와 같은-경제학자에게는-특수한 제도로 구성된 '보상' 체계이다. 집중(마르크스의 용어로)을 피하기 위한 중앙에의 집중과 이후의 재분배가 이루어진다. Arnold van Gennep, 『통과의례』, 167. 재인용.

[32] Ibid., 167-168.

남자의 어머니는 그 여자를 식사에 초대하고 여자는 그의 어머니의 오두막에 밤새 머문다. 약혼은 7년간 계속된다. 이 기간 동안 남자는 쌍방간에 결정된 약정에 따라 신부의 부모와 친척들에게 조금씩 신부대를 치른다. 이 약혼의 마지막에는 황소를 잡는다. 남자는 황소의 엉덩이 부분과 가슴 한 쪽, 양 한 마리를 신부의 부모에게 가지고 가는데, 양은 드라새나(dracaena) 나뭇잎과 함께 묶어서 신부 아버지의 오두막에 옮겨 놓는다. 이 양이 결혼 축제에서 중요한 역할을 하며, 이 축제에는 양가의 친척들이 참석한다. 축제가 끝나면 모두 신랑의 오두막으로 향하며, 신부는 신랑 뒤에서 신랑의 어깨 위에 손을 얹고 떠난다. 신부의 친척들은 자기 집안의 딸, 누이들을 잃게 됨을 아쉬워한다. 이것이 분리의례이다.[33]

문화에 따라 '친족 내 결혼'(endogamy)과 '친족 외 결혼'(exogamy)이 시행된다. 어떤 사회에서는 친족 내에서만 결혼한다. 성경에서 사마리아인들은 친족 내 결혼을 한다. 그래서 유전병이 많다. 우리는 한국 사람끼리만 결혼한다는 압력이 많이 있는가? 미국에 있는 한국 공동체는 재미있다. 부모는 한국 사람이지만 자녀들은 미국에서 태어나 미국 사람이다. 그래서 때때로 자녀들이 한국 사람이 아닌 사람과 결혼한다고 말하면 부모들이 싫어한다.

한국에서 일부다처제도가 시행된 적이 있는가? 모든 부인을 정식 부인으로 모든 자녀들이 같은 자녀로 인정된 그런 적은 없다. 우리나라의 첩 제도는 모두 같이 취급받지는 않았다. 지도력이나 유산상속이 남자 쪽으로 상속되는가 여자 쪽으로 상속되는가? 이제는 '호주제'가 시행됨으로 인하여 삶에 전반적으로 많은 변화가 예상된다.

셋째, 가정 내의 지도력(Leadership/inheritance-patrilineal)의 문제를 보면, 모계가 계승되는 곳이 있다. 남태평양 미크로네시아의 많은 섬들은 그렇다. 재산이 어머니 쪽으로 상속된다. 모계사회는 합법적으로 태어나지 않은 경우가 많다. 왜냐하면 아버지가 누구냐는 중요하지 않다. 아이를 많이 낳으면 낳을수록 좋으니까 그렇다. 낳으면 다 자기 아이지 엄마에게는

---

33) Ibid., 185-186.

그 아이가 누구 아이인지는 중요하지 않다.

부계의 계승 속에서는 여자의 순결성을 유지하려고 한다. 왜냐하면 아이를 낳으면 아이를 빼앗기기 때문이다. 그래서 모계 중심 사회에서는 혼전 임신이 성행하는데, 애를 낳으면 엄마 쪽의 부가 축척되어 가는 것이므로 별로 상관하지 않는다.[34]

(7) 장년기[35]

자녀를 낳고, 돈을 벌기 위하여 직장을 갖고 왕성하게 활동하는 시기이다. 인생의 의미를 부여해 주는 것이 좋으며 격려가 필요하다.

(8) 노년기로 들어가는 예식[36]

한국은 노년기로 들어가는 예식이 있는가? 환갑은 결혼식 같은 예식은 아니다. 이런 영역에서 창의적으로 의미를 부여하는 예식을 만들어 내기를 권장하고 싶다. 이런 세대를 향해 예식을 잘해 주는 교회로 이름을 알리는 것은 어떨가?

이 시기에는 첫째, 예식을 강조한다. 교회에서 모여서 파티하고 먹고 마시는 것과는 다르다. 한국교회는 나이든 분들과 연관된 예식을 만들 필요가 있다.

둘째, 은퇴식이 필요하다. 폐경 여성에게 의미 있는 예식을 해주는 것이다. 아프리카에서는 여자가 폐경기가 되면 한 단계에서 다른 단계로 들어갔다고 예식을 한다. 그리고 남자들은 직장에서 은퇴하여 일을 그만 두었을 때 의미 있는 예식을 해준다. 인생의 다음 단계로 넘어갔다고 인정하는 것이다. 우리 사회도 이제 곧 고령사회에서 초고령사회로 진입한다.

(9) 사후로 들어가는 예식-조상의 단계[37]

인생고비에 행해지는 어떤 의식을 분석해 봐도 쉽게 분리, 전이, 통합의

---

34) 이재완, 『선교인류학』, 88.
35) Ibid.
36) Ibid., 85.
37) Ibid., 84.

세 단계로의 분류가 적절함을 알 수 있다. 그러나 반 겐넵은 이러한 세 하위 범주가 모든 민족이나 모든 의식에 동일한 정도로 나타나는 것이 아니라는 점을 환기시켜 주고 있다. "분리의례"(rites of seperation)는 장례식에서 중요한 역할을 한다.[38]

상중에는 그 영향을 받는 모든 사람들의 사회생활은 멈추게 되며 그 기간의 길이는 망자와의 사회적 유대의 정도(곧 미망인, 친척 등)에 따라서, 또 망자의 사회적 지위가 높을수록 길어진다. 망자가 추장일 경우 모든 사람들이 사회생활을 멈추게 된다. 공공 상례가 행해지고, 공휴일 선포가 있게 된다. 아프리카에서는 소(小) 국왕이 죽은 다음에는 '방종 기간'(period of licence)이 있게 된다. 중국에서 황제와 섭정 여왕이 죽었을 때(1908)는 새로운 정치적·경제적, 행정적 필요 때문에 발생하는 커다란 충격을 완화하려고 했었다. 중국에서 이전에 이런 일이 발생했을 경우 집안에서의 사회적 활동도 여러 달 동안 중지되었다. 이런 정도의 활동 금지가 우리 시대에 일어난다면 대혼란이 일어날 것이다.[39]

첫째, 죽음을 맞이하면 장례예식을 가진다. 한국에서는 제사를 4대까지 드린다. 교인들의 추도예배는 대개 2-3대까지 드린다. 제사 대신 기독교의 기능적 대체가 있어야 가교의 역할을 할 수 있다. 장례식에 대한 교회의 철학이 부족하지 않는가? 동네의 할머니들이 성당에 가고 싶다고 한다고 한다. 왜일까? 너무 예식이 멋있고 아름답고 엄숙하기 때문에 죽으면 천주교식으로 장례를 하면 좋겠다 말한다. 장례식 문화를 이런 식의 방법으로 토의해 보는 것도 좋을 것이다.

둘째, 죽게 되면 많은 일들이 일어나는데 우리나라에서는 장례일이 주로 3일장이다. 어떤 문화에서나 죽음이라는 실체를 확인시켜 준다.

캄보디아에서는 가족들이 참석한 가운데 화장을 거행한다. 사람이 보는 앞에서 시신을 태우는 것이다. 모든 소리가 다 들린다. 즉 살이 타는 소리, 뼈가 타는 소리, 모든 시체가 다 탈 때까지 4시간 동안을 기다린다. 그리고 뼈를 추려서 바나나 잎에 올려놓고 코코넛 주스로 씻는다. 그리고 가족에게

---

38) Arnold van Gennep, 『통과의례』, 8.
39) Ibid., 199-200.

준다. 가족들은 그것을 묻고 흙을 뿌린다. 누구나 겪게 될 죽음을 실제적인 것으로 경험하게 하는 것이다. 일본 사람들은 화장하고 난 후에 장남이 목뼈를 젓가락으로 꺼낸다.

캄보디아(불교 국가)에서 장례식 때문에 문제가 많다. 선교사역을 할 때 비평적 상황화를 거쳐 가면서 죽음 이후의 희망에 대해서 강조하는 것이 중요하다. 예수 그리스도가 주시는 평안과 축복에 대한 간증이 필요하다. 불교의 장례식에서는 승려가 사람들에게 죽는 것에 대해서 강조한다. 생존해 있을 동안에 선행 안하면 죽어서 지옥에 간다고 한다. 기독교 신자의 장례식에서는 소망을 이야기하고 하늘나라에 가는 이야기를 한다. 불교와는 완전히 다르다.

3) 통과의례의 기타 형태

가리는 것(veil)에 대해서 살펴보자. 플루타르크(Plutarch)는 "왜 사람들은 신을 경배할 때 얼굴을 가리는가?"라고 묻는다. 대답은 간단하다. 속계로부터 자신을 분리하여 성계에만 머무르고자 하기 때문이다. 본다는 것은 샤마르족(Shammar)의 경우에서처럼 접촉의 한 형태이기 때문이다. 경배하고, 제물을 바치고, 결혼식을 치를 때 가리는 것은 일시적이다. 그러나 다른 경우에는 분리 또는 통합이 되며 둘 다 영구적이다.

예를 들어 튀니지의 회교도 여성과 유대교 여성-한편으로는 성 집단에 속해 있으며 또 한편으로는 가족 집단에 속해 있는-은 스스로를 천으로 가림으로써 다른 세계로부터 자신을 분리시킨다. 이와 마찬가지로 가톨릭에서도 가톨릭 집단에 영구적으로 통합되는 역치적 단계(입회)를 통과하기 위하여서는 '천으로 얼굴을 가려야 한다.' 밀교 집단에 입사할 때에도 얼굴을 가려야 한다. 어떤 민족에서는 과부가 죽은 남편이나 다른 성인들로부터 스스로를 분리하기 위하여 장례 기간에 또는 영구히 얼굴을 가린다. 소크라테스는 현실 세계로부터 스스로를 분리하여 죽음과 신의 세계로 통합하기 위하여 독약을 마신 후 스스로를 천으로 가렸다. 로마 사람들도 신에게 재물을 봉헌할 때, 제물을 천으로 가려서 이승으로부터 이를 분리하여 신성한

저승에 통합시키고자 한다.[40]

해(year)의 변화, 계절의 변화, 달의 변화를 야기하거나 수반하는 의례들도 역시 통과의례에 포함된다. 북경에서는 평상시에는 서로 떨어져 있더라도 한 해의 마지막 날에는 모든 가족이 모여서 같이 음식을 든다. '용서'(forgiving)의 의례도 행해지는데 이는 전 집단을 응집시키기 위한 예비의례(preparatory rite)이다. 모두 지나가는 해와 작별하고 조상들에게 큰절을 올린다.[41]

지난해에서 새해로의 전이 기간은 민족에 따라 다르다. 하룻밤일 수도 있고, 밤 12기부터 다음 날 1시까지일 수도 있고, 또는 밤 12시 부근의 몇 분일 수도 있다. 북경에서는 몽고인 지역과 중국인 지역 사이의 문을 30분간 폐쇄한다. 붉은 종이 같은 것을 문이나 찬장에 부착한다. 그러고 나서 새해를 맞이하는 의례를 행한다. 전이기는 하루, 일주일, 또는 한 달의 잔치나 휴가의 형태를 띠게 된다. 따라서 중국의 관청이 한 달 간 업무를 중단하기도 한다.[42] 필자가 2월에 중국에 갔을 때 이것을 경험한 적이 있다. 마침 그 기간이 우리나라의 설 기간이었다. 그들은 하루 종일 폭죽을 터트렸다. 쾅쾅하는 소리에 악귀가 물러간다는 것이다. 그리고 그들은 휴가 기간이 길었다. 왜냐하면 대륙이 너무 넓어서 고향에 가는 데 1주일 오는 데 1주일 걸리기 때문에 지역에 따라서는 한 달 간 휴가를 받아야 가능한 일이다. 그리고 중국인들은 일 년 동안 열심히 벌어서 설날에 다 쓴다고 했다.

많은 민속지학자들과 민속학자들은 대부분의 민족 사이에서, 그리고 모든 종류의 의식들에서 동일한 의례는 동일한 목적을 위해 수행된다는 점을 증명했다. 의례주의(ritualism)를 주장하면서 인생의 고비를 설명하고 하루하루의 모든 행동과 사건들을 설명하려는 인류학들과 영장류학자들이 있다. 우리가 아침에 일어나서 잠자리에서부터 하는 일종의 관습적인 몸짓(이를테면 기지개…)과 양치질, 세수 그리고 외부에서 아는 사람들을 만나는 일 등 모든 인간행위를 하나의 의례라는 거울에 비추어 볼 수 있다. 한 사람

---

40) Ibid., 223-224.
41) Ibid., 234.
42) Ibid.

의 일평생 혹은 한 집단의 비교적 주기적이고 조직화된 의식 등도 이러한 '의례' 라는 관점에서 이해하는 것은 마땅하고 흥미로운 일이다. 이렇게 분석적 관점과 다양한 문화 자료들은 효과적인 선교사역을 위한 커뮤니케이션을 위해서 선교사에게는 필수적인 요소들이라 하겠다.

4) 비평적 상황화

우리 사회에서 이루어지는 것을 바라보면서 성경적 의미를 집어넣어서 성경적 의미가 전달되는 도구로 사용하자는 것이다. 전에 안하던 것인데 왜 하느냐? 성경을 통해서 성령의 역사를 통하여 인도함을 받는 것이라고 대답하라.[43]

후안 카를로스는 장례식을 성서적으로 바꿨다. 부인을 장례식장 앞으로 나오라 해서 청중들 앞에서 질문을 하였다. 당신은 오늘 천국으로 간 남편을 위하여 '하나님께 감사를 드리지 않겠느냐? 지난 50년 동안 훌륭한 남편과 함께 살게 해주신 것을 감사하시죠?' 잠시 후 다시 자녀들을 청중들 앞으로 불러내어 말하기를 '지난 30여 년 동안 좋은 아버지와 함께 살게 해주심을 감사하게 하자' 라고 격려했다. 한국교회의 목회자들은 목양지에서, 그리고 선교사들은 선교지의 문화 수집과 해석에 탁월하여 성령의 조명해 주심 가운데 깊은 통찰력으로 새로운 의례를 만들고, 그 의례들을 통하여 그릇된 선교지의 문화들이 성경적으로 바뀌고 나아가 선교지마다 선한 영향력을 미칠 수 있기를 기도한다.

5) 거울의 역할

첫째, 거울은 우리 자신을 보게 해준다(help as look at ourself). 다른 나라 사람들은 우리들이 보지 못했던 것들을 보게 해준다. 종종 미국에 온 많은 다른 사람들은 미국 문화의 맹점을 보여준다. 왜냐하면 자국민들은 미국

---

[43] 이재완, 『선교인류학』, 87.

이라는 문화의 안경을 쓰고 있어서 보지 못하기 때문이다.

둘째, 우리의 필요가 무엇인지(discover our needs) 그리고 부족한 것이 무엇인지를 보여준다.

셋째, 우리에게 대체할 수 있는 것이 무엇인지 알려준다. 한국은 이런 식으로, 미국은 저런 식으로 하나의 일을 여러 가지로 보여주므로 문제에 대해 잘 대처할 수 있도록 해주는 것이다. 해당되는 문화에 있는 사람들이 여러 대체되는 다른 문화에 대한 정보를 통해 창의적으로 자신들을 문화에 맞는 것들을 만들어 낼 수 있는 것이다.

넷째, 변화를 가져오는 변혁자의 역할을 하게 된다(변혁자). 화학물 두개를 합치면 가끔 폭발을 일으키는데, 각기 다른 요소를 섞어서 변화를 주지만 자신들이 직접 그런 일을 하지는 않는다(catalupt: push to change). 누구를 통해서 다른 것들을 비추어 보게 하므로 우리에게 다른 생각 혹은 새로운 생각을 갖게 한다.

2. 종교적 하부 체계

1) 종교적 세계관

종종 사람들은 종교와 세계관이 같다고 생각한다. 어떤 문화에서는 매우 유사할 수 있다. 초월적인 존재가 삶에 깊이 관계되어 있는 곳에서는 매우 유사하다. 그러나 세속적이고 어느 정도 과학적인 논리가 발달한 곳에서는 종교와 세계관이 분리되어 있다. 세계관이란 핵심 가치관이다. 종교는 신과 종교에 관해서만 이야기해 준다.

2) 종교적 신조들

인격적인 존재와 비인격적인 존재의 힘(personal being/unpersonal powers)이 있다. 샤머니즘은 인격적인 영이나 신적인 존재인가, 비인격적인 기나 힘을 믿는 것인가? 무속신앙인에게 그들의 신조를 이야기하라면 주로 어떤 것을 이야기하는가? 예컨대 한국의 기독교가 빨리 성장한 이유 중 하나는 치유에 관한 것이다.

3) 종교적 영역들

(1) 마법과 종교

마법은 초월적인 존재를 제어하는 것이다(magic: controling supernatural forces). 그런 의미에서 샤머니즘은 마법적이다. 영적인 존재를 조작하는 것이다. 좋은 마법과 나쁜 마법이 있다. 악한 마법은 어떤 사람들에게 저주를 내리고 좋은 매직은 좋은 일을 한다. 마법은 올바른 주문을 외우고 의식을 하면 초월적인 존재를 통해서 이루어진다고 하는 것이다. 우리는 기독교적 마법이 되지 않도록 우리의 종교적 행위를 조심해야 한다.

헌금을 많이 드리면 축복할 것이다. 많은 사람들이 내가 이렇게 하면 하나님이 이렇게 할 것이다. 헌금을 그런 식으로 드리면 어떨까?

병든 자를 위한 기도는 성경에 두 가지가 나온다. 베드로와 요한이 성경에 앉은뱅이를 예수 그리스도의 이름으로 고친 예(행 3장). 그러나 내가 병든 자에게 일어나 걸으라고 기도한 적이 없다. 왜냐하면 하나님의 분명한 명령을 들은 적이 없기 때문이다. 그러나 하나님이 말씀하신다면 일어나 걸으라고 할 것이다. 많은 오순절 교회의 사람들은 이것을 전형적인 것으로 받아들여서 '내가 명하노니…' 라고 말한다. 또 하나는 간구하는 것이다. 우리의 병든 자들을 위해 하는 기도는 이런 것들이다. 질병이 악령과 연결될 수 있다는 것은 사실이다. 그러나 악령이 함께하지 않은 질병들도 있다. 종종 귀신을 쫓아낼 때(축사) 오순절 형태에 영향을 너무 받는다. 가족의 질병이 사탄의 공격에 의해서 그렇게 된 것으로 표현된 적이 있다.[44]

귀신들리는 것은 거의 이스라엘 안에서가 아니라 이방에서 일어난다. 선교학자들의 견해 자신이 스스로 맡기지 않으면 기독교의 배경이 아닌 곳에

---

44) Charles H. Kraft, Tom White, Ed Murphy, "Dealing with Darkness Angel," *Behind Enemy Lines* (Servant Publications, Michigan, 1994).

서 귀신들리는 현상이 일어난다. 어느 나라이든 기독교가 들어오면 귀신이 쫓겨나고 귀신들리는 일이 사라진다는 것이다. 또 한쪽은 우리가 종종 균형을 잃어버릴 때가 있다. 모든 영역에 귀신이 있다고 생각하는 것이다. 우리가 죄를 짓는 것은 안목의 정욕뿐 아니라 육신의 정욕(요일 2:11-12), 그리고 사탄의 시험에 넘어가기 때문이 그런 것이다. 우리의 모든 죄의 배경에는 사탄이 있는가? 그렇지만은 않다. 우리의 부족함 때문에 스스로 넘어지는 경우도 많다는 것이다.

무당의 영이 교회를 찾아가 보라고 해서 교인이 되고, 법당을 치우고 신앙생활을 하고난 후에도 아이동자가 들어온다고 한다. 때로 그 영이 성경을 펴라고 하고, 교회 오면 목사님의 설교를 듣는다. 성령의 인도일 수도 있겠지만 옛 영이 아직 완전히 끊어지지 않은 상태일 수도 있다. 그러므로 과거의 관습은 끊고 입으로 예수님과 성령의 능력을 고백해야 할 것이다.

(2) 종교

신앙생활은 하나님께 순복하는 것이다. 자신을 하나님께 바치는 것이다. 마법은 통제하려고 하는데 종교는 자신을 바친다. 우리를 하나님께 순복시키는 상징이 기도이다. 마법을 행하고 주문을 외우는 사람들(Sorcery & witch)이다. 마법을 행하는 사람들이다. 주로 점치는 점성술이다. 점성술사들이 신문에 많이 나온다. 요즈음 현대인들이 점성술에 관심이 많다. 심지어는 교인들까지 하루의 운세에 관심을 기울인다. 한국 서점의 종교 코너에는 운세, 운명들을 다룬 책들이 중요한 자리를 차지하고 있다. 이런 것들이 잘 팔리고 있는 것은 사람들의 마음을 지배하고 있는 것이 무엇인지를 말해주고 있는 것이다. 사탄이 대대적인 기만을 하기 위해 세상을 장악하고 있는 것이다. 많은 사람들이 영적 존재에 대해 관심이 있는데 대부분 악한 영과 관계되어 있다.

4) 축귀사역

오늘날 교회의 선교사역에서 있어서 가장 주목받는 것은 "영적 전쟁"에 관한 이야기이다.[45] 예수님의 이름에 능력이 있다. 때때로 사람들은 고함을 지르면 힘이 있을 것이라고 생각하지만 오히려 해가 될 때도 있다. 찰스 크래프트는 사탄을 쓰레기를 먹고사는 쥐로 묘사했는데[46] 사람의 마음에 사탄이 들어오는 것은 사람들의 마음속에 쓰레기가 가득 찼기 때문이라고 했다. 그래서 사람들의 마음속에 쓰레기를 치우도록 도와야 한다.

귀신을 쫓는다고 해서 반드시 즉각적인 치유가 일어나지 않을 수도 있다. 귀신이 들어가는 이유는 그 사람의 마음속에 더러운 쓰레기들이 있기 때문이다. 그러므로 먼저는 그 사람들의 마음속에 꽉 있는 쓰레기를 치우도록 도와주어야 하는 것이다. 귀신들린 사람들이 있으면 먼저 생활의 패턴을 바꾸어 주여야 한다. 즉 경건의 생활을 하고, 과거의 죄를 버리고, 성경을 직접 읽게 하고, 예수 그리스도의 이름을 입으로 고백하게 하고, 나아가 기독교 음악을 듣도록 하는 것이 중요하다. 이런 과정이 없이 귀신을 즉각적으로 쫓아내면 더 많은 귀신을 데리고 올 수 있다고 성경은 말하기 때문에 더욱 심각해질 수도 있다. 죄의 문제를 용서받고 단절시키는 일을 하면 그리고 귀신을 쫓아내면 그 안에 영적인 것으로 채워야 건강하게 그리고 정상적으로 살 수 있는 것이다.

귀신을 쫓아내는 일을 행할 때에는 반드시 그 근본적인 문제를 다루어 주지 않으면 안 된다. 문제는 자신에게서 귀신이 나가기를 원하지 않는 사람들에게는 축귀가 어렵다는 것이다. 왜냐하면 그들은 기도하고 성경 보는 일을 하지 않기 때문이다. 그래서 자유의지가 매우 중요하다. 본인의 의지가 매우 중요하다. 의지를 키워주는 일이 축사사역보다 선행되어야 한다. 본인이 귀신을 대적하고 예수를 받아들이기를 원하는지를 반드시, 확실하게 확인하는 작업을 해야 한다. 반복적으로 행해야 한다. 야고보서에도 죄를 고

---

45) Charles H. Kraft, Tom White, Ed Murphy, *Behind Enemy Lines* (Servant Publications, Michigan, 1994); Ed Murphy, *Spiritual Warfare* (Thomas Nelson Publishers, Inc.: Nashville, 1996); David Powlison, *Power Encounter* (Grand Rapids: Michigan 1995); Frank E. Peretti, *This Present Darkness* (Westchester, Crossway, 1986).

46) Charles H. Kraft, Tom White, Ed Murphy, *Behind Enemy Lines* (Servant Publications, Michigan, 1994), 115.

백하는 일이 먼저 있고 그 이후에 사역이 있는 것이다.[47]

5) 변화되어야 할 장애와 기능들

(1) 변화되어야 할 장애들

① 문화적 장애들

a. 전통주의: 교회가 어느 덧 전통이 되어버린 것들 때문에 변화되기 어려운 것들이 있다. 새로운 변화를 주고 싶지만 직원회나 어른들이 변화를 싫어한다는 것이다.

b. 운명주의(fatalism): '하나님의 뜻이니 어쩔 수 없어' 라는 입장이다.

c. 문화적인 자민족주의: 일본 사람들이 지교회에서 선교전략을 주면 안 된다고 거부하고 받아들이지 않는 것들이 이것이다.

d. 문화적인 장애로 자긍심 자존심: 예, 나아만 장군. 우리 동네에 가면 더 좋은 강이 있는데 라는 태도이다.

② 사회적 장애들

a. 그룹 결속(Group solidarity): 그룹 속에서 살기 때문에 새로운 것을 받아들이기 어렵다. 튄 못은 맞는다. 모든 사람들이 똑같아야 한다고 그룹의 압력이 행해진다.

b. 갈등(conflict): 변화를 시행하면 반드시 갈등이 생기고 긴장이 만들어진다.

c. 권위의 출처는 어디에 있는가? 그에 따라 변화가 어려움을 준다. 가족이 있는가? 바울이 감옥에서 도망가지 않았을 때 간수의 가족들이 모두 세례를 받는다. 가장의 권위가 없이 모두 세례를 받을까? 권위가 어디 있느냐에 따라서 어떤 사람이 쉽게 변화할 수 있느냐 없느냐가 결정된다.

d. 사회변화의 특성에 따라 변화의 장애가 된다. 신분제도에 매여 있을

---

47) 이재완, 「선교인류학」, 92.

때는 층층의 제도를 깨면 문제가 될 수도 있다. 이를테면 인도에서 카스트 제도에 매여 있는 사람들은 쉽게 기독교인이 되지만 브라만 계층의 사람들은 자신들이 가진 모든 것들을 모두 상실하게 되므로 기독교인들이 되기 어렵다.

e. 지역사회와 조화를 이루지 않는 것이다(Look of fit with local society). 무슬림들은 강력한 단일신을 믿는데 기독교의 삼위일체(Trinity) 사상에 대해 거부감을 느낀다. 다신교 적이라고 생각한다. 단일신에 대하여 강하게 교육받아서 다신교적인 사상을 받아들일 수 없다. 사회의 통념과 반대되는 것을 가지고 들어가면 변화하는 데 어려움을 갖게 된다. 아주 신실한 그리스도인이 되도록 하는 데 있어 주요 장애는 무엇이 있는가? 제사, 5일 직장근무, 유교적 통념들, 어떻게 급진적으로 변화가 일어날지에 대해 알아보자.[48]

(2) 변화를 위한 기회들

① 문화적인 정황에서 변화를 가져오는 일반적인 특징들[49]

첫째, 적절하게 변신을 좋아하는 사람들과 그것을 옹호하는 사람들이 쉽게 변화한다. 옹호자들은 한 문화 안에서 변화하는 것이 좋다고 말하는 열린 사람들이다. 내부자이거나 외부자이거나 혁신자들은 자신 스스로 변화를 만들어 내는 사람들이다. 내부자들에 의해서 이런 것들이 시행된다. 예를 들면 성인식을 위한 계발을 요구했다. 그러므로 나도 역시 내부자이지만 옹호자이다. 바로 우리에게 변화를 가져오라고 권유하는 것이다. 혁신자(변화를 가져오는 자)는 반드시 내부자에게만 일어난다. 누가 실천하는가가 중요하다.

둘째, 변화에 대해 개방적인(옹호적인) 태도를 가진 사람들. 어떤 문화의 특징이 새 것이 소개될 때 수용하는가? 변화되는가? 변화에 대한 개방도는 변화에 대한 요구에 따라 달라진다.

---

48) Ibid., 93.
49) Ibid., 94.

셋째, 새로운 것을 습득하는 자유가 있는가? 한 사회가 밖의 정보에 대해 패쇄적인가? 아니면 자유가 있는가? 남북간의 큰 차이가 이런 것이 아닌가? 북한에는 인터넷 카페가 별로 없고, 있어도 제한적인 반면 한국은 변화와 새로운 시도의 기회가 자유롭게 주어져 있다.

넷째, 사회적 통제체계의 힘과 효과이다. 북한은 사회적 통제가 강제적이다. 여러 처벌들을 통해 국가가 통제해 나간다.

다섯째, 변화의 전통이 있는가? 없는가? 한 나라의 전통이나 문화가 계속 바뀌어 왔는가? 오랫동안 그대로 인가? 문화가 변화를 가져오면 다른 문화에도 영향을 끼친다.

여섯째, 사회가 얼마다 세분화 되었는가(분리되어 있는가?) 어떤 지역에 갔을 때 한 종파의 이슬람 사회만 있다면 변화를 주기가 어렵다. 그런데 다른 그룹이 섞여 있으면 변화에 더 너그럽다는 것이다. 한 마을이 모두 불교 신자들만 있다면 어렵지만, 여러 종교가 섞여 있다면 좀 더 복음을 전하기가 쉽고, 변화를 가져오기가 쉽다는 것이다.

일곱째, 문화의 변화에 대해 개방적인 사람들은 불만족하는 사람들이다. 캄보디아 사람들 중에 한 정권에 의해 학살이 있었을 때, 정부에 대한 강한 불만이 있고 모두 불교인인데, 그럴 때 복음이 더 들어가기 쉬웠다. 한국에서 변화를 수용하는 사람들은 젊은이인가? 늙은 사람들인가? 북한인가? 한국인가? 사상과 행동에 대한 사회적인 통제가 이루어지는 곳은 북한이다. 변화의 전통이 강한 곳은 한국이다. 남쪽에는 각기 다른 그룹이 많고 다른 생각들을 가지고 있다. 그래서 이런 요소들이 변화에 대해 개방적이 되거나 덜 개방적이 되게 만든다.

② 변화에 대한 태도와 관계된 개인의 특징

변화를 쉽게 가져오는 사람들의 특성들을 보면, 한 개개인은 개성을 가지고 있는데 어떤 개성은 변화를 좋아하고 어떤 개성은 변화를 싫어한다.

첫째, 필요를 느끼는 사람들은 변화에 대해 선호한다. 왜 교인이 되어야 하는가? 교인이 되는 내적인 필요는 무엇이며, 우리는 그들에게 제공할 무엇을 가지고 있는가? 포스트모더니즘(절대적인 진리가 없다고 생각하는 사람들)에게 무엇을 줄 수 있는가? 건강, 삶의 방식, 절제 생활 등을 가르쳐 주는 것으로 교회를 나오게 할 수도 있는가? 왜 사람들이 변화를 열망하는가에 대한 대답은 자신의 부족감에 대한 필요를 느끼기 때문이라는 것이다.[50]

둘째, 필요한 어떤 것뿐 아니라 그것에 대한 해답으로 주어진 것에 대해 흥미가 주어질 때이다. 큰 죄를 지어 죄책감을 가질 때의 필요는 죄의 용서함을 받기 바랄 때 예수 그리스도를 소개하는 것일 것이다. 다국적 기업에서 외국어로 의사소통하기 위해 영어학원에 가는 것일 수도 있다.

셋째, 변화할 가능성에 대한 믿음을 가진 사람이 변화한다. 비관적인 것이 아니라 낙관적인 사람이다. 개개인의 성격이 변화의 정도에 커다란 영향을 미친다. 교회 안에 비관적인 사람들이 얼마나 있는가? 아직 시작도 안했는데 불가능하다고 항상 말하는 사람들이 있는가? 성격들이 변화에 대한 영향을 미친다.

넷째, 변화를 권할 만한 것으로 여기는가? 변할 만한 것인가? 합리적인 것인가? 그것에 대한 확신이 있으면 변한다.

다섯째, 변화에 대한 편견(긍정적인)이 있는가? 없는가? 학생들을 잘 모르지만 수업시간에 질문하고 반응하는 것만 봐도 성격을 대충 알 수 있다. 변화지향적인 사람들을 골라낼 수 있다.

여섯째, 경제적인 이익이 있으면 쉽게 변화될 수 있다. 왜 사람들이 대학에 가는가? 왜 대학에 학생들이 오는가? 좋은 교육을 통해 좋은 직업을 가지게 되기 때문일 것이다. 교회임에도 불구하고 오는 이유는 뭔가 이익이 있을 것이라고 생각해서일 수도 있다. 영어학원도 마찬가지이다.

일곱째, 특권을 향한 열망 때문일 때도 그렇다. 권력이나 영예를 얻기 원하는 열망이다. 보다 더 지휘가 높아지면 변화를 시도할 수 있다.

여덟째, 보다 더 경쟁력 있는 유익을 얻기 위한 열망 때문에 영향을 미친다. 대학을 오는 이유는 더 경쟁력이 있기 때문에 오는 것이다.

아홉째, 우정에 대한 책임감 때문에 변화에 영향을 미친다. 서로 주고받

---

50) Ibid., 95.

는 문화가 특히 일본사회에 강하게 자리잡고 있다. 누구에게 뭔가를 받으면 반드시 줘야 하는 의식이 있다. 이웃집에 친한 사람들, 자녀들이 같은 또래. 쿠키와 케이크를 구워다 주었고 생일을 축하해 줬다. 1시간 후에 마사미(이웃)의 아빠가 가게에 가서 미국제 아이스크림과 캔디를 잔뜩 사가지고 왔다. 케이크를 줘서 고맙다고. 하나님의 영광을 위해서도 사용한다면 좋은 것이다.[51]

이런 동양 사람들의 문화적 책임감과 우정, 그리고 인간관계를 복음전도에 이용해야 한다. 이런 것을 개인적인 이익을 위해 이용하면 잘못이지만, 친밀한 우정관계의 교류를 하나님을 믿는 것이 좋은 것이라는 것을 맛보여 줄 수 있다면 좋은 것이다. 의무감 때문에 왔지만 성령의 영향력에 들어오면 그분이 변화시키신다.

열 번째, 실험적인 것에 대해 개방적인 사람들이 잘 변화한다. 새로운 식당을 좋아하는 사람들이다. 새로운 것을 시도하는 것을 두려워하지 말고 실험적인 정신이 강한 사람이다.

열한 번째, 호기심이 많은 사람들이 변화에 영향을 미친다. 계속 질문하는 사람들은 변화를 좋아하는 사람들이다. 질문도 없고 가만히 있는 사람들은 변화를 가져오기가 쉽지 않다. 호기심을 자극해서 진리에 대해 가까이 다가오도록 할 수 있다.

열두 번째, 종교적인 동기(변화의 동기)가 강한 사람들이 잘 변화한다. 이를테면 학생 단기선교사들이다. 가서 제자 삼으라고 하는 말씀에 즉시 순종하고자 한다. 처음에는 무척 수줍고 부끄러워도 하나님이 가라고 하셨으니 새로운 경험을 하게 되고 변화하게 된다.

열세 번째, 글을 쓰고 읽을 줄 아는 사람은 새로운 것에 대한 더 많은 변화를 가져오게 된다. 비디오를 많이 보는 사람이나 인터넷을 많이 하는 사람들은 변화에 대해 더 많이 수용적일 수 있다. 개인으로 하여금 더 많이 개방적일 수 있게 만드는 것이 있는가? 이런 요소들을 이용해서 각각의 부류들의 사람들을 교회로 인도할 전략을 만들어 보라. 캄보디아, 몽고 같은 곳

---

51) Ibid., 96.

에 가서 이런 것을 하면 변화에 대해 수용적인 사람들을 많이 만나게 된다.

(3) 변화를 선호하는 조건들

첫째, 문화를 구성하는 사이즈(크기)나 복합성에 따라 달라진다. 문화라는 범주에서 우리나라는 어느 덧 매우 복잡해졌다. 그러나 인도네시아의 한 원주민들에게는 문화의 사이즈나 복합성이 매우 단조롭다. 문화의 규모와 복잡성이 변화에 영향을 미친다. 가장 변화를 가져오는 것은 문화의 구성 속에서 변화시키는 요소들이 많이 일어나는 곳에서 변화가 많이 일어난다.

둘째, 문화요소나 개인들에게 쉽게 접근할 수 있느냐? 고립된 사람들보다 많은 문화에 노출된 사람들이 변화의 가능성이 높다.

셋째, 변화에 대한 동기가 변화에 영향을 미친다. 수년 전에 왔던 쓰나미, 9.11 미국테러 사건 등등은 사람들에게 갑자기, 그리고 커다란 위기를 맛보게 했지만 사람들을 오히려 수용적으로 바꾸어 복음을 받아들이도록 하는 계기가 되었던 것을 알 수 있다. 이들은 왜 이런 일이 신실한 나에게 일어났느냐고 질문하는 것이다. 제2차 세계대전으로 패망했을 때 1-2년 정도는 기독교에 마음이 열려 있었다. 펄포스 정권 이후에 캄보디아 사람들은 복음에 맘이 열려 있었다. 재난이나 어려움이 있는 곳에 복음에 문들이 열린다.

넷째, 상호간의 자극이나 혹은 상호간의 협력이 영향을 미친다. 토론을 할 때 여러 사람이 함께하면 한 사람보다 더 좋은 아이디어를 만들어 낸다. 자극과 창의성을 죽여버리면 독재자가 되고 한 방향으로 의사소통이 이루어지는데, 그렇게 되면 변화에 대한 개방성이 없어진다.

다섯째, 이전 문제에 대한 해결책에 대해 도전과 충돌을 일으킬 때 변화하게 된다. 이미 가지고 있는 생각들에 대한 의문을 품지 않는 한 절대로 새로운 것들을 만들 수 없다. 북한의 문제는 정부의 생각에 아무도 도전을 던지지 않기 때문이다.

여섯째, 경쟁(Competition)은 변화를 가져오는 중요한 조건이 된다. 컴퓨터 회사가 한개 있는 것보다 4-5개 있으면 더 발전을 가져오게 된다.

일곱째, 결핍(Deprivation) 역시 중요한 조건이 된다. 뭔가 결핍하게 되면 변화를 가져오게 되는 것이다. 1997년 IMF 시대에 많은 사람들이 경제적으로 어려움을 당했지만 새로운 아이디어로 결핍을 극복했다.

여덟째, 오락(Leisure)이 필요하다. 여유가 사람들로 하여금 새로운 에너지를 만들어낸다. 좀 시간이 많고 여가가 많은 사람이 변화되기 쉽다. 그리고 자유가 힘이다. 자유가 있는 곳이 더 변화의 야기가 쉽다

(4) 변화를 야기한 공동체의 요소들[52]

첫째, 단일민족보다 다민족 공동체는 서로의 사상을 교류하므로 변화의 수용도가 높다. 다양한 인종들이 있는 곳에서는 서로간의 사상들을 차용하여 사용하는 일이 쉽다.

둘째, 변화를 소개하는 그룹이 명망이 높으면 쉽게 변한다. 베트남이나 동남아 사람들 보다는 한국인들이 가서 하는 것이 더 변화를 쉽게 미친다. 선교사들이 어떤 나라 사람들인가 하는 것은 중요하다. 미국 국적을 가진 사람이 중동 지역(이란, 이라크, 아프가니스탄 등등)에 가서 일하는 것은 그리 좋지 못한 생각이다. 반미 감정이 높기 때문이다. 어떤 그룹에서 변화를 소개하는 사람의 명망이 높으면 쉽게 변화할 수 있다.

셋째, 소개하는 그룹의 활동성이 중요하다. 적극적으로 사역에 헌신하면 분명히 성장이 온다. 그리고 지역사회의 영향력을 미치는 사람이 있으면 변화가 빨리 된다. 지역 사회를 위한 프로그램을 할 때 어린이들뿐만 아니라 그 지역사회의 모든 사람들에게 영향력이 있도록 섬기는 프로그램들을 하면 그 지역사회를 향한 영향력이 훨씬 클 것이다.

넷째, 종교적인 문제에 있어서는 많이 소유하지 않은 계층이 권력을 소유한 계층보다 변화를 빨리 받아들인다. 이를테면 인도의 경우에 있어서는 카스트(caste)제도 밖에 있는 불가촉천민들(untouchable people)은 힘도 없고, 돈도 없는 계층이다. 그러나 그들은 기독교뿐만 아니라 불교와 이슬람 등 종교에 대하여 매우 개방적이다. 그러나 브라만 계층은 거의 수용적이지 않다. 인도의 기독교는 거의 불가촉천민 계층이다.

다섯째, 이주해 온 사람들은 변화에 대해 매우 개방적일 수 있다. 순수한

---

[52] Ibid., 97.

전통적인 마을에서 오래 살고 있으면 마을의 어른들과 동료들의 압력 때문에 변화된다는 것은 어렵다. 그러나 그들이 서울로 오면 변화하기 쉽다. 20-30년 동안 한 지역에 살았던 사람들보다 이사 온 사람들은 훨씬 빨리 받아들이는 것이다. 새로이 지역사회에 이사 온 사람들은 훨씬 개방적이다. 새로운 인간관계와 새로운 교회를 찾기 때문이다. 예를 들면 미국에서 새로운 교회를 시작하는 데 가장 용이한 사람들은 이민 온 사람들이다. 비행기가 도착하는 시간만 되면 공항으로 나가서 사람들을 돌아본다. 대부분 사람들이 친척이 있고 가족이 있지만 한두 가족이 새로운 곳으로 왔지만 연고가 없어 보일 때 다가가서 확실한 연고가 없으면 오늘 밤에 잘 곳이 있는지 물어보고 교회의 손님방으로 공짜로 초청한다. 교회에서 그들을 위해 섬기는 사역을 시작한다. 이를테면 아파트를 구해 주고, 학교를 구해 주고, 가구를 구해 주고. 심지어는 직업도 구해 준다. 그러면 그 사람들이 어느 교회에 가겠는가? 이런 이민자들뿐 아니라 국내에서도 이주하는 사람들은 항상 개방적이다.

아일랜드의 천주교인들은 아일랜드 자체에서 전도하는 것보다 영국으로 이사 온 사람들이 기독교로 개종되는 경우는 훨씬 더 비율이 높다. 일본인들도 자국에서는 어렵지만 브라질 같은 곳으로 이주한 사람들은 쉽게 개종한다.

(5) 접촉의 요소들[53]

첫째, 접촉의 강도가 중요하다. 주일에 와서 한두 시간 만나는 정도로 깊은 친밀감을 만들기는 어렵다. 주일 오전뿐 아니라 수요일에도 교제를 한다면, 그리고 주일마다 성경공부하고 친교를 위한 프로그램의 한 방법으로 운동이나 다양한 프로그램을 한다면 주일에 한 번 만나는 만남보다는 강도가 훨씬 강하게 될 것이다. 인간관계에서 항상 영적인 접촉점만 찾는다면 문제가 있다. 사회적인 접촉점을 찾지 않기 때문에 관계에 한계가 있을 수 있다. 그래서 공동체는 함께 놀고, 관계를 맺고, 가족의 대소사에 참여하고, 심지

---
53) Ibid., 98-99.

어느 직장 일까지, 챙기는 것이 중요하다. 우리가 혼자 할 수 없기 때문에 관계 안에서 서로 접촉의 강도를 높이는 노력을 해야 한다. 여기에 핵심되는 것은 다양한 상황을 통해서 많이 만나면 훨씬 더 접촉의 강도가 높아진다는 것이다.

둘째, 접촉의 기간(Duration of the contact)이 중요하다. 5일간 금연학교를 한다면 5일밖에 없다. 학원에 등록하면 같은 클래스에서 적어도 평균 6개월 정도는 만난다. 만나는 기간이 길면 길수록 접촉의 강도는 강해질 수 있다. 학교의 구조처럼 초등학교, 중등하교, 대학교에서 수년간씩 만나는 것은 큰 접촉점을 만드는 것이다. 같은 논리로 지역사회의 사람들도 몇 번 정도 만나는 것보다는 자주 만나는 방법을 만들어 내야 한다. 캠프는 같이 놀고, 먹고, 자고, 예배하고, 단 몇 시간이 아닌 긴 시간을 지속적으로 만날 수 있기 때문에 강력한 복음을 효과적으로 전파할 수 있는 계기가 될 수 있다.

셋째, 접촉의 친밀성-우정의 나눔(Friendship of the contact) 역시 중요한 요소이다. 무대에서 공연하는 사람들은 힘든 상황임에도 불구하고 환하게 웃어야 한다. 끝까지 웃음을 잃지 않고 하는 것은 훈련으로만 가능하다. 교회의 출입문 앞에서 안내하며 봉사하는 사람들이 환하게 웃고 인사하도록 가르치는가? 침울하고 무표정한 교인들을 보면서 '저도 세례(침례)를 받고 나면 저 사람들처럼 됩니까?'라고 한다면!!(침례 받는 사람이)

병원이나 기관들이 접수하는 사람들과 수위들의 훈련을 받도록 해야 하지 않겠는가? 다국적 기업에서 전화받는 사람들을 훈련하는 것은 전화 받으면서도 웃어야 상대방이 기분 좋고 웃을 수 있다. 성장하는 교회의 전체적인 특징은 안내하는 사람들이 우호적인 안내와 친절을 베푼다. 어떤 교회에 가면 절은 마늘과 같은 표정의 교인들, 눈으로 절대 웃지 않는다. 그러므로 위와 같은 세 가지는 쉽게 변화를 가져오는 영역이다. 우리의 프로그램에 세 가지를 포함되면 사람들을 좀 더 쉽게 변화로 이끌어 갈 수 있다.

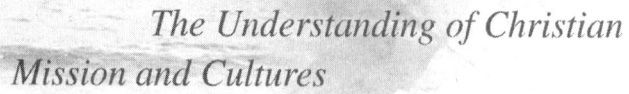

The Understanding of Christian Mission and Cultures

결론

   교회의 학문으로서의 신학은 모름지기 '선교적 신학'(Missiological Theology)이 되어야 신학이 바로 되고 교회도 정상적으로 성숙, 성장하며 나아가 정상적으로 사역을 감당할 수 있을 것이다. 보다 분명한 선교적 목표와 차원과 타오르는 열정이 모든 신학에서 약동하게 될 때 신학은 신학다워지고 동시에 교회는 교회다워지는 것이리라! 교회로 하여금 교회되게 하는 것은 교회로 하여금 선교가 되게 하는 것과 동일한 의미이다. 동일한 비전 아래 21세기 교회에 대한 중요한 선교적 도전인 기독교 이전 종교들의 도전들과 기독교 이후 종교들(이를테면 이슬람교, 힌두교 등)이나 사상들(포스트모더니즘, 종교 다원주의, 혼합주의, 세속주의 등)을 직시하고 기독교회의 선교나 지금까지 피력하였듯이 인류학을 도구로 하는 효과적인 선교를 위한 선교 연구들이 모든 민족들에게 '복'이 되게 해야 할 것이다.

   문화인류학이란 인간을 사회적인 산물로 보고 연구하는 학문이다. 인류학은 한 사회를 상이한 전통에 속하는 다른 모든 사회와 구별짓는 자연적 특징과 산업 기술 및 관례와 가치에 강한 관심을 표시한다.[1]

   모든 선교사역자들에게 문화인류학은 말할 수 없이 유용한 학문이다. 그러면 어떤 관점에서 유용하다고 할 수 있겠는가? 문화인류학이 발견한 학문적인 방법들과 개념들, 그리고 적용과 분석을 위한 도구들은 어떤 관점에

---

1) Ruth Benedict, 『문화의 패턴』, 김열규 역(서울: 도서출판 까치, 1993), 15.

서 선교사역에 유용한 것인가? 아니면, 오늘날 온전하며 더 나은 선교학을 위하여 좀 더 새롭고 확실한 도구들을 다시금 찾아야 할 것인가? 이러한 실질적인 많은 질문들과 함께 문화인류학은 역사적으로 많은 인류학자들의 시대에 따른 다양한 이론과 철학적인 바탕에 따라 패러다임이 상이한, 그리고 많은 혼란이 있는 학문적 분야인 것만은 사실이다. 그러나 문화인류학은 선교학자들과 선교사들에게 인간과 그 역사에 대하여 얼마나 깊이 알고 있는가를 질문하는 학문으로 선교 현장에 사역하는 사역자들로 하여금 이 질문 앞에 겸손하게 만들곤 한다. 그런 의미에서 문화인류학은 복음사역자들과 더불어 모든 선교사들에게 선교 현장의 다른 문화들을 깊이 이해하는 데 영향을 주고 현지인들에게 복음을 효과적으로 전하는 데 큰 도움을 줄 수 있는 중요한 재료가 된다.

그런데 재미있는 사실은 근대 선교가 이루어지기까지 선교학에서 문화인류학의 분야는 그렇게 크게 부각되지는 않았음에도 불구하고, 오늘날 효과적인 선교를 위하여서는 모든 선교학을 가르치는 신학교에서는 이미 문화인류학이 필수과목이 된 지 오래되었다는 사실이다. 그러므로 이런 다양한 인류학적인 연구와 접근은 선교학으로 하여금 보다 풍성하고 효과적인 선교사역을 가능하게 할 것이다. 그러므로 선교 현장에서 인류학의 도움을 받지 않고서는 진정한 사역이 불가능하다고 할 수 있을 것이다. 그러면서 동시에 우리가 최선을 다하지만 효과적인 풍성한 열매를 맺게 하시는 분은 하나님이시므로, 우리들은 그 하나님의 주권적인 역사 앞에 겸손히 엎드리는 자가 되어야 할 것이다.

선교사역을 하는 데 있어서 다른 문화권에서 효과적으로 복음을 전달하는 일은 생각보다 훨씬 어렵고, 또한 생각처럼 되지 않는다는 것이 곧 충격으로 다가오게 된다. 우리 자신과 우리가 섬겨야 할 현지인들 사이에는 커다란 문화적인 격차가 있다. 우리는 성경적 메시지를 알아야 하고 또한 현재 상황을 알아야 한다. 그런 의미에서 인류학은 타문화의 상황을 이해할 수 있게 해주고, 성경번역과 같은 특별한 선교사역에 꼭 필요한 통찰력을 제공해 준다. 그리고 사람들이 그리스도인이 되었을 때 일어나는 사회적인 변화를 포함하여 회심의 진행을 이해할 수 있도록 선교사들을 도와주었고,

우리에게 복음을 듣는 자들과 관계를 맺을 수 있도록 도울 수 있다.

마지막으로 인류학은 모든 문화적 다양성 속에서 우리가 세상에 살고 있는 사람들과 관계를 맺을 수 있도록 도와준다. 선교 신학은 인간이 아니라 하나님과 함께 시작해야 하고 우리의 중요한 임무는 사람들이 이해하고 반응할 수 있도록 성경을 전달하는 것이다. 하나님의 계시(revelation)는 항상 특정한 역사 문화적 상황 안에서 인간에게 주어졌다. 결과적으로, 성경(scripture)을 이해하기 위해서 우리는 성경을 그 시대와 배경에 관련지어야 한다. 성경은 예수 그리스도에 비추어서 이해되어야 한다. 그분은 모든 계시의 중심이 되신다. 성령님께서는 구원의 메시지를 듣고 반응을 보일 수 있도록 마음을 준비시키시며 우리가 주님을 바라봄으로 영적인 성숙이 이루어지도록 우리 안에서 역사하신다.

선교는 개인의 책임이 아니라 전체적인 교회의 임무이며, 믿는 자는 누구나 모두 왕 같은 제사장이다. 문화는 인간 사고와 행위의 총집합체가 아니라 특별한 생각과 행동 이면에 들어 있는 믿음의 체계와 그 생각과 행동의 상징적 표현을 의미하는 것이며, 이런 문화의 개념은 하나님께서 인간이 이성적으로 사고하고, 주신 삶의 현장에서 가능하고 의미 있는 선택을 하도록 만들어 주었다. 복음은 어느 문화에도 속한 것이 아니다. 그런 의미에서 복음은 항상 인간의 문화적 형태 안에서 표현되고 이해되어야 한다. 하나님 자신을 우리에게 나타낼 때에, 스스로 인간이 되심으로(Incarnation) 인간의 역사와 특정한 문화 속에서 사는 사람으로서 완벽하게 행하셨다.

문화란 "관념과 감정과 가치의 통합된 체계 및 이와 연관된 행위의 형태와 그들이 생각하고 느끼며 행동하는 것을 조직하고, 규칙화하는 사람들의 집단에 의하여 공유된 하나의 산물"이라 할 수 있을 것이다. 앞에서 언급하였듯이 이 문화에는 세 가지 차원이 있는데 그것은 인식적인 차원(Cognitive dimension)과 감성적인 차원(Affective dimension), 그리고 평가적인 차원(Evaluation dimension)이다. 뿐만 아니라 각 문화는 가장 깊숙한 차원에 자신의 세계관을 포함하고 있는데 이 세계관은 중요한 기능을 가지고 있다. 즉 이 세계관은 여러 체계 속에서 믿음을 위한 이성적 정당성을 제공하면서 설명을 가능케 하는 인식적인 기초를 우리에게 제공하고,

정서적 안정감을 부여한다. 그리고 경험을 평가하며 행동의 방향을 선택하는 데 가장 깊숙한 문화적 규범을 정당화시킨다.

　지구상에서 선교를 위해 헌신하는 모든 사역자들은 자신의 선교 현지에서 오늘도 바로 그 문화 속에서 역사하시는 성령의 민감한 음성을 들으면서 우리에게 주신 문화와 상황해석의 능력과 통찰력으로 가지고 모든 삶의 현장과 선교지에서 복음으로 승리의 깃발이 휘날리기를 기도한다.

참고문헌

⟨단행본 원서⟩

Barna, George. The *Frog in the Kettle: What Christians Need to Know About Life in the Year 2000*. Ventura. CA: Regal Books, 1990.
Barney, G. L. "The Challenge of Anthropology to Current Missiology." IBMR Vol. 5 No. 4, 1981.
Benedict, Ruth. *The Chrysanthemum and Sword*. Boston: Houghton Mifflin, 1946.
Bevans, Stephen B. *Models of Contextual Theology*. Maryknoll. New York, 1944.
Bosch, J. David. "Transforming Mission." New York: Orbis Books, 1991.
Calvin, John. *Institutes of the Christian Religion*. ed. J. T. McNeil. *Library of Christian Classics, vol. 20*. Philadelphia: Westminster, 1960.
Conn, M. Harvie. *Eternal Word and Changing Worlds*. Grand Rapids: Zondervan, 1984.
Darwin, Charles. *Origin of species*. New York: New American Library, 1958.
Douglas, Mary. *Natural Symbols*. New York: Random House, 1970.
Durkheim, Emile. *The Rules of Sociological Method*. New York: Free Press, 1938.
Garbarino, Merwyn S. *Sociocultural Theory in Anthropology*. Prospect Heights: Waveland Press, 1983.
Geertz, Clifford. *The Interpretation Of Cultures*. Basic Books, 1973.
Gilliland, Dean S. *The World Among Us*. Dallas: World Publishing, 1989.
Grunlan, Stephen A. and Mayers, Marvin. *Culture Anthropology*. Grand Rapids: Zondervan, 1988.
Guthrie, Stan. *Missions in the Third Millennium: 21 key Trends for the 21st Century*, 2000.
Harris, Marvine. *The Rise of Anthropological Theory*. New York: Harper & Row, 1968.
Hiebert, Paul G. *Anthropological Insights for Missionaries*. Grand Rapids: Bakers, 1985.
_____. *Anthropological Reflections on Missiological Issues*. Grand Rapids: Baker Books, 1994.
_____. "Missions and Anthropology: A Hate/ LoveRelationship." *Missiology, Vol. 6,*

1978.

Hiebert, Paul G., R. Daniel Shaw and Tite Tienou. *Understanding FOLK RELIGION*, Grand Rapids: Baker Books, 1999.

Hofstede, Geert. *Culture and Organization: Software of the Mind*. Netherlands: Hakjisa Publication, 1995.

Howard, Michal C. *Contemporary Cultural Anthropology*. Boston: Little, Brown and Company, 1986.

Kearney, Michael. *World View*. Nivato, Calif.: Chandler and Sharp, 1984.

Kraft, Charles H., Tom White, Ed Murphy. *Behind Enemy Lines*. Servant Publications. Michigan, 1994.

_____. *Christianity in Culture*. New York: Orbis, 1991.

_____. *Communication Theory for Christian Witness*. Nashville. TN: Abingdon Press, 1983.

_____. *Christianity with Power*. Ann Arbor. MI: Servant, Vine, 1989.

Kuper, Adam. *The Chosen Primate: Human Nature and Cultural Diversity*. Massachusetts: Harvard University Press, 1994.

Kuyper, Abraham. *Lectures on Calvinism*. Grand Rapids: Eerdmans, 1994.

Layton, Robert. *An Introduction to Theory in Anthropology*. Cambridge: Cambridge University Press, 1997.

Luzbetak, Louis J. *The Church and Culture: New Perspectives in Missiological Anthropology*. Maryknoll. NY: Orbis Books, 1995.

Malinowski, Bronislaw. *Argonauts of the Western Pacific*. London: Routledge, 1922

Mcgavran, Donald. *The Clash between Christian & Culture*. Washington: Canon Press, 1974.

Mead, Magaret. "Cultural Determinants of Behavior." In *Behavior and Evolution*. G. G. Simpson ed. New York: Yale University Press, 1958.

Murphy, Ed. *Spiritual Warfare*. Thomas Nelson Publishers. Inc.: Nashville, 1996.

Naugle, David K. *Worldview: The History of a Concept*. Grand Rapids/Cambridge: Eerdmans, 2002,

Newbigin, Lesslie. *Foolishness to the Greeks: The Gospel and Western Culture*. Wm. B.: Eerdmans Publishing Company, 1986.

Nida, Eugene. *God's Word in Man's Language*. New York: Harper & Brothers, 1953.

_____. *Customs and Culture*. Pasadena: William Carey Library, 1975.

Niebuhr, H. R. *Christ and Culture*. New York: Harper and Row, 1951.

Oden, Thomas C. *Two World: Notes on the Death of Modernity in America and Russia*. Downers Grove, Ⅱ.: InterVarsity Press, 1922.

Powlison, David. *Power Encounter*. Grand Rapids: Michigan, 1995.

Peretti, Frank E. *This Present Darkness*. Westchester: Crossway, 1986.

Radicliff-Brown, A. R. "Functionalism: A Protest." In *American Anthropologists*.

Richardson, Don. *PEACE CHILD*. Gospel Light Publications. Ventura, Ca., 1974.

Redfield, Robert. *The Primative World and Its Transformations*, Ithaca, N. Y.: ornell University Press, 1957.
Spradley, James P. *Participant Observation*. Wadsworth Publishing, 1980.
Strauss, Levi. "French Sociology." In *Twentieth Century Sociology*. G. Gurvitch and W. Moors. eds., New York: Philosophical Library, 1945.
Turner, Victor. *The Ritual Process: Structure and Anti-Structure*. Chicago Adline, 1969.
Tylor, Edward. *The Primitive Culture: Researches into the Development of Mythology and Philosophy, Religion, Art and Custom*. 2 Vols. London, 1871.
White, Leslie A. "Energy and The Evolution of Culture." In *Appelbaum, Herbert* (ed.). *Perspective in Cultural Anthropology*. State Univ. of New York Press, Albany, 1987.
Whiteman, Darrell L. "The Role of Behavioral Sciences in Missiological Education." In *Missiological Education for the 21st Century*. J. Dudley Woodberry et.al eds. Maryknoll, NY: Orbis Books, 1996.
Wilhelm, Schmidt. *High Gods in North America*. Oxford: Clarendon Press, 1933.
Winter, D. Ralph and Steven C. Hawthorne. *Mission Perspective*. Pasadena, California: William Carey library, 1999.

〈단행본 역서〉

Ayabe Tsuneo (ed). *Bulka Jinrui-Kaku NO Meicho 50*. Tokyo: Heibonsha Ltd. Publishers. 「문화인류학의 명제 50」. 김인호 역. 서울: 자작나무, 1999.
Banerd, Allen. 「인류학의 역사와 이론」. 김우영 역. 서울: 한길사, 2003.
Bock, Phillip K. 「현대 문화인류학 입문」. 조병로 역. 서울: 국학자료원, 2001.
Costas, O. E. 「성문 밖의 그리스도」. 김승환 역. 서울: 한국신학연구소, 1997.
Dennett, Jo Anne. 「타문화에 뿌리 내리기」. 정운하 역. 서울: 올리브나무, 2004.
Eliade. Mircea. 「이미지와 상징」. 이재실 역. 서울: 까치글방, 1998.
Gannep, Arnold van. 「통과의례」. 전경수 역. 서울: 을유문화사, 1985.
Geert, Hofstede. 「세계의 문화와 조직: 문화간 협력과 세계 속에서의 생존」. 차재호, 나은영 역. 서울: 학지사, 1995.
Johnston, F. E. and Selby, H. 「현대문화인류학」. 권이구 역. 서울: 탐구당, 1981.
Jung, Karl G., J. L. Handerson, M. L. von Frantz, A. Yaffe. 「인간과 상징」. 서울: 범조사, 1987.
Hall, Edward T. 「침묵의 언어」. 최효선 역. 서울: 한길사, 1959.
_____. 「숨겨진 차원(공간인류학)」. 최효선 역. 서울: 한길사, 1966.
Harris, Marvin. 「음식문화의 수수께끼」. 서진영 역. 서울: 한길사, 1992.
Hesselgrave, David J. 「선교 커뮤니케이션」. 강승삼 역. 서울 : 생명의말씀사, 1978.
MacMullen, Ramsay. 「서기 100-400년간 로마 제국의 그리스도교화」.

McGavran, Donald. 「기독교와 문화의 충돌」. 이재완 역. 서울: CLC, 2007.
Monaghan, John and Peter Just. 「인류학이란 무엇인가」. 서울: 동문선 현대신서 167, 2000.
Newbigin, Lesslie. 「현대 서구문화와 기독교」. 나동광 역. 서울: 대한기독교서회, 1989.
Nicholls, Bruce J. 「상황화 : 복음과 문화의 신학」. 김성웅 역. 서울: 생명의말씀사, 1987.
_____. The Unique Christ in Our Pluralistic World. 「그리스도의 유일성과 종교 다원주의」. 노봉린 역. 서울 : 도서출판 횃불, 1998.
Parshall, Phil. 「무슬림 전도의 새로운 방향」. 채슬기 역. 서울: 중동선교회, 2003.
Richardson, Don. 「영원을 사모하는 마음」. 정중은 역. 서울: 생명의말씀사, 1992.
Schreiter, Robert J. 「신학의 토착화」. 서울: 가톨릭출판사, 1991.
Sire, James W. 「기독교적 세계관과 현대사상」. 김헌수 역. 서울: IVP, 1985.
Spradley, James P. 「참여관찰법」. 신재영 역. 서울: 시그마플러스, 1980.
Wilton, Donald. 「당신은 의사전달을 하고 계십니까?」. 유경열 역. 서울: 평민사, 1991.
Ruth, Benedict. 「문화의 패턴」. 김열규 역. 서울: 도서출판 까치, 1993.
Veith, Gene Edward. 「현대 사상과 문화의 이해」. 오수미 역. 서울: 예영커뮤니케이션, 1998.

〈단행본 한서〉

김승호. 「선교와 상황화」. 서울: 도서출판 토라, 2007.
노길명 · 정태환 · 김응렬 · 서용석 · 현택수. 「문화인류학의 이해」. 서울: 일신사, 2002.
박동석. 「문화인류학의 이해」. 전주: 전주대학교 출판부, 2000.
박채용. 「서양정치사상사 2」. 서울: 세계아기선교출판국, 1997.
백성영. 「인도네시아 미전도종족을 찾아서」. 서울: 도서출판 하나, 1992.
박장식 외. 「동남아의 사회와 문화」. 서울: 도서출판 오름, 1997.
안영권. 「선교인류학」. 아세아연합신학대학교 대학원 강의안, 1998.
은준관. 「교육신학」. 서울: 기독교서회, 1976.
이동주. 「아시아 종교와 기독교」. 서울: CLC, 1998.
이용규. 「내려놓음」. 서울: 도서출판 규장, 2005.
이원옥 외. "인류학에서 본 현대문화 이론." 「선교를 위한 문화인류학」. 서울: 이레서원, 2001.
이은구. 「인도 문화의 이해」. 서울: 세창출판사, 1995.
이종우. 「선교 · 문화 커뮤니케이션」. 서울: CLC, 2005.
이재완. 「웨슬리와 선교」. 서울: 한들출판사, 2004.
_____. 「선교인류학」. 아세아연합신학대학교 대학원 강의안, 2007.
_____. 「상황화 신학」. 아세아연합신학대학교 대학원 강의안, 2007.

_____. 「선교와 교육」. 아세아연합신학대학교 강의안, 2007.
_____. 「타문화권 선교방법론 연구」. 아세아연합신학대학교 대학원 강의안, 2007.
전호진. 「인간갈등의 시대와 미전도 종족선교」. 서울: 도서출판 영문, 2000.
_____. "다원주의와 근본주의에 대한 복음주의의 대응." 「선교신학의 21세기 동향」. 서울: 도서출판 이레서원, 2001.
정흥호. 「상황화 신학」. 서울: 한국로고스연구원, 1996.
_____. 「복음과 상황화」. 서울: CLC, 2004.
조성우. 「얼음꽃을 피우는 사람들」. 서울: 제이하우스, 2005.
한국복음주의 선교신학회. 「선교를 위한 문화인류학」. 서울: 도서출판 이레서원, 2001.
한상복·이문웅·김광억 공저. 「문화인류학개론」. 서울: 서울대학교출판부, 2004.
황태연. 「필리핀 문화와 선교」. 서울: 도서출판 요나, 1996.

〈기타자료〉

Hiebert Paul G. "비판적 상황화"(critic contextualization). 「목회와 신학」. 1990. 13호.
Norman E. Thomas. "Radical Contextualization." Contemporary Issues of Missiology. 감리교선교학연구소 초청강연자료집, 2000.
기독교대백과사전 편찬위원회. 「기독교대백과사전」. 서울: 기독교문사, 1984.
김동선. "선교와 복음의 상황화." 「신학이해」. 1997년 9월호.
문상철. 「복음·세계관·변혁」 서울: 한국해외선교회 세미나자료, 1999.
이기용. "남태평양 얍(Yap)에서 경험한 문화충격." 아세아연합신학대학교 신학대학원 세미나자료, 2007.
이재완. "영적 전투에 관한 선교신학적인 연구." 「석사학위논문」. 아세아연합신학대학교 대학원, 1999.
_____. "교회 안의 작은 교회 운동에 관한 선교신학적인 연구." 「박사학위논문」. 아세아연합신학대학교 대학원, 2004.
홍기영. "상황화의 세 단계." 「신학사상」, 1997.
두란노서원 편집부. 「그 말씀」. 서울: 두란노서원, 1994. 11.
Asiana Airlines. Jan. 1995.
http://synnic.com.ne.kr/CulturalA.htm
http://www.mct.go.kr

선교인류학적 관점에서 본
선교와 문화 이해

The Understanding of Christian Mission and Cultures:
A Perspective Approach of Mission Anthropology

2008년 3월 10일 초판 발행

지은이 | 이 재 완

펴낸곳 | 사) 기독교문서선교회
등록 | 제16~25호(1980. 1. 18)
주소 | 서울시 서초구 방배동 983-2
전화 | 02) 586-8761~3(본사) 031) 923-8762~3(영업부)
팩스 | 02) 523-0131(본사) 031) 923-8761(영업부)
홈페이지 | www.clcbook.com
이메일 | clc@clcbook.com
온라인 | 기업은행 073-000308-04-020, 국민은행 043-01-0379-646
   예금주: 사)기독교문서선교회

ISBN 978-89-341-0999-0 (93230)

* 낙장 · 파본은 교환해 드립니다.